新譯資治通鑑（三十）

唐紀三十六—四十一

張大可
韓兆琦 等 注譯

三民書局 印行

國家圖書館出版品預行編目資料

新譯資治通鑑(三十) / 張大可,韓兆琦等注譯.－－
初版一刷.－－臺北市: 三民, 2017
冊;　公分.－－(古籍今注新譯叢書)
ISBN 978-957-14-6249-3　(平裝)

1. 資治通鑑 2. 注釋

610.23　　105022866

 新譯資治通鑑(三十)

注譯者　張大可　韓兆琦等
責任編輯　陳榮華
美術設計　李唯綸
發行人　劉振強
著作財產權人　三民書局股份有限公司
發行所　三民書局股份有限公司
地址　臺北市復興北路386號
電話　(02)25006600
郵撥帳號　0009998-5
門市部　(復北店) 臺北市復興北路386號
(重南店) 臺北市重慶南路一段61號
出版日期　初版一刷　2017年1月
編號　S 034320
行政院新聞局登記證局版臺業字第〇二〇〇號

ISBN　978-957-14-6249-3　(平裝)

http://www.sanmin.com.tw　三民網路書店
※本書如有缺頁、破損或裝訂錯誤，請寄回本公司更換。

新譯資治通鑑 目次

第三十冊

卷第二百二十

唐紀三十六

起彊圉作噩（丁酉　西元七五七年）九月，盡著雍閹茂（戊戌　西元七五八年），凡一年有奇。

【題解】本卷記事起西元七五七年九月，迄西元七五八年，凡一年又四個月。當唐肅宗至德二載九月至至德三載。至德二載，唐肅宗借兵回紇，收復兩京，河南、河東悉平，叛軍收縮河北。張巡、許遠守睢陽，以一萬之眾抗賊重兵，捍衛江淮，堅守一年有餘，大小四百餘戰，殺賊十二萬人，矢盡糧絕，全軍戰沒。睢陽城破三天以後，援軍趕到。睢陽軍民在黎明前曙光初露時覆滅，是因鄰郡官軍坐視不救所致，尤以賀蘭進明為罪魁。太上皇唐玄宗返回長安，唐肅宗大赦天下，叛將史思明降唐，肅宗分別輕重，按六個等級處置降人，受到司馬光的稱讚。唐肅宗納李泌之諫，立太子，定國本。殘賊安慶緒盤據鄴城，猶據七郡六十餘城。唐肅宗與回紇和親，命郭子儀大發兵二十萬眾討賊，官軍節節勝利，平叛指日可待。突然局勢逆轉，史思明復叛。先是，史思明降唐，唐肅宗委以重權，封為歸義王、任范陽節度使處置失當。隨後謀殺史思明洩漏，激使復叛。平盧節度使王玄志死，軍士推侯希逸為節度使，唐肅宗認可，開了方鎮割據的惡例，遺患無窮。

肅宗文明武德大聖大宣孝皇帝中之下

至德二載（丁酉　西元七五七年）

九月丁丑❶，希德以輕騎❷至城下挑戰，千里帥百騎開門突出，欲擒之。會救至，千里[1]收騎退還。橋壞，墜塹❸中，反為希德所擒。仰謂從騎曰：「吾不幸至此，天也！歸語諸將，善為守備，寧失帥，不可失城。」希德攻城，竟不克。送千里於洛陽，安慶緒以為特進，囚之客省❹。

郭子儀以回紇兵精，勸上益徵其兵以擊賊。懷仁可汗❺遣其子葉護❻及將軍帝德等將精兵四千餘人來至鳳翔。上引見葉護，宴勞賜賚，惟其所欲。丁亥❼，元帥廣平王俶將朔方等軍及回紇、西域之眾十五萬，號二十萬，發鳳翔。俶見葉護，約為兄弟。葉護大喜，謂俶為兄。回紇至扶風，郭子儀留宴三日。葉護曰：「國家有急，遠來相助，何以食為！」宴畢，即行。日給其軍羊二百口，牛二十頭，米四十斛。

庚子❽，諸軍俱發。壬寅❾，至長安城[2]西，陳於香積寺❿北灃水⓫之東。李嗣業為前軍，郭子儀為中軍，王思禮為後軍。賊眾十萬陳於其北，李歸仁出挑戰，官軍逐之，逼於其陳。賊軍齊進，官軍卻，為賊所乘⓬，軍中驚亂，賊爭趣⓭輜重。李嗣業曰：「今日不以身餌⓮賊，軍無孑遺矣！」乃肉袒，執長刀，立於陳前，大呼奮擊，當其刀者，人馬俱碎，殺數十人，陳乃稍定。於是嗣業帥前軍各執長刀，如牆而進⑮，身先士卒，所向摧靡⑯。都知兵馬使王難得⑰救其裨將，賊射之中眉，皮垂鄣⑱目。難得自拔箭，掣⑲去其皮，血流被⑳面，前戰不已。賊伏精騎於陳東，欲襲官軍之後。偵者知之，朔方左廂兵馬使僕固懷恩引回紇就擊之，翦滅㉑殆㉒盡，賊由是氣索㉓。李嗣業又與回紇出賊陳後，與大軍夾擊，自午㉔及酉㉕，斬首六萬級，填溝塹死者甚眾，賊遂大潰。餘眾走入城，迨夜，囂聲不止。

僕固懷恩言於廣平王俶曰：「賊棄城走矣，請以二百騎追之，縛取安守忠、李歸仁等。」俶曰：「將軍戰亦疲矣，且休息，俟明日圖之。」懷恩曰：「歸仁、守忠，賊之驍將，驟勝而敗，此天賜我也，柰何縱之！使復得眾，還為我患，悔之無及。戰尚神速，何明日也！」俶固止之，使還營。懷恩固請，往而復反，一夕四五起。遲明㉖，諜㉗至，守忠、歸仁與張通儒、田乾真等[3]皆已遁矣。癸卯㉘，大軍入西京。

初，上欲速得京師，與回紇約曰：「克城之日，土地、士庶歸唐，金帛、子女皆歸回紇。」至是，葉護欲如約。廣平王俶拜於葉護馬前曰：「今始得西京，若遽俘掠，則東京之人皆為賊固守，不可復取矣。願至東京乃如約。」葉護驚躍下馬答拜，跪捧王足㉙，曰：「當為殿下㉚徑往東京。」即與僕固懷恩引回紇、西域之兵自城南過，營於滻水㉛之東。百姓、軍士、胡虜見俶拜，皆泣曰：「廣平王真華、夷之主㉜！」上聞之，喜曰：「朕不及也！」俶整眾入城，百姓老幼夾道歡呼悲泣。俶留長安，鎮撫㉝三日，引大軍東出㉞。以太子少傅虢王巨為西京留守。

【章　旨】以上為第一段，寫官兵借回紇之助，收復長安。

【注　釋】❶丁丑　九月初二日。❷輕騎　裝備簡便、行動迅速的騎兵。❸塹　壕溝；護城河。❹客省　接待賓客和來京辦事官員的處所。❺懷仁可汗　即回紇葉護骨力裴羅。❻葉護　本為回紇最高一等大臣的稱號，可汗之子則稱特勒（勤）。此言可汗之子，則可能是其子任葉護之官，以官名稱之。因其帶兵助唐平安史之亂，收復兩京，肅宗賜封忠義王。事見《舊唐書》卷一百九十五。❼丁亥　九月十二日。❽庚子　九月二十五日。❾壬寅　九月二十七日。❿香積寺　佛寺名，在長安城南子午谷北。⓫灃水　又作豐水。源出陝西長安南秦嶺中，在今陝西西安北，注入渭河。⓬乘　乘機利用。⓭趣　通「趨」。趨向；奔向。⓮餌　飼。⓯如牆而進　排列整齊，如牆壁一樣，向前推進。⓰摧靡　挫敗。⓱都知兵馬使王難得　王難得為鳳翔都知兵馬使，當時肅宗在鳳翔，王難得當是御營大將。⓲鄣　同「障」。遮擋。⓳掣　扯去。⓴被　覆。㉑翦滅　消滅。㉒殆　幾乎；差不多。㉓氣索　指精神崩潰。索，盡；完。㉔午　十二時辰之一。相當於現在中午十一時至一時。㉕酉　十二時辰之一。相當於現在下午五時至七時。㉖遲明　黎明；天快亮的時候。㉗諜　偵探消息的人。㉘癸卯　九月二十八日。㉙跪捧王足　跪著捧住廣平王的腳。回紇人以拜跪捧足為敬。㉚殿下　漢以來通稱諸侯王為殿下。唐代百官對皇太后、太后以及東宮官對皇太子，俱稱殿下。㉛滻水　源出陝西藍田西南秦嶺山中，北流會庫峪、石門峪、荊峪諸水，至西安東入灞水。㉜華夷之主　即華人與夷人的共同君主。華，華夏的省語，古代漢族自稱華夏人。夷，古代對少數民族的泛稱。㉝鎮撫　安撫。㉞東出　東出京城門，進取洛陽。

【校　記】①千里　原無此二字。據章鈺校，十二行本、乙十一行本、孔天胤本皆有此二字，張敦仁《通鑑刊本識誤》同，今據補。②城　原無此字。據章鈺校，十二行本、乙十一行本、孔天胤本皆有此字，張敦仁《通鑑刊本識誤》同，今據補。③等　原無此字。據章鈺校，十二行本、乙十一行本、孔天胤本皆有此字，張敦仁《通鑑刊本識誤》同，今據補。

【語　譯】肅宗文明武德大聖大宣孝皇帝中之下

至德二載（丁酉　西元七五七年）

九月初二日丁丑，蔡希德用輕裝騎兵到上黨城下挑戰，程千里率一百名騎兵打開城門突然出擊，想要活捉蔡希德。適逢叛賊救兵趕到，程千里收兵退回。因城門吊橋壞了，墜入壕溝中，反被蔡希德擒獲。程千里仰天對隨從的騎兵說：「我不幸落到這一地步，真是天意！回去告訴各位將領，做好守衛防備，寧可失去主帥，不可失去城池。」蔡希德攻城，最終沒能攻下。於是把程千里送往洛陽，安慶緒任命他為特進，把他軟禁在客省。

郭子儀認為回紇兵精銳，勸肅宗多徵調回紇兵來打擊叛賊。懷仁可汗派他的兒子葉護以及將軍帝德等率領精兵四千多人來到鳳翔。肅宗接見葉護，設宴慰勞，賞賜財物，盡量滿足他的欲望。九月十二日丁亥，元帥廣平王李俶率領朔方等地的軍隊及回紇、西域的部眾十五萬人，號稱二十萬，從鳳翔出發。李俶見到葉護，結為兄弟。葉護非常高興，稱李俶為兄。回紇兵到達扶風，郭子儀留下並宴請他們三天。葉護說：「國家有急難，遠道來相助，為什麼要吃吃喝喝呢！」宴會結束，立即起行。每天供給他的部隊羊二百頭，牛二十頭，米四十斛。

九月二十五日庚子，各路軍隊一起出發。二十七日壬寅，到達長安城西邊，列陣於香積寺以北澧水以東。李嗣業為前軍，郭子儀為中軍，王思禮為後軍。叛軍十萬人在北面列陣，李歸仁出來挑戰，官軍追逐他，進逼到敵人陣前。叛軍一齊向前推進，官軍退卻，被叛軍乘機攻擊，官軍驚恐慌亂，賊兵爭著朝官軍輜重奔去。李嗣業說：「今天如果不用自身去吸引敵人，我軍就沒剩什麼人了！」於是他光著上身，手執長刀，立於陣前，大聲呼喊，奮勇進擊，賊兵碰上他的長刀的，人馬都成碎屍，殺了幾十個人，陣勢才稍稍穩定。於是李嗣業率領前軍每人各執長刀，排列著像一堵牆一樣向前推進，李嗣業身先士卒，官軍所向披靡。都知兵馬使王難得搶救他的裨將，賊兵放箭射他射中眼眉，眼皮垂下來遮住了眼睛。王難得自己拔出箭頭，扯去眼皮，血流滿面，所向披靡。賊兵在陣地東面埋伏了精銳騎兵，想要襲擊官軍身後。官軍偵察兵發覺了，朔方左廂兵馬使僕固懷恩帶領回紇兵前往攻擊，把這些伏兵消滅殆盡，賊兵自此士氣低落。李嗣業又與回紇兵繞到賊兵陣後，與大軍夾擊叛賊，從中午到傍晚，殺死六萬人，死在溝塹中的賊兵數目眾多，叛賊於是全面潰敗。殘餘的賊兵逃入長安城，到了夜晚，喧囂之聲一直不停。

僕固懷恩對廣平王李俶進言說：「叛賊要棄城逃走了，請讓我率兩百騎兵追上去，活捉安守忠、李歸仁等人。」李俶說：「將軍作戰也很疲勞了，暫且休息，等到明天早晨再設法對付他們。」僕固懷恩說：「李歸仁和安守忠，是叛賊的驍將，屢次取勝而此次遭敗，這是上天賜給我們的好機會，為什麼要放縱他們！假使他們再聚集部眾，回來又會成為我們的禍患，後悔就來不及了。兵貴神速，何必等到明天早晨！」李俶堅決加以制止，讓他回營。僕固懷恩再三請求，去了又回來，一晚上跑了四五個來回。天快亮時，偵察人員來報，安守忠、李歸仁和張通儒、田乾真等人都已逃走了。九月二十八日癸卯，唐朝大軍進入西京。

當初，肅宗想要迅速收復京師，與回紇相約說：「收復京城的時候，土地和士人庶民歸唐朝，金帛和小孩女人都歸回紇。」到這時，葉護要履行約定。廣平王李俶在葉護馬前行拜禮說：「現在剛剛收復西京，假如急忙擄掠，那麼東京的人都會替叛賊死守，不可能再攻取了。希望到東京後再履行約定。」葉護吃驚地跳下馬來答拜，跪著捧住廣平王的腳，說：「當為殿下逕直前往東京。」葉護立即與僕固懷恩帶著回紇、西域的部隊從城南經過，駐紮在滻水東邊。老百姓、軍士及胡人看見廣平王李俶下拜，都哭著說：「廣平王真是華夏和四夷的君主啊！」肅宗聽說此事後，高興地說：「朕不及他呀！」李俶整頓軍隊進入長安城，百姓不分老幼夾道歡呼傷感哭泣。李俶留在長安，安撫三天，然後帶領大軍向東出征。任命太子少傅虢王李巨為西京留守。

甲辰❶，捷書至鳳翔，百寮❷入賀。上涕泗交頤❸，即日，遣中使啖庭瑤❹入蜀奏上皇，命左僕射裴冕入京師，告郊廟❺及宣慰百姓。

上以駿馬召李泌於長安。既至，上曰：「朕已表請上皇東歸，朕當還東宮，復修臣子之職。」泌曰：「表可追乎？」上曰：「已遠矣。」泌曰：「上皇不來矣。」上驚，問故。泌曰：「理勢自然❻。」上曰：「為之柰何？」泌曰：「今請更為羣臣賀表❼，言自馬嵬請留❽，靈武勸進❾，及今成功，聖上思戀晨昏，請速還京以就孝養❿之意，則可矣。」上即使泌草表⓫。上讀之，泣曰：「朕始以至誠願歸萬機⓬，今聞先生之言，乃寤⓭其失。」立命中使奉表入蜀，因就泌飲酒，同榻而寢。而李輔國請取契鑰付泌，泌請使輔國掌之，上許之。

泌曰：「臣今報德⓮足矣，復為閒人⓯，何樂如之！」上曰：「朕與先生累年⓰同憂患，今方相同娛樂，柰何遽欲去乎？」泌曰：「臣有五不可留，願陛下聽臣去，免臣於死。」上曰：「何謂也？」對曰：「臣遇陛下太早，陛下任臣太重，寵臣太深，臣功太高，迹太奇⓱，此其所以不可留也。」上曰：「且眠矣，異日議之。」對曰：「陛下今就臣榻臥，猶不得請，況異日香案⓲之前乎！陛下不聽臣去，是殺臣也。」上曰：「不意卿疑朕如此，豈有如朕而辦⓳殺卿邪！是直以朕為句踐⑳也！」對曰：「陛下不辦殺臣，故臣求歸。若其既辦，臣安敢[1]復言！且殺臣者，非陛下也，乃五不可也。陛下曏日待臣如此，臣於事猶有不敢言者，況天下既安，臣敢言乎！」

上良久曰：「卿以朕不從卿北伐之謀㉑乎？」對曰：「非也。所不敢言者，乃建寧耳。」上曰：「建寧，朕之愛子，性英果㉒，艱難時有功㉓，朕豈不知之！但因此為小人所教，欲害其兄，圖繼嗣。朕以社稷大計，不得已而除之，卿不細知其故邪？」對曰：「若有此心，廣平當怨之。廣平每與臣言其冤，輒流涕嗚咽。臣今必辭陛下去，始敢言之耳。」上曰：「渠㉔嘗夜捫㉕廣平，意欲加害。」對曰：「此皆出讒人之口，豈有建寧之孝友聰明，肯為此乎！且陛下昔欲用建寧為元帥，臣請用廣平。建寧若有此心，當深憾㉖於臣。而以臣為忠，益相親善，陛下以此可察其心矣。」上乃泣下曰：「先生言是也。既往不咎，朕不欲聞之。」泌曰：「臣所以言之者，非咎既往，乃欲使陛下慎將來耳。昔天后㉗有四子，長曰太子弘㉘，天后方圖稱制，惡其聰明，酖殺之，立次子雍王賢㉙。賢內憂懼，作黃臺瓜辭，冀以感悟天后。天后不聽，賢卒死於黔中㉚。其辭曰：『種瓜黃臺下，瓜熟子離離㉛。一摘使瓜好，再摘使瓜稀，三摘猶為可，四摘抱蔓㉜歸。』

今陛下已一摘矣，慎無再摘。」上愕然曰：「安有是哉！卿錄是辭，朕當書紳㉝。」對曰：「陛下但識㉞之於心，何必形於外也。」是時廣平王有大功，良娣忌之，潛搆流言㉟，故泌言及之。泌復固請歸山，上曰：「俟將發此議之。」[2]

郭子儀引蕃、漢兵追賊至潼關，斬首五千級，克華陰、弘農二郡。關東獻俘百餘人，敕皆斬之，監察御史李勉言於上曰：「今元惡未除，為賊所污㊱者半天下，聞陛下龍興㊲，咸思洗心㊳以承聖化㊴。今悉誅之，是驅之使從賊也。」上遽使赦之。

冬，十月丁未㊵，談[3]庭瑤至蜀。〇壬子㊶，興平軍㊷奏破賊於武關，克上洛郡。

【章旨】以上為第二段，寫李泌善諫，勸唐肅宗遠佞以保太子。

【注釋】❶甲辰　九月二十九日。❷百寮　即百官、群臣。寮，同「僚」。官。❸涕泗交頤　猶言淚流滿面。涕，眼淚。泗，鼻涕。頤，臉頰；腮。❹啖庭瑤　宦官。曾奉旨招討永王璘。肅宗崩，瑤等謀立越王係，代宗即位後，流放黔中（今重慶市彭水苗族土家族自治縣）。其事散見《舊唐書》卷五十二〈后妃・張皇后傳〉、《新唐書》卷八十二〈十一宗諸子・永王璘傳〉等篇。❺告郊廟　祭告天地祖宗。郊，郊祀，祭天地。廟，廟堂，祭祖之地。❻理勢自然　指必然的道理。理，道理。勢，趨勢。自然，必然。❼賀表　皇帝有慶典武功等事，臣屬所上頌揚的奏書。❽馬嵬請留　指至德元載（西元七五六年）六月，玄宗出逃至馬嵬驛，誅楊貴妃，欲繼續前行時，當地父老攔路請留太子破賊。玄宗乃留太子，分後軍二千人與之。此後，太子北趨靈武，玄宗南至成都。❾靈武勸進　至德元載七月，朔方留後杜鴻漸等迎太子至靈武，上箋請遵馬嵬之命，即皇帝位，太子不許，箋五上，乃許。太子即位於靈武城南樓，尊玄宗為上皇天帝，改元至德。❿孝養　孝順、奉養。⓫草表　草擬奏表。⓬萬機　指帝王日常處理的紛繁政務。⓭寤　同「悟」。醒悟。⓮報德　報答聖上恩德。⓯閒人　清閒之人，指不復為官治理政事。⓰累年　多年。⓱迹太奇　指仕進之路與眾不同。李泌恥隨常格仕進，天寶中自嵩山上書論當今世務，被玄宗召為待詔翰林，供奉東宮。後潛遁名山，以習隱自適。肅宗在靈武遣使訪召，立即又進掌樞務，權踰宰相。所謂「迹太奇」當是指此。⓲香案　唐制，凡朝會日，殿上設黼扆、躡席、熏爐、香案，皇帝升御座，宰臣即在香案前奏事。⓳辦　處罰；懲辦。⓴句踐　（？—西元前四六五年）春秋時越王。為吳王夫差所敗，屈膝求和。其後發奮圖強，終於滅掉吳國。又渡淮水，會諸侯，受方伯之命，稱霸中原。當句踐滅吳之後，謀臣范蠡乃泛舟五湖，不為朝臣，又遺大夫文種書，以為句踐可與之共患難，不可同甘樂。後來句踐果賜文種死。事見《國語・越語》、《史記・越王句踐世家》。㉑北伐之謀　李泌曾獻謀，以安西、西域之兵，向北從嬀、檀取范陽，直搗安史亂軍巢穴。㉒英果　英勇果敢。㉓艱難時有功　指建寧王倓在馬嵬力勸肅宗留下討賊，又在北上靈武途中，常居肅宗前後，血戰以衛之。㉔渠　第三人稱代詞，他。㉕捫　抓；握。這裡指敲門。㉖憾　怨恨。㉗天后　即武則天。㉘太子弘　（西元六五一—六七五年）唐高宗第五子，武則天長子。顯慶元年（西元六五六年）立為皇太子，仁孝謙虛，禮接士大夫，頗得人心。時則天方欲專政，而太子奏請多迕旨，遂得罪，上元二年（西元六七五年）死於合璧宮，時人以為武則天酖之，諡曰孝敬皇帝。唐中宗踐祚，號曰義宗。傳見《舊唐書》卷八十六、《新唐書》卷八十一。㉙雍王賢　（西元六五二—六八四年）字明允，唐高宗第六子，武則天次子。先後封潞王、沛王、雍王，官至涼州大都督、雍州牧、右衛大將軍。上元二年六月，立為皇太子。處事明審，為時論所稱。曾招集當時學者注范曄《後漢書》。後被人讒構廢為庶人，遷於巴州（今四川巴中）。文明元年（西元六八四年），則天臨朝，逼令自殺。唐睿宗踐祚，追諡為章懷太子。傳見《舊唐書》卷八十六、《新唐書》卷八十一。㉚賢卒死於黔中　黔中，郡名，治所在今重慶市彭水苗族土家族自治縣。李賢死地，兩《唐書・李賢傳》及本書卷二百三，都載丘神勣至巴州逼令自殺，故此言死於黔中當誤。或李泌原話致誤如此。㉛離離　形容瓜子粒粒篤實。㉜蔓　草本植物的枝莖。㉝書紳　古人常把重要的話寫在紳帶上，以免忘記。紳，古代衣外束腰的大帶，或指大帶束腰之餘讓其垂吊的裝飾部分。㉞識　記。㉟潛搆流言　暗中編造散布謠言進行陷害。潛，暗地。搆，構造；編造。流言，散布沒有根據的話。㊱污　玷汙。㊲龍興　指唐朝復興。龍，古代傳說中一種有鱗有鬚能興雲作雨的神異動物。古代用龍作為皇帝的象徵。㊳洗心　洗濯邪惡之心。㊴聖化　接受聖人（天子）的教化。㊵丁未　十月初三日。㊶壬子　十月初八日。㊷興平軍　此時王難得領興平軍。

【校記】①敢 據章鈺校，十二行本、乙十一行本皆作「得」。②泌復固請歸山三句 原無此三句。據章鈺校，十二行本、乙十一行本皆有此三句，張敦仁《通鑑刊本識誤》、張瑛《通鑑校勘記》同，今據補。③談 據章鈺校，十二行本、乙十一行本、孔天胤本皆作「啖」。按，上文作「啖」。

【語譯】九月二十九日甲辰，捷報送到鳳翔，百官入朝慶賀。肅宗淚流滿面，當天就派宮中使者啖庭瑤入蜀去奏報太上皇，命左僕射裴冕進入京師，祭告郊廟並宣諭撫慰百姓。

肅宗派駿馬從長安召回李泌。李泌到後，肅宗說：「朕已上表請太上皇東歸京城，朕應當回到東宮，再盡臣子的職守。」李泌說：「表文可以追回來嗎？」肅宗說：「已經送走很遠了。」李泌說：「太上皇不會來了。」肅宗吃了一驚，詢問其中的緣故。李泌說：「從道理和情勢上看，自然如此。」肅宗說：「那怎麼辦呢？」李泌說：「現在請再寫一份群臣的賀表，說明從在馬嵬被請求留下破賊，在靈武被勸說即位，到現在收復京城，聖上時刻思念侍奉太上皇，請太上皇速速返京以便聖上孝養之意，這樣就可以了。」肅宗當即讓李泌起草表文。肅宗讀後，流著淚說：「朕開始時非常真誠地願把帝位歸還給太上皇，現在聽了先生的話，才醒悟是自已處事失當。」即刻命宮中使者奉表入蜀，於是到李泌那裡一起飲酒，並同床而睡。李輔國請求把宮中的符契鑰匙交付李泌，李泌請求讓李輔國掌管，肅宗准許了。

李泌說：「臣現在報答聖上恩德已經夠了，重新做一個閒散之人，有什麼樂事能跟它相比啊！」肅宗說：「朕與先生多年來同憂患，現在正要同享歡樂，為什麼急急忙忙就要離去呢？」李泌說：「臣有五條不可留的理由，希望陛下聽任臣離去，免臣一死。」肅宗說：「這話是什麼意思？」李泌回答說：「臣與陛下彼此投合太早，陛下任用臣太重，寵愛臣太深，臣功勞太高，仕進之路太與眾不同，這就是臣之所以不可留的原因。」肅宗說：「先睡覺吧，改日再議此事。」李泌回答說：「陛下現在與臣同床而睡，臣尚且不能被批准請求，更何況改日在朝廷御座的焚香几案前呢！陛下如果不聽任臣離去，這是在殺臣啊。」肅宗說：「沒想到先生如此懷疑朕，哪有像朕這樣而會懲辦殺害先生呢！這簡直是把朕當做句踐了！」李泌回答說：「正因為陛下不會懲辦殺害臣，所以臣才請求歸隱。假如陛下已經懲辦了，臣怎麼敢再說呢！再說殺臣的，不是陛下，而是五條不可留的理由。陛下往日待臣這樣好，臣對有些事尚且有不敢說的，更何況天下已經安定，臣還敢再說嗎！」

肅宗過了好久說：「先生是指朕沒有依從先生北伐的謀略嗎？」李泌回答說：「不是的。我所不敢說的，是建寧王的事。」肅宗說：「建寧王，是朕的愛子，本性英明果敢，國家艱難之時立有大功，朕難道不知道嗎！只是因他被小人教唆，想要加害他的兄長，圖謀做太子。朕為了國家的大計，不得已而除掉了他，先生未曾詳細知悉其中的原因嗎？」李泌回答說：「建寧王如果有這種心思，廣平王應當怨恨他。但廣平王每當和臣談起建寧王的冤屈，就流淚哭泣。臣現在一定要辭別陛下而離去，才敢說這件事。」肅宗說：「建寧王曾經夜晚敲廣平王的門，想要加害他。」李泌說：「這都出自說別人壞話的人的口裡，哪有像建寧王這樣孝順友愛而又聰明的人，肯做這種事呢！而且陛下當初想任用建寧王為元帥，臣請求任用廣平王。建寧王如果真有這種心思，應當深深地怨恨臣。而他卻認為臣忠誠，跟臣更加親愛友善，陛下據此就可以察知他的心意了。」肅宗於是流下了眼淚說：「先生說得對，既往不咎，朕不想再聽這事了。」

李泌說：「臣所以說到這件事，並不是要追究往日的過失，而是想使陛下謹慎處理將來的事情罷了。當年則天皇后有四個兒子，長子是太子李弘，則天皇后正謀劃稱帝，厭惡李弘的聰明，用毒酒把他殺死，立次子雍王李賢為太子。李賢內心憂慮恐懼，寫了一篇〈黃臺瓜辭〉，希望能以此來感悟則天皇后。則天皇后聽不進去，李賢最終死在黔中。〈黃臺瓜辭〉的文辭是：『種瓜黃臺下，瓜熟子離離。一摘使瓜好，再摘使瓜稀，三摘猶為可，四摘抱蔓歸。』現在陛下已經摘過一次了，千萬不要再摘了。」肅宗驚訝地說：「哪裡有這樣的事！請先生錄下這首〈黃臺瓜辭〉，朕應當把它寫在紳帶上牢記不忘。」李泌回答說：「陛下只須記在心裡，何必表現在外面呢。」當時廣平王立有大功，張良娣嫉恨他，暗中編造流言，因此李泌要說到這件事。李泌堅持請求返回山中，肅宗說：「等著拿你的看法進行討論。」

郭子儀帶領蕃、漢兵馬追擊叛賊到潼關，殺死五千人，攻克華陰、弘農二郡。關東進獻俘虜一百多人，肅宗敕命都殺掉，監察御史李勉上奏肅宗說：「如今元兇還沒有消滅，被叛賊玷汙的人佔天下人之半，他們聽說陛下即帝位，都想洗心革面以接受聖明教化。現在把這些俘虜全都殺掉，是在驅使這類人跟從叛賊啊。」肅宗急忙派人赦免了這些俘虜。

冬，十月初三日丁未，談庭瑤抵蜀。○初八日壬子，興平軍上奏說在武關打敗了叛賊，攻克上洛郡。

吐蕃陷西平❶。

尹子奇久圍睢陽，城中食盡，議棄城東走，張巡、許遠謀，以為：「睢陽，江、淮之保障，若棄之去，賊必乘勝長驅，是無江、淮也。且我眾飢羸，走必不達。古者戰國諸侯❷，尚相救恤，況密邇❸羣帥❹乎！不如堅守以待之。」茶紙既盡，遂食馬。馬盡，羅雀掘鼠❺。雀鼠又盡，巡出愛妾，殺以食士。遠亦殺其奴，然後括❻城中婦人食之。既盡[1]，繼以男子老弱。人知必死，莫有叛者，所餘纔四百人。

癸丑❼，賊登城，將士病，不能戰。巡西向再拜曰：「臣力竭矣，不能全城，生既無以報陛下，死當為厲鬼❽以殺賊！」城遂陷，巡、遠俱被執。尹子奇問巡曰：「聞君每戰眥裂齒碎❾，何也？」巡曰：「吾志吞逆賊，但力不能耳！」子奇以刀抉❿其口視之，所餘纔三四。子奇義其所為，欲活之。其徒曰：「彼守節者也，終不為吾[2]用。且⓫得士心，存之，將為後患。」乃并南霽雲、雷萬春等三十六人皆斬之。巡且死，顏色不亂，揚揚⑫如常。生致許遠於洛陽。

巡初守睢陽時，卒僅萬人，城中居人亦且數萬，巡一見問姓名，其後無不識者。前後大小戰凡四百餘，殺賊卒十二萬人。巡行兵不依古法教戰陳，令本將各以其意教之。人或問其故，巡曰：「今與胡虜戰，雲合鳥散⑬，變態不恆，數步之間，勢有同異。臨機應猝⑭，在於呼吸之間。而動詢大將，事不相及⑮，非知兵之變者也。故吾使兵識⑯將意，將識士情，投之而往⑰，如手之使指。兵將相習，人自為戰，不亦可乎！」自興兵，器械甲仗皆取之於敵，未嘗自修⑱。每戰，將士或退散，巡立於戰所，謂將士曰：「我不離此，汝為我還決⑲之。」將士莫敢不還，死戰，卒破敵。又推誠待人⑳，無所疑隱，臨敵應變，出奇無窮，號令明，賞罰信㉑，與眾共甘苦寒暑，故下爭致死力。

張鎬聞睢陽圍急，倍道亟進㉒，檄浙東、浙西、淮南、北海諸節度及譙郡太守閭丘曉，使共救之。曉素傲很㉓，不受鎬命。比鎬至，睢陽城已陷三日。鎬召曉，杖殺之。

【章　旨】以上為第三段，寫睢陽不守，張巡、許遠遇難。

【注釋】❶西平　郡名，天寶元年（西元七四二年）鄯州改名，治所在今青海西寧。❷戰國諸侯　戰國，時代名，起於西元前四七五年，止於前二二一年，是一個諸侯爭雄的時代。當時有魏、趙、韓、齊、秦、楚、燕七個強大的諸侯國，縱橫捭闔，爭戰連年，最後為秦所統一。❸密邇　靠近；貼近。❹羣帥　指靠近睢陽的各將帥，如譙郡的許叔冀、彭城的尚衡、臨淮的賀蘭進明。❺羅雀掘鼠　指捕捉雀鳥、挖掘老鼠以充飢。羅，捕鳥的網，這裡用作動詞。❻括　搜求。❼癸丑　十月初九日。❽厲鬼　惡鬼。❾眥裂齒碎　指眼眶睜裂，牙齒咬碎。眥，眼眶。❿抉　挑開。⓫且　並且。⓬揚揚　指心情愉快或得意的樣子。⓭雲合鳥散　似雲一般群聚，又似飛鳥般離散。比喻聚散迅速。⓮臨機應猝　指掌握時機應付突然變化。機，時機，具有時間性的機會。猝，突然。⓯事不相及　處理事變不能前後及時。⓰識　知道；懂得。⓱投之而往　任用他們前往戰場。投，用。⓲自修　自己修造。⓳決　決死戰鬥。⓴推誠待人　以誠意對待人。㉑信　誠實；誠信。㉒倍道亟進　指用加倍的速度趕路。倍道，兼程而行，一日行兩日的路程。亟，急；趕快。㉓傲很　倨傲不馴。傲，倨傲。很，通「狠」。心狠；不馴。

【校記】①既盡　原無此二字。據章鈺校，十二行本、乙十一行本、孔天胤本皆有此二字，張瑛《通鑑校勘記》同，今據補。②吾　原無此字。據章鈺校，十二行本、乙十一行本、孔天胤本皆有此字，張瑛《通鑑校勘記》同，今據補。

【語譯】吐蕃攻陷西平郡。

尹子奇長期圍困睢陽，城中糧食已經吃盡，大家商議棄城東撤，張巡、許遠謀劃，認為：「睢陽是江、淮的保障，假如放棄睢陽離它而去，叛賊必定乘勝進兵，長驅直入，這樣江、淮一帶也保不住了。況且我軍士卒飢餓瘦弱，即使撤退也一定到不了目的地。古時候戰國諸侯，尚且會互相救援，何況離我們很近的朝廷的各位主帥呢！不如堅守以待救援。」茶紙吃盡後，就吃馬。馬吃盡後，就捕鳥雀掘老鼠。鳥雀老鼠又吃盡後，張巡帶出愛妾，殺掉分給士兵吃。許遠也殺掉他的奴僕，然後搜尋城中的婦女來吃。把婦女吃盡了，接著又吃男人中老弱的人。人人知道必死，沒有一個叛變的，最後剩下的才四百人。

十月初九日癸丑，叛賊登上城牆，將士們病體虛弱，不能作戰。張巡向西面拜了兩拜說：「臣的力量已經用盡，不能保全城池，活著既然無從報答陛下，死了也當變為厲鬼來殺賊！」城於是被攻陷，張巡、許遠都被抓獲。尹子奇問張巡說：「聽說您每次作戰都眼眶睜裂，牙齒咬碎，為什麼？」張巡說：「我志在吞滅逆賊，只是力量還不能夠罷了！」尹子奇用刀撬開張巡的口探看，所剩的牙齒只有三四顆了。尹子奇認為他的行為實屬忠義，想保住他的命。尹子奇的部下說：「他是堅守節操的人，最終也不會為我們所用。而且他深得軍心，留下他，將成後患。」於是連同南霽雲、雷萬春等三十六人都被殺掉。張巡臨死時，神色毫不慌亂，意氣揚揚如同平常一樣。許遠被活著送到洛陽。

張巡當初守衛睢陽時，士卒達萬人，城中居民也有將近幾萬人，張巡只要見一次面問了他的姓名，以後再見沒有不認識的。前後經歷的大小戰鬥總共有四百多次，殺死賊兵十二萬人。張巡用兵不依照古代兵法教練作戰陣勢，命令各部主管將領各自按照自己的想法去教練部下。有人詢問其中的緣故，張巡說：「現在同胡虜作戰，他們像雲、鳥一樣忽合忽散，變化無常，幾步之間，態勢就會不同。臨機應對突然的變化，往往就在極短暫的時間之內。如果動輒詢問大將的意見，事情就會來不及處置，這就不是一個懂得用兵會瞬息變化的人了。所以我讓士兵知道將領的意圖，將領瞭解士兵的情況，把他們投往戰場，就像手使用指頭一樣自如。士兵與將領互相熟悉，人自為戰，不也很好嗎！」自從與叛軍交戰以來，攻防器械、鎧甲兵器都從敵人那裡奪取，未曾自己修造過。每次作戰，將士中有人後退離散，張巡就站在戰場上，對將士們說：「我不離開這裡，你們為我回去繼續決戰。」將士們沒有一個敢不返回戰場，拼死作戰，最終擊敗敵人。張巡又能誠懇待人，沒有什麼可猜疑和隱瞞的，遇上敵人隨機應變，出奇制勝的辦法極多，號令嚴明，賞罰一定兌現，與大家共歷甘苦寒暑，所以部下爭相拼死效力。

張鎬聽說睢陽被圍緊急，就兼程急進，並傳檄浙東、浙西、淮南、北海各節度使以及譙郡太守閭丘曉，讓他們同去救援。閭丘曉平時倨傲不馴，不聽從張鎬的命令。等張鎬趕到，睢陽城已陷落三天。張鎬召來閭丘曉，用棍棒打死了他。

張通儒等收餘眾走保陝，安慶緒悉發洛陽兵，使其御史大夫嚴莊將❶之，就通儒，以拒官軍，并舊兵❷步騎猶十五萬。己未❸，廣平王俶[1]至曲沃❹。回紇葉護使其將軍鼻施吐撥裴羅❺等引軍旁❻南山搜伏❼，因駐軍嶺北。郭子儀等與賊遇於新店❽。賊依山而陳，子儀等初與之戰不利，賊逐之下山。回紇自南山襲其背，於黃埃❾中發十餘矢。賊驚顧曰：「回紇至矣！」遂潰。官軍與回紇夾擊之，賊大敗，僵尸蔽野。嚴莊、張通儒等棄陝東走，廣平王俶、郭子儀入陝城，僕固懷恩等分道追之。

嚴莊先入洛陽告安慶緒。庚申❿夜，慶緒帥其黨自苑門出，走河北⓫，殺所獲唐將哥舒翰、程千里等三十餘人而去。許遠死於偃師⓬。

壬戌⓭，廣平王俶入東京。回紇⓮意猶未厭⓯，俶患之。父老請率羅錦⓰萬匹以賂回紇，回紇乃止。

成都使還⓱，上皇誥曰：「當與我劍南一道自奉⓲，不復來矣。」上憂懼，不知所為。數日[2]，後使者至⓳，言：「上皇初得上請歸東宮表，彷徨不能食，欲不歸。及羣臣表至，乃大喜，命食作樂，下誥定行日。」上召李泌告之曰：「皆卿力也！」

泌求歸山不已，上固留之，不能得，乃聽歸衡山⑳。敕郡縣為之築室於山中，給三品料㉑。

癸亥㉒，上發鳳翔，遣太子太師韋見素入蜀奉迎上皇。

乙丑㉓，郭子儀遣左兵馬使張用濟、右武鋒使渾釋之將兵取河陽及河內。嚴莊來降。陳留人殺尹子奇，舉郡㉔降。田承嗣圍來瑱於潁川，亦遣使來降。郭子儀應之緩，承嗣復叛，與武令珣皆走河北。制以瑱為河南節度使[3]。

丙寅㉕，上至望賢宮，得東京捷奏。丁卯㉖，上入西京。百姓出國門㉗奉迎，二十里不絕，舞躍呼萬歲，有泣者。上入居大明宮㉘。御史中丞崔器㉙令百官受賊官爵者皆脫巾徒跣㉚立於含元殿㉛前，搏膺頓首㉜請罪，環之以兵㉝，使百官臨視㉞之。太廟為賊所焚，上素服㉟向廟哭三日。○是日，上皇發蜀郡。

【章旨】以上為第四段，寫兩京光復，李泌歸山以保太子。唐肅宗還長安，遣使入蜀奉迎太上皇。

【注釋】❶將　統領；率領。❷舊兵　指張通儒所率領自長安撤出的士兵。❸己未　十月十五日。❹曲沃　鎮名，曲沃鎮，戰國時魏邑，唐時為鎮，在今河南靈寶東北。❺鼻施吐撥裴羅　又稱車鼻將軍，回紇軍將。❻旁　依傍。❼搜伏　搜尋埋伏。❽新店　地名，在今河南陝縣西。❾黃埃　黃土塵埃。❿庚申　十月十六日。⓫河北　黃河以北。⓬偃師　縣名，縣治在今河南偃師。⓭壬戌　十月十八日。⓮回紇　據岑仲勉《通鑑隋唐紀比事質疑》，「回紇」下應補「收府庫財帛，又大掠三日，財物不可勝計，而」十七字。⓯厭　滿足。⓰羅錦　絲織品名，綾羅錦緞。⓱成都使還　此使者當是啖庭瑤。⓲自奉　自己奉養。⑲後使者至　此謂奉群臣賀表中使相繼返回。⑳衡山　山名，在今湖南衡山縣西，為中國五嶽中的南嶽。㉑給三品料　即按三品官給俸料錢。料，俸料，按官品高低按月給予官員的薪俸錢。開元時，職事官每月一品三十一貫，二品二十四貫，三品十七貫，四品十一貫八百六十七文，五品九貫二百文，下至九品一貫八百一十七文。㉒癸亥　十月十九日。㉓乙丑　十月二十一日。㉔舉郡　全郡。㉕丙寅　十月二十二日。㉖丁卯　十月二十三日。㉗國門　都城之門。㉘大明宮　宮名，貞觀八年（西元六三四年），太宗建永安宮，次年改名大明宮。唐高宗龍朔二年（西元六六二年）增建，改名蓬萊宮。長安元年（西元七〇一年）復稱大明宮。亦謂之東內。自高宗後，皇帝常居此。故址在今陝西西安城北。㉙崔器　（？—西元七六〇年）官至御史中丞兼戶部侍郎。傳見《舊唐書》卷一百十五、《新唐書》卷二百九。㉚脫巾徒跣　指脫去頭巾，赤腳步行。巾，冠的一種，以葛或縑製成，橫著額上。徒跣，徒步。㉛含元殿　大明宮的前殿。㉜搏膺頓首　指捶打胸口，磕頭及地。搏膺，捶擊胸口，以示悔恨。頓首，頭叩地而拜。㉝環之以兵　四周用兵士看守。㉞臨視　到此觀看。㉟素服　白色衣服。

【校　記】〔1〕俶　原無此字。據章鈺校，十二行本、乙十一行本、孔天胤本皆有此字，今據補。〔2〕數日　原無此二字。據章鈺校，十二行本、乙十一行本、孔天胤本皆有此二字，張敦仁《通鑑刊本識誤》同，今據補。〔3〕河南節度使　據章鈺校，十二行本、乙十一行本、孔天胤本皆作「淮南節度使」。按，《舊唐書》卷一百十四、《新唐書》卷一百四十四〈來瑱傳〉載兩京平定前，來瑱曾改任淮南西道節度。

【語　譯】張通儒等人收拾殘餘部眾退守陝郡，安慶緒徵發洛陽的全部兵馬，派他的御史大夫嚴莊統領，靠攏張通儒，抵禦官軍，加上舊有兵力步兵騎兵還有十五萬人。十月十五日己未，廣平王俶到達曲沃。回紇葉護派他的將軍鼻施吐撥裴羅等人帶領軍隊沿南山搜尋伏兵，因此就駐紮在嶺北。郭子儀等人與叛賊在新店相遇。叛賊依山列陣，郭子儀等人最初與叛賊交戰不利，叛賊把他們趕下山。回紇從南山襲擊叛賊的背後，在黃土塵埃中發出十幾支箭。叛賊吃驚地回頭一看說：「回紇兵到了！」於是潰散。官軍和回紇兵前後夾擊，叛賊大敗，屍橫遍野。嚴莊、張通儒等人放棄陝郡向東逃走，廣平王李俶、郭子儀等進入陝城，僕固懷恩等人分頭追擊叛賊。

嚴莊先入洛陽報告安慶緒。十月十六日庚申夜晚，安慶緒率黨羽從苑門出逃，逃往河北，殺掉所俘獲的唐朝將領哥舒翰、程千里等三十多人而離去。許遠死在偃師。

十月十八日壬戌，廣平王李俶進入東京。回紇軍的欲望還沒有滿足，李俶很憂慮。父老們請求搜羅綾羅錦緞一萬匹來賄賂回紇，回紇這才罷休。

派往成都的使者回來了，帶回的太上皇誥命說：「希望給我劍南一道來養老，我不再來長安了。」肅宗憂慮害怕，不知道該怎麼辦。過了幾天，後來派去的使者回來，說：「太上皇剛開始得到皇上請求回歸東宮的表文後，彷徨不安，吃不下飯，想不回長安。等群臣的賀表到後，這才大喜，下令備飯奏樂，並頒下誥命確定起程日期。」肅宗召來李泌告訴他說：「這都是你的功勞啊！」

李泌不停地請求歸隱山中，肅宗再三挽留，沒能成功，只好聽任他回到衡山。敕命郡縣在山中替他修築房屋，按三品官支付俸料錢。

十月十九日癸亥，肅宗從鳳翔出發，派太子太師韋見素入蜀恭迎太上皇。

十月二十一日乙丑，郭子儀派左兵馬使張用濟、右武鋒使渾釋之率軍攻取河陽及河內。嚴莊前來投降。陳留人殺了尹子奇，全郡歸降。田承嗣在潁川包圍來瑱，也派使者來降。郭子儀答應得慢了一點，田承嗣又一次反叛，與武令珣一起逃到河北。肅宗下制書任命來瑱為河南節度使。

十月二十二日丙寅，肅宗到達望賢宮，得到收復東京的捷報。二十三日丁卯，肅宗進入西京。老百姓跑到都城門外恭迎，人群綿延二十里，大家手舞足蹈，高呼萬歲，還有哭泣的人。肅宗入住大明宮。御史中丞崔器命令原朝廷官員中接受過叛賊官爵的人都解下頭巾赤腳步行，站在含元殿前，捶胸磕頭請罪，周圍用士兵看守，並讓百官站在上面觀看。太廟被叛賊焚毀，肅宗穿著白色衣服向太廟號哭了三天。〇這一天，太上皇從蜀郡出發。

安慶緒走保鄴郡❶，改鄴郡為成安府[1]，改元天成。從騎不過三百，步卒不過千人，諸將阿史那承慶等散投常山、趙郡、范陽。旬日間，蔡希德自上黨，田承嗣自潁川，武令珣自南陽，各帥所部兵歸之。又召募河北諸郡人，眾至六萬，軍聲復振。

廣平王俶之入東京也，百官受安祿山父子官者陳希烈等三百餘人，皆素服悲泣請罪。俶以上旨釋之，尋勒赴❷西京。己巳❸，崔器令詣朝堂❹請罪，如西京百官之儀，然後收繫大理、京兆獄。其府縣所由、祗承人❺等受賊驅使追捕者，皆收繫之。

初，汲郡甄濟❻有操行❼，隱居青巖山，安祿山為采訪使，奏掌書記。濟察祿山有異志，詐得風疾，舁❽歸家。祿山反，使蔡希德引行刑者二人，封刀召❾之。濟引首待刀。希德以實病❿白祿山。後安慶緒亦使人強舁至東京，月餘，會廣平王俶平東京，濟起，詣軍門上謁。俶遣詣京師，上命館之於三司⓫，令受賊官爵者列拜以愧其心，以濟為祕書郎⓬。國子司業⓭蘇源明⓮稱病不受祿山官，上擢為考功郎中⓯、知制誥。壬申⓰，上御丹鳳門⓱，下制：「士庶受賊官祿，為賊用者，令三司條件⓲聞奏。其因戰被虜，或所居密近，因與賊往來者，皆聽自首⓳除罪。其子女為賊所污者，勿問。」

癸酉⑳，回紇葉護自東京還，上命百官迎之於長樂驛㉑。上與宴於宣政殿，葉護奏以「軍中馬少，請留其兵於沙苑㉒，自歸取馬，還為陛下掃除范陽餘孽㉓。」上賜而遣之。

十一月，廣平王俶、郭子儀來自東京，上勞㉔子儀曰：「吾之家國，由卿再造。」

張鎬帥魯炅、來瑱、吳王祗、李嗣業、李奐五節度徇河南、河東郡縣，皆下之，惟能元皓據北海、高秀巖據大同未下。

己丑㉕，以回紇葉護為司空、忠義王，歲遺回紇絹二萬匹，使就朔方軍受之。

以嚴莊為司農卿㉖。

上之在彭原也，更以栗為九廟主㉗。庚寅㉘，朝享於長樂殿㉙。

【章旨】以上為第五段，寫叛賊龜縮河北，官軍光復河南、河東。唐肅宗、太子恢復兩京秩序。

【注釋】❶鄴郡　天寶元年（西元七四二年）改魏郡置，治所在今河南安陽。❷勒赴　強令趕赴。❸己巳　十月二十五日。❹朝堂　大明宮含元殿左右，左曰東朝堂，右曰西朝堂。❺所由祗承人　所由，主辦官員；有關官員。唐以來多指地方小吏或差役。祗承人，指聽命受使喚的差役。❻甄濟　字孟成，中山無極（今河北無極）人，天寶中隱居，不從安祿山反。官至侍御史。傳見《舊唐書》卷一百八十七下、《新唐書》卷一百九十四。❼操行　操守、品行。❽舁　抬。❾封刀召　以入封之刀相徵召，應召則已，不應則啟刀殺之。❿實病　確實有病。⓫館之於三司　館，止宿。三司，由御史臺、刑部、大理寺聯合組成的審判大案或要案的機構。肅宗收復長安，命三司會同審理受安氏父子偽官者。甄濟以不從亂軍，使止宿於三司，讓從偽者列拜而感內心有愧。⑫祕書郎　官名，祕書省有祕書郎四員，掌管四部圖書典籍。⑬國子司業　官名，國子監副長官，協助長官國子祭酒掌管國子、太學、四門、律、書、算等六種學校的教育行政。⑭蘇源明　工文辭，天寶間名聞於世，與杜甫相友。曾官東平太守，卒於祕書少監。傳見《新唐書》卷二百二。⑮考功郎中　官名，尚書省吏部考功司長官，掌文武官吏的考課。⑯壬申　十月二十八日。⑰丹鳳門　大明宮的正南門。⑱條件　逐條逐件。⑲自首　犯罪者自行投案，陳說罪行。⑳癸酉　十月二十九日。㉑長樂驛　驛站名，在長安外郭城東通化門外長樂坡上。㉒沙苑　地名，在今陝西大荔南。其苑東西八十里，南北三十里，置有沙苑監。㉓孽　孽黨；參加叛亂的人。㉔勞　慰勞。㉕己丑　十一月十五日。㉖司農卿　官名，司農寺長官，掌全國倉儲及農林園苑等政務。㉗以栗為九廟主　即以栗木做九廟神主。安史之亂，帝室西遷，原有神主為安軍所毀，故肅宗權立栗主。九廟，古代帝王立七廟（三昭三穆及太祖之廟）以祀祖先，至王莽增建黃帝太初祖廟和帝虞始祖昭廟，共九廟。以後歷代封建王朝亦沿用九廟。㉘庚寅　十一月十六日。㉙朝享於長樂殿　朝享，亦稱朝廟，天子至宗廟祭祀祖宗。長樂殿，在大明宮長樂門內。宗廟為安軍所毀，故暫時於長樂殿祭祀祖宗。

【校　記】①成安府　原作「安成府」，今據嚴衍《通鑑補》改作「成安府」。按，《舊唐書》卷二百上、《新唐書》卷二百二十五上〈安慶緒傳〉載慶緒改相州曰成安府，並改元，設百官。

【語　譯】安慶緒退守鄴郡，把鄴郡改名為成安府，改年號為天成。跟隨安慶緒的騎兵不過三百人，步兵不過一千人，其他部將阿史那承慶等分散投奔到常山、趙郡、范陽。十天之內，蔡希德從上黨，田承嗣從潁川，武令珣從南陽，各自率領本部兵馬聚攏過來。又召募河北各郡的人，部眾達到六萬人，軍隊的聲勢又振作起來。

廣平王李俶進入東京時，原朝廷官員中接受過安祿山父子官職的陳希烈等三百多人，都穿著白色衣服傷心哭泣請罪。李俶根據肅宗的旨意釋放了他們，不久又強令他們趕赴西京。十月二十五日己巳，崔器命令他們到朝堂請罪，就像西京接受偽職的官員所舉行的儀式一樣，然後把他們收押在大理寺和京兆的獄中。那些各府縣中受叛賊驅使幹過事的小官吏和差役們，也都被收押起來。

當初，汲郡的甄濟講求操行，隱居在青巖山，安祿山做采訪使時，曾上奏讓他擔任掌書記。甄濟覺察到安祿山有謀反之心，假裝中風，讓人抬回了家。安祿山反叛，派蔡希德帶兩個行刑的人，拿著裝在封套中的刀去徵召他。甄濟伸著頭等待刀砍。蔡希德把他確實有病的情況稟告了安祿山。後來安慶緒也派人強行把他抬到東京，一個多月後，適逢廣平王李俶平定東京，甄濟起身，到軍門謁見李俶。李俶派他到京師，肅宗讓他住在三司的館舍裡，命令接受過叛賊官爵的人列隊向他下拜，讓這些人內心感到羞愧，任命甄濟為祕書郎。國子司業蘇源明藉口生病沒有接受安祿山的官職，肅宗提拔他為考功郎中、知制誥。十月二十八日壬申，肅宗親臨丹鳳門，頒下制書：「官吏百姓中接受過叛賊官職俸祿以及為叛賊幹過事的人，令三司分別不同情況奏報上來。那些因交戰而被俘，或因居住的地方鄰近叛賊，因此與叛賊往來的，都允許他們自首免罪。那些子女被叛賊所玷汙的，不再追究。」

十月二十九日癸酉，回紇葉護從東京返回，肅宗命百官在長樂驛迎接。肅宗在宣政殿設宴款待他，葉護上奏認為「軍中馬匹少，請求把他的軍隊留在沙苑，自己回去取馬，返回以後再替陛下掃清范陽叛軍的餘孽。」肅宗賞賜他並派他回去。

十一月，廣平王李俶、郭子儀從東京來，肅宗慰勞郭子儀說：「我的家和國，是由你再造的。」張鎬率領魯炅、來瑱、吳王李祇、李嗣業、李奐五個節度使攻打河南、河東的郡縣，都攻了下來，只有能元皓佔據北海、高秀巖佔據大同沒有攻下。

十一月十五日己丑，任命回紇葉護為司空、忠義王，每年贈送回紇絹兩萬匹，讓他們到朔方軍去領取。

任命嚴莊為司農卿。

肅宗在彭原時，改用栗木做九廟神主。十一月十六日庚寅，在長樂殿中祭祀宗廟祖先。

丙申❶，上皇至鳳翔，從兵六百餘人，上皇命悉以甲兵輸郡庫。上發精騎三千奉迎。十二月丙午❷，上皇至咸陽，上備法駕❸迎於望賢宮❹。上皇在宮南樓，上釋黃袍❺，著紫袍❻，望樓下馬，趨進❼，拜舞於樓下。上皇降樓，撫上而泣。上捧上皇足，嗚咽不自勝。上皇索❽黃袍，自為上著之。上伏地頓首固辭。上皇曰：「天數❾、人心皆歸於汝，使朕得保養餘齒，汝之孝也！」上不得已，受之。父老在仗外❿，歡呼且拜。上令開仗，縱千餘人入謁上皇，曰：「臣等今日復睹二聖相見，死無恨矣！」上皇不肯居正殿⓫，曰：「此天子之位也。」上固請，自扶上皇登殿。尚食⓬進食，上品嘗⓭而薦⓮之。

丁未⓯，將發行宮，上親為上皇習馬⓰而進之。上皇[1]上馬，上親執鞚⓱，行數步，上止之。上乘馬前引，不敢當馳道⓲。上皇謂左右曰：「吾為天子五十年，未為貴。今為天子父，乃貴耳！」左右皆呼萬歲。上皇自開遠門⓳入大明宮，御含元殿，慰撫百官。乃詣長樂殿謝九廟主，慟哭久之。即日，幸興慶宮，遂居之。上累表請避位還東宮，上皇不許。

辛亥⓴，以禮部尚書李峴、兵部侍郎呂諲為詳理使㉑，與御史大夫崔器共按陳希烈等獄。峴以殿中侍御史李栖筠為詳理判官㉒，栖筠多務平恕㉓，故人皆怨諲、器之刻深㉔，而峴獨得美譽。

戊午㉕，上御丹鳳樓㉖，赦天下，惟與安祿山同反及李林甫、王鉷、楊國忠子孫不在免例。立廣平王俶為楚王，加郭子儀司徒，李光弼司空，自餘蜀郡、靈武扈從立功之臣皆進階㉗賜爵，加食邑有差。李憕、盧奕、顏杲卿、袁履謙、許遠、張巡、張介然、蔣清、龐堅等皆加追[2]贈，官其子孫。戰亡之家，給復㉘二載。郡縣來載租、庸三分蠲㉙一。近所改郡名、官名，一依故事㉚。以蜀郡為南京，鳳翔為西京，西京為中京㉛。以張良娣為淑妃，立皇子南陽王係㉜為趙王，新城王僅㉝為彭王，潁川王僩㉞為兗王，東陽王侹㉟為涇王，僙㊱為襄王，倕㊲為杞王，偲㊳為召王，佋㊴為興王，侗㊵為定王。

議者或罪張巡以守睢陽不去，與其食人，曷若㊶全人。其友人李翰為之作傳，表上之，以為：「巡以寡擊眾，以弱制彊，保江、淮以待陛下之師。師至而巡死，巡之功大矣。而議者或罪巡以食人，愚巡以守死㊷，善遏惡揚，錄瑕棄用㊸，臣竊痛之。巡所以固守者，以待諸軍之救。救不至而食盡，食既盡而及人，乖其素志㊹。設使巡守城之初已有食人之計[3]，損數百之眾以全天下，臣猶曰功過相掩㊺，況非其素志乎！今巡死大難㊻，不睹休明㊼，唯有令名㊽是其榮祿㊾。若不時㊿紀錄(51)，恐遠而不傳(52)，使巡生死不遇(53)，誠可悲焉。臣敢撰傳一卷獻上，乞編列史官。」眾議由是始息。是後赦令無不及李憕等，而程千里獨以生執賊庭，不沾㊹褒贈。

【章旨】以上為第六段，寫太上皇還京師，唐肅宗大赦天下，封功臣，李翰為張巡作傳。

【注釋】❶丙申　十一月二十二日。❷丙午　十二月初三日。❸法駕　皇帝的車駕，也稱法車。其禮儀規格低於大駕，高於小駕。❹望賢宮　唐離宮名，在當時咸陽東，距長安城四十里。❺黃袍　隋制，皇帝常服黃袍。唐高祖武德初，禁止士庶服黃袍，黃袍便成為皇帝專用之服。❻紫袍　唐制，三品以上官員服紫袍。❼趨進　疾步走進。趨，小步快走，以示下對上的恭敬。❽索　求取。❾天數　指天命。❿仗外　皇帝儀仗衛隊的外面。⓫正殿　皇帝聽政視朝之處。此指望賢宮正殿。⓬尚食　指殿中省尚食局官員，掌供奉御膳。⓭品嘗　帝王進膳須先由尚食奉御遍嘗食物。此指由肅宗親自品嘗後獻給玄宗。⓮薦　獻；進。⓯丁未　十二月初四日。⓰習馬　調習御馬。⓱執鞚　牽馬。鞚，馬勒。⓲不敢當馳道　即不敢走馳道正中。馳道，帝王乘馬所行之道。⓳開遠門　城門名，長安外郭城西面三門中，北為開遠門。⓴辛亥　十二月初八日。㉑詳理使　使職名，肅宗至德二載（西元七五七年）為審理在安祿山父子處做官的陳希烈等叛臣而設置的刑法差遣官。㉒詳理判官　詳理使僚屬，執掌刑獄審理的實際事務。㉓務平恕　務求公平寬厚。㉔刻深　苛刻深文，指援用法律條文苛細嚴峻，以入人罪。㉕戊午　十二月十五日。㉖丹鳳樓　丹鳳門城樓。㉗進階　提升官階。㉘給復　免除賦役。㉙蠲　除去；免除。㉚近所改郡名官名二句　玄宗天寶元年（西元七四二年），改中書省長官為右相，門下省長官為左相，尚書省左、右丞相為左、右僕射，州為郡，刺史為太守；天寶十一載，改吏部為文部，兵部為武部，刑部為憲部。至此，所有更改者還復原名。按，諸地理書皆云乾元元年郡復為州，其實至德二載十二月已有復州之文，至頒下四方，已是明年，故云乾元元年。㉛西京為中京　西京長安居洛陽、蜀郡、鳳翔、太原之中，故稱中京。㉜南陽王係　（？—西元七六二年）肅宗第二子，封南陽王、趙王、越王，為宦官李輔國所害。傳見《舊唐書》卷一百十六、《新唐書》卷八十二。㉝新城王僅　（？—西元七六〇年）唐肅宗第五子。傳見《舊唐書》卷一百十六、《新唐書》卷八十二。㉞潁川王僩　（？—西元七六一年）肅宗第六子。傳見《舊唐書》卷一百十六、《新唐書》卷八十二。㉟東陽王侹　（？—西元七八四年）肅宗第七子。傳見《舊唐書》卷一百十六、《新唐書》卷八十二。㊱僙　李僙（？—西元七九一年），肅宗第九子。傳見《舊唐書》卷一百十六、《新唐書》卷八十二。㊲倕　李倕（？—西元七九八年），肅宗第十子。傳見《舊唐書》卷一百十六、《新唐書》卷八十二。㊳偲　李偲（？—西元八〇六年），肅宗第十一子。傳見《舊唐書》卷一百十六、《新唐書》卷八十二。㊴佋　李佋（西元七五三—七六〇年），肅宗第十二子。張淑妃所生，深為肅宗鍾愛，欲立為太子，以其早薨而止，謚曰恭懿太子。傳見《舊唐書》卷一百十六、《新唐書》卷八十二。㊵侗　李侗（？—西元七六二年），肅宗第十三子，早死。傳見《舊唐書》卷一百十六、《新唐書》卷八十二。㊶曷若　何若；何不。㊷罪巡以食人二句　怪罪張巡無糧而吃人的舉動，認為張巡守城而死的做法是愚蠢、錯誤的。㊸善遏惡揚二句　抑制美好而宣揚醜惡，錄取其缺點而拋棄功勞。瑕，玉的斑點，泛指疵病、過失。㊹乖其素志　指有悖於他一向的意願。乖，違背。素，一向；向來。㊺功過相掩　功績與過失相互抵消。㊻死大難　死於國難。㊼休明　美好光明。㊽令名　美名。㊾榮祿　官職和俸祿。㊿不時　不及時。51紀錄　文字記載。52遠而不傳　時代久遠而被遺忘，不能傳之後世。53不遇　指不能得到君主的信任。54沾　沾濡，多指恩澤所及。

【校　記】①上皇　此二字原重。據章鈺校，十二行本、乙十一行本皆不重，張敦仁《通鑑刊本識誤》同，今據刪改。②追　原無此字。據章鈺校，十二行本、乙十一行本皆有此字，今據補。③計　原作「心」。據章鈺校，十二行本、乙十一行本皆作「計」，今從改。

【語　譯】十二月二十二日丙申，太上皇到達鳳翔，隨從士兵有六百多人，太上皇命令把鎧甲兵器全部交到鳳翔郡武庫中。肅宗派精銳騎兵三千人去恭迎。十二月初三日丙午，太上皇到達咸陽，肅宗備好了天子的專用車駕在望賢宮迎接。太上皇在望賢宮的南樓上，肅宗脫下黃袍，穿上紫袍，望樓下馬，小步快走進入，在樓下依儀式跪拜舞蹈。太上皇下樓，撫摸著肅宗而哭泣。肅宗手捧太上皇的腳，傷心嗚咽，以致自己都不能承受了。太上皇要來黃袍，親自替肅宗穿上。肅宗俯伏在地磕頭堅決推辭。太上皇說：「天命、人心都歸集在你身上，使我能夠安養餘年，這就是你的孝心了！」肅宗不得已，接受了黃袍。父老們站在儀仗外面，大聲歡呼並且跪拜。肅宗命令儀仗衛隊放開通道，放一千多人進來拜謁太上皇，他們說：「我們今天又一次見到兩位聖人相見，就是死也不會遺憾了！」太上皇不肯位居正殿，說：「這是天子的位置。」肅宗再三請求，親自扶太上皇登殿。主管天子飲食的官員呈進食物，肅宗要親自品嘗然後再進獻給太上皇。

十二月初四日丁未，準備從行宮出發，肅宗親自為太上皇調試馬匹然後才牽給太上皇。太上皇上馬後，肅宗親自牽馬。走了幾步，太上皇制止了他。肅宗騎著馬在前面引路，不敢走馳道的中央。太上皇對左右的人說：「我做天子五十年，還算不上尊貴。現在做了天子的父親，這才是真正的尊貴啊！」左右的人都高呼萬歲。太上皇自開遠門入大明宮，親臨含元殿，撫慰百官。再到長樂殿向九廟神主謝罪，痛哭了很久。當天，駕臨興慶宮，於是就住在那裡。肅宗多次上表請求讓出皇位返回東宮，但太上皇不許。

十二月初八日辛亥，任命禮部尚書李峴、兵部侍郎呂諲為詳理使，與御史大夫崔器共同審理陳希烈等人的案子。李峴任命殿中侍御史李栖筠為詳理判官，李栖筠審理時大多務求公平寬容，因此人們都怨恨呂諲、崔器的苛刻嚴酷，而李峴獨得人們的好評。

十二月十五日戊午，肅宗親臨丹鳳樓，大赦天下，只有與安祿山一起謀反的以及李林甫、王鉷、楊國忠的子孫不在赦免之列。立廣平王李俶為楚王，加升郭子儀為司徒，李光弼為司空，其餘在蜀郡、靈武跟隨太上皇和肅宗立功的臣子都升官晉爵，加封食邑，各有等差。李憕、盧奕、顏杲卿、袁履謙、許遠、張巡、張介然、蔣清、龐堅等人都追贈官爵，並任命他們的子孫當官。陣亡將士之家，免除兩年的賦役。各郡縣明年的租、庸減免三分之一。近年來所改的郡名、官名，完全依照舊日制度恢復原名。以蜀郡為南京，鳳翔為西京，西京為中京。立張良娣為淑妃，立皇子南陽王李係為趙王，新城王李僅為彭王，潁川王李僴為兗王，東陽王李侹為涇王，李僙為襄王，李倕為杞王，李偲為召王，李佋為興王，李侗為定王。

有的人議論怪罪張巡，認為他死守睢陽，不肯撤離，與其吃人充飢，何如棄城而保全人的生命。張巡的友人李翰替他作了一篇傳，上表給肅宗，認為：「張巡以少擊眾，以弱制強，保衛江、淮以等待陛下的部隊。陛下的部隊到達時，張巡已死，張巡的功勞太大了。有的人議論怪罪張巡吃人，認為張巡堅守致死很愚蠢，使善的受到遏止而惡的得到稱揚，只記錄其瑕疵而拋棄其作用，臣私下感到非常痛心。張巡之所以要堅守，是在等待各軍的救援。救援不來而糧食吃盡，糧食吃盡後只好吃人，這是違背他平素的心願的。假使張巡在守城之初就已有食人之計，損失幾百人而保全了天下，臣尚且要說他功勞和罪過可以相抵，何況那樣做並不是他平素的心願呢！現在張巡死於國難，看不到國家恢復美好清明，只有美名能成為他的榮耀和爵祿。如果不及時記載他的事跡，恐怕時間久遠而會失傳，如果張巡生前和死後都不被賞識，實在是件可悲的事啊。臣斗膽寫了傳記一篇獻上，請求編入史官的史料。」眾人的議論由此開始停息。此後朝廷的赦免令沒有一次不涉及李憕等人，惟獨程千里因被活捉到叛賊的朝廷中，享受不到褒揚贈官的恩澤。

甲子❶，上皇御宣政殿，以傳國寶授上，上始涕泣而受之。

安慶緒之北走❷也，其大將北平王李歸仁及精兵曳落河、同羅、六州胡數萬人皆潰歸范陽，所過俘掠，人物無遺。史思明厚為之備，且遣使逆招❸之范陽境，曳落河、六州胡皆降。同羅不從，思明縱兵擊之。同羅大敗，悉奪其所掠，餘眾走歸其國。

慶緒忌思明之彊，遣阿史那承慶、安守忠往徵兵，因密圖之。判官耿仁智說思明曰：「大夫❹崇重❺，人莫敢言，仁智願一言而死。」思明曰：「何也？」仁智曰：「大夫所以盡力於安氏者，迫於凶威❻耳。今唐室中興，天子仁聖，大夫誠帥所部歸之，此轉禍為福之計也。」裨將烏承玼亦說思明曰：「今唐室再造❼，慶緒葉上露❽耳，大夫柰何與之俱亡！若歸款❾朝廷，以自湔洗❿，易於反掌耳。」

思明以為然。承慶、守忠以五千勁騎自隨，至范陽，思明悉眾數萬逆之，相距一里所，使人謂承慶等曰：「相公及王遠至，將士不勝其喜。然邊兵怯懦，懼相公之眾，不敢進，願弛弓以安之。」承慶等從之。思明引承慶等[1]入內廳樂飲，別遣人收其甲兵，諸郡兵皆給糧縱遣之，願留者厚賜，分隸諸營。明日，囚承慶等，遣其將竇子昂奉表以所部十三郡⑪及兵八萬來降，并帥其河東節度使高秀巖亦以所部來降。乙丑⑫，子昂至京師。上大喜，以思明為歸義王、范陽節度使，子七人皆除顯官。遣內侍⑬李思敬與烏承恩往宣慰，使將所部兵討慶緒。

先是，慶緒以張忠志⑭為常山太守，思明召忠志還范陽，以其將薛萼⑮攝恆州刺史，開井陘路⑯，招趙郡太守陸濟，降之。命其子朝義⑰將兵五千人攝冀州刺史，以其將令狐彰⑱為博州刺史。烏承恩所至宣布詔旨，滄、瀛、安、深、德、棣等州皆降。雖相州未下，河北率為唐有矣。

【章旨】以上為第七段，寫史思明降唐。

【注釋】❶甲子　十二月二十一日。❷安慶緒之北走　謂安慶緒從東京北走渡河。❸逆招　逆，迎。招，集。❹大夫　對人的尊稱。❺崇重　位高職重。❻凶威　兇狠和威勢。❼再造　重建。❽葉上露　樹葉上的露水，日出立即乾滅。形容存在時間短暫。❾歸款　歸順臣服。❿湔洗　洗刷汙穢。比喻改過自新。⓫十三郡　即范陽、北平、嬀川、密雲、漁陽、柳城、文安、河間、上谷、博陵、勃海、饒陽、常山。⓬乙丑　十二月二十二日。⓭內侍　宦官名，內侍省長官，開元後又在內侍之上設內侍監，內侍則成為副長官。職掌宮掖侍奉宣傳之事。⓮張忠志　(西元七一七—七八一年)奚人，先事安祿山，後歸唐朝，肅宗賜名李寶臣。官至檢校司空、同中書門下平章事，封隴西郡王。傳見《舊唐書》卷一百四十二、《新唐書》卷二百十一。⓯薛蕚　唐高宗時名將薛仁貴之孫，官至太子少師。傳見《舊唐書》卷一百二十四。⓰開井陘路　打開由太原出兵經過井陘關入常山的通路。⓱朝義　史朝義(?—西元七六三年)，史思明之子，參加安史之亂，殺父繼其位，後兵敗被擒，梟首京師。傳見《舊唐書》卷二百上、《新唐書》卷二百二十五上。⓲令狐彰　史思明以令狐彰署博、滑二州刺史，彰旋即降唐，拜滑亳、魏博節度使，後兼御史大夫，檢校尚書右僕射。傳見《舊唐書》卷一百二十四、《新唐書》卷一百四十八。

【校　記】①等　原無此字。據章鈺校，十二行本、乙十一行本皆有此字，今據補。

【語　譯】十二月二十一日甲子，太上皇駕臨宣政殿，把傳國的寶器授與肅宗，肅宗這才流著眼淚接受了它。

安慶緒率眾向北潰逃時，他的大將北平王李歸仁以及精兵曳落河、同羅、六州胡幾萬人都潰退回范陽，所過之處擄掠劫奪，人員財物無所遺留。史思明嚴加戒備，並且派使者迎接並把他們招集到范陽境內，曳落河、六州胡都投降了。同羅不願順從，史思明發兵攻打。同羅大敗，所劫掠的東西全被史思明奪走，餘下的部眾逃回本國。

安慶緒忌憚史思明的強大，派阿史那承慶、安守忠前往徵調他的兵馬，趁機暗中圖謀他。判官耿仁智勸史思明說：「大夫您官高位重，別人沒有誰敢說話，我耿仁智願冒死進一言。」史思明說：「是什麼事?」耿仁智說：「大夫您所以為安氏竭盡全力，是迫於他們兇惡的威勢罷了。現在唐朝中興，天子仁慈聖明，大夫如能真心率部歸順，這是轉禍為福的好辦法。」裨將烏承玼也勸史思明說：「現在唐朝復興，安慶緒不過是樹葉上的露水罷了，大夫您為什麼要和他一起滅亡!如果歸順朝廷，以此來洗刷汙穢，這事易於反掌啊。」史思明認為他們說得對。

阿史那承慶、安守忠帶五千名精銳騎兵跟隨自己，到了范陽，史思明出動全軍幾萬人前去迎接，相距一里左右，派人對阿史那承慶等人說：「相公及大王遠道至此，范陽的將士們十分高興。然而守邊的士兵膽小懦弱，畏懼相公的大軍，不敢再往前走，希望你們收起弓箭刀槍以使他們安心。」阿史那承慶等人依從了。史思明帶阿史那承慶等人進入內廳作樂飲酒，另外派人收繳了他部下的鎧甲兵器，各郡的士兵都發給糧食放他們走，願意留下的厚加賞賜，分派隸屬於各軍營。第二天，囚禁了阿史那承慶等人，派部將竇子昂拿著上奏的表文以他所統領的十三郡以及八萬士兵前來歸降，還率領他的河東節度使高秀巖也帶著所統領的前來歸降。十二月二十二日乙丑，竇子昂到達京師，肅宗大喜，任命史思明為歸義王、范陽節度使，七個兒子都授予顯要官職。派內侍李思敬與烏承恩前往宣諭慰問，讓他率所統領的兵馬去討伐安慶緒。

此前，安慶緒任命張忠志為常山太守，史思明召張忠志回范陽，任命他的部將薛蕚代理恆州刺史，打開井陘的通道，招降了趙郡太守陸濟。命令他兒子史朝義率兵五千名代理冀州刺史，任命他的部將令狐彰為博州刺史。烏承恩所到之處宣布詔書的旨意，滄州、瀛州、安州、深州、德州、棣州等都來歸降。雖然相州還沒有降服，但河北大都已歸唐朝所有了。

上皇加上尊號曰光天文武大聖孝感皇帝。○郭子儀還東都，經營河北。

崔器、呂諲上言：「諸陷賊官，背國從偽，準律❶皆應處死。」上欲從之。李峴以為：「賊陷兩京，天子南巡，人自逃生。此屬皆陛下親戚或勳舊子孫，今一概以叛法處死，恐乖仁恕之道。且河北未平，羣臣陷賊者尚多。若寬之，足開自新之路。若盡誅之[1]，是堅其附賊之心也。書曰：『殲厥渠魁，脅從罔理❷。』諲、器守文❸，不達❹大體，惟陛下圖之❺。」爭之累日，上從峴議，以六等定罪，重者刑之於市，次賜自盡，次重杖一百，次三等流、貶。壬申❻，斬達奚珣等十八人於城西南獨柳樹❼下，陳希烈等七人賜自盡於大理寺，應受杖者於京兆府門。

上欲免張均、張垍死，上皇曰：「均、垍事賊，皆任權要。均仍❽為賊毀吾家事，罪不可赦。」上叩頭再拜曰：「臣非張說父子，無有今日❾。臣不能活均、垍，使死者有知，何面目見說於九泉！」因俯伏流涕。上皇命左右扶上起，曰：「張垍為汝長流❿嶺表。張均必不可活，汝更勿救。」上泣而從命。

安祿山所署河南尹張萬頃獨以在賊中能保庇百姓不坐。頃之，有自賊中來降[2]者，言唐羣臣從安慶緒在鄴者，聞廣平王赦陳希烈等，皆自悼⓫，恨失身賊庭。及聞希烈等誅，乃止。上甚悔之。

臣光曰：「為人臣者，策名委質⓬，有死無貳。希烈等或貴為卿相，或親連肺腑⓭，於承平之日，無一言以規人主之失，救社稷之危，迎合苟[3]容，以竊富貴。及四海橫潰⓮，乘輿播越⓯，偷生苟免，顧戀妻子，媚賊稱臣，為之陳力⓰，此乃屠酤⓱之所羞，犬馬之不如。儻⓲更[4]全其首領⓳，復其官爵，是諂諛之臣無往而不得計也。彼顏杲卿、張巡之徒，世治則擯斥外方，沈抑下僚⓴，世亂則委棄孤城，齏粉寇手㉑，何為善者之不幸而為惡者之幸，朝廷待忠義之薄而保姦邪之厚邪！至於微賤之臣，巡徼之隸㉒，謀議不預，號令不及，朝聞親征之詔，夕失警蹕㉓之所，乃復責其不能扈從，不亦難哉！六等議刑，斯亦可矣，又何悔焉！」

故妃韋氏㉔既廢為尼，居禁中，是歲卒。

置左、右神武軍㉕，取元從子弟㉖充，其制皆如四軍㉗，總謂之北牙六軍。又擇善騎射者千人為殿前射生手，分左、右廂，號曰英武軍。

升河中防禦使㉘為節度，領蒲、絳等七州㉙。分劍南為東、西川節度㉚，東川領梓、遂等十二州。又置荊澧節度㉛，領荊、澧等五州，夔峽節度㉜，領夔、峽等五州。更安西曰鎮西。

【章旨】以上為第八段，寫肅宗分六等處置叛賊降人，受到司馬光的稱讚。

【注釋】❶準律　依照法律。❷殲厥渠魁二句　語出《尚書・胤征》：「殲厥渠魁，脅從罔治。」因避唐高宗李治的諱，改「治」為「理」。這句話意為要除滅首領，但不要懲治那些被迫從命的人。殲，盡；滅。厥，代詞，那個。渠魁，首領。脅從，被迫跟從。罔，副詞，不要。理，懲處。❸守文　指拘泥成法。文，法度。❹不達　不通曉。❺惟陛下圖之　惟，表示希望。圖，想；反覆考慮。❻壬申　十二月二十九日。❼獨柳樹　在長安子城西南隅。❽仍　屢次；多次。❾臣非張說父子二句　玄宗為太子時，遭太平公主忌恨，派人密探東宮動靜，時楊妃已妊娠，玄宗懼，密令張說給去胎藥以墮除，張說以「天命也，無宜他慮」言之，玄宗乃止，楊妃便生肅宗。肅宗被立為太子後，李林甫等人多次欲讒廢，賴張均、張垍兄弟保護，才得幸免。❿長流　永久流放。⓫自悼　自我哀傷。⓬策名委質　語出《左傳》僖公二十三年：「策名委質，貳乃辟也。」意即做官事君，就是把自己的身體都交給君王，必須死守為臣之節，不能有二心。策名，指出仕、做官。委，付託。質，自身形體。⑬肺腑　指帝王的近親。⑭橫潰　徹底崩潰；完全潰散。⑮乘輿播越　指天子流亡在外。乘輿，天子乘坐的車馬，這裡代指天子。播越，離散；流亡。⑯陳力　施展才力。⑰屠酤　屠戶和賣酒者。舊時視此種職業卑賤，也用以稱出身寒微的人。⑱儻　假如。⑲首領　頭和頸。⑳擯斥外方二句　被排斥到外地，做低微官職而不得升遷。擯斥，排斥；棄絕。外方，外地。沈抑，沉滯、壓抑，指仕宦不得升進。下僚，職位低微的官吏。㉑委棄孤城二句　二句意為拋棄在無援的孤城，讓其粉身碎骨於敵人之手。委棄，棄置；丟棄。齏粉，細粉；碎屑。喻為粉身碎骨。㉒巡徼之隸　巡邏的差役。巡徼，巡邏。㉓警蹕　古時帝王出入稱警蹕。左右侍衛為警，止人清道為蹕。皇帝出入，要嚴加警戒，斷絕行人。㉔故妃韋氏　韋氏是肅宗為太子時之妃，天寶五載（西元七四六年）李林甫興獄，妃兄韋堅連坐得罪賜死，太子懼，請與妃離婚，妃遂削髮為尼，居禁中佛舍，至此卒。事見本書卷二百十五、《舊唐書》卷五十二。㉕左右神武軍　北衙禁軍名，北衙原有左右羽林軍、左右龍武軍，至德二載（西元七五七年）肅宗收復京城，鑑於羽林軍減耗，寇難未息，乃別置左右神武軍，總稱為「北衙六軍」。㉖元從子弟　指隨從肅宗馬嵬北上以及自靈武還長安官員的子弟。元從，自始相隨從。㉗其制皆如四軍　四軍，北衙四軍，即左、右羽林軍，左、右龍武軍。神武軍建制如羽林、龍武軍一樣，設大將軍各一員正三品，將軍各二員從三品。㉘河中防禦使　即河中防禦守捉蒲關使，至德元載置，治所在今山西永濟。㉙領蒲絳等七州　七州是：蒲、絳、隰、慈、晉、虢、同。㉚分劍南為東西川節度　至德二載分劍南節度使為東、西川節度使；東川節度使治所在今四川三臺，領梓、遂、綿、劍、龍、閬、普、陵、瀘、榮、資、簡十二州，相當於今四川盆地中部涪江流域以西，沱江下游以東，以及劍閣、青川等縣地；西川節度使治所在今四川成都，領成都府及彭、蜀、漢、眉、嘉、邛、茂、黎、雅等州，相當於今四川成都平原及其以北以西和雅礱江以東地區。㉛荊澧節度　至德二載置，治所在今湖北江陵，領荊、澧、朗、郢、復五州。㉜夔峽節度　至德二載置，領夔、峽、涪、忠、萬五州。

【校　記】①之　原無此字。據章鈺校，十二行本、乙十一行本、孔天胤本皆有此字，今據補。②降　原無此字。據章鈺校，十二行本、乙十一行本、孔天胤本皆有此字，今據補。③苟　據章鈺校，十二行本、乙十一行本皆作「取」。④更　原作「各」。據章鈺校，十二行本、乙十一行本皆作「更」，張瑛《通鑑校勘記》同，今從改。

【語　譯】太上皇加封肅宗尊號為光天文武大聖孝感皇帝。○郭子儀回到東都，經營河北地區。

崔器、呂諲進言：「那些投降叛賊的官員，背叛國家，跟隨偽朝，依照法律都應處死。」肅宗打算聽從這個意見。李峴認為：「叛賊攻陷兩京，天子南巡避難，人們各自逃生。這些降賊的人都是陛下的親戚或有功勳的舊臣的子孫，現在一概以叛國法律處死，恐怕有違仁愛寬恕之道。況且河北地區尚未平定，群臣中降賊的還很多。如果寬大處理這些人，就充分開啟了他們重新做人的道路。如果全都處死，就會使他們依附叛賊的心意更加堅定。《尚書》說：『消滅那些為首作惡的，對被迫跟隨的人不必懲處。』呂諲、崔器拘泥於法律條文，不識大局，希望陛下考慮。」爭論多日，肅宗聽從了李峴的意見，分六等定罪，罪重者在街市處死，其次賜他們自盡，再其次重打一百棍，以下三等是流放、貶官。十二月二十九日壬申，在城西南獨柳樹下將達奚珣等十八人斬首，陳希烈等七人在大理寺被賜自盡，應該受棍打的在京兆府門前執罰。

肅宗想要免除張均、張垍的死罪，太上皇說：「張均、張垍侍奉叛賊，都擔任有權勢的要職，張均屢次替叛賊毀壞我的家業，罪不可赦。」肅宗磕頭再拜說：「我如果不是因為張說父子的幫助，不會有今天。我如果不能使張均、張垍活命，假使死者有知，我有什麼臉面在九泉之下去見張說！」說著俯伏在地流淚不止。太上皇讓左右的人扶起肅宗，說：「看在你的面子上把張垍永久流放到嶺南。但張均一定不能活命，你不要再救他了。」肅宗哭著依從了太上皇的命令。

安祿山所任命的河南尹張萬頃唯獨他因為身在叛賊中能保護百姓而沒有被判罪。不久，有從叛賊中前來投降的人，說在鄴郡跟隨安慶緒的原唐朝群臣，聽說廣平王赦免陳希烈等人，都自己十分傷感，悔恨失身於叛賊。等到聽說陳希烈等人被殺，便不再傷感悔恨了。肅宗聽後很後悔。

臣司馬光說：「做人臣的人，既然出仕，委身於君王，只有一死報效而不能有二心。陳希烈等人有的貴為卿相，有的是君王的近親，在太平的日子裡，沒有說過一句話來規勸人主的過失，解救社稷的危難，只是一味迎合，苟且容身以竊取富貴。等到天下徹底潰敗，君王流亡，他們貪生怕死，顧戀妻子兒女，向叛賊獻媚稱臣，替叛賊出力，這種行為連屠夫和賣酒的也感到羞恥，連犬馬都不如。倘若又讓他們都活命，恢復其官職爵位，這樣就讓那些阿諛奉承的臣子們到哪裡都能如願了。而像顏杲卿、張巡這樣的人，世道太平時，被排擠到外地，受壓抑屈居低微的職位，社會動亂時，被拋棄在孤城中，在敵寇手中化為齏粉，為什麼行善的人如此不幸而作惡的人卻如此幸運！為什麼朝廷對待忠義之士如此淡薄而保護奸邪小人如此優厚呢！至於那些地位低微卑賤的小臣，巡邏的差役，不參與大事的謀劃討論，也聽不到號令，早上剛聽到皇帝親征的詔書，晚上就不知道皇帝在哪裡了，卻還要責備他們沒有隨從保駕，不也是太難為人了嗎！按照六個等級論罪判刑，這也是合適的，又有什麼可後悔的呢！」

肅宗原先的妃子韋氏廢為尼姑後，住在禁中，這一年死去。

設置左、右神武軍，選取那些動亂中從一開始就隨從肅宗流離遷徙的子弟充當，其建制與左、右羽林，左、右龍武四軍一樣，總稱為北牙六軍。又選擇擅長騎馬射箭的一千人為殿前射生手，分為左、右兩廂，號為英武軍。

升河中防禦使為節度使，管轄蒲州、絳州等七州。劃分劍南節度使為東川、西川節度使，東川節度使管轄梓州、遂州等十二州。又設置荊澧節度使，管轄荊州、澧州等五州，夔峽節度使，管轄夔州、峽州等五州。改安西為鎮西。

乾元元年（戊戌　西元七五八年）

春，正月戊寅❶，上皇御宣政殿，授冊❷，加上尊號❸。上固辭「大聖」之號，上皇不許。上尊上皇曰太上至道聖皇天帝。

先是，官軍既克京城，宗廟之器❹及府庫資財多散在民間，遣使檢括❺，頗有煩擾。乙酉❻，敕盡停之，乃命京兆尹李峴安撫坊市❼。

二月癸卯❽朔，以殿中監❾李輔國兼太僕卿。輔國依附張淑妃，判元帥府行軍司馬⑩，勢傾朝野。

安慶緒所署北海節度使能元皓舉所部來降，以為鴻臚卿，充河北招討使。

丁未⑪，上御明鳳門⑫，赦天下，改元⑬。盡免百姓今載租、庸。復以載為年⑭。

○庚午⑮，以安東副大都護王玄志為營州刺史，充平盧節度使。

三月甲戌⑯，徙楚王俶為成王。○戊寅⑰，立張淑妃為皇后。

鎮西、北庭行營節度使⑱李嗣業屯河內。癸巳⑲，北庭兵馬使王惟良謀作亂，嗣業與裨將荔非元禮⑳討誅之。

安慶緒之北走也，其平原太守王暕、清河太守宇文寬皆殺其使者來降。慶緒使其將蔡希德、安太清㉑攻拔之，生擒以歸，冎㉒於鄴市。凡有謀歸者，皆[1]誅及種、族㉓，乃至部曲㉔、州縣官屬，連坐死者甚眾。又與其羣臣歃血盟㉕於鄴南，而人心益離。慶緒聞李嗣業在河內，夏，四月，與蔡希德、崔乾祐將步騎二萬，涉沁水㉖攻之，不勝而還。

癸卯㉗，以太子少師虢王巨為河南尹，充東京留守。○辛卯㉘，新主入太廟㉙。

甲寅㉚，上享太廟，遂祀昊天上帝㉛。乙卯㉜，御明鳳門，赦天下。

五月壬午㉝，制停采訪使，改黜陟使為觀察使㉞。

張鎬性簡澹㉟，不事中要㊱。聞史思明請降，上言：「思明凶險，因亂竊位，力彊則眾附，勢奪㊲則人離，彼雖人面，心如野獸，難以德懷㊳，願勿假以威權。」又言：「滑州防禦使許叔冀狡猾多詐，臨難必變，請徵入宿衛㊴。」時上以㊵寵納思明，會中使自范陽及白馬㊶來，皆言思明、叔冀忠懇㊷可信。上以鎬為不切事機㊸，戊子㊹，罷為荊州防禦使，以禮部尚書崔光遠為河南節度使。

【章旨】以上為第九段，寫唐肅宗寵信宦官李輔國，又假降賊史思明等以重權，留下隱患。

【注釋】❶戊寅　正月初五日。❷授冊　冊，冊書，是帝王詔書中最隆重的一種。凡立皇后、建太子、封諸王及封立少數民族首領時都用冊。冊是用竹簡書寫冊文。授冊的儀式，一般是皇帝臨軒，中書令讀冊，被封人再拜受冊。❸加上尊號　尊號，尊崇帝、后的稱號。秦漢以後，「皇帝」便是尊號。自唐代武則天開始，在帝、后號之上再加稱號，是為尊號（見封演《封氏聞見記》卷四）。以前的尊號為臣下所上，至此有太上皇為皇帝加尊號。玄宗為肅宗加的尊號為「光天文武大聖孝感皇帝」。❹宗廟之器　指天子祖廟的祭祀禮器。❺檢括　檢查、搜取。❻乙酉　正月十二日。❼坊市　古代城中居民聚居地稱坊，交易之所稱市。坊、市不分以後也用作街市里巷的通稱。此指坊市居民。❽癸卯　二月初一日。❾殿中監　官名，殿中省長官，掌管天子的衣食住行等事務。❿判元帥府行軍司馬　官名，元帥府僚佐，掌軍籍符伍、號令印信。⓫丁未　二月初五日。⓬明鳳門　丹鳳門改名。⓭改元　改元乾元。⓮復以載為年　玄宗天寶三年（西元七四四年）改年為載，至是復為年。⓯庚午　二月二十八日。⓰甲戌　三月初二日。⓱戊寅　三月初六日。⓲行營節度使　節度使離開本鎮，率軍在外作戰，稱行營節度使。⓳癸巳　三月二十一日。⓴荔非元禮　荔非，複姓。西羌人姓。元禮官至衛尉卿、鎮西北行營節度使。傳見《新唐書》卷一百三十六。㉑安太清　又作安泰清，安史軍大將，史思明任為天下兵馬使。其事散見《舊唐書》卷二百上〈安慶緒傳〉、《新唐書》卷二百二十五上〈史思明傳〉等篇。㉒冎　同「剮」。剔人肉。㉓誅及種族　胡人誅及種姓，漢人則滅族。㉔部曲　唐代的部曲為身繫於主人的家僕。詳見《唐律疏議》卷十七、二十。㉕歃血盟　古代舉行盟會時，雙方口含牲畜鮮血或以血塗於口旁，表示信誓，稱為歃血盟。歃，飲；喝。㉖沁水　河流名，源出山西沁源北太岳山東麓，南流到今河南武陟入黃河。㉗癸卯　四月初二日。㉘辛卯　據兩《唐書·肅宗紀》，「辛卯」應為「辛亥」。辛亥，四月初十日。㉙新主入太廟　新主，即以栗木新作的九廟神主。新建九廟完成，自長樂殿迎神主入廟。㉚甲寅　四月十三日。㉛祀昊天上帝　古代吉禮有一年的常祀二十二，其中孟夏（四月）祀昊天上帝於圜丘。昊天，蒼天。上帝，天帝；天神。㉜乙卯　四月十四日。㉝壬午　五月十一日。㉞制停采訪使二句　采訪使，地方監察使職，開元二十一年（西元七三三年）由按察使改置，因賦予「聽便宜從事，先行後聞」的處置權力，故又稱采訪處置使，天寶末年又兼黜陟使，為唐代前期地方監察使職發展的最高階段。至此，停置采訪使。黜陟使，地方監察使臣和監察使職，一般都負有黜陟官吏的使命，而專門以黜陟名使，是在天寶末年，但也是兼使，單獨派遣黜陟使應在建中（西元七八〇—七八三年）之後。觀察使，是乾元元年（西元七五八年）所置的地方監察使職，但實際上已經是兼握行政、軍事權的地方行政長官，不再是專職地方監察官。《通鑑》此處行文有欠妥當。據《唐會要》卷七十八所載詔文，四月停采訪使時對所兼的黜陟使一併停置。當年稍後，又改置觀察處置使。所以，不是只停采訪使，觀察使也不只是由黜陟使所改，應該說觀察使是由采訪使及其兼帶的黜陟使改置的。㉟簡澹　簡樸淡泊，不重名利。㊱中要　指宦官中有權勢的人物，如李輔國之流。中，中人；宦官。要，權要。㊲勢奪　勢力削弱。㊳德懷　用德去懷柔、感化。㊴宿衛　在宮禁中值宿守衛。此泛言在京城皇帝身邊任職。㊵以　同「已」。已經。㊶白馬　縣名，縣治在今河南滑縣。時為滑州治所，許叔冀駐於此。㊷忠懇　忠心誠懇。㊸不切事機　不切合事情的機變；不懂得隨機而制變。㊹戊子　五月十七日。

【校　記】1皆　原無此字。據章鈺校，十二行本、乙十一行本皆有此字，張敦仁《通鑑刊本識誤》同，今據補。

【語　譯】乾元元年（戊戌　西元七五八年）

春，正月初五日戊寅，太上皇駕臨宣政殿，授肅宗冊書，加肅宗尊號。肅宗堅決辭謝「大聖」的稱號，太上皇不許。肅宗尊太上皇為太上至道聖皇天帝。

此前，官軍攻克了京城，宗廟的禮器以及府庫中的財物大多散落在民間，派使者清查搜取，多有攪擾。正月十二日乙酉，肅宗下令全部停止，又命令京兆尹李峴去安撫街市民眾。

二月初一日癸卯，任命殿中監李輔國兼任太僕卿。李輔國依附張淑妃，兼任元帥府行軍司馬，權勢超越朝野其他人士。

安慶緒所委任的北海節度使能元皓率領部下前來歸降，任命為鴻臚卿，充河北招討使。

二月初五日丁未，肅宗親臨明鳳門，大赦天下，改換年號。全部免去百姓今年的租、庸。又把「載」改為「年」。〇二十八日庚午，任命安東副大都護王玄志為營州刺史，充平盧節度使。

三月初二日甲戌，把楚王李俶徙為成王。〇初六日戊寅，立張淑妃為皇后。

鎮西、北庭行營節度使李嗣業駐紮河內。三月二十一日癸巳，北庭兵馬使王惟良陰謀作亂，李嗣業與裨將荔非元禮討伐誅殺了他。

安慶緒向北逃走時，他的平原太守王暕、清河太守宇文寬都殺死了他的使者前來歸降。安慶緒派他的將領蔡希德、安太清攻克平原和清河，活捉他們而歸，將他們在鄴城街市上處以剮刑。凡是有謀劃歸降朝廷的安慶緒盡加誅殺，並株連其種姓或宗族，乃至部曲、州縣的官吏，被連坐處死的人非常多。安慶緒又和群臣在鄴城南歃血為盟，然而人心日益離散。安慶緒聽說李嗣業在河內，夏，四月，與蔡希德、崔乾祐率步兵騎兵兩萬人，渡過沁水去攻打，沒有取勝而退了回來。

四月初二日癸卯，任命太子少師虢王李巨為河南尹，充東京留守。〇辛卯日，新神主進入太廟。十三日甲寅，肅宗在太廟祭享，於是祭祀昊天上帝。十四日乙卯，駕臨明鳳門，大赦天下。

五月十一日壬午，下制書取消采訪使，改黜陟使為觀察使。

張鎬性情簡樸淡泊，不去巴結身居要職的宦官。聽說史思明請求歸降，向肅宗進言說：「史思明兇惡陰險，利用叛亂竊取高位，力量強大時有眾人依附，權勢遭到削弱後眾人就會離散，他雖然長的是人的模樣，內心卻如野獸一般，難以用仁德去感化他，希望不要給他威勢和權力。」又說：「滑州防禦使許叔冀狡猾多詐，遇到危難，必定生變，請徵召他進京擔任宿衛。」此時肅宗已經用恩寵來拉攏史思明，正好有宮中使者從范陽和白馬來，都說史思明、許叔冀忠誠可信。因此，肅宗認為張鎬不識事情的機變，五月十七日戊子，把張鎬貶為荊州防禦使，任命禮部尚書崔光遠為河南節度使。

張后生興王佋，纔數歲，欲以為嗣。上疑未決，從容❶謂考功郎中、知制誥李揆❷曰：「成王長，且有功，朕欲立為太子，卿意何如？」揆再拜❸賀曰：「此社稷之福，臣不勝大慶！」上喜曰：「朕意決矣！」庚寅❹，立成王俶為皇太子。揆，玄道❺之玄孫也。

乙未❻，以崔圓為太子少師，李麟為少傅，皆罷政事。上頗好鬼神，太常少卿王璵專依鬼神以求媚，每議禮儀，多雜以巫祝俚俗❼。上悅之，以璵為中書侍郎、同平章事。

贈故常山太守顏杲卿太子太保，謚曰忠節，以其子威明為太僕丞❽。杲卿之死也，楊國忠用張通幽之譖，竟無褒贈。上在鳳翔，顏真卿為御史大夫，泣訴於上，上乃出通幽為普安太守，具奏其狀於上皇，上皇杖殺通幽。

杲卿子泉明為王承業所留，因寓居壽陽❾，為史思明所虜，裹以牛革，送於范陽，會安慶緒初立，有赦，得免。思明降，乃得歸，求其父尸於東京，得之，遂并袁履謙尸棺斂以歸。

杲卿姊妹女及泉明之子皆流落河北，真卿時為蒲州刺史，使泉明往求之。泉明號泣求訪，哀感路人，久乃得之。泉明詣親故乞索❿，隨所得多少贖之，先姑姊妹而後其子。姑女為賊所掠，泉明有錢二百緡，欲贖己女，閔⑪其姑愁悴⑫，先贖姑女。比更得錢⑬，求其女，已失所在。遇羣從姊妹⑭及父時將吏袁履謙等妻子流落者，皆與之歸，凡五十餘家，三百餘口，均減資糧⑮，一如親戚。至蒲州，真卿悉加贍給，久之，隨其所適而資送之。袁履謙妻疑履謙衣衾⑯儉薄，發棺視之，與杲卿無異，乃始慚服。

六月己酉⑰，立太一壇⑱於南郊之東，從王璵之請也。上嘗不豫⑲，卜云山川為祟⑳，璵請遣中使與女巫乘驛分禱天下名山、大川。巫恃勢，所過煩擾州縣，干求㉑受贓。黃州㉒有巫，盛年㉓美色，從無賴少年數十，為蠹㉔尤甚。至黃州，宿於驛舍㉕。刺史左震晨至驛，門扃鎖㉖，不可啟。震怒，破鎖而入，曳巫於階下斬之，所從少年悉斃之。籍㉗其贓，數十萬，具以狀聞，且請以其贓代貧民租，遣中使還京師，上無以罪也。

以開府儀同三司李嗣業為懷州刺史，充鎮西、北庭行營節度使。

山人㉘韓穎㉙改造新曆，丁巳㉚，初行穎曆㉛。

【章旨】以上為第十段，寫唐肅宗立太子，定國本。顏杲卿忠烈死賊獲封贈。

【注　釋】❶從容　閒暇舒緩。❷李揆　（西元七一一—七八四年）字端卿，開元進士。官至中書侍郎、平章事、集賢殿崇文館大學士。傳見《舊唐書》卷一百二十六、《新唐書》卷一百五十。❸再拜　一拜而又拜，表示恭敬的禮節。❹庚寅　五月十九日。❺玄道　李玄道（？—西元六二九年），本隴西（今甘肅隴西縣）人，世居鄭州（今河南鄭州），為山東冠族。官至給事中，封姑臧縣男。傳見《舊唐書》卷七十二、《新唐書》卷一百二。❻乙未　五月二十四日。❼巫祝俚俗　巫祝，巫師祝禱儀式。俚俗，不文雅的習俗。❽太僕丞　官名，太僕寺屬官，掌判寺事。❾壽陽　縣名，縣治在今山西壽陽。❿詣親故乞索　向親戚故舊索取錢帛。親故，親戚故舊。乞索，乞求索取。⓫閔　同「憫」。憐憫。⓬愁悴　憂傷憔悴。⓭比更得錢　等到重新得到錢。⓮羣從姊妹　羣，諸；眾。從姊妹，堂姐妹。⓯均減資糧　指減少原來每人的口糧，與增加的人平均食用。均，平均。減，減少。資糧，物品和糧食。⓰衣衾　衣服和被褥。⓱己酉　六月初九日。⓲太一壇　祭祀太一的神壇。太一，神名，天神之最尊貴者。⓳不豫　帝王有病的避諱之辭。豫，悅；快樂。⓴祟　作祟；暗中謀害人。㉑干求　求取。㉒黃州　州名，治所在今湖北黃岡。㉓盛年　壯年。㉔蠹　蛀蝕；敗壞。㉕驛舍　驛站供往來官員住宿的房舍。㉖扃鎖　上閂；鎖門。㉗籍　登記。㉘山人　指隱士。㉙韓穎　（？—西元七六二年）善推步星相，肅宗時待詔翰林，任司天監，造新曆，稱《至德曆》。後任祕書監。代宗時以狎昵李輔國被賜死。事見《新唐書》卷一百三十三。㉚丁巳　六月十七日。㉛初行穎曆　穎曆，指韓穎所造《至德曆》。在這之前，所用曆為玄宗時僧一行所造《大衍曆》。《至德曆》行用到寶應元年（西元七六二年），代宗以為不與天合，詔司天臺增損《麟德曆》和《大衍曆》造成《五紀曆》而頒行。詳《舊唐書》卷三十二、《新唐書》卷二十九。

【語　譯】張皇后所生的興王李佋，才幾歲，皇后就想把他立為太子。肅宗猶豫未決，在閒談時對考功郎中、知制誥李揆說：「成王年長，並且立下功勞，朕想把他立為太子，你覺得如何？」李揆再拜稱賀說：「這是社稷的福氣，臣深感大可慶賀！」肅宗高興地說：「朕的心意已經決定了！」五月十九日庚寅，肅宗立成王李俶為皇太子。李揆，是李玄道的玄孫。

五月二十四日乙未，任命崔圓為太子少師，李麟為少傅，都罷除他們的政事。肅宗很喜好鬼神，太常少卿王璵專門利用鬼神之事來討好肅宗，每當討論禮儀時，王璵大多夾雜一些巫術和不文雅的習俗。肅宗很喜歡他，任命王璵為中書侍郎、同平章事。

追贈已故常山太守顏杲卿為太子太保，諡號為忠節，任命他的兒子顏威明為太僕丞。顏杲卿死的時候，楊國忠聽信張通幽誣陷的話，竟然沒有給他褒獎和贈予官爵。肅宗在鳳翔時，顏真卿任御史大夫，哭著把這事告訴了肅宗，肅宗於是把張通幽貶為普安郡太守，並把有關情況全都上奏太上皇，太上皇下令用棍打死張通幽。

顏杲卿的兒子顏泉明被王承業留下，因而寓居在壽陽縣，被史思明俘獲，用牛皮裹著，送到范陽，適逢安慶緒剛即位，受到寬赦，得以免死。史思明歸降後，他才得以回去，在東京尋找他父親的屍體，找到了，便連同袁履謙的屍體一道用棺材裝殮送回。

顏杲卿姐妹的女兒和顏泉明自己的孩子都還流落在河北，顏真卿當時任蒲州刺史，讓顏泉明到河北尋找。顏泉明哭喊著四處求訪，哀傷感動了路人，找了好久方才找到。顏泉明到親戚故舊那裡去求乞，隨著所得錢的多少去贖人，先贖姑媽的女兒然後才是自己的孩子。姑媽的女兒被叛賊搶去，顏泉明當時有錢二百緡，想要贖回自己的女兒，但又可憐他的姑媽愁苦憔悴，就先贖回姑媽的女兒。等到他再得到錢，尋找自己的女兒時，已經不知道女兒在哪裡了。顏泉明遇到許多流落在外的堂姐妹以及父親在世時的將吏袁履謙等人的妻子兒女，都帶上他們一起回來，一共有五十多家，三百多口人，於是削減原有人員的口糧分給新增人員平均食用，大家相處完全像親戚一樣。到了蒲州，顏真卿全都給予周濟救助，過了很長一段時間，隨他們的心意願到哪裡去再資助送走他們。袁履謙的妻子懷疑袁履謙裝殮時衣被過於儉省單薄，打開棺材察看，發現與顏杲卿的並無不同，這才慚愧信服。

六月初九日己酉，在南郊之東設立太一壇，這是依從王璵的請求。肅宗曾經身體不適，占卜說是山川在作祟，王璵請求派宮中使者和女巫乘驛馬分別去禱告天下名山大川。這些女巫依仗權勢，所過之處攪擾州縣，索要財物，接受贓物。黃州有一個女巫，正值壯年，長得很漂亮，身後跟著幾十名無賴少年，為害尤其嚴重。到黃州後，住在驛站館舍。黃州刺史左震清晨到驛站，見館舍門緊鎖著，打不開。左震大怒，砸壞門鎖進去，把女巫拉到屋外臺階下殺了，隨從的少年全都殺死。查點登記女巫的贓物，有好幾十萬，把實際情形詳細報告肅宗，並且請求用她的贓物來代替貧民的租稅，遣送宮中使者返回京師，肅宗無從怪罪他。

任命開府儀同三司李嗣業為懷州刺史，充任鎮西、北庭行營節度使。

山人韓穎重新制定新的曆法，六月十七日丁巳，開始實行韓穎的新曆。

戊午❶，敕兩京陷賊官，三司推究未畢者皆釋之，已[1]貶、降者續處分❷。

太子少師房琯既失職❸，頗怏怏，多稱疾不朝，而賓客朝夕盈門。其黨為之揚言於朝云：「琯有文武才，宜大用。」上聞而惡之，下制數琯罪，貶豳州❹刺史。前祭酒劉秩貶閬州❺刺史，京兆尹嚴武❻貶巴州❼刺史，皆琯黨也。

初，史思明以列將❽事平盧軍使烏知義，知義善待之。知義子承恩為信都太守，以郡降思明，思明思舊恩而全之。及安慶緒敗，承恩說[2]思明降唐。李光弼以思明終當叛亂，而承恩為思明所親信，陰使圖之。又勸上以承恩為范陽節度副使，賜阿史那承慶鐵券，令共圖思明。上從之。

承恩多以私財募部曲，又數衣婦人服詣諸將營說誘之，諸將以白思明，思明疑未察。會承恩入京師，上使內侍李思敬與之俱至范陽宣慰。承恩既宣旨，思明留承恩館於府中，帷❾其床，伏二人於床下。承恩少子在范陽，思明使省❿其父。夜中，承恩密謂其子曰：「吾受命除此逆胡，當以吾為節度使。」二人於床下大呼而出。思明乃執承恩，索⑪其裝囊⑫，得鐵券及光弼牒。牒云：「承慶事成則付鐵券。不然，不可付也。」又得簿書⑬數百紙，皆先從思明反者將士名。思明責之曰：「我何負於汝而為此！」承恩謝曰：「死罪。此皆李光弼之謀也。」思明乃集將佐吏民，西向⑭大哭曰：「臣以十三萬眾降朝廷，何負陛下，而欲殺臣！」遂榜殺⑮承恩父子，連坐死者二百餘人，承恩弟承玼走免。思明囚思敬，表上其狀。上遣中使慰諭思明曰：「此非朝廷與光弼之意，皆承恩所為，殺之甚善。」

會三司議陷賊官罪狀至范陽，思明謂諸將曰：「陳希烈輩皆朝廷大臣，上皇自棄之幸蜀，今猶不免於死，況吾屬⑯本從安祿山反乎！」諸將請思明表求誅光弼。思明從之，命判官耿仁智與其僚張不矜為表云：「陛下不為臣誅光弼，臣當自引兵就太原誅之。」不矜草表以示思明，及將入函⑰，仁智悉削⑱去之。寫表者以白思明，思明命執二人斬之。仁智事思明久，思明憐，欲活之，復召入，謂曰：「我任使汝垂三十年，今日非我負汝。」仁智大呼曰：「人生會有一死，得盡忠義，死之善者也！今從大夫反，不過延歲月，豈若速死之愈乎！」思明怒，亂捶之，腦流于地。

烏承玼奔太原，李光弼表為昌化郡王⑲，充石嶺軍使⑳。

【章　旨】以上為第十一段，寫朝廷失策，唐肅宗密謀誅殺史思明而謀洩。

【注　釋】❶戊午　六月十八日。❷續處分　《冊府元龜》卷四十一〈帝王部・寬恕〉作「續有處分」，為繼後另作處置之意。❸失職　指至德二載（西元七五七年）四月罷房琯宰相之職，任太子少師，實奪其權。❹豳州　州名，治所在今陝西彬縣。❺閬州　州名，治所在今四川閬中。❻嚴武　（西元七二六—七六五年）中書侍郎嚴挺之之子，官至黃門侍郎、劍南節度使，封鄭國公。傳見《舊唐書》卷一百十七、《新唐書》卷一百二十九。❼巴州　州名，治所在今四川巴中。❽列將　眾將之一。列，眾多。❾帷　帳幕。這裡用作動詞，意為使用帷帳。❿省　看望。⓫索　搜索。⓬裝囊　出行時盛裝用物的口袋。⓭簿書　記載人員或事物的簿籍。⓮西向　向著西方的京師長安。⓯榜殺　杖擊鞭打而死。榜，古代刑法之一，杖擊或鞭打。⓰屬　類；輩。⓱函　封套。⓲削　刪削。⓳郡王　爵名，唐封爵九等中的第二等，從一品，食邑五千戶。⓴石嶺軍使　使職名，戍守石嶺軍的差遣軍官。其地在今山西忻州。

【校　記】[1]已　原無此字。據章鈺校，十二行本、乙十一行本皆有此字，張敦仁《通鑑刊本識誤》同，今據補。[2]說　原作「勸」。據章鈺校，十二行本、乙十一行本、孔天胤本皆作「說」，張敦仁《通鑑刊本識誤》同，今從改。

【語　譯】六月十八日戊午，肅宗敕令兩京淪陷時投降叛賊的官員，三司審理尚未完畢的全都釋放，已被貶謫降職的人繼後另有處置。

太子少師房琯失去原先的職位後，很不高興，常常藉口有病不去上朝，而家裡從早到晚賓客盈門。他的黨羽替他在朝中揚言說：「房琯有文武之才，應當重用。」肅宗聽說後非常厭惡，下制書列舉房琯的罪狀，把他貶為豳州刺史。前任祭酒劉秩被貶為閬州刺史，京兆尹嚴武被貶為巴州刺史，這兩人都是房琯的黨羽。

當初，史思明以普通將領的身分在平盧軍使烏知義那裡效力，烏知義善待了他。烏知義的兒子烏承恩做信都太守，舉郡投降史思明，史思明念及舊恩保全了他。等到安慶緒失敗，烏承恩勸史思明歸降唐朝。李光弼認為史思明最終還是會叛亂的，而烏承恩是史思明親信的人，就祕密安排他圖謀對付史思明。又勸肅宗任命烏承恩為范陽節度副使，賜給阿史那承慶鐵券，命令他們一起來圖謀史思明。肅宗聽從了這個意見。

烏承恩用了許多私人財物去招募部曲，又多次穿著女人的衣服到各將領的軍營中去勸誘他們，各將領把這一情況報告了史思明，史思明有所懷疑但沒有追查。適逢烏承恩進京，肅宗派內侍李思敬和他一起到范陽宣諭慰問。烏承恩宣布聖旨後，史思明留下烏承恩在府中的客舍住宿，用帷帳把他的床圍起來，在床下埋伏了兩個人。烏承恩的小兒子在范陽，史思明讓他來看望父親。半夜裡，烏承恩悄悄地對他的兒子說：「我奉命除掉這個逆賊，將讓我做節度使。」這時埋伏的兩個人從床下大聲呼喊著衝了出來。於是史思明把烏承恩抓起來，搜查他的行囊，得到了鐵券和李光弼的公文。公文說：「阿史那承慶事情辦成了就交給他鐵券。否則，不要交給他。」又得到一個幾百頁的冊子，上面記的全是先前跟隨史思明反叛的將士的名字。史思明斥責他說：「我有什麼對不起你的而你竟幹出這種事來！」烏承恩謝罪說：「我有死罪。這都是李光弼的計謀。」史思明於是集合將領輔佐官吏百姓，面朝西大哭道：「我以十三萬部眾歸降朝廷，有什麼對不起陛下的，陛下卻要殺我！」然後打死了烏承恩父子，連坐而死的有兩百多人，烏承恩的弟弟烏承玼逃脫。史思明囚禁了李思敬，上表說明這一情況。肅宗派宮中使者來慰問曉諭史思明說：「這不是朝廷和李光弼的意思，都是烏承恩自己所為，殺了他很好。」

適逢三司處置投降叛賊官員罪狀的文書傳到范陽，史思明對眾將說：「陳希烈等人都是朝廷大臣，太上皇自己拋棄他們逃到蜀中，如今他們仍然不免一死，何況我們這些人本來就是跟隨安祿山反叛的人呢！」眾將請史思明上表要求殺了李光弼。史思明依從了，命判官耿仁智和他的幕僚張不矜寫表文說：「陛下如果不為臣誅殺李光弼，臣將親自帶兵到太原去誅殺他。」張不矜起草表文給史思明看過，等到將要裝入封套時，耿仁智把這些話全都刪去了。抄寫表文的人把這件事報告了史思明，史思明下令抓捕這兩人斬首。耿仁智在史思明麾下效力已久，史思明憐惜他，想讓他活命，又召他進來，對他說：「我任用你將近三十年，今天不是我對不住你。」耿仁智大叫說：「人生必有一死，得以竭盡忠義，這是最好的死法！現在跟隨大夫您反叛，不過是多活了些時日，哪裡像速死這樣好呢！」史思明大怒，用亂棒打他，腦漿流了一地。

烏承玼逃到太原，李光弼上表請求任命他為昌化郡王，充石嶺軍使。

秋，七月丙戌❶，初鑄當十大錢，文曰「乾元重寶」❷，從御史中丞第五琦之謀也。

丁亥❸，冊命回紇可汗曰英武威遠毗伽闕可汗，以上幼女寧國公主❹妻之。以殿中監漢中王瑀為冊禮使❺，右司郎中❻李巽❼副之，命左僕射裴冕送公主至境上。戊子❽，又以司勳員外郎❾鮮于叔明❿為瑀副。叔明，仲通之弟也。甲午⓫[1]，上送寧國公主至咸陽。公主辭訣曰：「國家事重，死且無恨。」上流涕而還。

瑀等至回紇牙帳，可汗衣赭袍⓬胡帽，坐帳中榻上，儀衛甚嚴，引瑀等立於帳外。瑀不拜而立，可汗曰：「我與天可汗⓭兩國之君，君臣有禮，何得不拜？」瑀與叔明對曰：「曏者唐與諸國為昏，皆以宗室女為公主。今天子以可汗有功，自以所生女妻可汗，恩禮至重，可汗柰何⓮以子壻傲婦翁，坐榻上受冊命邪！」可汗改容，起受冊命。明日，立公主為可敦⓯，舉國皆喜。

乙未⓰，郭子儀入朝。

八月壬寅⓱，以青、登等五州節度使⓲許叔冀為滑、濮等六州節度使。○庚戌⓳，李光弼入朝。○丙辰⓴，以郭子儀為中書令，光弼為侍中。○丁巳㉑，子儀詣行營㉒。

回紇遣其臣骨啜特勒㉓及帝德將驍騎三千助討安慶緒，上命朔方左武鋒使僕固懷恩領之。

九月庚午㉔朔，以右羽林大將軍趙泚為蒲、同、虢三州節度使㉕。○丙子㉖，招討党項使㉗王仲昇㉘斬党項酋長拓跋戎德，傳首。

安慶緒之初至鄴也，雖枝黨離析，猶據七郡㉙六十餘城，甲兵資糧豐備。慶緒不親政事，專以繕臺沼樓船㉚、酣飲為事。其大臣高尚、張通儒等爭權不叶，無復綱紀㉛。蔡希德有才略㉜，部兵精銳，而性剛，好直言，通儒譖而殺之，麾下數千人皆逃散，諸將怨怒不為用。以崔乾祐為天下兵馬使，總中外兵。乾祐復戾㉝好殺，士卒不附。

庚寅㉞，命朔方郭子儀、淮西魯炅、興平李奐㉟、滑濮許叔冀、鎮西．北庭李嗣業、鄭蔡季廣琛㊱、河南崔光遠七節度使及平盧兵馬使董秦將步騎二十萬討慶緒，又命河東李光弼、關內．澤潞王思禮二節度使將所部兵助之。上以子儀、光弼皆元勳，難相統屬，故不置元帥，但以宦官開府儀同三司魚朝恩㊲為觀軍容宣慰處置使㊳。觀軍容之名自此始。

【章　旨】以上為第十二段，寫唐肅宗與回紇和親，大發兵討叛賊安慶緒。

【注　釋】❶丙戌　七月十六日。❷初鑄當十大錢二句　乾元元年（西元七五八年）因國家經費困難，鑄錢使第五琦請鑄新錢「乾元重寶」，徑一寸，每千錢重十斤，與開元通寶錢參用，以一當十，故又稱「乾元當十錢」。詳《舊唐書》卷四十八、《新唐書》卷五十四。❸丁亥　七月十七日。❹寧國公主　肅宗第二女，乾元元年遠嫁回紇可汗，次年可汗死，公主回唐。傳見《新唐書》卷八十三。❺冊禮使　使職名，天子為冊封少數民族首領而差遣的奉冊書去進行冊封典禮的長官。❻右司郎中　官名，唐尚書都省（尚書省的總官署）有作為令僕僚屬的左右丞分管六部政務。左右司郎中、員外郎又是左右丞的副貳。左司郎中、員外郎協助左丞管吏、戶、禮三部，右司郎中、員外郎協助右丞管兵、刑、工三部。❼李巽　（西元七四七—八〇九年）字令叔，趙州贊皇（今河北贊皇）人，任度支鹽鐵使，頗有政績。官至兵部、吏部尚書。傳見《舊唐書》卷一百二十三、《新唐書》卷一百四十九。❽戊子　七月十八日。❾司勳員外郎　官名，吏部司勳司副官，協助司勳郎中掌勳官的核定和奏擬。❿鮮于叔明　（？—西元七八七年）閬州新政（今四川南部縣新政）人，代宗賜姓李，又稱李叔明。官至尚書右僕射。傳見《舊唐書》卷一百二十二、《新唐書》卷一百四十七。⓫甲午　七月二十四日。⓬赭袍　紅袍。⓭天可汗　可汗，突厥、回紇等少數民族君主的稱號。貞觀四年（西元六三〇年），各族君長請尊太宗為天可汗。以後凡唐天子給予各族君長的璽書，皆稱皇帝天可汗。此指唐肅宗。⓮柰何　如何；怎麼。⓯可敦　可汗正室之號。⓰乙未　七月二十五日。⓱壬寅　八月初三日。⓲青登等五州節度使　即前云北海節度使，領青、密、登、萊四州，今增領滑、濮二州為六州節度使。「五」疑誤。⓳庚戌　八月十一日。⓴丙辰　八月十七日。㉑丁巳　八月十八日。㉒行營　離開本鎮，處於征戰行動中的軍營。㉓骨啜特勒　回紇王子。唐授以銀青光祿大夫、鴻臚卿員外置。「勒」應作「勤」。㉔庚午　九月初一日。㉕蒲同號三州節度使　至德二載（西元七五七年）置河中節度使，領蒲、絳等七州。今分此三州置節度使，是由於爭戰之際，分命節帥以扼要地，故節度使及其所統之地，常有增減離合，隨時制宜。㉖丙子　九月初七日。㉗招討党項使　使職名，為招撫討伐党項叛酋而派出的差遣官。党項，即党項羌，族名，羌人的一支，最初分布在今青海東南部和四川西北地帶，後向北遷移，至今寧夏、陝北一帶。㉘王仲昇　又作王仲升。曾做淮西節度使、右羽林大將軍兼御史大夫。其事散見《舊唐書》卷一百十四、《新唐書》卷一百四十四〈來瑱傳〉等篇。㉙七郡　指汲、鄴、趙、魏、平原、清河、博平。㉚繕臺沼樓船　指修建供遊玩享樂的設施。繕，修建。臺，樓臺。沼，水池。樓船，有上層的遊船。㉛綱紀　法度；法紀。㉜才略　才能謀略。㉝愎戾　執拗乖僻。愎，任性；固執。戾，乖張；不講情理。㉞庚寅　九月二十一日。㉟李奐　僅知其曾任興平節度使，豫、許、汝等州節度使，劍南東川節度使。其事散見《舊唐書》卷一百十二〈李巨傳〉、《新唐書》卷二百二十五上〈史思明傳〉等篇。㊱季廣琛　曾任荊州長史，青、徐、許等六州節度使，鄭蔡節度使，宣州刺史，浙江西道節度使，右散騎常侍等官。其事散見《舊唐書》卷九十二〈韋陟傳〉、《新唐書》卷八十二〈十一宗諸子・永王璘傳〉等篇。㊲魚朝恩　（西元七二二—七七〇年）瀘州瀘川（今四川瀘州）人，天寶末年以宦者入內侍省。甚得肅宗、代宗恩寵，官歷左監門衛大將軍知內侍省事，天下觀軍容宣慰處置使，專領神策軍，兼光祿、鴻臚、禮賓、內飛龍、閑廄等使，判國子監事，加內侍監，封韓國公。大曆五年（西元七七〇年），唐代宗使宰相元載謀殺之。傳見《舊唐書》卷一百八十四、《新唐書》卷二百七。㊳觀軍容宣慰處置使　即監軍使，使職名，以宦官充任的為監督出征將帥的差遣官。權力甚大，各軍將帥均須聽其處置。

【校　記】①甲午　原誤作「甲子」。嚴衍《通鑑補》改作「甲午」，今據以校正。按，七月辛未朔，無甲子日。

【語　譯】秋，七月十六日丙戌，開始鑄造以一當十的大錢，錢上的文字為「乾元重寶」，這是採納御史中丞第五琦的建議。

七月十七日丁亥，冊封回紇可汗為英武威遠毗伽闕可汗，把肅宗的幼女寧國公主嫁給他為妻。任命殿中監漢中王李瑀為冊禮使，右司郎中李巽為副使，命左僕射裴冕護送公主到邊境上。十八日戊子，又任命司勳員外郎鮮于叔明為李瑀的副使。鮮于叔明，是鮮于仲通的弟弟。二十四日甲午，肅宗送寧國公主到咸陽。公主辭別說：「國家的事情重要，我即使死了也無所遺憾。」肅宗流著眼淚回來了。

李瑀等人來到回紇牙帳，可汗身穿紅褐色的袍子，頭戴胡人的帽子，坐在帳中榻上，儀仗衛隊十分嚴整，有人引領李瑀等人站在帳外。李瑀見了可汗站著不施跪拜，可汗說：「我和唐朝天可汗是兩國的國君，君臣之間有禮節，你怎麼能不跪拜？」李瑀和鮮于叔明回答說：「過去我們唐朝和各國通婚，都是以宗室之女作為公主。如今天子認為可汗有功，自己把親生女兒嫁給可汗為妻，恩德禮遇極為隆重，可汗怎麼能夠以女婿的身分而怠慢岳丈大人，坐在榻上接受冊命呢！」可汗迅即改變態度，起身接受冊命。第二天，立公主為可敦，舉國都很高興。

七月二十五日乙未，郭子儀入朝。

八月初三日壬寅，任命青州、登州等五州的節度使許叔冀為滑州、濮州等六州的節度使。〇十一日庚戌，李光弼入朝。〇十七日丙辰，任命郭子儀為中書令，李光弼為侍中。〇十八日丁巳，郭子儀前往節度行營。

回紇派遣大臣骨啜特勒及帝德率領驍勇騎兵三千人協助討伐安慶緒，肅宗命朔方左武鋒使僕固懷恩統領這支軍隊。

九月初一日庚午，任命右羽林大將軍趙泚為蒲州、同州、虢州三州的節度使。〇初七日丙子，招討党項使王仲昇殺了党項酋長拓跋戎德，傳送首級到京師。

安慶緒剛到鄴城時，雖然分支黨羽離散，但仍然佔據著七個郡六十多座城，鎧甲兵器物資糧食都很充足。安慶緒不親理政事，專心修繕亭臺池沼樓船，暢飲作樂。他的大臣高尚、張通儒等人因爭權不和，不再顧及法紀。蔡希德有才幹謀略，部下士兵精銳，但他性格剛強，喜歡直言，張通儒誣陷他，把他殺了，他的部下幾千人都四處逃散，各將領怨恨憤怒，不再為安慶緒所用。安慶緒任命崔乾祐為天下兵馬使，總攬內外兵權。崔乾祐固執乖戾，喜歡殺人，士卒都不願跟著他。

九月二十一日庚寅，命朔方節度使郭子儀、淮西節度使魯炅、興平節度使李奐、滑濮節度使許叔冀、鎮西・北庭節度使李嗣業、鄭蔡節度使季廣琛、河南節度使崔光遠等七個節度使及平盧兵馬使董秦率領步兵騎兵二十萬討伐安慶緒，又命河東節度使李光弼、關內・澤潞節度使王思禮等兩個節度使率領部下兵馬前去幫助。肅宗因為郭子儀、李光弼都是元勳，難以彼此統屬，所以不設立元帥，只是任命宦官開府儀同三司魚朝恩為觀軍容宣慰處置使。觀軍容的名稱從此開始。

癸巳❶，廣州奏大食、波斯❷圍州城，刺史韋利見踰城走❸，二國兵掠倉庫，焚廬舍❹，浮海而去。

冬，十月甲辰❺，冊太子，更名曰豫❻。自中興以來，羣下無復賜物。至是，始有新鑄大錢，百官、六軍❼霑賚❽有差。

郭子儀引兵自杏園❾濟河，東至獲嘉❿，破安太清，斬首四千級，捕虜五百人。太清走保衛州，子儀進圍之。丙午⓫，遣使告捷。魯炅自陽武⓬濟，季廣琛、崔光遠自酸棗⓭濟，與李嗣業兵皆會子儀於衛州。慶緒悉舉鄴中之眾七萬救衛州，分三軍，以崔乾祐將上軍，田承嗣將下軍，慶緒自將中軍。子儀使善射者三千人伏于壘垣⓮之內，令曰：「我退，賊必逐我，汝乃登壘，鼓譟而射之。」既而與慶緒戰，偽退，賊逐之，至壘下，伏兵起射之，矢如雨注。賊還走，子儀復引兵逐之，慶緒大敗。獲其弟慶和，殺之，遂拔衛州。慶緒走，子儀等追之至鄴，許叔冀、董秦、王思禮及河東兵馬使薛兼訓皆引兵繼至。慶緒收餘兵拒戰於愁思岡⓯，又敗。前後斬首三萬級，捕虜千人。慶緒乃入城固守，子儀等圍之，李光弼引兵繼至[1]。慶緒窘急，遣薛嵩求救於史思明，且請以位讓之。思明發范陽兵十三萬欲救鄴，觀望未敢進，先遣李歸仁將步騎一萬軍于滏陽⓰，遙為慶緒聲勢。

甲寅⓱，上皇幸華清宮。十一月丁丑⓲，還京師。

崔光遠拔魏州。丙戌⓳，以前兵部侍郎蕭華為魏州防禦使。會史思明分軍為三，一出邢、洺，一出冀、貝，一自洹水⑳趣魏州。郭子儀奏以崔光遠代華，十二月癸卯㉑，敕以光遠領魏州刺史。

甲辰㉒，置浙江西道節度使，領蘇、潤等十州㉓，以昇州刺史韋黃裳為之。

庚戌㉔，置浙江東道節度使，領越、睦等八州㉕，以戶部尚書李峘為之，兼淮南節度使。

己未㉖，羣臣請上尊號曰乾元大聖光天文武孝感皇帝，許之。

史思明乘崔光遠初至，引兵大下，光遠使將軍李處崟㉗拒之。賊勢盛，處崟連戰不利，還趣城。賊追至城下，揚言曰：「處崟召我來，何為不出！」光遠信之，腰斬㉘處崟。處崟，驍將，眾所恃也[2]。既死，眾無鬭志。光遠脫身走還汴州。丁卯㉙，思明陷魏州，所殺三萬人。

【章旨】以上為第十三段，寫郭子儀受命率領九節度使之兵討安慶緒，史思明復叛。

【注釋】❶癸巳　九月二十四日。❷波斯　西亞古國名，都於達曷水（今伊拉克底格里斯河）西蘇藺城（《大唐西域記》曰蘇剌薩儻那）。隋末一度被西突厥所征服，西元七世紀中葉為大食所滅。皇子卑路斯東逃吐火羅，遣使至唐求援，唐高宗以路遠出兵困難，婉言謝遣。龍朔元年（西元六六一年）唐於疾陵城（今伊朗錫斯坦省東北）置波斯都督府，由卑路斯兼任都督。咸亨五年（西元六七四年）卑路斯來唐訪問病死。調露元年（西元六七九年）高宗命大將送卑路斯子泥涅師歸國，至安西碎葉西城而止。泥涅師客居吐火羅，部落離散。中宗時泥涅師來唐，病死中國。❸踰城走　翻越城牆逃跑。❹廬舍　泛指一般房屋。❺甲辰　十月初五日。❻更名曰豫　太子生時，豫州獻嘉禾，以為祥瑞，據此更名為「豫」。❼六軍　即北衙六軍，禁軍。❽霈賚　受賞賜。❾杏園　即杏園鎮。在今河南衛輝東南，舊為黃河津渡處。❿獲嘉　縣名，縣治在今河南獲嘉。⓫丙午　十月初七日。⓬陽武　縣名，縣治在今河南原陽。⓭酸棗　縣名，縣治在今河南延津西北。⓮壘垣　壁壘，用為軍事防禦。壘，營牆；壁壘。垣，矮牆。⓯愁思岡　地名，在今河南安陽西南。⓰滏陽　縣名，縣治在今河北磁縣。⓱甲寅　十月十五日。⓲丁丑　十一月初八日。⓳丙戌　十一月十七日。⓴洹水　縣名，縣治在今河北大名西。㉑癸卯　十二月初五日。㉒甲辰　十二月初六日。㉓浙江西道節度使二句　浙江西道節度使，使職名，浙江西道差遣長官，乾元元年（西元七五八年）置，治所在昇州（今江蘇南京），領有昇、潤、宣、歙、饒、江、蘇、常、杭、湖十州。㉔庚戌　十二月十二日。㉕浙江東道節度使二句　浙江東道節度使，使職名，浙江東道差遣長官，乾元元年置，治所在越州（今浙江紹興），領有越、睦、衢、婺、台、明、處、溫八州。㉖己未　十二月二十一日。㉗李處崟　唐將，受叛軍離間而被冤殺。其事散見《舊唐書》卷一百十一、《新唐書》卷一百四十一〈崔光遠傳〉。㉘腰斬　古代酷刑。將犯人肢體斬為兩截。㉙丁卯　十二月二十九日。

【校　記】①李光弼引兵繼至　原無此句。據章鈺校，十二行本、乙十一行本、孔天胤本皆有此句，張敦仁《通鑑刊本識誤》同，今據補。②也　原無此字。據章鈺校，十二行本、乙十一行本皆有此字，張敦仁《通鑑刊本識誤》同，今據補。

【語　譯】九月二十四日癸巳，廣州奏報大食、波斯的軍隊包圍州城，刺史韋利見翻越城牆逃跑了，兩國的士兵搶劫倉庫，焚燒屋舍，從海上乘船離去。

冬，十月初五日甲辰，冊封太子，改名為豫。自中興以來，對群臣不再賞賜財物。到這時，開始有新鑄造的大錢，因此百官、六軍都得到了數量不等的賞賜。

郭子儀率兵從杏園鎮渡過黃河，向東到達獲嘉縣，擊敗安太清，斬獲四千首級，抓到敵軍五百人。安太清逃跑固守衛州，郭子儀進兵包圍衛州。十月初七日丙午，派使者向朝廷報捷。魯炅從陽武縣渡河，季廣琛、崔光遠從酸棗縣渡河，與李嗣業的部隊全部在衛州與郭子儀會合。安慶緒調動鄴中全部士卒七萬人救援衛州，把軍隊分成三部分，派崔乾祐率領上軍，田承嗣率領下軍，安慶緒自己率領中軍。郭子儀派擅長射箭的士卒三千人埋伏在營壘之內，下令說：「我後退，賊軍必定追趕我，你們便登上營壘，擂鼓叫喊放箭射向他們。」

隨後與安慶緒交戰，假裝撤退，賊軍追趕他，來到營壘下，伏兵起來向叛賊放箭，箭如雨下。賊軍退走，郭子儀又帶兵追擊他們，安慶緒大敗。抓獲他的弟弟安慶和，殺了他，於是攻克衛州。安慶緒逃走，郭子儀等人追趕到鄴城，許叔冀、董秦、王思禮以及河東兵馬使薛兼訓都帶兵相繼趕到。安慶緒收拾殘餘兵力在愁思岡抵禦官兵，又被打敗。前後殺死了三萬人，俘獲敵軍一千人。安慶緒於是入城固守，郭子儀等人包圍了鄴城，李光弼率軍相繼到達。安慶緒窘困急迫，派薛嵩向史思明求救，並且請求把自己的位置讓給他。史思明調發范陽士兵十三萬人想去救援鄴城，猶豫觀望，不敢進兵，先派李歸仁率步兵、騎兵一萬人駐紮在滏陽，在遠處為安慶緒增添聲勢。

十月十五日甲寅，太上皇駕臨華清宮。十一月初八日丁丑，回到京師。

崔光遠攻克魏州。十一月十七日丙戌，任命前兵部侍郎蕭華為魏州防禦使。適逢史思明把軍隊分成三路，一路出邢州、洺州，一路出冀州、貝州，一路從洹水縣赴魏州。郭子儀奏請任命崔光遠代替蕭華，十二月初五日癸卯，下敕書任命崔光遠領魏州刺史。

十二月初六日甲辰，設置浙江西道節度使，管轄蘇州、潤州等十州，任命昇州刺史韋黃裳擔任此職。十二日庚戌，設置浙江東道節度使，管轄越州、睦州等八州，任命戶部尚書李峘擔任此職，並兼淮南節度使。

十二月二十一日己未，群臣請求給肅宗上尊號為乾元大聖光天文武孝感皇帝，肅宗同意了。

史思明趁崔光遠剛到，帶兵大舉進攻，崔光遠派將軍李處崟抵禦。叛賊氣勢正盛，李處崟接連交戰失利，便向城裡退去。叛賊追到城下，揚言說：「處崟叫我們來的，為什麼不出來！」崔光遠相信了叛賊離間的謠言，腰斬了李處崟。李處崟，是一員猛將，打仗時大家還要靠他。他死後，大家沒了鬥志。崔光遠脫身逃回汴州。十二月二十九日丁卯，史思明攻陷魏州，殺死的有三萬人。

平盧節度使王玄志薨，上遣中使往撫慰[1]將士，且就察軍中所欲立者，授以旌節。高麗人李懷玉❶為裨將，殺玄志之子，推侯希逸為平盧軍使。希逸之母，懷玉姑也，故懷玉立之。朝廷因以希逸為節度副使。節度使由軍士廢立自此始。

臣光曰：「夫民生有欲，無主則亂❷，是故聖人制禮以治之。自天子、諸侯至於卿、大夫、士、庶人，尊卑有分❸，大小有倫❹，若綱條之相維❺，臂指之相使❻，是以民服事❼其上，而下無覬覦。其在周易，『上天、下澤，履❽。』象曰：『君子以辨上下，定民志。』❾此之謂也。凡人君所以能有其臣民者，以八柄❿存乎己也。苟或捨之，則彼此之勢均⓫，何以使其下哉！

「肅宗遭唐中衰，幸而復國，是宜正上下之禮，以綱紀⓬四方。而偷取一時之安，不思永久之患。彼命將帥，統藩維⓭，國之大事也，乃委一介之使⓮，徇行伍之情⓯，無問賢不肖，惟其所欲與者則授之。自是之後，積習為常，君臣循守，以為得策⓰，謂之姑息。乃至偏裨⓱士卒，殺逐主帥，亦不治其罪，因以其位任授之。然則爵祿、廢置、殺生、予奪，皆不出於上而出於下，亂之生也，庸有極乎！

「且夫有國家者，賞善而誅惡，故為善者勸，為惡者懲。彼為人下而殺逐其上，惡孰大焉！乃使之擁旄秉鉞⓲，師長一方⓳，是賞之也。賞以勸惡⓴，惡其何所不至乎！書云：『遠乃猷㉑。』詩云：『猷之未遠，是用[2]大諫㉒。』孔子曰：『人無遠慮，必有近憂。』為天下之政而專事姑息，其憂患可勝校㉓乎！由是為下者常眄眄㉔焉伺其上，苟得間㉕則攻而族㉖之。為上者常惴惴㉗焉畏其下，苟得間則掩而屠之。爭務先發以逞其志，非有相保養為俱利久存之計也。如是而求天下之安，其可得乎！迹其厲階㉘，肇㉙於此㉚矣。

「蓋古者治軍必本於禮，故晉文公㉛城濮之戰㉜，見其師少長有禮，知其可用㉝。今唐治軍而不顧禮，使士卒得以陵㉞偏裨，偏裨得以陵將帥，則將帥之陵天子，自然之勢也。由是禍亂繼起㉟，兵革㊱不息，民墜塗炭，無所控訴，凡二百餘年，然後大宋㊲受命。太祖㊳始制軍法，使以階級㊴相承㊵，小有違犯，咸伏㊶斧質㊷。是以上下有敘㊸，令行禁止㊹，四征不庭㊺，無思不服，宇內乂安㊻，兆民允殖㊼，以迄于今，皆由治軍以禮故也，豈非詒謀㊽之遠哉！」

是歲，置振武節度使㊾，領鎮北大都護府㊿、麟・勝二州(51)。又置陝、虢、華及豫、許、汝二節度使。安南經略使為節度使(52)，領交、陸等十一州。○吐蕃陷河源軍。

【章　旨】以上為第十四段，寫唐肅宗允許平盧士兵推舉侯希逸為節度使，開了方鎮割據的一個惡例，受到司馬光的批評。

【注　釋】❶李懷玉　（西元七三三—七八一年）高麗人，賜名李正己。傳見《舊唐書》卷一百二十四、《新唐書》卷二百十三。❷民生有欲二句　語出《尚書·仲虺之誥》。本句意為人的天性就是有各種欲望，沒有人統領就會天下大亂。民生，指人的本性。❸尊卑有分　爵位尊卑有一定的名分。❹大小有倫　宗支大小有一定的次序。倫，倫次；條理順序。❺綱條之相維　語出《尚書·說命》：「若網在綱，有條而不紊」。指網繩彼此連繫，有條不紊。綱，提網的繩。條，條理。維，繫；連結。❻臂指之相使　語出《漢書》卷四十八〈賈誼傳〉，賈誼〈陳政事疏〉所云：「今海內之勢，如身之使臂，臂之使指，莫不制從。」形容運用自如，若胳臂之運動手指。臂，胳臂。指，手指。使，使用。❼服事　奔走勞役。❽履　《周易》卦名，六十四卦之一。䷉，兌下乾上。❾象曰三句　此為對〈履卦〉的解釋。意思是君子用辨別上下尊卑大小來安定民心。象，《周易》的爻辭，每卦有六畫，稱為六爻，爻各有所象。象即為解釋之辭。❿八柄　古代君王所執掌而用來治事的八種威權。即爵、祿、予（賜予）、置（赦免）、生（死罪議生）、奪（沒收家財）、廢（廢除）、誅。⓫勢均　威權同等。⓬綱紀　治理；統治。⓭藩維　指藩鎮。⓮一介之使　一個使臣。指派宦官為使。⓯徇行伍之情　意即順從兵士的意志。徇，順從；曲行。行伍，指兵士。⓰得策　謀略得當。⓱偏裨　偏將與裨將。將佐的通稱。⓲擁旄秉鉞　指掌握軍權。旄，旌旄，竿頂用旄牛尾為飾的旗。唐制，節度使專制軍事，賜雙旌雙節，旌以專賞，節以專殺。擁旌旄，意即專有軍權。鉞，古兵器，用於斫殺，狀如大斧，有穿孔，安裝長柄。古代帝王出征，秉鉞而行；大將荷命征伐，亦有賜鉞之舉，皆謂掌有軍中生殺大權。⓳師長一方　為一方之長。⓴賞以勸惡　賞賜用以獎勵罪惡。㉑遠乃猷　語出《尚書·康誥》：「顧乃德，遠乃猷。」指制定久遠的政策。遠，長遠；遠大。乃，語氣詞，無義。猷，謀略。㉒猷之未遠二句　語出《詩經·板》。意為策略（指政令）不考慮久遠，只圖一時安寧，因此要極力勸諫。未遠，不久遠。是用，是以；因此。大諫，大力勸諫。㉓勝校　盡算；計算得完。勝，盡。校，計算。㉔眄眄　斜視。㉕間　空隙；機會。㉖族　滅族。㉗惴惴　恐懼貌。㉘厲階　禍端。厲，為惡；禍害。㉙肇　開始。㉚此　指命侯希逸帥平盧。㉛晉文公　（？—西元前六二八年）春秋時晉君，名重耳，獻公之子。獻公寵驪妃，殺太子申生，重耳在外流亡十九年，以秦穆公之力得返為君。在位九年，勵精圖治，遂霸諸侯。事見《史記·晉世家》。㉜城濮之戰　是我國歷史上一次以弱勝強的著名戰役。西元前六三二年，晉、楚戰於城濮，楚強晉弱，晉軍先退九十里，選擇楚軍薄弱的左右兩翼，給予沉重打擊，大敗楚軍。城濮，地名，在今山東鄄城西南臨濮集。㉝少長有禮二句　據《左傳》僖公二十八年：晉、楚戰於城濮，「晉侯登有莘之虛以觀師，曰：『少長有禮，其可用也。』」少長有禮，年輕人與年長者彼此遵守禮法。言從軍隊有禮法，可知其戰鬥力強，能夠打勝仗。㉞陵　侮辱；欺陵。㉟繼起　連續不斷地興起。㊱兵革　指戰爭。兵，戈、矛、刀、箭等武器。革，甲冑。㊲大宋　大，敬詞。《資治通鑑》編撰者司馬光為宋代人，故稱其本朝為大宋。宋朝在唐、五代之後，存在於西元九六〇—一二七九年。㊳太祖　即宋太祖趙匡胤（西元九二七—九七六年），宋朝開國皇帝，西元九六〇—九七六年在位。事見《宋史・太祖紀》。㊴階級　指尊卑上下的等級。㊵相承　相連接；相承接。㊶伏　承受。㊷斧質　古刑具。置人於鍖上以斧砍之。㊸敘　秩序；次序。㊹令行禁止　發布的號令能夠執行，禁約能夠制止。也就是有令即行，有禁即止，法令能夠嚴格執行。㊺四征不庭　四面征討不臣服於朝廷者。不庭，指背叛而不朝拜王庭。㊻乂安　即安定、平安。乂，安定。㊼兆民允殖　億萬人民得以生產、生活。兆民，指萬民，極言數目之多的人民。允殖，生長；繁殖。㊽詒謀　語出《詩經・文王有聲》：「詒厥孫謀，以燕翼子。」謂為子孫妥善謀劃，使子孫安樂。詒，遺留。㊾振武節度使　使職名，振武方鎮的差遣長官，乾元元年（西元七五八年）置，治所在今內蒙古和林格爾西北土城子。㊿鎮北大都護府　據近人考證，鎮北大都護府即安北大都護府。見《禹貢》第五卷第十期鄺平章〈唐代都護府之設置及變遷〉。安北大都護府，為唐代八都護府之一。治所屢移，開元時治所遷到中受降城是，在今內蒙古包頭西南黃河北岸。(51)麟勝二州　州名，麟州治所在今陝西神木北，勝州治所在今內蒙古準噶爾旗東北十二連城。(52)安南經略使為節度使　安南經略使，使職名，安南管內差遣長官，天寶十載（西元七五一年）置，領交、陸、峰、愛、驩、長、福祿、芝、武峩、演、武安十一州，治交州（治所在今越南河內東），為嶺南五府經略使所統轄的軍鎮之一。至乾元元年（西元七五八年）升經略使為節度使，仍領十一州之地。

【校　記】①慰　原無此字。據章鈺校，十二行本、乙十一行本、孔天胤本皆有此字，張敦仁《通鑑刊本識誤》同，今據補。②用　原作「調」。據章鈺校，十二行本、乙十一行本、孔天胤本皆作「用」，張敦仁《通鑑刊本識誤》同，今據改。

【語　譯】平盧節度使王玄志死了，肅宗派宮中宦官使者前往撫慰將士，並且就近考察軍中所要擁立的人，把旌節授予他。高麗人李懷玉做裨將，殺了王玄志的兒子，推舉侯希逸為平盧軍使。侯希逸的母親，是李懷玉的姑媽，所以李懷玉擁立他。朝廷於是任命侯希逸為節度副使。節度使由軍士廢立從此開始。

臣司馬光說：「人的天性就有欲望，沒有君主就會產生動亂，因此，聖人制定禮來進行治理。從天子、諸侯到卿、大夫、士、庶人，尊卑不同，各有名分，大小之間也有一定的等級次序，就像大綱和條目那樣統轄維繫，又像手臂和手指那樣聽從支使，因此百姓為在上的人奔走服役，而在下的人不會有非分之想。《周易》中的〈象傳〉說：『上面是天，下面是澤，這是〈履卦〉。』〈象傳〉又說：『君子以此來分辨上下尊卑，安定人民的心志。』說的就是這個道理。大凡人君所以能保有自己的臣民，是因為八種權柄掌握在自己手裡。如果放棄了，那麼君臣之間勢均力敵，又靠什麼來支使其臣下呢！

「肅宗遭遇唐朝中道衰亂，幸而復國，本應該端正君臣上下之禮，用以治理四方。而他卻只顧獲取一時的平安，不考慮長遠的禍患。任命將帥，統轄藩鎮，本是國家的大事，卻委派一個使者，曲從於士兵的情緒，不問賢能與否，只要那些人想給誰就授予誰。從此之後，習以為常，君臣都因循遵守，以為做法得當，這可稱之為姑息。乃至於偏將裨將士卒，殺死或驅逐主帥，也不治他們的罪，反而就此將主帥的位置授予他。這樣一來，爵祿、廢置、殺生、予奪，都不是出於君上而是出於臣下，那麼動亂的產生難道還有個完嗎！

「再說享有國家的君主，要獎賞善良，嚴懲兇惡，這樣行善的人受到鼓勵，作惡的人得到懲罰。那些身為部下的人而殺死或驅逐他的上司，沒有比這更大的惡行了！竟然讓他掌握軍權，成為一方的眾官之長，這是在獎賞他啊。用獎賞來鼓勵惡行，惡行怎麼能不到處產生呢！《尚書》說：『謀略要為長遠考慮。』《詩經》說：『謀略不為長遠考慮，因此要大力進諫。』孔子說：『人無遠慮，必有近憂。』主持天下的政事而一味姑息，帶來的憂患還能數得盡嗎！從此身處下位的常常斜著眼窺伺他的上司，如果得到機會就會攻擊他乃至滅他一族。做上司的常常惴惴不安地畏懼他的下屬，如果得到機會也會乘其不備而屠殺他。雙方都爭相務必要先發制人以讓自己的意圖得逞，而沒有互相保全養護以讓雙方都有利並長期存在的考慮。像這樣而想求得天下的安定，難道能辦到嗎！推究唐朝出現危局的緣由，就是從這件事開始的。

「古代治理軍隊必定以禮為本，所以春秋時晉文公在晉、楚城濮之戰中，看到自己的軍隊少長有禮，便知道可以用來一戰。如今唐朝治軍不顧禮法，使得士卒可以侮辱偏裨將領，偏裨將領可以侮辱將軍主帥，那麼將軍主帥侮辱天子，就是很自然的情勢了。由此禍亂相繼發生，戰爭沒有停息過，生民塗炭，無處申訴，一共二百多年，然後大宋受天命而有天下。太祖皇帝開始制定軍法，讓軍隊按照官階等級的高低相互承接制約，略有違反，都要遭受殺身的懲治。因此上下有序，令行禁止，四面征討不守禮法的勢力，無不順服，天下太平安定，億萬百姓得以生養蕃息，直到今天，這都是由於用禮法治軍的緣故，這難道不是留下的謀略堪稱深遠嗎！」

這一年，設置振武節度使，管轄鎮北大都護府、麟州、勝州兩州。又設置陝、虢、華州以及豫、許、汝州兩個節度使。改安南經略使為節度使，管轄交州、陸州等十一州。○吐蕃攻陷河源軍。

【研析】本卷研析五事。李泌辭官，唐肅宗不仁，張巡殉國之是非，司馬光的兩條史論。

李泌辭官。李泌，京兆人，青年時就以才敏著稱，上書言事受到唐玄宗的賞識，召為待詔翰林，供奉東宮。李泌不肯為官，與太子李亨為布衣交，太子尊李泌為先生。李泌被楊國忠排擠出京，隱居在潁陽。唐肅宗在靈武即位，文武官不滿三十人，其中沒有特出的人才，他的身邊還有寵妾張良娣、宦官李輔國兩個佞人，帶給肅宗重大的負面影響。這時郭子儀帶兵勤王，肅宗召回李泌，唐肅宗有了這一文一武兩個傑出的人才輔佐，才穩定了局勢，進駐彭原（在今甘肅慶陽南），指揮平叛戰事。唐肅宗要李泌任右相，李泌堅決推辭，只做布衣先生，謀劃軍國大事，人稱布衣宰相。肅宗聽從李泌建議，以長子廣平王李俶為天下兵馬元帥。肅宗創立侍謀軍國、元帥府行軍長史的名號安置李泌處理軍務，是全軍第二號人物，又用李輔國為判元帥行軍司馬事，是全軍第三號人物。以唐肅宗為首的全國平叛指揮部成立了，李泌是指揮部和全軍的靈魂。按李泌的規劃，兩年平定叛亂。用兵方略是令李光弼出井陘，郭子儀入河東，使安祿山在河北的兩員大將史思明、張忠志不敢離范陽、常山，在西京的安守忠、田乾真不敢離京一步。郭子儀入河東後牽制叛軍東都留守阿史那承慶，朝廷駐兵扶風，與郭、李兩軍輪番出擊叛軍，不攻取叛軍城池，不斷叛軍後路，保持叛軍兩京暢通，只是打擊叛軍使之疲於奔命。越冬之後，派出建寧王李倓率主力軍從北邊進入河北攻取叛賊老巢范陽，李光弼從南進攻，夾擊范陽。叛軍范陽丟失，退無所歸，朝廷四方勤王之軍會集，一戰可平。李泌的計畫實行了一半，郭子儀進入了河東，西北勤王之師抵達鳳翔，江淮軍需運抵洋州，唐肅宗昏聵貪利，要自建奇功，先復兩京，改變了李泌的計畫，結果欲速不達，延長了戰禍。李泌早已料到昏庸皇帝不可以共始終，他與唐肅宗相約，官軍收復兩京，立即歸山。唐肅宗入長安，李泌辭行，以「五不可」為由，留則被殺以感悟肅宗，既自我保護，也保護太子李俶。李泌暢言建寧王被冤殺，提醒唐肅宗警惕張良娣與李輔國兩個孽人的讒慝之口。既往不咎，來者猶可追。李泌頌李賢所作〈黃臺瓜辭〉意味深長。太子之得以保全，李泌功莫大焉。

李泌一身正氣，淡泊名利，不做高官。功成即身退，始終以布衣身分歷事唐肅宗、代宗、德宗三朝，為國展力，立下蓋世奇功。三代皇帝都昏庸猜忌，奸佞也妒嫉加害，而李泌都以他的大智慧規避，而且做出貢獻，不僅保護了自己，還保護了功臣郭子儀、李光弼，以及肅宗太子李俶。李泌處亂世的主要方法有三條：一是不做官；二是講神仙辟穀以為煙幕；三是皇帝聽勸即共事，不聽則走。李泌是唐中期特殊時代，即昏君當道的亂世，所產生的特殊人物，以布衣為帝王師友，國家有難則出，功成則退，明哲保身。李泌避開名與利，也就是避開了禍端來扶助唐朝，既顯示了一個有為知識分子的大智慧，也表現了在專制政體下伴君如伴虎的無奈。在昏君奸臣當政的惡劣環境中，李泌保持了自己高貴的情操，也保持了自己的尊嚴，是一個值得尊敬的聖哲政治家，中國傳統士大夫傑出的代表。

唐肅宗不仁，視民如草芥。這在唐肅宗借兵回紇，他與回紇的誓約中暴露無遺。當初長安陷落，唐玄宗丟下黎民大眾逃到西蜀，任憑黎民遭塗炭，迫於無奈，猶有說辭。唐肅宗反攻長安，為的是想早一天收復，於是借兵回紇，與之相約說：「克城之日，土地、士庶歸唐，金帛、子女皆歸回紇。」這是唐肅宗祕密地出賣兩京黎民的醜惡行為。士庶歸唐，即男子留下當砲灰，女人、孩子賣給回紇當奴僕，錢財任其搶掠，做如此傷天害理的買賣，唐肅宗還有一點人性嗎？廣平王李俶向回紇首領葉護一拜，結為兄弟，請求到東京踐約。李俶說：「如果搶掠長安，東京就會堅守。」李俶一拜回紇，不是因為愛心，而是擔心東京居民誓死抵抗。於是東都洛陽的百姓可就遭了大殃。《舊唐書・回紇傳》載：「及收東京，回紇遂入府庫收財用，於市井村坊剽掠三日而止，財物不可勝計。」這哪是拯救民於水火的王師，而是一群暴匪。唐肅宗出賣平民的行為，將永遠地釘在歷史的恥辱柱上。

張巡殉國之是非。張巡，鄭州南陽人，開元末進士，由太子通事舍人出為清河令，轉真源令。安史之亂，張巡起兵抗擊，轉戰雍丘、寧陵一帶，阻滯叛軍進攻江南，達數月之久。至德元載十月，張巡救援睢陽，今河南商丘，與睢陽太守許遠合兵共守睢陽，詔拜張巡為御史中丞，史稱張中丞。睢陽守軍不足萬人，在張巡、許遠的愛國熱情激勵下，團結如一人，英勇抗敵，堅守孤城達一年有餘。大小四百餘戰，殺敵十二萬人，捍衛江淮地區免遭叛軍擾亂，同時保衛了江淮租庸運道，這是唐軍的生命線。張巡、許遠立下蓋世奇功，應受到敬仰。睢陽四圍鄰郡官軍，坐視不救，睢陽軍民糧食吃完，茶葉、紙張充飢又吃完，戰馬吃完，雀鼠捕盡，張巡殺愛妾以犒士，許遠殺奴，然後吃城中婦女，繼而吃男子老弱。最終睢陽不保，所存壯士三十六人，全部被害。城破三日後，官軍救援才到，已於事無補。

張巡、許遠殉國，有人罪其食人，張巡友人李翰為之作傳，為張巡辯解，認為救兵不至，食盡而及人，固守以保全江淮和運道，有大功。即使食人，犧牲了幾百人而保全了天下，至少也是功過相當。於是抨擊之聲始息。又過了三十年，唐玄宗時藩鎮割據，有人誣張巡、許遠降敵，為藩鎮逐地爭利辯說。元和二年（西元八〇七年）四月十三日，韓愈讀李翰〈張巡傳〉，感慨萬千，奮筆疾書作〈張中丞傳後敘〉，補充史實，並發議論，進一步表彰張巡、許遠的功績，附於傳後，所以稱〈張中丞傳後敘〉。到了宋代，〈張巡傳〉亡逸，韓愈所作〈後敘〉收入《韓昌黎集》傳於後世。司馬光感佩張巡愛國激情，在《資治通鑑》中做了長篇記載，張巡、許遠地下有知，亦當瞑目。但用今日人權論觀點反觀張巡死戰，食人堅守還是應當受到批評。老弱婦孺無辜，在守軍還能突圍之時，應當護送他們出城，因老弱婦孺留於城中，沒有戰鬥力，還要增加糧耗。即使不能護送，在守城絕望，已無一粒糧食之時，不應再堅守。已盡全力，再做徒勞犧牲，不合人道。但是我們又不能苛求古人。張巡時代，講的是捨生取義，殺身成仁，即使近代，乃至今日，人在陣地在的精神還是要提倡。只是到了吃人才能生存時，那就是徒勞，無論古今，此時停止戰鬥，不應受責，反之，在古時可諒，在今時則不可取。

司馬光的兩段評議。司馬光的第一段評議，主張對苟且偷生、變節投敵的高官，應給予懲處，讚賞唐肅宗對叛賊按六等議刑。先是廣平王李俶克東都，俘獲陳希烈等三百多個偽官，廣平王以皇上旨意全部赦免。這些偽官押送長安，唐肅宗採納禮部尚書李峴的建議，按六等治罪。罪大惡極的死刑，斬於鬧市，次一等的死刑自裁，再次一等的杖三百，輕罪又分三等，判流或貶官。盤據在河北鄴城的偽官，聽說陳希烈等被大赦，都痛恨自己失身叛賊，有悔改之意。後來聽到陳希烈等被判刑受誅，於是死心塌地追隨叛賊，唐肅宗十分後悔。司馬光認為陳希烈等高級唐官，貴為卿相，平時尸位素餐，沒有說一句規諫人主的話，只是阿諛奉迎保富貴，國家有難苟且偷生，投降叛賊，為之效力，還不如犬馬。對這種人，搖身乞尾就官復原職，那樣一來，豈不是在鼓勵二三其德的人嗎！又怎能對得起顏杲卿、張巡這些效忠、捨命的人呢！如果這樣，豈不是為惡的人得便宜，為善的人遭殃，是非顛倒，國家還能有忠義的人嗎！按六等議罪，十分得當，有什麼後悔的呢！司馬光的這個批評與分析，是十分中肯的。唐肅宗對隨後投降的史思明，不但大赦，還授以高官，沒多久，史思明又重新叛變。為了安定社會，當然要赦免一些罪人，但不能不分青紅皂白，一律免罪。做人的道德底線是不能踐踏的。

司馬光的第二段評議，主張以下犯上者必須嚴懲，不能姑息養奸，其理無可厚非。起因是平盧節度使王玄志死，裨將高麗人李懷玉殺了王玄志的兒子，推戴自己的姑表兄侯希逸為平盧軍使，唐肅宗所遣中使授以旌節，從此，節度使由軍士廢立，朝廷詔令不行，唐肅宗開了一個惡例。中唐之後藩鎮割據，節度使父死子繼，或強將逐主自任，以致唐末形成軍閥大混戰。唐肅宗平安史之亂而復國，更應該申明國法軍紀，而不應偷取一時之安，留下無窮的禍患。只是司馬光不是用法、用制度來糾正失誤，說什麼用禮來綱紀四方，把禮和法混為一談，迂腐不得要領。不過司馬光的論說是傳統的儒家觀點。孔子主張：「道之以政，齊之以刑，民免而無恥；道之以德，齊之以禮，有恥且格。」（《論語・為政》）孔子把法置於禮之上。幾千年來，統治者總是宣揚執政為民，以禮維繫上下尊卑，法只用來懲治下犯上，而不懲治上犯下，於是在臺上的統治者好話說盡，壞事做絕。法講平等，禮講尊卑。司馬光維護專制政體，所以要混淆禮與法，說禮大於法，用禮統法，最後只有尊卑，沒有平等，法只維護尊卑，不維護平等。最後的結果是，只許州官放火，不許百姓點燈。司馬光的評議，理正而實非。理正，指社會要有秩序，如何維護秩序，就要有法，公正，公平，而司馬光說用禮維護秩序，那就是上下有序，只有尊卑，沒有平等了，因此實質是錯誤的。

卷第二百二十一

唐紀三十七

起屠維大淵獻（己亥　西元七五九年），盡上章困敦（庚子　西元七六〇年），凡二年。

【題　解】 本卷記事起西元七五九年，迄西元七六〇年，凡二年。當唐肅宗乾元二年至上元元年。郭子儀討賊，困圍安慶緒於鄴城。李光弼為後援，欲逼魏州，拖住史思明，鄴城指日可破，史思明將不戰自潰。唐肅宗派宦官魚朝恩監軍，魚朝恩不懂軍事卻干預軍事，阻止李光弼進攻叛軍魏州的正確計謀，迫使官軍會聚鄴城達六十萬眾，史思明抄掠官軍糧運，官軍乏食，史思明進兵會戰，官軍大敗，郭子儀被解職，李光弼為副元帥，退守河陽。史思明乘勝，火併安慶緒，自稱大燕皇帝，率眾南下，在河陽與李光弼大戰，雙方不分勝負，勢均力敵。唐肅宗不信任諸將，忌刻功臣，任用宦官監軍，郭子儀功敗垂成，延長了戰亂。宦官李輔國用事，恣意橫行，竟逼迫太上皇玄宗遷出興慶宮移居大內。實乃唐肅宗忌疑，以便監控太上皇。唐肅宗不仁不武，徒使戰禍蔓延。此時唐四境不寧，羌胡寇秦隴，劉展又反於淮南。

肅宗文明武德大聖大宣孝皇帝下之上

乾元二年（己亥　西元七五九年）

春，正月己巳❶朔，史思明築壇於魏州城北，自稱大聖燕王，以周摯為行軍司馬。李光弼曰：「思明得魏州而按兵不進，此欲使我懈惰，而以精銳掩吾不備也。請與朔方軍同逼魏城，求與之戰。彼懲❷嘉山之敗❸，必不敢輕出。得曠日引久❹，則鄴城必拔矣。慶緒已死，彼則無辭以用其眾也。」魚朝恩以為不可，乃止。

戊寅❺，上祀九宮貴神❻，用王璵之言也。乙卯❼，耕藉田❽。

鎮西節度使李嗣業攻鄴城，為流矢所中，丙申❾，薨，兵馬使荔非元禮代將其眾。初，嗣業表段秀實為懷州長史，知留後事。時諸軍屯戍日久，財竭糧盡，秀實獨運芻粟❿，募兵市馬⓫，以奉鎮西行營，相繼於道。

二月壬子⓬，月食，既⓭。先是，百官請加皇后尊號曰「輔聖」。上以問中書舍人李揆，對曰：「自古皇后無尊號，惟韋后⓮有之，豈足為法！」上驚曰：「庸人幾誤我！」會月食，事遂寢。后與李輔國相表裏⓯，橫於禁中，干豫⓰政事，請託無窮。上頗不悅，而無如之何。

郭子儀等九節度使圍鄴城，築壘再重⓱，穿塹⓲三重，壅⓳漳水⓴灌之。城中井泉皆溢，構棧而居㉑，自冬涉㉒春，安慶緒堅守以待史思明。食盡，一鼠直㉓錢四千，淘牆䵃㉔及馬矢㉕以食馬。人皆以為克在朝夕，而諸軍既無統帥，進退無所稟㉖。城中人欲降者，礙水深㉗，不得出。城久不下，上下解體㉘。

思明乃自魏州引兵趣鄴，使諸將去城各五十里為營，每營擊鼓三百面，遙脅之。又每營選精騎五百，日於城下抄掠，官軍出，輒散歸其營。諸軍人馬牛車日有所失，樵採㉙甚艱，晝備之則夜至，夜備之則晝至。時天下饑饉，轉餉㉚者南自江、淮，西自并、汾㉛，舟車相繼。思明多遣壯士竊官軍裝號㉜，督趣㉝運者，責其稽緩㉞，妄殺戮人，運者駭懼。舟車所聚，則密縱火焚之。往復㉟聚散，自相辨識，而官軍邏捕㊱不能察也。由是諸軍乏食，人思自潰。思明乃引大軍直抵城下，官軍與之刻日㊲決戰。

三月壬申㊳，官軍步騎六十萬陳於安陽河㊴北，思明自將精兵五萬敵之。諸軍望之，以為遊軍，未介意。思明直前奮擊，李光弼、王思禮、許叔冀、魯炅先與之戰，殺傷相半。魯炅中流矢。郭子儀承其後，未及布陳，大風忽起，吹沙拔木，天地晝晦㊵，咫尺㊶不相辨。兩軍大驚，官軍潰而南，賊潰而北，棄甲仗輜重委積㊷於路。子儀以朔方軍斷河陽橋保東京。戰馬萬匹，惟存三千，甲仗十萬，遺棄殆盡。東京士民驚駭，散奔山谷，留守崔圓、河南尹蘇震等官吏南奔襄、鄧㊸，諸節度各潰歸本鎮。士卒所過剽掠㊹，吏不能止，旬日方定。惟李光弼、王思禮整勒部伍㊺，全軍以歸。

【章旨】以上為第一段，寫史思明救安慶緒，鄴城之戰，大破官軍。

【注釋】❶己巳 正月初一日。❷懲 懲戒；警戒。❸嘉山之敗 至德元載（西元七五六年）五月，郭子儀、李光弼與史思明戰於嘉山，大破之，斬首四萬級，史思明隻身逃脫。❹曠日引久 歷時長久。曠日，間隔的時日。引，延長。❺戊寅 正月初十日。❻九宮貴神 謂太一、攝提、權主、招搖、天符、青龍、咸池、太陰、天一。此說本自《黃帝九宮經》。❼乙卯 正月己巳朔，無乙卯，當為己卯之誤。己卯，正月十一日。胡三省認為是乙酉，則為正月十七日，可備一說。❽耕藉田 即舉行藉田之禮。❾丙申 正月二十八日。❿芻粟 指糧草。芻，餵養牲口的草料。粟，糧食。⓫市馬 買馬。⓬壬子 二月十五日。⓭既 蝕盡。此指月全蝕。按《春秋》之法，只書日蝕，不書月蝕。日，君象。月，后象。《通鑑》於此書月蝕，有指斥張后專橫之意。⓮韋后 （？—西元七一〇年）唐中宗皇后，尊號為順天翊聖皇后。中宗死，韋氏謀亂，為亂兵所殺，追貶為庶人。傳見《舊唐書》卷五十一、《新唐書》卷七十六。⓯相表裏 互為表裡。此謂內外互相勾結。⓰干豫 即干預。⓱再重 兩層。⓲穿塹 挖壕溝。⓳壅 堵塞。⓴漳水 河流名，發源於山西太行山區，經河北注入渤海。㉑構棧而居 架設柵閣來居住。構，架設。棧，柵閣。㉒涉 進入；到。㉓直 同「值」。㉔淘牆麲 淘洗土牆中的麥稈渣。淘，用水沖洗。牆麲，以麥稈碎渣混合泥土所築的牆。麲，麥稈碎渣。㉕馬矢 即馬屎，馬的糞便。㉖稟 稟令。下對上的報告。軍隊進退必須稟命於主帥，今諸軍無帥，令無所稟。㉗礙水深 有礙於水深；被深水所阻礙。㉘解體 離散。㉙樵採 打柴。㉚轉餉 運送糧餉。㉛并汾 即并州（治所在今山西太原西南）、汾州（治所在今山西汾陽）。以此二州代指今山西汾水流域一帶。㉜裝號 衣裝、標識。㉝督趣 督促。㉞稽緩 遲緩。稽，停；留。㉟往復 出入；往返。㊱邏捕 巡邏兵。㊲刻日 限定日期。㊳壬申 三月初六日。㊴安陽河 即洹水，河流名，源出今河南林州隆慮山，東流經安陽北，東入永濟渠，即今衛河。㊵晝晦 白天而天色昏暗。㊶咫尺 形容很短或很近。咫，古代的長度單位，長八寸。㊷委積 聚集、堆積。㊸襄鄧 即襄州、鄧州，襄州治所在今湖北襄樊，鄧州治所在今河南鄧州。㊹剽掠　搶劫。㊺整勒部伍　整飭隊伍。勒，治；統率。

【語　譯】肅宗文明武德大聖大宣孝皇帝下之上

乾元二年（己亥，西元七五九年）

春，正月初一日己巳，史思明在魏州城北修築壇場，自稱大聖燕王，任命周摯為行軍司馬。李光弼說：「史思明得到魏州而按兵不進，這是想讓我們鬆懈怠惰，然後用精銳部隊在我不備時突然襲擊。請讓我和朔方軍一起進逼魏城，尋求機會與之交戰。他吸取嘉山之敗的教訓有所警戒，一定不敢輕易出兵。如果能夠經過一段比較長的時間，鄴城就一定可以攻下。安慶緒死了以後，他就沒有藉口來動用他的部眾了。」魚朝恩認為不行，於是作罷。

正月初十日戊寅，肅宗祭祀九宮貴神，這是採納王璵的意見。乙卯日，舉行耕藉田儀式。

鎮西節度使李嗣業進攻鄴城，被亂飛的箭射中，正月二十八日丙申，去世，兵馬使荔非元禮代他統率部隊。當初，李嗣業上表請求任命段秀實為懷州長史，知留後事。當時各路兵馬駐紮戍守時間很久，錢財枯竭，糧食吃盡，只有段秀實運送糧草，招募士兵，購買馬匹，來供應鎮西行營，一路上絡繹不絕。

二月十五日壬子，月全蝕。此前，百官請求加皇后尊號為「輔聖」。肅宗去問中書舍人李揆，李揆回答說：「自古皇后沒有尊號，只有中宗時韋后有，怎麼能夠效法呢！」肅宗大驚，說：「這些庸人幾乎讓我辦了件錯事！」適逢月蝕，事情就停了下來。張皇后與李輔國互相內外勾結，橫行宮中，干預朝政，接受他人的請託沒完沒了。肅宗很不高興，但也無可奈何。

郭子儀等九節度使圍困鄴城，築營壘兩道，挖壕溝三道，堵截漳河水灌城。城裡的井水都溢了出來，人們都架設棚閣來住，從冬到春，安慶緒一直堅守以等待史思明。糧食吃光了，一隻老鼠就值四千錢，淘洗牆上泥土中混雜的麥稈碎渣以及馬糞來餵馬。人們都以為攻克鄴城就在朝夕之間，然而唐朝各路軍馬沒有統帥，進攻或退卻無處稟受命令。城中人想投降，受水深阻礙，不能出城。城久攻不下，官軍上下懈怠。

史思明於是從魏州帶兵趕往鄴城，讓眾將離城各五十里紮營，每個軍營敲擊三百面鼓，遠遠地威脅官軍。又從每營挑選精銳騎兵五百人，每天到城下搶劫，官軍一出來，他們就分散開來回歸各自軍營。唐朝各軍的人馬牛車每天都有所損失，甚至連打柴割草都很困難，白天作好了防備他們就夜晚來，夜晚作好了防備他們就白天來。當時天下發生饑荒，轉運糧餉，南方的來自江、淮地區，西邊的來自并州、汾州一帶，車輛和船隻接連不斷，史思明多次派遣勇敢強壯的士兵偷了官軍的服裝、標識假扮官軍，督促運送糧餉的人，斥責他們遲緩，胡亂殺人，運送糧餉的人都很驚慌恐懼。在車船會集的地方，就暗中放火把車船燒掉。這些人忽來忽去，忽聚忽散，只有他們自己能互相辨別認識，而官軍巡邏搜捕也不能察知。由此各軍糧食匱乏，人心渙散。史思明於是率領大軍直抵城下，官軍與他約定日期決戰。

三月初六日壬申，官軍步兵騎兵六十萬在安陽河北岸列陣，史思明親自率領精兵五萬迎敵。各路官軍望見他們，以為是流動出擊的部隊，並未在意。史思明率軍逕直衝向前方奮勇攻擊，李光弼、王思禮、許叔冀、魯炅先與他交戰，雙方傷亡各佔一半。魯炅被亂箭射中。郭子儀跟在他們後面，還沒來得及布陣，忽然颳起大風，沙土飛揚，樹木被連根拔起，天昏地暗，咫尺之間相互不能辨別。兩軍大驚，官軍向南潰退，叛賊向北潰退，拋棄的鎧甲兵器輜重都堆積在路上。郭子儀派朔方軍隊切斷河陽橋以保住東京。官軍的戰馬一萬匹，只剩下三千匹，鎧甲兵器十萬件，幾乎全被遺棄。東京的士人、百姓十分驚慌害怕，散亂地逃到山谷中躲避，留守崔圓、河南尹蘇震等官吏向南逃到襄州、鄧州，眾節度使也各自潰退回自己的鎮所。這些潰退的士兵沿路搶劫，官吏不能制止，過了十幾天才安定下來。只有李光弼、王思禮整頓統率隊伍，全軍而回。

子儀至河陽，將謀城守。師人❶相驚，又奔缺門❷。諸將繼至，眾及數萬，議捐❸東京，退保蒲、陝。都虞候❹張用濟曰：「蒲、陝荐饑❺，不如守河陽。賊至，併力❻拒之。」子儀從之。使都遊弈使靈武韓遊瓌❼將五百騎前趣河陽，用濟以步卒五千繼之。周摯引兵爭河陽，後至，不得入而去。用濟役所部兵築南、北兩城而守之。段秀實帥將士妻子及公私輜重自野戍渡河，待命於河清❽之南岸，荔非元禮至而軍焉。諸將各上表謝[1]罪，上皆不問，惟削崔圓階封❾，貶蘇震為濟王府長史❿，削⓫銀青階⓬。

史思明審知⓭官軍潰去，自沙河⓮收整士眾，還屯鄴城南。安慶緒收子儀等[2]營中糧，得六七萬石，與孫孝哲、崔乾祐謀閉門更拒思明。諸將曰：「今日豈可復背史王乎！」思明不與慶緒相聞，又不南追官軍，但日於軍中饗士。張通儒、高尚等言於慶緒曰：「史王遠來，臣等皆應迎謝。」慶緒曰：「任公暫⓯往。」思明見之涕泣，厚禮而歸之。經三日，慶緒不至。思明密召安太清令誘之，慶緒窘蹙⓰，不知所為，乃遣太清上表稱臣於思明，請待解甲入城，奉上璽綬⓱。思明省表，曰：「何至如此！」因出表徧示將士，咸稱萬歲。乃手疏唁⓲慶緒而不稱臣，且曰：「願為兄弟之國，更作藩籬之援⓳。鼎足而立⓴，猶或庶幾㉑。北面之禮㉒，固不敢受。」并封表還之。慶緒大悅，因請歃血同盟，思明許之。

慶緒以三百騎詣思明營，思明令軍士擐甲執兵㉓以待之，引慶緒及諸弟入至庭下。慶緒再拜稽首曰：「臣不克㉔荷負㉕，棄失兩都，久陷重圍。不意大王以太上皇㉖之故，遠垂㉗救援，使臣應死復生，摩頂至踵㉘，無以報德。」思明忽震怒曰：「棄失兩都，亦何足言！爾為人子，殺父奪其位，天地所不容。吾為太上皇討賊，豈受爾佞媚㉙乎！」即命左右牽出，并其四弟及高尚、孫孝哲、崔乾祐皆殺之，張通儒、李庭望等悉授以官。思明勒兵入鄴城，收其士馬，以府庫賞將士，慶緒先所有州、縣及兵皆歸於思明。遣安太清將兵五千取懷州，因留鎮之。思明欲遂西略，慮根本未固，乃留其子朝義守相州，引兵還范陽。

【章　旨】以上為第二段，寫史思明殺安慶緒，併其眾。

【注　釋】❶師人　兵民；軍隊與民眾。❷缺門　地名，在今河南新安西。❸捐　拋棄；放棄。❹都虞候　虞候為唐代軍中的執法官，都虞候總領執法，為虞候的首領。❺荐饑　連年饑荒。荐，再；重。❻併力　合力；齊心協力。❼韓遊瓌　（？—西元七九八年）靈州靈武（今寧夏永寧西南）人，曾任邠寧節度使、檢校尚書左僕射。傳見《舊唐書》卷一百四十四、《新唐書》卷一百五十六。❽河清　縣名，縣治在今河南孟津黃河北岸。❾階封　散官階品和所封爵邑。崔圓先封趙國公，從一品，階比開府儀同三司，實封五百戶。❿濟王府長史　濟王，李環，玄宗第二十二子。傳見《舊唐書》卷一百七、《新唐書》卷八十二。王府長史，官名，王府屬官，統領府事。⓫削　除去。⓬銀青階　即銀青光祿大夫，從三品。⓭審知　確知。審，確實。⓮沙河　縣名，縣治在今河北邢臺南，沙河北岸。⓯蹔　同「暫」。暫時。⓰窘蹙　窘迫、緊蹙。⓱璽綬　古代印璽上必有綬，因稱印璽為璽綬。璽，帝印。綬，繫印的絲帶。⓲唁　古代對死者的慰問稱弔，對生者的慰問稱唁。⓳藩籬之援　為護衛自己而相互援助。藩籬，籬笆，引申為守衛。⓴鼎足而立　猶言三家分立。鼎為三足。此指唐、安慶緒、史思明三者分立。㉑庶幾　也許可以；差不多。表示希望或推測之詞。㉒北面之禮　君臣之禮。㉓擐甲執兵　身穿鎧甲，手執兵器。擐，穿。㉔克　能夠。㉕荷負　擔負。㉖太上皇　指安祿山。至德二載（西元七五七年）安慶緒等謀殺安祿山，即帝位，尊安祿山為太上皇，然後發喪。㉗垂　同「陲」。邊境。㉘摩頂至踵　即摩頂放踵。摩禿頭頂，走破腳跟。形容不辭勞苦，不惜身體，盡力而為。㉙佞媚　巧言諂媚。

【校　記】①謝　據章鈺校，甲十六行本、乙十一行本皆作「請」。②等　原無此字。據章鈺校，甲十六行本、乙十一行本皆有此字，今據補。

【語　譯】郭子儀到達河陽，準備謀劃城池防守。因軍隊、百姓受到驚擾，又逃到缺門。眾將相繼趕到，部眾已達幾萬人，大家商議放棄東京，退守蒲州、陝州。都虞候張用濟說：「蒲州、陝州連年饑荒，不如堅守河陽。叛賊來時，大家合力抵禦他們。」郭子儀聽從了他的建議。派都遊弈使靈武人韓遊瓌率五百騎兵先行趕往河陽，張用濟率步兵五千跟隨其後。賊將周摯帶兵來爭奪河陽，因後到，不能進城而離去。張用濟讓他統領的士兵修築南、北兩城準備堅守河陽。段秀實率領將士的妻子兒女以及公家和私人的輜重從野戍渡過黃河，在河清縣的南岸待命，荔非元禮趕到後也便駐紮了下來。眾將各自上表請罪，肅宗對他們都不問罪，只是削去了崔圓的官階和封號，把蘇震貶職為濟王府長史，削去其銀青光祿大夫官階。

史思明確知官軍已潰退離開，就在沙河縣收拾整頓部隊，還軍駐紮在鄴城之南。安慶緒搜集郭子儀等營中的糧食，得到六七萬石，他與孫孝哲、崔乾祐謀劃要緊閉城門再次拒絕史思明。各位將領說：「今天怎麼可以又一次背叛史王呢！」史思明既不與安慶緒互通信息，又不南下追擊官軍，只是每天在軍中用酒食款待將士。張通儒、高尚等人對安慶緒說：「史王遠道而來，臣等都應該去迎接致謝。」安慶緒說：「聽任你們到他那裡去一會兒吧。」史思明見到他們就哭了，賞給他們厚禮把他們送了回去。過了三天，安慶緒還不來。史思明祕密召見安太清讓他把安慶緒誘來，安慶緒處境窘迫，不知該怎麼辦，就派安太清向史思明上表稱臣，請求等史思明脫下戰袍進城後，就奉上皇帝的玉璽印綬。史思明看了表文，說：「何至於這樣呢！」於是拿出表文給全軍將士看，大家都高呼萬歲。然後史思明親自寫信慰問安慶緒，並不稱臣，並且說：「願與你成為兄弟國家，彼此作為對方的藩籬而相互支援。我們與唐朝鼎足而立，這或許還可以。北面稱臣的禮節，絕不敢接受。」連同表文一起封好，送還安慶緒。安慶緒非常高興，因而請求與史思明歃血結盟，史思明答應了。

安慶緒帶三百名騎兵來到史思明的軍營，史思明命令軍士身穿鎧甲手執兵器等待安慶緒，然後領著安慶緒和他的幾個弟弟進到庭下。安慶緒再拜磕頭說：「我不能擔當重任，丟失了東、西二都，長期陷於重圍。沒想到大王您因為太上皇的緣故，從遠方的邊陲之地趕來救援，使我本應死去而又能復生，我就是從頭頂到腳跟全身都被磨傷，也不能報答您的恩德。」史思明忽然大怒說：「丟失東、西二都，還有什麼好說的！你身為人子，殺父奪位，天地都不會容忍。我要為太上皇討伐你這個逆賊，怎麼會受你巧言諂媚的欺騙呢！」當即命令左右的人把他拉出去，連同他的四個弟弟以及高尚、孫孝哲、崔乾祐等人都殺了，張通儒、李庭望等人都授與官職。史思明統率部隊進入鄴城，收拾安慶緒的人馬，把府庫中的財物賞賜給將士，安慶緒原先所統有的州、縣以及士兵都歸於史思明。派安太清率兵五千人奪取懷州，並留下來鎮守。史思明想要就此向西進犯，考慮到自己的根基還不穩固，於是留下他兒子史朝義鎮守相州，自己率軍返回范陽。

甲申❶，回紇骨啜特勒、帝德等十五人自相州奔還西京，上宴之於紫宸殿❷，賞賜有差。庚寅❸，骨啜特勒等辭還行營。

辛卯❹，以荔非元禮為懷州刺史，權知鎮西、北庭行營節度使。元禮復以段秀實為節度判官。

甲午❺，以兵部侍郎呂諲同平章事。乙未❻，以中書侍郎、同平章事苗晉卿為太子太傅，王璵為刑部尚書，皆罷政事。以京兆尹李峴行❼吏部尚書，中書舍人兼禮部侍郎李揆為中書侍郎，及戶部侍郎第五琦並同平章事。上於峴恩意尤厚，峴亦以經濟❽為己任，軍國大事多獨決於峴。

於是京師多盜，李輔國請選羽林騎士五百以備巡邏。李揆上疏曰：「昔西漢以南北軍相制❾，故周勃因南軍入北軍，遂安劉氏❿。皇朝置南、北牙⓫，文武區分⓬，以相伺察⓭。今以羽林代金吾警夜，忽有非常之變，將何以制之！」乃止。

丙申⓮，以郭子儀為東畿⓯、山東⓰、河東⓱諸道元帥，權知東京留守，以河西節度使來瑱行陝州刺史⓲，充陝、虢、華州節度使。

夏，四月庚子⓳，澤潞節度使⓴王思禮破史思明將楊旻㉑於潞城㉒東。

太子詹事㉓李輔國，自上在靈武，判元帥行軍司馬事，侍直㉔帷幄㉕，宣傳㉖詔命，四方文奏，寶印符契，晨夕軍號㉗，一以委之。及還京師，專掌禁兵㉘，常居內宅㉙。制敕必經輔國押署㉚，然後施行。宰相百司非時㉛奏事，皆因輔國關白㉜、承旨㉝。常於銀臺門㉞決天下事，事無大小，輔國口為制敕，寫付外施行，事畢聞奏。又置察事㉟數十人，潛令於人間㊱聽察細事，即行推按㊲，有所追索㊳，諸司無敢拒者。御史臺、大理寺重囚，或推斷未畢，輔國追詣銀臺，一時縱之。三司、府、縣鞫獄，皆先詣輔國咨稟㊴，輕重隨意，稱制敕行之，莫敢違者。宦官不敢斥(40)其官，皆謂之五郎(41)。李揆山東甲族(42)，見輔國執子弟(43)禮，謂之五父(44)。

及李峴為相，於上前叩頭，論制敕皆應由中書出(45)，具陳輔國專權亂政之狀。上感寤(46)，賞其正直。輔國所[1]行事，多所變更，罷其察事。輔國由是讓行軍司馬，請歸本官(47)，上不許。壬寅(48)[2]，制：「比緣(49)軍國務殷(50)，或宣口敕(51)處分。諸色(52)取索及杖配(53)囚徒，自今一切並停。如非正宣(54)，並不得行。中外諸務，各歸有司。英武軍虞候(55)及六軍諸使、諸司(56)等，比來或因論競(57)，懸自追攝(58)，自今須一切[3]經臺、府(59)。如所由處斷不平，聽具狀奏聞。諸律令除十惡、殺人、姦、盜、造偽外，餘煩冗一切刪除，仍委中書、門下與法官詳定聞奏(60)。」輔國由是忌峴。

甲辰(61)，置鄭、陳[4]、亳節度使(62)，以鄧州刺史魯炅為之，以徐州刺史尚衡為青、密等[5]七州(63)節度使，以興平軍節度使李奐兼豫、許、汝三州節度使(64)，仍各於境上守捉(65)防禦。

【章旨】以上為第三段，寫宦官李輔國掌禁軍，專朝政。

【注釋】❶甲申 三月十八日。❷紫宸殿 在大明宮宣政殿北面紫宸門內，為內衙的正殿。❸庚寅 三月二十四日。❹辛卯 三月二十五日。❺甲午 三月二十八日。❻乙未 三月二十九日。❼行 唐職事官都帶散官為本品，如果職事官品秩低於散官品秩則稱行。李峴的散位為光祿大夫，從二品；任吏部尚書，正三品，職事官品秩低於散官品秩，故稱行。❽經濟　經國濟民。即治理國家，為民謀利。❾南北軍相制　言南軍與北軍相互制約，相互牽制。西漢京師宿衛之軍有南北之分，南軍由衛尉主管，北軍由中尉主管。❿周勃因南軍入北軍二句　周勃（？—西元前一六九年），少以編織蠶箔為生，從劉邦起義，以軍功為將軍，封絳侯。惠帝時任太尉，後平諸呂，迎文帝即位。事詳《史記・絳侯周勃世家》、《漢書》卷四十本傳。因南軍入北軍，指西元前一八〇年，漢高后呂雉死，諸呂謀作亂，呂祿掌北軍，呂產掌南軍，太尉周勃不得主兵，乃矯詔言帝使太尉守北軍，在朱虛侯和衛尉的協助下，殺呂產，控制了南軍，並誅呂祿及呂氏少長男女，平定諸呂之亂，維護了劉氏政權。⓫南北牙　即南、北衙。指駐守京師的軍隊。南衙軍隊由宰相總領。北衙軍隊由皇帝統領，守衛宮城。中唐以後，南衙諸衛僅存空名，只有左右金吾衛仍然擔任巡警之職，而北衙禁軍主要控制在宦官手中，整個京城的衛宿職責也主要由北衙禁軍擔任。⓬文武區分　唐南北衙的區分已如上條所述，顯然不在於文武，南衙十六衛也是軍事機構，故此言「文武區分」，不確。⓭伺察　偵視；觀察。此指牽制。⓮丙申　三月三十日。⓯東畿　指東都洛陽附近地域。⓰山東　此指河南、河北道。⓱河東　指南起蒲、絳州，北至并、代州的今山西一帶。⓲以河西節度使來瑱行陜州刺史　來瑱先任山南東道節度使，後改任淮南西道節度使。乾元二年徙河西節度使，還未上路，唐室軍隊敗於相州，朝廷立刻讓他代行陜州刺史，充任陜、虢、華州節度使，兼潼關防禦團練鎮守使，主要鎮守潼關。詳見《新唐書》卷一百四十四本傳。⓳庚子　四月初四日。⓴澤潞節度使　使職名，至德元載（西元七五六年）置澤潞沁節度使，治所在潞州（今山西長治）。轄境屢有變動，較長期領有澤、潞、沁三州。㉑楊旻　（？—西元八二〇年）又作陽旻。先事史思明，後降唐，官至邕管經略使。傳見《新唐書》卷一百五十六。㉒潞城　縣名，縣治在今山西潞城。㉓太子詹事　官名，為東宮屬官，掌東宮三寺十率府之政令。㉔侍直　值班侍奉君主。直，指在殿堂中值班。㉕帷幄　帷幕。此指皇帝議論機密的地方。㉖宣傳　宣布傳達。㉗軍號　軍中口號。㉘禁兵　指北衙六軍。㉙內宅　禁中的宿舍。㉚押署　簽署。㉛非時　不是規定奏事的時間。㉜關白　稟報。㉝承旨　承接皇帝的旨意。㉞銀臺門　大明宮有左右銀臺門。左銀臺門在宮城東面，門內是宣徽殿；右銀臺門在宮城西面，門內是翰林院、麟德殿，殿東為內侍別省。此銀臺門當指右銀臺門。㉟察事　類似暗探人員。㊱人間　民間。㊲推按　推究；審問。㊳追索　追尋、求取。㊴咨稟　諮詢稟報。㊵斥　指。㊶五郎　李輔國排行第五，故云。郎，對男子的尊稱。㊷甲族　世家大族。㊸子弟　對後輩的統稱。㊹父　對男性長輩的尊稱。㊺制敕皆應由中書出　指皇帝的制敕由中書省的中書舍人根據皇帝旨意草擬。㊻感寤　感覺、醒悟。寤，同「悟」。㊼本官　指所任太子詹事。㊽壬寅　四月初六日。㊾緣　由於。㊿軍國務殷　軍國事務繁多。(51)口敕皇帝的口頭命令。(52)諸色　各種各樣。(53)杖配　杖配都屬於處罰罪犯的五刑之列。杖，杖刑。配，發配；流刑。(54)正宣　正規程序出宣的詔命，即中書省起草，皇帝進畫，門下省審核宣行。門下省將皇帝畫可（皇帝親筆簽署）的正本留下存檔，另抄一份，寫上「制可」，加蓋騎縫印，送尚書省頒下施行。(55)英武軍虞候　英武軍，至德二載肅宗在鳳翔置神武軍時，又置衙（殿）前射生手千餘人，稱左右英武軍，作為貼身衛士，不在北衙六軍序列中。虞候，是軍中執法官。(56)諸使諸司　即內諸使、內諸司，或稱內諸司使、北衙諸司使。據唐長孺〈唐代的內諸司使〉（《魏晉南北朝隋唐史資料》第五、六期），唐中葉以後，有一個由宦官指揮的內諸司使行政系統，分部細密，組織龐大，參擬外廷，自三省以至卿監，很多都設有對口或相關的官司，侵奪了朝廷諸官司的職權。此時，北衙諸司使開始陸續設置，尚未達到完全的程度。(57)論競　指窮究刑獄之事。論，定罪。競，窮究其事。(58)懸自追攝　沒有憑據便自己去追捕、提取犯人。懸，憑空；無所依據。追攝，追捕、提取。(59)臺府　指御史臺、京兆府。(60)比緣軍國務殷十七句　據《全唐文》卷四十二，此為兩道制書的節文，「比緣……聽具狀奏聞」，為〈申明賞罰詔〉節文；「諸律令……詳定聞奏」，為〈刪除律令詔〉節文。故宜分別使用引號。(61)甲辰　四月初八日。(62)鄭陳亳節度使　為新置節鎮。據《新唐書・方鎮表》領鄭、陳、亳、潁四州，治鄭州。(63)青密等七州　指青、密、登、萊、淄、沂、海七州。(64)豫許汝三州節度使　據《新唐書・方鎮表》為乾元元年（西元七五八年）置，治豫州。(65)守捉　本為戍邊軍名，此指守衛、守護。

【校　記】①所　原無此字。據章鈺校，甲十六行本、乙十一行本皆有此字，今據補。②壬寅　原無此二字。據章鈺校，甲十六行本、乙十一行本皆有此二字，張敦仁《通鑑刊本識誤》同，今據補。③須一切　據章鈺校，甲十六行本、乙十一行本皆作「一切須」。④鄭陳　原作「陳鄭」。據章鈺校，甲十六行本、乙十一行本皆作「鄭陳」。按，當以「鄭陳」為是，本卷下文云「以鴻臚卿李抱玉為鄭、陳、潁、亳節度使」，下卷亦云「鄭、陳節度使李抱玉」，可證。⑤等　原無此字。據章鈺校，甲十六行本、乙十一行本皆有此字，今據補。

【語　譯】三月十八日甲申，回紇骨啜特勒、帝德等十五人從相州跑回西京，肅宗在紫宸殿宴請他們，賞賜他們數量不等的財物。二十四日庚寅，骨啜特勒等人告辭返回行營。

三月二十五日辛卯，任命荔非元禮擔任懷州刺史，代理鎮西、北庭行營節度使。荔非元禮又任用段秀實為節度判官。

三月二十八日甲午，任命兵部侍郎呂諲擔任同平章事。二十九日乙未，任命中書侍郎、同平章事苗晉卿擔任太子太傅，王璵擔任刑部尚書，都罷除政事。又任命京兆尹李峴兼任吏部尚書，中書舍人兼禮部侍郎李揆擔任中書侍郎，以及戶部侍郎第五琦並為同平章事。肅宗對李峴恩德尤厚，李峴也把經國濟民視為己任，軍國大事多由李峴單獨決定。

當時京師盜賊很多，李輔國請求挑選羽林軍騎士五百人以備巡邏。李揆上疏說：「當年西漢用南軍北軍互相制約，所以周勃因為需要對付南軍而先進入並掌控北軍，從而安定了劉氏天下。我大唐朝設置南牙、北牙，文武分開，以互相監督。現在用羽林衛代替金吾衛來擔任夜晚的巡邏警戒，如果突然有什麼異常事變發生，將如何加以控制呢！」這事於是作罷。

三月三十日丙申，任命郭子儀為東畿、山東、河東各道的元帥，代理東京留守，任命河西節度使來瑱兼代陝州刺史，充任陝州、虢州、華州節度使。

夏，四月初四日庚子，澤潞節度使王思禮在潞城東邊打敗史思明的部將楊旻。

太子詹事李輔國，從肅宗在靈武的時候，就兼任元帥行軍司馬的職務，在肅宗左右侍奉值班，宣布傳達詔命。四方進呈的文書奏章，寶印符契，早晚的軍中口令，全都交給他管理。等回到京師，專門掌管禁兵，常常住在宮禁中的宅舍裡。制書敕令必須經過李輔國簽署，然後才能施行。宰相和百官不在規定奏事的時間裡有事要上奏，都要通過李輔國稟報，並由他傳達肅宗的旨意。李輔國常常在銀臺門裁決天下之事，事情無論大小，都由李輔國口宣制書敕令，寫下來後交付外面的官員施行，事情完畢後再向肅宗奏報。他又設置察事幾十人，暗中命令他們到民間去探聽察訪細小的事情，發現什麼情況立即進行審問。如果有什麼需要追查索取的，各部門沒有一個敢拒絕的。關在御史臺、大理寺的重罪犯人，有的審判還沒有完畢，李輔國到銀臺追問，一下子就把他們釋放了。三司、府、縣審理案件，都先到李輔國那裡去諮詢稟報，量刑的輕重都隨他的心意，他聲稱是皇帝的制書敕令而交付下面的人施行，沒有人敢違背。宦官不敢直呼他的官銜，都稱他為五郎。李揆是山東地區的世家大族，見到李輔國就行子弟的禮節，稱他為五父。

等到李峴任宰相，在肅宗面前磕頭，論述制書敕令都應該由中書省發布，詳細陳述了李輔國專權亂政的情況。肅宗有所感而醒悟過來，獎賞了他的正直。對李輔國所做的事情，多有變更，罷除了他設立的察事。李輔國因此辭去行軍司馬，請求回歸他原本的官職太子詹事，肅宗不許。四月初六日壬寅，肅宗下制書：「近來由於軍務國政事情眾多，有時口頭宣布敕令進行處理。各種名目的索求以及對囚徒施杖刑或發配，從今以後一律停止。如果不是按正規程序宣布的詔命，都不得施行。朝廷內外的諸種事務，各歸主管官員負責。英武軍虞候以及六軍諸使、諸司等，近來有時因刑獄定罪發生爭執，沒有憑據就各自去追查拘捕人，從今以後必須一律經過御史臺、京兆府。如果有關官員處理判決不公正，允許詳細寫明情況上奏。各種法律法令除了十惡、殺人、姦、盜、造偽以外，其他煩瑣冗雜的條文一律刪除，仍然交由中書省、門下省與法官詳細審定後再奏報上來。」李輔國由此嫉恨李峴。

四月初八日甲辰，設置鄭州、陳州、亳州節度使，任命鄧州刺史魯炅擔任此職，任命徐州刺史尚衡為青州、密州等七州的節度使，任命興平軍節度使李奐兼任豫州、許州、汝州三州的節度使，各節度使仍然在自己的轄區內把守防禦。

九節度之潰於相州也，魯炅所部兵剽掠❶尤甚。聞郭子儀退屯河上，李光弼還太原，炅慚懼，飲藥而死。

史思明自稱大燕皇帝，改元順天，立其妻辛氏為皇后，子朝義為懷王，以周摯為相，李歸仁為將，改范陽為燕京，諸州為郡。

戊申❷，以鴻臚卿李抱玉❸為鄭、陳、潁、亳節度使。抱玉，安興貴❹之後也，為李光弼裨將，屢有戰功。自陳恥與安祿山同姓，故賜姓李氏。

回紇毗伽闕可汗卒，長子葉護先遇殺，國人立其少子，是為登里可汗❺。回紇欲以寧國公主為殉，公主曰：「回紇慕中國之俗，故娶中國女為婦。若欲從其本俗，何必結昏萬里之外邪！」然亦為之剺面而哭❻。

鳳翔馬坊押官❼為劫，天興❽尉謝夷甫捕殺之。其妻訟冤。李輔國素出飛龍廄，敕監察御史孫鎣鞫之，無冤。又使御史中丞崔伯陽、刑部侍郎李曄、大理卿權獻鞫之❾，與鎣同。妻[1]猶不服。又使侍御史太平毛若虛❿鞫之。若虛傾巧士⓫，希⓬輔國意，歸罪夷甫。伯陽怒，召若虛詰責，欲劾奏之。若虛先自歸於上，上匿若虛於簾下。伯陽尋至，言若虛附會中人，鞫獄不直。上怒，叱出之。伯陽貶高要尉，獻貶桂陽⓭尉，曄與鳳翔尹嚴向⓮皆貶嶺下⓯尉，鎣除名⓰，長流播州⓱。吏部尚書、同平章事李峴奏伯陽無罪，責之太重。上以為朋黨，五月辛巳⓲，貶峴蜀州刺史。右散騎常侍韓擇木⓳入對，上謂之曰：「李峴欲專權，今貶蜀州，朕自覺用法太寬。」對曰：「李峴言直，非專權。陛下寬之，祇⓴益聖德耳。」若虛尋除御史中丞，威振朝廷。

壬午㉑，以滑、濮節度使許叔冀為汴州刺史，充滑、汴等七州節度使㉒。以試汝州刺史劉展㉓為滑州刺史，充副使。

六月丁巳㉔，分朔方置邠、寧等九州節度使㉕。

觀軍容使魚朝恩惡郭子儀，因其敗，短之於上。秋，七月，上召子儀還京師，以李光弼代為朔方節度使、兵馬元帥。士卒涕泣，遮中使請留子儀。子儀紿㉖之曰：「我餞中使耳，未行也。」因躍馬而去。

光弼願得親王為之副。辛巳㉗，以趙王係為天下兵馬元帥，光弼副之，仍以光弼知諸節度行營。光弼以河東騎五百馳赴東都，夜，入其軍。光弼治軍嚴整，始至，號令一施，士卒、壁壘、旌旗、精采㉘皆變。是時朔方將士樂子儀之寬，憚光弼之嚴。

【章　旨】以上為第四段，寫史思明稱帝，官軍重新部署，李光弼代郭子儀為副元帥。

【注　釋】❶剽掠　搶劫掠奪。❷戊申　四月十二日。❸李抱玉　（？—西元七七七年）世居河西，本姓安，恥與安祿山同姓，肅宗賜姓李氏。官至司空、同中書門下平章事，兼河西、隴右、山南西道三節制和鳳翔、潞、梁三大府，鎮鳳翔十餘年。傳見《舊唐書》卷一百三十二、《新唐書》卷一百三十八。❹安興貴　世居河西。唐初，李軌割據武威，興貴在長安做官，兄安修仁為李軌將領，興貴入涼州，勸軌降唐不成，便與兄共結胡人起兵攻李軌，並擒之送長安。興貴因功升為右武候大將軍、上柱國，封涼國公。事見本書卷一百八十七武德二年。又散見《舊唐書》卷五十五、《新唐書》卷八十六〈李軌傳〉等篇。❺登里可汗　回紇可汗。名移地健，號牟羽可汗，毗伽可汗次子。事見《舊唐書》卷一百九十五、《新唐書》卷二百十七上。❻剺面而哭　突厥、回紇等漠北少數民族風俗，人死後，停屍於帳，子孫及親屬各殺牛馬祭於帳前，遶帳跑馬七周，詣帳門，以刀割面而哭，如此七次。剺，割；劃破。❼馬坊押官　此指管押馬坊的官員。❽天興　縣名，縣治在今陝西鳳翔。❾御史中丞崔伯陽句　此係小三司，審理一些較大或較重要的案件，以區別於中書、門下、御史臺所組成的大三司。❿毛若虛　（？—西元七六〇年）太平（今山西襄汾西汾城）人，酷吏。傳見《舊唐書》卷一百八十六下、《新唐書》卷二百九。⓫傾巧士　狡詐之人；看風行事者。⓬希　迎合。⓭桂陽　縣名，縣治在今廣東連州。⓮嚴向　（西元六八〇—七六四年）同州朝邑（今陝西大荔東）人，監察御史嚴善思之子。官至太常員外卿。事見《舊唐書》卷一百九十一、《新唐書》卷二百四。⓯嶺下　嶺外；五嶺以南地區。⓰除名　除去名籍，取消其原有資格。按唐律，除名是一種法律處分手段，罪致除名者，出身以來的官爵全部去除，六年以後才可依法錄用。詳《唐律疏議》卷三。⓱播州　州名，治所在今貴州遵義。⓲辛巳　五月十六日。⓳韓擇木　曾做魯郡太守、右散騎常侍、太子賓客、集賢殿學士、禮部尚書、太子太保等職，封昌黎伯。其事散見《舊唐書》卷一百十二、《新唐書》卷一百三十一〈李峴傳〉等篇。⓴祇　適；恰好。㉑壬午　五月十七日。㉒滑汴等七州節度使　使職名，為滑、汴等方鎮的差遣長官。據《新唐書・方鎮表》乾元二年（西元七五九年）置汴滑節度使，治滑州，所領為滑、濮、汴、曹、宋五州。此言「七州」疑誤。㉓劉展　先後任汝州刺史、滑州刺史、宋州刺史、淮南節度使。乾元三年（即上元元年）謀亂，次年敗死。㉔丁巳　六月二十三日。㉕邠寧等九州節度使　使職名，為邠、寧等九州的方鎮差遣長官。乾元二年置，治所在今陝西彬縣。九州為邠、涇、原、寧、慶、坊、鄜、丹、延。㉖紿　欺騙。㉗辛巳　七月十七日。㉘精采　指精神風貌。

【校　記】①妻　原無此字。據章鈺校，甲十六行本、乙十一行本皆有此字，張敦仁《通鑑刊本識誤》、張瑛《通鑑校勘記》同，今據補。

【語　譯】九節度使在相州潰退時，魯炅部下的士兵搶劫掠奪尤其嚴重。聽說郭子儀退兵駐紮在黃河岸邊，李光弼回到太原，魯炅深感慚愧和害怕，喝毒藥死了。

史思明自稱大燕皇帝，改年號為順天，立他的妻子辛氏為皇后，兒子史朝義為懷王，任命周摯為宰相，李歸仁為將軍，把范陽改名為燕京，各州改稱郡。

四月十二日戊申，任命鴻臚卿李抱玉為鄭州、陳州、潁州、亳州節度使。李抱玉，是安興貴的後人，擔任李光弼的裨將，屢立戰功。自己上書說恥與安祿山同姓，所以被賜姓李氏。

回紇毗伽闕可汗死了，長子葉護先前已被殺，國人立毗伽闕的小兒子，這就是登里可汗。回紇想讓寧國公主殉葬，公主說：「回紇仰慕中國的風俗，所以娶中國女子為妻。如果想要遵從原本的風俗，又何必到萬里之外去締結婚姻呢！」但是公主仍然按回紇的風俗也為毗伽闕可汗以刀割面而哭。

鳳翔管馬坊的押官搶劫財物，天興縣尉謝夷甫把他抓起來殺掉了，押官的妻子告狀申冤。李輔國本來出身於飛龍廄，敕命監察御史孫鎣審理此案，發現並無冤屈。又派御史中丞崔伯陽、刑部侍郎李曄、大理卿權獻一起審理，結果與孫鎣相同。押官的妻子還不服。又派侍御史太平人毛若虛審理。毛若虛是個狡詐而善於投機取巧的人，迎合李輔國的意思，歸罪於謝夷甫。崔伯陽大怒，把毛若虛召來責問，想要上奏彈劾他。毛若虛預先自己跑到肅宗那裡，肅宗把他藏在簾子後面。崔伯陽不久也到了，說毛若虛依附宦官，審案不公正。肅宗發怒，大聲呵斥崔伯陽把他趕了出去。崔伯陽被貶為高要縣尉，權獻被貶為桂陽縣尉，李曄與鳳翔尹嚴向都被貶到嶺南做縣尉，孫鎣被除去名籍，長期流放播州。吏部尚書、同平章事李峴上奏說崔伯陽無罪，處罰太重。肅宗認為他們是一夥人，五月十六日辛巳，把李峴貶為蜀州刺史。右散騎常侍韓擇木入朝應對，肅宗對他說：「李峴想要專權，現在被貶到蜀州，朕自己覺得用法還是太寬大。」韓擇木回答說：「李峴直言不諱，不是專權。陛下寬大處理他，只會增添聖德。」毛若虛不久被任命為御史中丞，威震朝廷。

五月十七日壬午，任命滑州、濮州節度使許叔冀為汴州刺史，兼任滑州、汴州等七州節度使。任命試汝州刺史劉展為滑州刺史，擔任節度副使。

六月二十三日丁巳，劃分朔方節度設置邠州、寧州等九州節度使。

觀軍容使魚朝恩厭惡郭子儀，利用他這次戰敗，在肅宗面前說他壞話。秋，七月，肅宗召郭子儀回京師，任命李光弼代替他為朔方節度使、兵馬元帥。士卒都哭了，攔住宮中使者請求留下郭子儀。郭子儀騙他們說：「我去給宮中使者餞行，並沒有要走啊。」於是跳上馬離開了。

李光弼希望能有一位親王擔任主帥，他任副帥。七月十七日辛巳，任命趙王李係為天下兵馬元帥，李光弼為副帥，仍然讓李光弼掌管各節度使的行營。李光弼帶領河東騎兵五百名奔赴東都，深夜，進入朔方軍營。

李光弼治軍嚴整，剛剛到達，號令一發，士卒、壁壘、旌旗、軍容都為之一變。當時朔方軍的將士都喜歡郭子儀的寬鬆，害怕李光弼的嚴厲。

左廂兵馬使張用濟屯河陽，光弼以檄召之。用濟曰：「朔方，非叛軍也，乘夜而入，何見疑之甚邪！」與諸將謀以精銳突入東京，逐光弼，請子儀。命其士皆被甲上馬，銜枚❶以待。都知兵馬使僕固懷恩曰：「鄴城之潰，郭公先去。朝廷責帥，故罷其兵柄。今逐李公而強請之，違拒朝命[1]，是反也，其可乎！」右武鋒使康元寶曰：「君以兵請郭公，朝廷必疑郭公諷君為之，是破其家也。郭公百口何負於君乎！」用濟乃止。光弼以數千騎東出汜水❷，用濟單騎來謁。光弼責用濟召不時至，斬之，命部將辛京杲❸代領其眾。

僕固懷恩繼至，光弼引坐，與語，須臾，閽者❹白❺：「蕃、渾五百騎至矣。」光弼變色。懷恩走出，召麾下將，陽責之曰：「語汝勿來，何得固違！」光弼曰：「士卒隨將，亦復何罪！」命給牛酒。

丁亥[2]，以潞沁節度使❻王思禮兼太原尹，充北京❼留守、河東節度使。

初，潼關之敗❽，思禮馬中矢而斃。有騎卒盩厔張光晟❾下馬授之，問其姓名，不告而去。思禮陰識其狀貌，求之不獲。及至河東，或譖代州刺史河西辛雲京❿，思禮怒之。雲京懼，不知所出。光晟時在雲京麾下，曰：「光晟嘗有德於王公，從來不敢言者，恥以此取賞耳。今使君⓫有急，光晟請往見王公，必為使君解之。」雲京喜而[3]遣之。光晟謁思禮，未及言，思禮識之曰：「噫！子非吾故人⓬乎？何相見之晚邪！」光晟以實告。思禮大喜，執其手，流涕曰：「吾之有今日，皆子力也，吾求子久矣。」引與同榻坐，約為兄弟。光晟因從容言雲京之冤。思禮曰：「雲京過亦不細，今日特為故人捨之。」即日擢光晟為兵馬使，贈金帛田宅甚厚。

辛卯⓭，以朔方節度副使、殿中監僕固懷恩兼太常卿，進爵大寧郡王。懷恩從郭子儀為前鋒，勇冠⓮三軍⓯，前後戰功居多，故賞之。

八月乙巳⓰，襄州將康楚元⓱、張嘉延⓲據州作亂，刺史王政奔荊州，楚元自稱南楚霸王。

回紇以寧國公主無子，聽歸。丙辰⓳，至京師。

戊午⓴，上使將軍曹日昇往襄州慰諭康楚元，貶王政為饒州㉑長史，以司農少卿㉒張光奇為襄州刺史，楚元不從。○壬戌㉓，以李光弼為幽州長史、河北節度等使。

九月甲午㉔，張嘉延襲破荊州，荊南節度使杜鴻漸棄城走，澧㉕、朗㉖、郢㉗、峽㉘、歸㉙等州官吏聞之，爭潛竄山谷。

戊辰㉚，更令絳州鑄乾元重寶大錢㉛，加以重輪㉜，一當五十。在京百官，先以軍旅皆無俸祿，宜以新錢給其冬料㉝。

丁亥㉞，以太子少保崔光遠為荊、襄招討使，充山南東道處置兵馬都使㉟。以陳㊱、潁、亳、申節度使王仲昇為申㊲、沔等五州節度使，知淮南西道行軍兵馬[4]。

史思明使其子朝清守范陽，命諸郡太守各將兵三千從己向河南，分為四道，使其將令狐彰將兵五千自黎陽㊳濟河取滑州，思明自濮陽，史朝義自白皋㊴，周摯自胡良㊵濟河，會于汴州。

【章旨】以上為第五段，寫官軍副元帥李光弼整訓軍容，調整諸將，史思明大舉南下。

【注釋】❶銜枚　銜，口含物。枚的形狀如筷子，橫銜口中，以禁喧囂。古代軍旅為了禁止喧譁，保持部隊肅靜或不暴露目標，便使用銜枚。❷汜水　縣名，縣治在今河南鞏縣東汜水鎮。❸辛京杲　蘭州金城（今甘肅蘭州）人，曾官鴻臚卿、左金吾衛大將軍、工部尚書。傳附《新唐書》卷一百四十七〈辛雲京傳〉。❹閽者　守門人。❺白　稟告。❻潞沁節度使　即前所謂澤潞節度使。❼北京　即北都。❽潼關之敗　至德元載（西元七五六年）五月，哥舒翰被安祿山將崔乾祐大敗於靈寶

（今河南靈寶），與數百騎退入潼關，乾祐趁勢攻克潼關，哥舒翰投降。事見本書卷二百十八。❾張光晟　官至御史中丞、單于都護。後從朱泚叛亂，被斬。傳見《舊唐書》卷一百二十七。❿辛雲京（西元七一四—七六八年）河西道蘭州金城人，客籍長安，世代將家。官至太原尹、檢校左僕射、同中書門下平章事，封金城郡王。傳見《舊唐書》卷一百十、《新唐書》卷一百四十七。⓫使君　漢以後對州郡長官的尊稱。⓬故人　舊時友人。⓭辛卯　七月二十七日。⓮冠　位居第一。⓯三軍　軍隊的統稱。⓰乙巳　八月十二日。⓱康楚元　叛將。乾元二年（西元七五九年），逐襄州刺史王政，自稱南楚霸王，陷荊、襄、澧、朗等州，朝廷為之寢食不安。不久為商州刺史韋倫生擒。其事散見《舊唐書》卷一百三十八〈韋倫傳〉、《新唐書》卷一百四十一〈崔光遠傳〉等篇。⓲張嘉延　同康楚元一起叛亂，曾襲破荊州。其事散見《舊唐書》卷一百三十八〈韋倫傳〉、《新唐書》卷一百四十一〈崔光遠傳〉等篇。⓳丙辰　八月二十三日。⓴戊午　八月二十五日。㉑饒州　州名，治所在今江西鄱陽。㉒司農少卿　官名，司農寺副長官，協助司農卿掌國家倉儲、京都百官俸祿等事。㉓壬戌　八月二十九日。㉔甲午　九月甲子朔，無甲午，當為甲子之誤。甲子，九月初一日。㉕澧　州名，治所在今湖南澧縣東南。㉖朗　州名，治所在今湖南常德。㉗郢　州名，治所在今湖北京山縣。㉘峽　州名，治所在今湖北宜昌。㉙歸　州名，治所在今湖北秭歸舊城，在長江三峽西陵北岸。因三峽水庫，秭歸舊城已淹入庫區。歸州與上文澧、朗、郢、峽諸州，皆為荊南節度使所領。此外，還領有荊、復、夔、忠、萬五州。㉚戊辰　九月初五日。㉛令絳州鑄乾元重寶大錢　絳州，州名，治所在今山西新絳。唐代鑄錢的鑄爐有九十九座，其中絳州有三十座，其他鑄爐，有的遠在江南、嶺南，有的在安、史亂軍手中，因此，這時鑄錢主要依賴絳州。大錢，徑一寸二分，文亦曰「乾元重寶」，每緡重十二斤。㉜重輪　此指錢背周邊為兩道輪廓，用以區別去年所鑄乾元重寶。此錢因背面外廓兩輪，故稱「重稜錢」。㉝冬料　官吏冬季的俸料錢。㉞丁亥　九月二十四日。㉟山南東道處置兵馬都使　使職名，為都管山南東道兵馬諸事並有量事便宜處置權力的差遣官。㊱陳　州名，治所在今河南淮陽。㊲申　州名，治所在今河南信陽南。㊳黎陽　津渡名，故址在今河南浚縣東南，位於古黃河北岸。㊴白皋　津渡名，故址在今河南滑縣西北黃河北岸。㊵胡良　津渡名，故址在今河南滑縣西北黃河北岸，臨近白皋。

【校　記】①違拒朝命　原無此四字。據章鈺校，甲十六行本、乙十一行本皆有此四字，張瑛《通鑑校勘記》同，今據補。②丁亥　原無此二字。據章鈺校，甲十六行本、乙十一行本皆有此二字，張瑛《通鑑校勘記》同，今據補。丁亥，七月二十三日。③而　據章鈺校，甲十六行本、乙十一行本皆作「即」。④行軍兵馬　原作「行營兵馬」。據章鈺校，甲十六行本、乙十一行本皆作「行軍兵馬」，今據改。

【語　譯】左廂兵馬使張用濟駐紮在河陽，李光弼發檄書召他來。張用濟說：「朔方軍，不是叛軍，卻要趁夜進入軍營，為什麼受懷疑竟如此之深呢！」便與各位將領謀劃派精銳部隊突然進入東京，驅逐李光弼，請郭子儀回來。命令士兵都披好鎧甲跨上戰馬，口中銜枚，等待出發。都知兵馬使僕固懷恩說：「鄴城潰散，郭公先離開。朝廷責備主帥，所以罷免他的兵權。如今驅逐李公而強請郭公回來，違抗朝廷命令，這是謀反，怎麼可以呢！」右武鋒使康元寶說：「您用兵請回郭公，朝廷必然懷疑是郭公暗示您幹的，這是在毀掉他的全家啊。郭公全家百口有什麼對不起您的呢！」張用濟這才罷休。李光弼帶了幾千名騎兵東出汜水縣，張用濟一個人騎馬前來謁見。李光弼責備張用濟被召而不及時趕到，殺了他，命令部將辛京杲代他統領他的隊伍。僕固懷恩接著趕到，李光弼領他就坐，與他談話，不一會兒，守門人來報告：「蕃族、渾族的五百名騎兵到了。」李光弼一聽變了臉色。僕固懷恩走出來，召集部下將領，假裝責備他們說：「告訴你們不要來，為什麼非要違抗不可呢！」李光弼說：「士兵跟隨將領，又有什麼罪過呢！」命令供給他們牛肉和酒。

七月二十三日丁亥，任命潞沁節度使王思禮兼太原尹，充任北京留守、河東節度使。

當初，潼關戰敗時，王思禮的馬中箭而死。有騎兵盩厔人張光晟下馬把自己的馬給王思禮，王思禮問他姓名，張光晟沒有告訴便離開了。王思禮暗暗記下他的相貌，事後多方尋找也沒找到。等到達河東後，有人誣陷代州刺史河西人辛雲京，王思禮發怒了。辛雲京很害怕，不知道該怎麼辦。張光晟當時在辛雲京部下，說：「我曾經幫助過王公，但從來不敢說起此事，是覺得如果以此事取賞是可恥的。現在使君您有危急，我請求去見王公，一定為您解除危急。」辛雲京很高興，派他前往。張光晟謁見王思禮，還沒有開口，王思禮就認出他來，說：「哎呀！您不是我的老朋友嗎？為什麼相見竟如此之晚啊！」張光晟把實情告訴他。王思禮十分高興，拉著他的手，流著眼淚說：「我之所以有今天，全靠您的幫助啊，我找您很久了。」牽著他和自己同坐一榻，相約結為兄弟。張光晟藉機不慌不忙說出辛雲京的冤屈。王思禮說：「辛雲京的過錯也不小，今天特地為老朋友放過他。」當天就提升張光晟為兵馬使，贈給他很多的金銀絹帛田地宅舍。

七月二十七日辛卯，任命朔方節度副使、殿中監僕固懷恩兼任太常卿，進爵位為大寧郡王。僕固懷恩跟隨郭子儀做前鋒，勇冠三軍，前後立下的戰功很多，所以獎賞他。

八月十二日乙巳，襄州將領康楚元、張嘉延佔據本州作亂，刺史王政逃往荊州，康楚元自稱南楚霸王。回紇因寧國公主沒有兒子，聽任她回國。八月二十三日丙辰，寧國公主到達京師。

八月二十五日戊午，肅宗派將軍曹日昇前往襄州安慰曉諭康楚元，把王政貶為饒州長史，任命司農少卿張光奇為襄州刺史，康楚元不肯服從。○二十九日壬戌，任命李光弼為幽州長史、河北節度等使。

九月甲午日，張嘉延襲擊攻破荊州，荊南節度使杜鴻漸棄城逃走，澧州、朗州、郢州、峽州、歸州等州的官吏聽到這一消息，都爭相逃竄到山谷裡躲了起來。

九月初五日戊辰，再令絳州鑄造乾元重寶大錢，並在錢背的周邊鑄上兩道輪廓，一個大錢當五十個錢用。在京城的百官，先前因為戰亂都沒有領過俸祿，這時就用新錢支付官員的冬季俸祿。

九月二十四日丁亥，任命太子少保崔光遠為荊州、襄州招討使，充任山南東道處置兵馬都使。任命陳州、潁州、亳州、申州節度使王仲昇為申州、沔州等五州節度使，兼管淮南西道行軍兵馬。

史思明派他的兒子史朝清鎮守范陽，命令各郡太守分別率軍三千人跟隨自己奔向河南，分兵四路，派他的部將令狐彰率軍五千人從黎陽渡過黃河攻取滑州，史思明從濮陽，史朝義從白皐，周摯從胡良渡過黃河，在汴州會合。

李光弼方巡河上諸營，聞之，還入汴州，謂汴滑節度使許叔冀曰：「大夫能守汴州十五日，我則將兵來救。」叔冀許諾。光弼還東京。思明至汴州，叔冀與戰，不勝，遂與濮州刺史董秦及其將梁浦、劉從諫、田神功❶等降之。思明以叔冀為中書令，與其將李詳守汴州。厚待董秦，收其妻子，置長蘆❷為質。使其將南德信與梁浦、劉從諫、田神功等數十人徇江、淮。神功，南宮人也，思明以為平盧兵馬使。頃之，神功襲德信，斬之，從諫脫身走，神功將其眾來降。

思明乘勝西攻鄭州。光弼整眾徐行，至洛陽，謂留守韋陟曰：「賊乘勝而來，利在按兵❸，不利速戰。洛城不可守，於公計何如？」陟請留兵於陝，退守潼關，據險以挫其銳。光弼曰：「兩敵相當，貴進忌退。今無故棄五百里地，則賊勢益張矣。不若移軍河陽❹，北連澤潞，利則進取，不利則退守，表裏相應，使賊不敢西侵，此猿臂之勢❺也。夫辨朝廷之禮，光弼不如公，論軍旅之事，公不如光弼。」陟無以應。判官韋損曰：「東京帝宅，侍中❻柰何不守？」光弼曰：「守之，則汜水、崿嶺❼、龍門❽皆應置兵。子為兵馬判官，能守之乎？」遂移牒❾留守韋陟，使帥東京官屬西入關，牒河南尹李若幽，使帥吏民出城避賊，空其城。光弼帥軍士運油、鐵諸物詣河陽為守備，光弼以五百騎殿❿。時思明游兵已至石橋⓫，諸將請曰：「今自洛城而北乎，當石橋而進乎？」光弼曰：「當石橋而進。」及日暮，光弼秉炬徐行，部曲堅重⓬。賊引兵躡⓭之，不敢逼。光弼夜至河陽，有兵二萬，糧纔支十日。光弼按閱[14]守備，部分[15]士卒，無不嚴辦[16]。庚寅[17]，思明入洛陽，城空，無所得，畏光弼掎[18]其後，不敢入宮，退屯白馬寺[19]南，築月城[20]於河陽南以拒光弼。於是鄭、滑等州相繼陷沒[21]，韋陟、李若幽皆寓治[22]於陝。

冬，十月丁酉[23]，下制親征史思明。羣臣上表諫，乃止。

史思明引兵攻河陽，使驍將劉龍仙詣城下挑戰。龍仙恃勇，舉右足加馬鬣上，慢罵光弼。光弼顧諸將曰：「誰能取彼者？」僕固懷恩請行。光弼曰：「此非大將所為。」左右言：「裨將白孝德[24]可往。」光弼召問之。孝德請行。光弼問：「須幾何兵？」對曰：「請挺身[25]取之。」光弼壯其志，然固問所須。對曰：「願選五十騎出壘門[26]為後繼，兼請大軍助鼓譟以增氣。」光弼撫其背而遣之。孝德挾二矛，策馬[27]亂流[28]而進。半涉[29]，懷恩賀曰：「克矣！」光弼曰：「鋒未交，何以知之？」懷恩曰：「觀其攬轡安閒[30]，知其萬全[31]。」龍仙見其獨來，甚易[32]之。稍近，將動，孝德搖手示之，若非來為敵者，龍仙不測[33]而止。去之十步，乃與之言，龍仙慢罵如初。孝德息馬[34]良久，因瞋目[35]謂曰：「賊識我乎？」龍仙曰：「誰也？」曰：「我，白孝德也。」龍仙曰：「是何狗彘[36]！」孝德大呼，運矛躍馬搏之。城上鼓譟，五十騎繼進。龍仙矢不及發，環走[37]隄上。孝德追及，斬首，擕之以歸，賊眾大駭。孝德，本安西胡人也。

【章旨】以上為第六段，寫李光弼重兵守河陽，誘賊來戰。

【注釋】❶田神功（？—西元七七三年）冀州南宮（今河北南宮南）人，家本微賤，以軍功官至檢校右僕射，封信都郡王。傳見《舊唐書》卷一百二十四、《新唐書》卷一百四十四。❷長蘆　縣名，縣治在今河北滄縣。❸按兵　指停兵不動。按，壓住；止住。❹河陽　縣名，唐德宗時置為軍鎮，治所在洛陽東北，今河南孟州西三十五里。河陽為東都洛陽的守河門戶。❺猿臂之勢　比喻進退靈活。猿臂，猿猴胳臂，伸縮靈便。❻侍中　即李光弼，於乾元元年（西元七五八年）任為侍中。❼嶰嶺　山名，在今河南登封境內。❽龍門　又名伊闕。在今河南洛陽南。以有龍門山（西山）和香山（東山）隔伊河夾峙如門，故名。龍門石窟為我國著名的佛教藝術寶庫之一。❾移牒　移送文書。❿殿　殿後，行軍走在最後。⓫石橋　橋名，在今河南洛陽東。⓬堅重　堅強沉著。⓭躡　跟蹤；追隨。⓮按閱　巡行檢閱。⓯部分　處理；部署。⓰嚴辦　嚴格辦理；認真進行。⓱庚寅　九月二十七日。⓲掎　拉住；牽制。⓳白馬寺　佛寺名，在今河南洛陽東。⓴月城　大城外用以障蔽城門的半圓形小城。㉑於是鄭滑等州相繼陷沒　史思明進入洛陽後，鄭、滑等州已經陷沒。㉒寓治　寄治，暫遷治所於別處。㉓丁酉　十月初四日。㉔白孝德　（西元七一四—七七九年）安西胡人，驍悍有膽力，以戰功累官至檢校刑部尚書，封昌化郡王。傳見《舊唐書》卷一百九、《新唐書》卷一百三十六。㉕挺身　挺直身軀，喻勇敢。此兼指獨身。㉖壘門　防守軍營的大門。㉗策馬　揮鞭驅馬前行。㉘亂流　橫渡。㉙半涉　渡至水中央。㉚攬轡安閒　手握馬韁，從容自在。㉛萬全　萬無一失。㉜易　輕視。㉝測　量度；推測。㉞息馬　讓馬休息而恢復氣力。㉟瞋目　怒睜雙眼。㊱彘　豬。㊲環走　轉身逃走。

【語譯】李光弼正在巡視黃河岸邊各軍營，聽到這一消息，回到汴州，對汴滑節度使許叔冀說：「大夫能守住汴州十五天，我就會率軍來援救。」許叔冀答應了。李光弼返回東京。史思明到達汴州，許叔冀與他交戰，不能取勝，就與濮州刺史董秦及其部將梁浦、劉從諫、田神功等投降了史思明，史思明任命許叔冀為中書令，和他的將領李詳一起防守汴州。史思明厚待董秦，控制了他的妻子兒女，安置在長蘆縣作為人質。又派他的將領南德信與梁浦、劉從諫、田神功等幾十人攻打江、淮地區。田神功，是南宮縣人，史思明任命他為平盧兵馬使。不久，田神功襲擊南德信，把他殺了，劉從諫脫身逃走，田神功率領他的部眾前來投降。

史思明乘勝向西攻打鄭州。李光弼整頓部隊，慢速行進，到達洛陽，對留守韋陟說：「叛賊乘勝而來，我們抑制住兵馬不急於行動有利，速戰不利。洛城不可能守住，您計劃怎麼辦？」韋陟請求把部隊留在陝郡，退守潼關，佔據險阻以挫敗敵人的銳氣。李光弼說：「雙方對陣，貴在前進，切忌後退。現在無緣無故放棄五百里土地，那麼叛賊氣勢就更加囂張了。不如把部隊轉移到河陽，北邊連接澤潞，有利就進取，不利則退守，裡外相呼應，使叛賊不敢向西侵犯，這種態勢就像猿猴的手臂，伸縮十分靈活。說到辨別朝廷禮儀，我不如您，至於談論軍事事務，您不如我。」韋陟無以應對。判官韋損說：「東京是帝王的宅舍，侍中您為什麼不堅守？」李光弼說：「如果堅守東京，那麼汜水、崿嶺、龍門等地都應該布置部隊。您作為兵馬判官，能守得住嗎？」於是給東京留守韋陟移送文書，讓他率領東京的官吏及家屬向西進入潼關，又給河南尹李若幽移送文書，讓他率領官吏民眾出城躲避叛賊，使東京變成一座空城。李光弼率領軍士運送油、鐵等物資到河陽進行防守戒備，李光弼帶領五百名騎兵殿後。當時史思明的流動出擊的部隊已經到了石橋，各位將領請示說：「現在是從洛陽城向北走呢，還是對著石橋前進呢？」李光弼說：「對著石橋前進。」到傍晚，李光弼手執火炬緩慢前行，士兵堅強沉著。叛賊帶兵跟在後面，不敢逼近。李光弼夜晚到達河陽，有士兵兩萬人，糧食只夠支持十天。李光弼巡視守備，部署士卒，無不嚴格進行。九月二十七日庚寅，史思明進入洛陽，城內空蕩蕩的，一無所得，他害怕李光弼拖住他的後面，不敢進入宮中，退兵駐紮在白馬寺南，在河陽城的南面修築月城以對抗李光弼。這時鄭州、滑州等州相繼陷落，韋陟、李若幽都把處理公務的衙署暫時遷到了陝郡。

冬，十月初四日丁酉，肅宗下制書要親自帶兵征討史思明。群臣上表勸諫，這才作罷。

史思明帶兵攻打河陽，派猛將劉龍仙到城下挑戰。劉龍仙倚仗勇猛，抬起右腳放在馬鬣上，謾罵李光弼。李光弼回頭看了看眾將說：「誰能拿下他？」僕固懷恩請求前去。李光弼說：「這不是大將所該做的。」左右的人說：「裨將白孝德可以前往。」李光弼把白孝德召來詢問。白孝德請求出戰。李光弼問道：「需要多少士兵？」白孝德回答說：「請讓我單槍匹馬拿下他。」李光弼認為他志氣雄壯，但還是堅持問他需要什麼。回答說：「希望挑選五十名騎兵從壘門出去作為後援，並請大軍擊鼓呼喊相助，以增添我的勇氣。」李光弼拍拍他的肩背便派他出戰。白孝德手持兩根長矛，策馬橫渡河水前進。渡到一半時，僕固懷恩便祝賀說：「勝了！」李光弼說：「還未交鋒，憑什麼知道勝了？」僕固懷恩說：「我看他牽著韁繩安閒鎮定，便知道萬無一失。」劉龍仙見他獨自前來，非常輕視他。等他稍稍走近，劉龍仙準備動手，白孝德搖搖手示意，好像不是來對敵的，劉龍仙猜不透是什麼意思就沒有動手。白孝德走到相距十步的地方，才同劉龍仙說話，劉龍仙仍像以前一樣謾罵。白孝德停下馬休息了很久，然後怒睜雙目對劉龍仙說：「叛賊你認識我嗎？」劉龍仙說：「你是誰？」回答說：「我，白孝德。」劉龍仙說：「你是哪裡的豬狗！」白孝德大喊一聲，揮矛飛馬上前搏擊。城上擊鼓呼喊，五十名騎兵跟著衝了上去。劉龍仙箭還來不及射，轉身逃到河堤之上。白孝德追上他，砍下他的頭，提著回來，叛賊部眾十分驚駭。白孝德，本是安西的胡人。

思明有良馬千餘匹，每日出於河南渚❶浴之，循環不休以示多。光弼命索軍中牝馬❷，得五百匹，縶其駒❸於城內。俟思明馬至水際，盡出之。馬嘶不已，思明馬悉浮渡河，一時驅之入城。思明怒，列戰船數百艘，泛火船❹於前而隨之，欲乘流燒浮橋。光弼先貯百尺長竿數百枚，以巨木承其根，氈❺裹鐵叉置其首，以迎火船而叉之。船不得進，須臾自焚盡。又以叉拒戰船，於橋上發礮石擊之，中者皆沈沒，賊不勝而去。

思明見兵❻於河清，欲絕光弼糧道。光弼軍于野水渡以備之。既夕，還河陽，留兵千人，使部將雍希顥⑦守其柵⑧，曰：「賊將高庭暉、李日越、喻文景，皆萬人敵也，思明必使一人來劫我。我且去之，汝待於此。若賊至，勿與之戰，降則與之俱來。」諸將莫諭⑨其意，皆竊笑之。既而思明果謂李日越曰：「李光弼長於憑城⑩，今出在野，此成擒矣。汝以鐵騎⑪宵濟⑫，為我取之，不得則勿返。」日越將五百騎晨至柵下，希顥阻壕休卒⑬，吟嘯⑭相視，日越怪之，問曰：「司空⑮在乎？」曰：「夜去矣。」「兵幾何？」曰：「千人。」「將誰？」曰：「雍希顥。」日越默計⑯久之，謂其下曰：「今失李光弼，得希顥而歸，吾死必矣，不如降也。」遂請降。希顥與之俱見光弼，光弼厚待之，任以心腹。高庭暉聞之，亦降。或問光弼：「降二將何易也？」光弼曰：「此人情⑰耳。思明常恨不得野戰⑱，聞我在外，以為必可取。日越不獲我，勢不敢歸。庭暉才勇過於日越，聞日越被寵任，必思奪之矣。」庭暉時為五臺府⑲果毅⑳，己亥㉑，以庭暉為右武衛大將軍㉒。

思明復攻河陽。光弼謂鄭陳節度使李抱玉曰：「將軍能為我守南城㉓二日乎？」抱玉曰：「過期何如？」光弼曰：「過期救不至，任棄之。」抱玉許諾，勒兵拒守。城且陷，抱玉紿之曰：「吾糧盡，明旦當降。」賊喜，斂軍㉔以待之。

抱玉繕完城備，明日，復請戰。賊怒，急攻之。抱玉出奇兵，表裏夾擊，殺傷甚眾。

董秦從思明寇河陽，夜，帥其眾五百，拔柵突圍，降于光弼。時光弼自將屯中潬㉕，城外置柵，柵外穿塹，深廣二丈。乙巳㉖，賊將周摯捨南城，併力攻中潬。光弼命荔非元禮出勁卒於羊馬城㉗以拒賊，光弼自於城東北隅建小朱旗以望賊。賊恃其眾，直進逼城，以車載攻具自隨，督眾填塹，三面各八道以過兵，又開柵為門。光弼望賊逼城，使問元禮曰：「中丞視賊填塹開柵過兵，晏然不動，何也？」元禮曰：「司空欲守乎？戰乎？」光弼曰：「欲戰。」元禮曰：「欲戰，則賊為吾填塹，何為禁之？」光弼曰：「善。吾所不及，勉之！」元禮俟柵開，帥敢死士突出擊賊，卻走數百步。元禮度賊陳堅，未易摧陷，乃復引退，須其怠而擊之。光弼望見[1]元禮退，怒，遣左右召，欲斬之。元禮曰：「戰正急，召何為？」乃退入柵中，賊亦不敢逼。良久，鼓譟出柵門，奮擊，破之。

周摯復收兵趣北城。光弼遽帥眾入北城，登城望賊曰：「賊兵雖多，囂而不整，不足畏也，不過日中，保為諸君破之。」乃命諸將出戰。及期，不決，召諸將問曰：「向來賊陳，何方最堅？」曰：「西北隅。」光弼命其將郝廷玉㉘當之。

延玉請騎兵五百，與之三百。又問其次堅者，曰：「東南隅。」光弼命其將論惟貞[29]當之。惟貞請鐵騎三百，與之二百。光弼令諸將曰：「爾曹[2]望吾旗而戰，吾颭旗[30]緩，任爾擇利而戰。吾急颭旗三至地，則萬眾齊入，死生以之，少退者斬！」又以短刀置鞾[31]中，曰：「戰，危事，吾國之三公，不可死賊手，萬一戰不利，諸君前死於敵，我自剄於此，不令諸君獨死也。」諸將出戰，頃之，延玉奔還。光弼望之，驚曰：「延玉退，吾事危矣。」命左右取延玉首。延玉曰：「馬中箭，非敢退也。」使者馳報。光弼令易馬，遣之。僕固懷恩及其子開府儀同三司瑒[32]戰小卻，光弼又命取其首。懷恩父子顧見使者提刀馳來，更前決戰。光弼連颭其旗，諸將齊進致死，呼聲動天地。賊眾大潰，斬首千餘級，捕虜五百人，溺死者千餘人，周摯以數騎遁去，擒其大將徐璜玉、李秦授[33]。其河南節度使安太清走保懷州。思明不知摯敗，尚攻南城，光弼驅俘囚臨河示之，乃遁。

丁巳[34]，以李日越為右金吾大將軍。○邛[35]、簡[36]、嘉[37]、眉[38]、瀘[39]、戎[40]等州蠻反。

十一月甲子[41]，以殿中監董秦為陝西、神策兩軍兵馬使，賜姓李，名忠臣。

康楚元等眾至萬餘人，商州刺史充荊、襄等道租庸使韋倫[42]發兵討之，駐於鄧之境，招諭降者，厚撫之。伺其稍怠，進軍擊之，生擒楚元，其衆遂潰，得其所掠租庸二百萬緡，荊、襄皆平。倫，見素之從弟也。

發安西、北庭兵屯陝，以備史思明。

第五琦作乾元錢、重輪錢，與開元錢三品㊸並行。民爭盜鑄，貨輕物重㊹，穀價騰踊㊺，餓殍㊻相望，上言者皆歸咎於琦。庚午㊼，貶琦忠州㊽長史。御史大夫賀蘭進明貶溱州㊾員外司馬，坐琦黨也。

十二月甲午㊿，呂諲領度支使。○乙巳(51)，韋倫送康楚元詣闕，斬之。

史思明遣其將李歸仁將鐵騎五千寇陝州，神策兵馬使衛伯玉(52)以數百騎擊破之於礓子阪(53)，得馬六百疋，歸仁走。以伯玉為鎮西、四鎮行營節度使。李忠臣與歸仁等戰於永寧(54)、莎柵(55)之間，屢破之。

【章　旨】以上為第七段，寫李光弼討賊，與史思明在河陽展開大決戰，雙方勢均力敵。

【注　釋】❶渚　水中的小塊陸地；水邊。❷牝馬　母馬。❸駒　少壯的馬。❹火船　引火攻敵的船。❺氈　毛氈，用動物毛壓成的像厚呢一樣的東西。❻見兵　出現軍隊。見，通「現」。❼雍希顥　李光弼部將。其事散見《舊唐書》卷一百三十二〈李澄傳〉、《新唐書》卷一百三十六〈李光弼傳〉等篇。❽柵　柵欄，軍事上的防禦設施。❾諭　知道；瞭解。❿憑城　憑藉城池作戰。⓫鐵騎　披鎧甲之馬，也指騎兵。⓬宵濟　夜晚渡河。⓭阻壕休卒　以戰壕為阻隔，讓士卒休息。⓮吟嘯　吟詠，指安閒自在。⓯司空　指李光弼。肅宗至德二載（西元七五七年）十二月，以李光弼為司空。⓰默計　暗暗思索。⓱人

情　人之常情。⑱野戰　曠野交戰。⑲五臺府　代州五臺縣折衝府。⑳果毅　即果毅都尉，為折衝都尉之副。㉑己亥　十月初六日。㉒右武衛大將軍　軍官名，右武衛長官，掌宿衛宮禁。㉓南城　指河陽縣的南城。㉔斂軍　收斂隊伍。斂，收。㉕中潬　黃河中的一個沙灘，即今河南孟州西南郭家灘，古河陽三城之一。潬，沙灘。㉖乙巳　十月十二日。㉗羊馬城　城外另築矮牆，類似羊圈馬圈的圍牆。也稱羊馬牆、羊馬垣。㉘郝廷玉　（？—西元七七三年）驍勇善鬥。以軍功官至太常卿，封安邊郡王。傳見《舊唐書》卷一百五十二、《新唐書》卷一百三十六。㉙論惟貞　吐蕃降將。傳見《新唐書》卷一百十。㉚颭旗　揮動旗幟。颭，風吹物動。㉛鞾　與「靴」同。㉜瑒　僕固瑒（？—西元七六三年），僕固懷恩之子，驍勇善戰。先後任開府儀同三司、御史大夫、朔方行營節度使。後隨父叛唐，為帳下所殺。其事散見《舊唐書》卷一百二十一、《新唐書》卷二百二十四上〈僕固懷恩傳〉等篇。㉝擒其大將徐璜玉李秦授　李秦授被擒，書於此時。《考異》指出係從《肅宗實錄》，可是《考異》同時又說李秦授上元元年（西元七六〇年）四月乃見擒。正文與《考異》矛盾。㉞丁巳　十月二十四日。㉟邛　州名，治所在今四川邛崍。㊱簡　州名，治所在今四川簡陽西北。㊲嘉　州名，治所在今四川樂山市。㊳眉　州名，治所在今四川眉山市。㊴瀘　州名，治所在今四川瀘州。㊵戎　州名，治所在今四川宜賓。㊶甲子　十一月初一日。㊷韋倫　（西元七一六—七九八年）官至太常卿，封郢國公。傳見《舊唐書》卷一百三十八、《新唐書》卷一百四十三。㊸品　種；類。㊹貨輕物重　指錢的價值下降，物的價值上升，即錢幣貶值，物價上漲。貨，錢幣。物，物品。㊺穀價騰踊　穀物價格飛漲。㊻餓殍　餓死的人。殍，餓死，也指餓死的人。㊼庚午　十一月初七。㊽忠州　州名，治所在今重慶市忠縣。㊾溱州　州名，治所在今重慶市綦江區南。㊿甲午　十二月初二日。(51)乙巳　十二月十三日。(52)衛伯玉　（？—西元七七六年）以軍功官任右羽林大將軍、神策軍節度、荊南節度使、檢校工部尚書，先後封河東郡公、城陽郡王。傳見《舊唐書》卷一百十五、《新唐書》卷一百四十一。(53)礓子阪　地名，在今河南洛寧西。(54)永寧　縣名，縣治在今河南洛寧北。(55)莎柵　地名，在今河南洛寧西洛水北岸。

【校記】[1]見　原無此字。據章鈺校，甲十六行本、乙十一行本皆有此字，今據補。[2]曹　據章鈺校，甲十六行本、乙十一行本皆作「輩」。

【語譯】史思明有好馬一千多匹，每天牽出來在黃河南岸水邊洗浴，循環不停，以顯示數量眾多。李光弼下令索求軍中的母馬，得到五百匹，把牠們的小馬駒都拴在城裡。等史思明的馬到了水邊，就把母馬全部放出來。這些馬嘶叫不止，史思明的馬全都浮水渡過黃河來追母馬，一同被趕入城內。史思明發怒，排出幾百艘戰船，前面漂著點火攻敵的火船，戰船跟在後面，想要順流而下燒毀浮橋。李光弼事先貯備了百尺的長竿幾百根，用大木頭頂住長竿的尾部，把用氈裹住的鐵叉安置在長竿的前頭，迎著火船把船叉住。火船不能前進，很快就自行燒毀。又用鐵叉抵住戰船，在橋上發射炮石打它，被打中的船都沉沒在河裡，叛賊沒能取勝而退了回去。

史思明的部隊又出現在河清縣，想要斷絕李光弼的糧道。李光弼駐軍於野水渡以防備他。到了傍晚，李光弼返回河陽，留下士兵一千名，派部將雍希顥守衛營柵，並說：「叛賊將領高庭暉、李日越、喻文景，都能力敵萬人，史思明必定派他們中的一人前來劫我軍營。我暫且離營，你等在這裡。如果叛賊到了，不要與他交戰，他們投降了就帶他們一起來見我。」各位將領沒有一個明白李光弼的用意，都暗暗笑他。不久，史思明果然對李日越說：「李光弼擅長憑藉城池作戰，現在出城駐紮在野外，這次就能擒獲他了。你帶著鐵騎連夜渡河，替我把他捉來，捉不到就別回來。」李日越率領五百名騎兵清晨到達營柵前，雍希顥靠著有戰壕阻隔而讓士兵休息，士兵們自在吟詠，彼此相視，李日越感到很奇怪，問道：「司空在嗎？」回答說：「昨夜就走了。」又問：「營中有兵多少？」回答說：「一千人。」又問：「將軍是誰？」回答說：「雍希顥。」李日越默默盤算了很久，對部下說：「今天失去了李光弼，只得到雍希顥而回去，我必有一死，還不如投降。」於是請求投降。雍希顥帶著他一起來見李光弼，李光弼厚待他，如同心腹一樣任用他。高庭暉聽說後，也來投降。有人問李光弼：「降服兩員大將怎麼這麼容易？」李光弼說：「這是人之常情罷了。史思明常常因不能與我在野外交戰而遺憾，這次聽說我在野外，以為一定可以抓到我。李日越沒有擒獲我，勢必不敢回去。高庭暉的才幹勇氣超過了李日越，聽說李日越受到寵信任用，就必定想來爭奪這個位置了。」高庭暉當時是五臺府果毅，十月初六日己亥，朝廷任命高庭暉為右武衛大將軍。

史思明再次攻打河陽。李光弼對鄭陳節度使李抱玉說：「將軍能替我堅守南城兩天嗎？」李抱玉說：「超過期限怎麼辦？」李光弼說：「超過期限如救兵不到，就任由你放棄。」李抱玉答應了，統率部隊抗敵守城。

城將被攻陷時，李抱玉欺騙敵人說：「我的糧食吃光了，明天天一亮就投降。」叛賊很高興，就收兵等待。李抱玉修繕城牆完善守備，第二天，又請戰。叛賊非常生氣，攻勢很急。李抱玉派出奇兵，內外夾擊，殺傷很多敵人。

董秦跟隨史思明侵犯河陽，趁夜率領部下五百人，拔掉柵欄突圍出來，投降了李光弼。當時李光弼親自率兵駐紮在中潬城，城外設置了柵欄，柵欄外挖了壕溝，深寬各二丈。十月十二日乙巳，叛賊將領周摯放棄南城，合力進攻中潬城。李光弼命令荔非元禮派出精兵到城外加築的低牆內抗擊敵軍，李光弼自己在城的東北角樹起小紅旗，觀察敵情。叛賊依仗人多，逕直進兵，逼近城下，用車子裝著攻城器具跟在後面，督促士卒填壕溝，在三面各設八路讓士兵通過，又打開柵欄作門。李光弼看見叛賊逼近城下，派人問荔非元禮說：「中丞你看著叛賊填壕溝打開柵欄通過士兵，卻安然不動，為什麼？」荔非元禮說：「司空想防守呢？還是想出戰？」李光弼說：「想出戰。」荔非元禮說：「想要出戰，那麼叛賊正在替我們填壕溝，為什麼要阻止他們呢？」李光弼說：「很好。我沒有想到這一點，努力吧！」荔非元禮等到柵欄打開，就率領敢死士卒突然出動攻擊叛賊，讓他們後退了幾百步。荔非元禮考慮到叛賊陣地堅固，不容易摧毀攻陷，就又帶兵退回，想等叛賊懈怠時再去攻打他們。李光弼望見荔非元禮退回，十分生氣，派左右的人去召他，想要殺了他。荔非元禮說：「戰事正緊急，召我做什麼？」於是退入柵欄中，叛賊也不敢緊逼。過了許久，荔非元禮又擊鼓呼喊衝出柵欄門，奮力進擊，打敗了敵人。

周摯又收兵趕往北城，李光弼迅速率領部眾進入北城，登上城牆觀望叛賊，說：「賊兵雖多，但喧囂雜亂而不嚴整，不值得害怕，不超過中午，保證替諸君打敗他們。」於是命令各位將領出戰。到了中午，還沒有決出勝負，李光弼召來各位將領問道：「剛才叛賊的陣勢，哪個地方最堅固？」回答說：「西北角。」李光弼命令他的部將郝廷玉去對付那裡。郝廷玉請求給騎兵五百，李光弼給他三百。李光弼又問其次哪個地方堅固，回答說：「東南角。」李光弼命令他的部將論惟貞去對付。論惟貞請求給鐵騎三百，李光弼給他兩百。李光弼命令各位將領說：「你們看我的旗幟而戰，我揮旗緩慢，就任憑你們選擇有利戰機作戰。我急速地揮旗三次直到地面，那就全軍一齊殺進去，要不顧死活，稍有後退者斬首！」李光弼又把短刀插在靴子裡，說：「打仗，是一件危險的事，我是國家的三公，不能死在叛賊手中，萬一戰鬥不利，諸位在前面死於敵手，我就在這裡自殺，不讓諸位單獨去死。」各位將領出戰，不一會兒，郝廷玉跑回來了。李光弼看見後，大驚道：「郝廷玉後退，我的事情危險了。」命令左右的人斬取郝廷玉的首級。郝廷玉說：「我的馬中箭，我不是敢後退呀。」使者飛奔回報。李光弼命令換馬，派他再戰。僕固懷恩和他的兒子開府儀同三司僕固瑒在交戰中稍有退卻，李光弼又命令斬取他們的首級。僕固懷恩父子回頭看見使者提刀飛奔而來，就又向前決戰。李光弼連續揮動旗幟，各位將領一齊進攻拼死作戰，呼喊聲震天動地。叛賊部隊大敗潰散，殺死一千多人，俘虜五百人，淹死一千多人，周摯只帶了幾個騎兵逃走，活捉叛賊大將徐璜玉、李秦授。叛賊的河南節度使安太清退保懷州。史思明不知道周摯戰敗，還在進攻南城，李光弼把俘虜趕到黃河岸邊給他看，他才退走。

十月二十四日丁巳，任命李日越為右金吾大將軍。○邛州、簡州、嘉州、眉州、瀘州、戎州等州的蠻族反叛。

十一月初一日甲子，任命殿中監董秦為陝西、神策兩軍兵馬使，賜姓李氏，名忠臣。

康楚元等部眾已達一萬多人，商州刺史兼荊、襄等道租庸使韋倫發兵討伐他，駐紮在鄧州境內，招納曉諭投降的人，優厚地安撫他們。等到康楚元稍有懈怠，就進軍攻打，活捉了康楚元，他的部眾就潰散了，得到他所掠奪的租庸二百萬緡，荊、襄一帶都平定了。韋倫，是韋見素的堂弟。

徵發安西、北庭的士兵駐紮陝郡，以防備史思明。

第五琦鑄造乾元錢、重輪錢，和開元錢一起三種品類同時流通。民間爭相偷鑄，錢幣貶值，物品貴重，穀價飛漲，餓死的人前後相望，向肅宗進言的人都歸咎於第五琦。十一月初七日庚午，把第五琦貶為忠州長史。御史大夫賀蘭進明被貶為溱州員外司馬，因他是第五琦的同黨。

十二月初二日甲午，呂諲任度支使。○十三日乙巳，韋倫押送康楚元到朝廷，康楚元被斬首。

史思明派他的部將李歸仁率領精銳騎兵五千名侵犯陝州，神策兵馬使衛伯玉帶領幾百名騎兵在礓子阪打敗李歸仁，獲得戰馬六百匹，李歸仁逃走。任命衛伯玉為鎮西、四鎮行營節度使。李忠臣和李歸仁等在永寧、莎柵之間作戰，多次打敗他。

上元元年（庚子　西元七六〇年）

春，正月辛巳❶，以李光弼為太尉兼中書令，餘如故。○丙戌❷，以于闐王勝之弟曜同四鎮節度副使，權知本國事。

党項等羌吞噬❸邊鄙❹，將逼京畿，乃分邠寧等州節度為鄜坊丹延❺節度，亦謂之渭北節度。以邠州刺史桑如珪領邠寧，鄜州刺史杜冕領鄜坊節度副使，分道招討。戊子❻，以郭子儀領兩道❼節度使，留京師，假其威名以鎮之。

上祀九宮貴神。

二月，李光弼攻懷州，史思明救之。癸卯❽，光弼逆戰於沁水之上，破之，斬首三千餘級。

忠州長史第五琦既行，或告琦受人金二百兩，遣御史劉期光追按之。琦曰：「琦備位❾宰相，二百兩金不可手挈❿。若付受有憑，請準律科罪⓫。」期光即奏琦已服罪。庚戌⓬，琦坐除名，長流夷州⓭。

三月甲申⑭，改蒲州為河中府。◯庚寅⑮，李光弼破安太清於懷州城下。夏，四月壬辰⑯，破史思明於河陽西渚，斬首千五百餘級。

襄州將張維瑾、曹玠殺節度使史翽，據州反，制以隴州刺史韋倫為山南東道節度使。時李輔國用事，節度使皆出其門。倫既朝廷所除，又不謁輔國，尋改秦州防禦使。己未⑰，以陝西節度使來瑱為山南東道節度使。瑱至襄州，張維瑾等皆降。

閏月丁卯⑱，加河東節度使王思禮為司空。自武德以來，思禮始不為宰相而拜三公⑲。

甲戌⑳，徙趙王係為越王。◯己卯㉑，赦天下，改元㉒。◯追諡太公望㉓為武成王，選歷代名將為亞聖㉔、十哲㉕，其中祀、下祀并雜祀㉖一切並停。◯是日，史思明入東京㉗。

五月丙午㉘，以太子太傅苗晉卿行侍中。晉卿練達吏事㉙，而謹身固位㉚，時人比之胡廣㉛。

宦者馬上言受賂，為人求官於兵部侍郎、同中書門下三品呂諲，諲為之補官。事覺，上言杖死。壬子㉜，諲罷為太子賓客。

癸丑㉝，以京兆尹南華劉晏㉞為戶部侍郎，充度支㉟、鑄錢㊱、鹽鐵㊲等使。晏善治財利，故用之。

六月甲子㊳，桂州經略使邢濟奏破西原蠻㊴二十萬眾，斬其帥黃乾曜等㊵。○乙丑㊶，鳳翔節度使崔光遠奏破涇、隴羌、渾十餘萬眾[1]。

三品錢㊷行浸久，屬歲荒，米斗至七千錢，人相食。京兆尹鄭叔清捕私鑄錢者，數月間，榜死者八百餘人，不能禁。乃敕京畿，開元錢與乾元小錢皆當十，其重輪錢當三十，諸州更俟進止㊸。是時史思明亦鑄順天、得一錢㊹，一當開元錢百，賊中物價尤貴。

甲申㊺，興王佋薨。佋，張后長子也，幼曰定王侗。張后以故數欲危太子，太子常以恭遜取容㊻。會佋薨，侗尚幼，太子位遂定。

乙酉㊼，鳳翔節度使崔光遠破党項於普潤㊽。平盧[2]兵馬使田神功奏破史思明之兵於鄭州。

【章旨】以上為第八段，寫唐肅宗朝政不肅，財政告危，河南討賊諸軍與賊拉鋸相持。

【注釋】❶辛巳　正月十九日。❷丙戌　正月二十四日。❸吞噬　吞食；兼併。❹邊鄙　近邊界的地方。❺鄜坊丹延　皆為州名。鄜州治所在今陝西富縣，坊州治所在今陝西黃陵東南，丹州治所在今陝西宜川縣，延州治所在今陝西延安。❻戊子正月二十六日。❼兩道　指邠寧與鄜坊兩節度使。❽癸卯　二月十一日。❾備位　謙詞。指聊以充數，徒佔其位。❿手挈　用手提起。⓫準律科罪　指依照法律條款判罪。準，依照。律，法律。科，判處。⓬庚戌　二月十八日。⓭夷州　州名，治所在今貴州石阡。⓮甲申　三月二十三日。⓯庚寅　三月二十九日。⓰壬辰　四月初二。⓱己未　四月二十九日。⓲丁卯　閏四月初七日。⓳不為宰相而拜三公　唐朝前期，三公多為宰相、親王的加官，不領實事。至此，王思禮始以藩鎮而加三公之位。⓴甲戌　閏四月十四日。㉑己卯　閏四月十九日。㉒改元　改元上元。㉓太公望　姜姓，呂氏，名尚，俗稱姜太公。西周初年人。相傳垂釣於渭濱，周文王出狩相遇，與語大悅，同載而歸，說：「吾太公望子久矣！」因號為太公望，立為師。武王即位，尊為師尚父。輔佐武王滅殷，周朝既建，封於齊，為齊國始祖。事見《史記・齊太公世家》。㉔亞聖　指才器名位僅次於聖人（武成王太公望）的人。㉕十哲　十位聰明能幹的人。上元元年（西元七六〇年）所立十哲分左右列坐，左為白起、韓信、諸葛亮、李靖、李勣，右為張良、田穰苴、孫武、吳起、樂毅。㉖中祀下祀并雜祀　隋唐以來的封建王朝祠祭，分大祀、中祀、群祀（即小祀）三等，大祀指祭天、地、太廟、五帝及追尊之帝、后。中祀指祭社稷、日月、星辰、前代帝王、山嶽、海瀆、帝社、先蠶、孔宣父、齊太公、諸太子廟。小祀，即這裡所說的下祀，指祭司中、司命、司人、司祿、風伯、雨師及山林川澤諸廟諸祠。雜祀，指祭祀各路小鬼神。㉗史思明入東京　去年九月史思明已入東京洛陽，當時城空，李光弼在河陽，史思明不敢入宮，退屯白馬寺。至此移軍入城。㉘丙午　五月十七日。㉙練達吏事　指處理官場業務之事十分圓滑熟練。練達，閱歷多而通曉人情世故。吏事，官吏之事；官吏的業務。㉚謹身固位　指言行謹慎，以穩保官位。謹身，對自己小心、謹慎。固位，穩定官位。㉛胡廣　（西元九一—一七二年）字伯始，東漢南郡華容（今湖北沙市東）人，舉孝廉，安帝以其奏章為天下第一，官至太傅。歷仕安、順、沖、質、桓、靈六帝。時皇權衰微，外戚宦官擅政，廣自保而已。性溫柔謹素，達練事體，故京師諺曰：「萬事不理問伯始，天下中庸有胡公。」著有《百官箴》四十八篇及詩、賦、銘、頌、諸解詁二十二篇。傳見《後漢書》卷四十四。㉜壬子　五月二十三日。㉝癸丑　五月二十四日。㉞劉晏　（西元七一五—七八〇年）字士安，南華（今河北東明東南）人，中唐理財家。自安史之亂，天下物價騰貴，晏領鹽鐵轉運租庸等使二十年，軍國之用，皆仰於晏。官至宰相。後遭楊炎讒構被殺。傳見《舊唐書》卷一百二十三、《新唐書》卷一百四十九。㉟度支　指度支使。掌貢賦租稅的差遣官，量入以為出，故名度支。㊱鑄錢　指鑄錢使。專事鑄造錢幣的差遣官。開元二十五年（西元七三七年）始見設置，此後續有任命。至大曆五年（西元七七〇年）停。詳《唐會要》卷五十九。㊲鹽鐵　指鹽鐵使。乾元元年（西元七五八年）設置。為管食鹽專賣為主，兼掌銀銅鐵錫採冶的差遣官。後與轉運使合為鹽鐵轉運使，成為執掌國家財政的三司使（另二司使為度支使和戶部使）之一，在唐代中後期起重要作用。詳《唐會要》卷八十八。㊳甲子　六月初六日。㊴西原蠻　部族名，居住在今廣西西部、越南北部一帶的部族，有寧氏相承為豪酋，其屬有黃氏、韋氏、周氏、儂氏等。天寶初，黃氏強，與韋氏、周氏、儂氏諸部相依，佔據十餘州。後又把韋、周二氏驅逐到海濱縣，黃氏地域擴至數千里。㊵斬其帥黃乾曜等　至德（西元七五六—七五八年）初西原蠻首領黃乾曜叛，攻桂管十八州，焚廬舍，掠士女，四歲不能平。乾元（西元七五八—七六〇年）初，唐遣使招慰，部分歸降首領共請出兵討擊黃乾曜。於是，斬黃乾曜等七人，叛亂暫時平服。邢濟所奏即指此事。詳《新唐書》卷二百二十二下。㊶乙丑　六月初七日。㊷三品錢　指開元通寶錢、乾元重寶錢、乾元重寶重輪錢。㊸諸州更俟進止　指京畿以外諸州不適用此項規定，等候皇帝另外的命令行動。㊹順天得一錢　順天，本是史思明年號，乾元二年四月史思明在范陽稱大燕皇帝，改元順天。得一錢是史思明所鑄錢幣，文曰「得一元寶」，徑一寸四分。隨即因為不喜歡「得一」二字，以為不是國運長久的好兆頭，便改其文曰「順天元寶」，以年號為錢名。㊺甲申　六月二十六日。㊻恭遜取容　即以恭敬謙讓來取悅於人。恭，恭敬。遜，謙遜。取容，曲從討好，取悅於人。㊼乙酉　六月二十七日。㊽普潤　縣名。縣治在今陝西麟遊西。

【校記】①乙丑……十餘萬眾　原無此二十字。據章鈺校，甲十六行本、乙十一行本皆有此二十字，張瑛《通鑑校勘記》同，今據補。②平盧　原作「平瀘」。據章鈺校，甲十六行本、乙十一行本皆作「平盧」，當是。張敦仁《通鑑刊本識誤》同，今據改。

【語譯】上元元年（庚子　西元七六〇年）

春，正月十九日辛巳，任命李光弼為太尉兼中書令，其餘官職如故。〇二十四日丙戌，任命于闐國王尉遲勝的弟弟尉遲曜同四鎮節度副使，代理掌管本國政事。

党項等羌族侵吞唐朝邊疆地區，即將逼近京畿，於是劃分邠寧等州節度設立鄜坊丹延節度，也稱作渭北節度。任命邠州刺史桑如珪兼任邠寧節度副使，鄜州刺史杜冕兼任鄜坊節度副使，分路招撫討伐羌族。正月二十六日戊子，任命郭子儀兼任邠寧、鄜坊兩道節度使，留在京師，假借他的威名來鎮撫兩道。

肅宗祭祀九宮貴神。

二月，李光弼攻打懷州，史思明前來援救。十一日癸卯，李光弼迎戰史思明於沁水岸邊，打敗了他，殺死三千多人。

忠州長史第五琦已經上路赴任，有人告發他接受別人黃金二百兩，朝廷派御史劉期光追究審查他。第五琦說：「我位居宰相，二百兩黃金不可能用手提著。如果授受有憑據，請按照法律定罪。」劉期光立即奏報第五琦已經認罪。二月十八日庚戌，第五琦因罪被削除名籍，長期流放到夷州。

三月二十三日甲申，改蒲州為河中府。○二十九日庚寅，李光弼在懷州城下打敗安太清。夏，四月初二日壬辰，在河陽城西的河邊打敗史思明，斬獲首級一千五百多。

襄州將領張維瑾、曹玠殺死節度使史翽，佔據州城反叛，肅宗下制書任命隴州刺史韋倫為山南東道節度使。當時李輔國當權，節度使都出自他的門下。韋倫被朝廷任命後，又不去拜謁李輔國，不久就改任秦州防禦使。四月二十九日己未，任命陝西節度使來瑱為山南東道節度使。來瑱到了襄州，張維瑾等人都投降了。

閏四月初七日丁卯，加封河東節度使王思禮為司空。從武德年間以來，王思禮是第一個沒有擔任宰相而拜為三公的人。

閏四月十四日甲戌，遷封趙王李係為越王。○十九日己卯，大赦天下，改年號為上元。○追謚西周的太公望為武成王，挑選歷代名將為亞聖、十哲，其餘的中祀、下祀和雜祀一律停止。○這一天，史思明進入東京。

五月十七日丙午，任命太子太傅苗晉卿為侍中。苗晉卿處理官場事務幹練通達，為人謹慎，能固守官位，當時的人把他比做東漢的胡廣。

宦官馬上言接受賄賂，替別人向兵部侍郎、同中書門下三品呂諲求官，呂諲幫他補了一個官職。事情被發覺，馬上言受杖刑而死。五月二十三日壬子，呂諲被罷免而改任太子賓客。

五月二十四日癸丑，任命京兆尹南華人劉晏為戶部侍郎，充任度支、鑄錢、鹽鐵等使。劉晏善於理財生利，所以任用他。

六月初六日甲子，桂州經略使邢濟上奏說打敗西原蠻族二十萬人，殺了他們的主帥黃乾曜等人。○初七日乙丑，鳳翔節度使崔光遠上奏說打敗涇州、隴州的羌族和渾族十幾萬人。

三種品類的錢通行漸久，適值荒年，米價一斗達到七千錢，乃致人與人相食。京兆尹鄭叔清逮捕私自鑄錢的人，幾個月間，受罰被打死的有八百多人，還是不能禁止。於是肅宗下令京畿地區，開元錢和乾元小錢都以一錢當十錢，重輪錢以一錢當三十錢，各州等待以後的命令再作規定。當時，史思明也鑄造了順天錢、得一錢，以一錢當開元錢一百錢，叛賊佔領的地區物價更加昂貴。

六月二十六日甲申，興王李佋去世。李佋，是張皇后的長子，幼子是定王李侗。張皇后因此多次想要危害太子，太子常常以恭敬謙遜的姿態討好張皇后。適逢李佋死，李侗還年幼，太子的地位也就穩固了。

六月二十七日乙酉，鳳翔節度使崔光遠在普潤縣打敗党項軍隊。平盧兵馬使田神功上奏說在鄭州打敗史思明的軍隊。

上皇愛興慶宮，自蜀歸，即居之。上時自夾城❶往起居❷，上皇亦間至大明宮。左龍武大將軍陳玄禮、內侍監高力士久侍衛上皇，上又命玉真公主❸、如仙媛❹、內侍王承恩、魏悅及梨園弟子常娛侍左右。上皇多御長慶樓❺，父老過者往往瞻拜，呼萬歲，上皇常於樓下置酒食賜之，又嘗召將軍郭英乂等上樓賜宴。有劍南奏事官❻過樓下拜舞，上皇命玉真公主、如仙媛為之作主人。

李輔國素微賤，雖暴貴用事❼，上皇左右皆輕之。輔國意恨❽，且欲立奇功以固其寵，乃言於上曰：「上皇居興慶宮，日與外人交通❾，陳玄禮、高力士謀不利於陛下。今六軍將士盡靈武勳臣⑩，皆反仄⑪不安，臣曉諭不能解，不敢不以聞。」上泣曰：「聖皇⑫慈仁，豈容有此！」對曰：「上皇固無此意，其如羣小何！陛下為天下主，當為社稷大計，消亂於未萌，豈得徇⑬匹夫⑭之孝！且興慶宮與閻閭[1]相參⑮，垣墉⑯淺露，非至尊所宜居。大內⑰深嚴，奉迎居之，與彼何殊，又得杜絕小人熒惑⑱聖聽。如此，上皇享萬歲之安，陛下有三朝⑲之樂，庸何⑳傷乎！」上不聽。

興慶宮先有馬三百匹，輔國矯敕㉑取之，纔留十匹。上皇謂高力士曰：「吾兒為輔國所惑，不得終孝矣。」輔國又令六軍將士號哭叩頭，請迎上皇居西內㉒。上泣不應，輔國懼。會上不豫，秋，七月丁未㉓，輔國矯稱上語，迎上皇遊西內。至睿武門㉔，輔國將射生五百騎，露刃遮道奏曰：「皇帝以興慶宮湫隘㉕，迎上皇遷居大內。」上皇驚，幾墜。高力士曰：「李輔國何得無禮！」叱令下馬。輔國不得已而下。力士因宣上皇誥曰：「諸將士各好在㉖？」將士皆納刃，再拜，呼萬歲。力士又叱輔國與己共執上皇馬鞚㉗，侍衛如㉘西內，居甘露殿㉙。輔國帥眾而退，所留侍衛兵，纔尫老㉚數十人，陳玄禮、高力士及舊宮人皆不得留左右。上皇曰：「興慶宮，吾之王地，吾數以讓皇帝，皇帝不受。今日之徙，亦吾志也。」

是日，輔國與六軍大將素服見上，請罪。上又迫於諸將，乃勞之曰：「南宮、西內，亦復何殊！卿等恐小人熒惑，防微杜漸，以安社稷，何所懼也！」刑部尚書顏真卿首率百寮上表，請問上皇起居。輔國惡之，奏貶蓬州㉛長史。

【章　旨】以上為第九段，寫唐肅宗縱容李輔國橫恣。

【注　釋】❶夾城　即夾城牆的複道。宮苑之間距離較遠的，或作夾城，以便由牆間複道往來，避外人知曉。開元二十年（西元七三二年）曾遣范安及築興慶宮至芙蓉園（在曲江附近）的夾城。此處所言夾城，當是大明宮至興慶宮的夾城，疑是開元十四年擴建此宮時所築。❷起居　問候平安。❸玉真公主　唐睿宗之女。又稱昌隆公主。早先入道為女道士，睿宗為其建玉真觀，後玄宗賜名持盈。從玄宗自蜀回京，居興慶宮，李輔國譖其有異謀，遂復送回玉真觀。傳見《新唐書》卷八十三。❹如仙媛　玄宗舊時宮人。❺長慶樓　即長慶殿樓，在興慶宮東南隅明義門內。❻奏事官　各道派官員入京奏事者，稱為奏事官。❼暴貴用事　驟然顯貴，當權主事。暴，突然；短時期內發生。用事，執掌政事。❽意恨　心裡嫉恨。❾交通　交往；勾結。❿靈武勳臣　在靈武擁立肅宗的功臣。⓫反仄　指心情動盪，輾轉不安。仄，同「側」。旁邊。⓬聖皇　指玄宗。乾元元年（西元七五八年）肅宗上其尊號為太上至道聖皇大帝。⓭徇　順從。⓮匹夫　庶人；平民。⓯與閭閻相參　與民居里巷相參錯。閭閻，民居；里巷。相參，參互；互相交錯。⓰垣墉　城牆。⓱大內　皇宮的總稱。⓲熒惑　炫惑；迷惑。⓳三朝　語出《禮記》：「文王之為世子也，朝於王季日三。」指一日三次拜見父王。⓴庸何　什麼。㉑矯敕　假傳敕令。㉒西內　唐代以大明宮為東內，太極宮為西內，興慶宮為南內。太極宮故址在今陝西西安城的北部。㉓丁未　七月十九日。㉔睿武門　在興慶宮長慶殿北。㉕湫隘　指低矮狹窄。湫，低下。隘，狹窄。㉖好在　安好；無恙。㉗馬鞚　帶嚼子的馬絡頭。㉘如　去；往。㉙甘露殿　在太極宮的兩儀殿北，甘露門內。㉚尪老　瘦弱年老。尪，同「尫」。骨骼彎曲症，凡脛、背、胸彎曲都叫尪。㉛蓬州　州名，治所在今四川營山縣東北。

【校　記】①閭閻　據章鈺校，甲十六行本、乙十一行本此二字互乙。

【語譯】太上皇喜愛興慶宮，從蜀中回來後，就住在那裡。肅宗時常從夾城前往問候起居，太上皇也偶爾到大明宮去。左龍武大將軍陳玄禮、內侍監高力士長期侍奉保衛太上皇，肅宗又命玉真公主、如仙媛、內侍王承恩、魏悅以及梨園弟子經常在太上皇身邊侍候，使他歡樂。太上皇多次登臨長慶樓，父老們經過樓下往往瞻仰下拜，高呼萬歲，太上皇也常在樓下設酒食賞賜他們，又曾經把將軍郭英乂等召上樓來賞賜酒宴。有位從劍南來奏事的官員經過樓下向太上皇拜舞，太上皇命玉真公主、如仙媛作東款待他。

李輔國素來出身卑微低賤，雖然突然間地位尊貴，當權主事，但太上皇左右的人仍都看不起他。李輔國心中嫉恨，並且想建立奇功以鞏固自己受寵信的地位，於是對肅宗說：「太上皇住在興慶宮，天天和外面的人交往，陳玄禮、高力士謀劃不利於陛下的事情。如今六軍將士都是在靈武擁立您的功臣，他們都輾轉不安，臣向他們多方曉諭但仍不能使他們釋懷，所以不敢不向陛下報告。」肅宗流淚說：「聖皇仁慈，怎麼會容忍有這樣的事！」李輔國回答說：「太上皇固然沒有這樣的意思，可是對那些小人又有什麼辦法呢！陛下是天下的君主，應當為國家大計著想，把禍亂消滅在尚未萌芽之時，怎麼能曲從匹夫的孝道呢！況且興慶宮與民居里巷交錯，宮牆低矮，不是至尊的人所適宜居住的地方。皇宮深邃嚴密，奉迎太上皇入住這裡，與住在興慶宮有什麼區別，又可以杜絕小人迷惑太上皇的視聽。這樣，太上皇就可以享受萬年的安寧，陛下也可以有一日三次去拜見問候的快樂，有什麼可傷心的呢！」肅宗沒有聽從。

興慶宮原先有馬三百匹，李輔國假傳敕令帶走了馬，只留下十匹。太上皇對高力士說：「我的兒子被李輔國所迷惑，不能始終盡孝了。」李輔國又命令六軍將士號哭磕頭，請求迎接太上皇移居西內。肅宗流著淚沒有答應，李輔國害怕了。適逢肅宗有病，秋，七月十九日丁未，李輔國假稱肅宗有話，迎接太上皇遊玩西內。到達睿武門，李輔國率領射生手騎士五百人，拔刀露出刀刃攔住道路上奏說：「皇帝因興慶宮低溼狹小，迎接太上皇遷居宮內。」太上皇大驚，幾乎墜落馬下。高力士說：「李輔國怎能無禮！」喝令他下馬。李輔國不得已從馬上下來。高力士於是宣讀太上皇誥命：「各位將士都還安好麼？」將士們都收起刀，再三跪拜，高呼萬歲。高力士又喝令李輔國與自己一起牽著太上皇的馬絡頭，侍衛太上皇前往西內，住在甘露殿。李輔國率領大家退走，所留下的侍衛兵，只有老弱幾十人，陳玄禮、高力士及舊日的宮人都不能留在太上皇身邊。太上皇說：「興慶宮，是我成就王業的地方，我曾多次讓給皇帝，皇帝不接受。今天的遷出，也是我的願望。」當天，李輔國與六軍大將都身著白衣去見肅宗請罪。肅宗迫於諸將的壓力，便慰勞他們說：「南宮、西內，又有什麼不同呢！你們擔心小人迷惑視聽，防微杜漸，用以安定社稷，又有什麼可恐懼的！」刑部尚書顏真卿帶頭率領百官上表，請問太上皇的起居。李輔國厭惡他，奏請把他貶為蓬州長史。

癸丑❶，赦天下重稜錢❷皆當三十，如畿內。

丙辰❸，高力士流巫州❹，王承恩流播州，魏悅流溱州，陳玄禮勒致仕❺，置如仙媛於歸州，玉真公主出居玉真觀❻。上更選後宮百餘人，置西內，備灑掃❼。令萬安、咸宜二公主❽視服膳❾，四方所獻珍異，先薦上皇。然上皇日以不懌❿，因不茹葷⓫，辟穀⓬，浸以成疾。上初猶往問安，既而上亦有疾，但遣人起居。其後上稍悔寤，惡輔國，欲誅之。畏其握兵，竟猶豫不能決。

初，哥舒翰破吐蕃於臨洮西關磨環川⓭，於其地置神策軍⓮。及安祿山反，軍使成如璆遣其將衛伯玉將千人赴難。既而軍地淪入吐蕃，伯玉留屯於陝，累官至右羽林大將軍。八月庚午⓯，以伯玉為神策軍節度使⓰。

丁亥⓱，贈諡興王佋曰恭懿太子。

九月甲午⑱，置南都⑲於荊州，以荊州為江陵府，仍置永平軍⑳團練兵三千人，以扼吳、蜀之衝，從節度使呂諲之請也。

或上言：「天下未平，不宜置郭子儀於散地㉑。」乙未㉒，命子儀出鎮邠州，党項遁去。戊申㉓，制：「子儀統諸道兵自朔方直取范陽，還定河北，發射生英武㉔等禁軍及朔方、鄜坊、邠寧、涇原諸道蕃、漢兵共七萬人，皆受子儀節度。」制下旬日，復為魚朝恩所沮㉕，事竟不行。

冬，十月丙子㉖，置青、沂等五州節度使㉗。

十一月壬辰㉘，涇州破党項。

御史中丞李銑、宋州刺史劉展皆領淮西節度副使。銑貪暴不法，展剛彊自用㉙，故為其上者多惡之，節度使王仲昇先奏銑罪而誅之。時有謠言曰：「手執金刀起東方㉚。」仲昇使監軍使、內左常侍㉛邢延恩入奏：「展倔彊[1]不受命，姓名應謠讖，請除之。」延恩因說上曰：「展與李銑一體㉜之人，今銑誅，展不自安，苟不去之，恐其為亂。然展方握彊兵，宜以計去之。請除展江淮都統㉝，代李峘，俟其釋兵赴鎮，中道執之，此一夫力耳。」上從之。以展為都統淮南東、江南西、浙西三道節度使，密敕舊都統李峘及淮南東道節度使鄧景山圖之。

延恩以制書授展，展疑之，曰：「展自陳留參軍㉞，數年至刺史，可謂暴貴矣。江、淮租賦所出，今之重任，展無勳勞，又非親賢，一日恩命寵擢如此，得非有讒人間之乎？」因泣下。延恩懼，曰：「公素有才望，主上以江、淮為憂，故不次㉟用公，公反以為疑，何哉？」展曰：「事苟不欺，印節㊱可先得乎？」延恩曰：「可。」乃馳詣廣陵，與峘謀，解峘印節以授展。展得印節，乃上表謝恩，牒追江、淮親舊，置之心膂。三道官屬遣使迎賀，申圖籍㊲，相望於道。展悉舉宋州兵七千趣廣陵。

延恩知展已得其情，還奔廣陵，與李峘、鄧景山發兵拒之，移檄州縣，言展反。展亦移檄言峘反，州縣莫知所從。峘引兵度江，與副使潤州刺史韋儇、浙西節度使侯令儀屯京口㊳，鄧景山將萬人屯徐城㊴。展素有威名，御軍嚴整，江、淮人望風畏之。展倍道先期至，使人問景山曰：「吾奉詔書赴鎮，此何兵也？」景山不應。展使人呼於陳前曰：「汝曹皆吾民也，勿干吾旗鼓㊵。」使其將孫待封、張法雷擊之。景山眾潰，與延恩奔壽州。展引兵入廣陵，遣其將屈突孝標將兵三千徇濠、楚㊶，王晅㊷將兵四千略淮西。

李峘闢北固㊸為兵場，插木以塞江口。展軍於白沙㊹，設疑兵㊺於瓜洲㊻，多張火、鼓(47)，若將趣北固者，如是累日。峘悉銳兵守京口以待之。展乃自上流濟，襲下蜀(48)。峘軍聞之，自潰，峘奔宣城(49)。

甲午(50)，展陷潤州。昇州軍士萬五千人謀應展，攻金陵城(51)，不克而遁。侯令儀懼，以後事授兵馬使姜昌羣，棄城走，昌羣遣其將宗犀詣展降。丙申(52)，展陷昇州，以宗犀為潤州司馬、丹楊軍(53)使，使昌羣領昇州，以從子(54)伯瑛佐之。

李光弼攻懷州，百餘日乃拔之，生擒安太清。

史思明遣其將田承嗣將兵五千徇淮西，王同芝將兵三千人徇陳，許敬江將二千人徇兗鄆(55)，薛鄂將五千人徇曹州(56)。

十二月丙子(57)，党項寇美原(58)、華原(59)[2]、同官(60)，大掠而去。○賊帥郭愔等引諸羌、胡敗秦隴防禦使韋倫，殺監軍使(61)。○兗鄆節度使(62)能元皓擊史思明兵，破之。

李峘之去潤州也，副使李藏用謂峘曰：「處人尊位，食人重祿，臨難而逃之，非忠也。以數十州之兵食，三江(63)、五湖(64)之險固，不發一矢而棄之，非勇也。失忠與勇，何以事君！藏用請收餘兵，竭力以拒之。」峘乃悉以後事授藏用。藏用收散卒，得七百人，東至蘇州募壯士，得二千人，立柵以拒劉展。○展遣其將傅子昂、宗犀攻宣州，宣歙節度使鄭炅之(65)棄城走，李峘奔洪州(66)[3]。李藏用與展將張景超、孫待封戰於郁墅(67)，兵敗，奔杭州。景超遂據蘇州，待封進陷湖州(68)。展以其將許嶧為潤州刺史，李可封為常州刺史，楊持璧為[4]蘇州刺史，待封領湖州事。景超進逼杭州，藏用使其將溫晁屯餘杭(69)。展以李晃為泗州(70)刺史，宗犀為宣州刺史。

傅子昂屯南陵(71)，將下江州(72)，徇江西(73)。於是屈突孝摽陷濠、楚州，王晅陷舒、和、滁、廬(74)等州，所向無不摧靡，聚兵萬人，騎三千，橫行江、淮間。壽州刺史崔昭發兵拒之，由是晅不得西，止屯廬州。

初，上命平盧[5]兵馬使田神功將所部精兵五千[6]屯任城(75)。鄧景山既敗，與邢延恩奏乞敕神功救淮南，未報。景山遣人趣之，且許以淮南金帛子女為賂。神功及所部皆喜，悉眾南下。及彭城(76)，敕神功討展。展聞之，始有懼色，自廣陵將兵八千拒之，選精兵二千度淮，擊神功於都梁山(77)。展敗，走至天長(78)，以五百騎據橋拒戰，又敗，展獨與一騎亡渡江。神功入廣陵及楚州，大掠，殺商胡以千數，城中地穿掘(79)略徧。

是歲，吐蕃陷廓州。

【章旨】以上為第十段，寫唐四境不寧，羌胡寇秦隴，劉展又反於淮南。

【注釋】❶癸丑　七月二十五日。❷重稜錢　即乾元重寶重輪錢。重稜，錢背面外廓雙輪。❸丙辰　七月二十八日。❹巫州　州名，治所在今湖南黔陽西。❺勒致仕　強令退休。勒，勒令；強令。致仕，辭官；退休。❻玉真觀　道教寺院名，在長安城輔興坊西南隅。景雲元年（西元七一〇年）睿宗第十女昌隆公主出家時修，次年昌隆改封玉真公主，所造觀名玉真觀。❼灑掃　打掃庭院。❽萬安咸宜二公主　萬安公主，唐玄宗之女。曾出家為道士。傳見《新唐書》卷八十三。咸宜公主，玄宗與寵妃武惠妃所生之女。傳見《新唐書》卷八十三。❾視服膳　此指萬安、咸宜兩公主侍候太上皇玄宗的服飾飲食。視，侍候。❿不懌　不快樂。⓫茹葷　吃肉食。⓬辟穀　道教修仙方法之一。或稱「斷穀」、「絕穀」、「卻穀」，即不吃五穀。道教聲稱，人體中有吸食五穀的邪怪（叫做「三尸」，或「三彭」、「三蟲」），經過辟穀修煉，可除去三尸，達到長生不死。玄宗素信道教，故修煉「辟穀」。⓭磨環川　地名，在今甘肅臨潭西。⓮神策軍　軍鎮名，天寶十三載（西元七五四年）哥舒翰請置，治所在今甘肅臨潭西二百里。⓯庚午　八月十三日。⓰神策軍節度使　使職名，為神策軍行營差遣長官。⓱丁亥　八月三十日。⓲甲午　九月初七日。⓳南都　至德二載（西元七五七年），唐以蜀郡為南京，鳳翔府為西京，西京為中京。至此（上元元年九月）又以荊州為南都。據《舊唐書．肅宗紀》，以荊州為南都的同時，去蜀郡先為南京之號，而《通鑑》漏載，以致使人產生兩個南京之疑。⓴永平軍　軍鎮名，節度使呂諲在荊州所置團練兵的名稱。㉑散地　閒散之地。借指閒散的官職。㉒乙未　九月初八日。㉓戊申　九月二十一日。㉔射生英武　肅宗至德二載（西元七五七年），選取隨從肅宗從靈武回到京師的子弟設置左右神武軍，與原有的左右羽林、左右龍武合稱北牙六軍。同時，又選取善騎射者千人為殿前射生手，分為左右廂，號稱英武軍。㉕沮　沮格；阻止。㉖丙子　十月十九日。㉗置青沂等五州節度使　本書乾元二年四月甲辰書以尚衡為青密節度使，領青、密、登、萊、沂、海、淄七州。上元二年四月乙亥仍書青密節度使尚衡破史朝義。現在（上元元年十月）尚衡尚鎮青密，卻又書置青、沂等五州節度使。而《新唐書．方鎮表二》則不載此年有青沂節度使之置。疑《通鑑》所書有誤。㉘壬辰　十一月初六日。㉙剛彊自用　剛強猛毅，自以為是。㉚手執金刀起東方　暗指「劉」，「劉」字左金右刀。㉛內左常侍　宦官名。先是，內侍省長官為內侍，副長官為內常侍（《通典．職官九》、《舊唐書．職官三》）。開元置內侍監後，內侍、內常侍為副貳。內常侍六人，統管諸局事務。內常侍未見有左右之分，「左」疑為衍文。㉜一體　一樣。㉝都統　官名，天寶末討伐安史叛軍始置。都統掌征伐，總領諸道兵馬，不賜旌節，不常置，兵罷便撤銷。㉞參軍　官名，府州屬官。唐代府、州置有錄事參軍事及功、倉、戶、兵、法、士六曹參軍事。不詳劉展是何參軍。㉟不次　不按尋常秩序。㊱印節　官印、旌節。唐節度使掌總軍旅。辭陛赴鎮時，要賜以雙旌雙節。㊲中圖籍　上報地圖、戶籍。申，申報。圖籍，地圖與戶籍。㊳京口　城名，故址在今江蘇鎮江市。㊴徐城　縣名，縣治在今江蘇盱眙西。㊵旗鼓　旗和鼓。古時軍中用以傳達號令。此借指軍隊的行動。㊶濠楚　均為州名，濠州治所在今安徽鳳陽東，楚州治所在今江蘇淮安。㊷王晅　劉展之將。㊸北固　即北固山。在今江蘇鎮江市北。有南、中、北三峰，北峰三面臨江，回嶺陡絕，形勢險要，故稱「北固」。㊹白沙　地名，在今江蘇儀徵南濱江處，以地多白沙得名。㊺疑兵　虛設以迷惑敵人的部隊。㊻瓜洲　即瓜洲鎮。在今江蘇揚州南江濱。㊼多張火鼓　多設置火把、戰鼓，虛張聲勢，好像即將出兵的樣子。㊽下蜀　地名，在今江蘇句容北臨江處，與白沙隔江相望。㊾宣城　縣名，縣治在今安徽宣州。㊿甲午　十一月初八日。(51)金陵城　城名，即今江蘇南京，當時為昇州治所。(52)丙申　十一月初十日。(53)丹楊軍　軍鎮名，乾元二年（西元七五九年）置於潤州。(54)從子　姪兒。(55)兗鄆　即兗州、鄆州，兗州治所在今山東兗州，鄆州治所在今山東東平西北。(56)曹州　州名，治所在今山東曹縣西北。(57)丙子　十二月二十日。(58)美原　縣名，縣治在今陝西富平東北美原堡。(59)華原　縣名，縣治在今陝西耀縣。(60)同官　縣名，縣治在今陝西銅川市西。(61)監軍使　使職名，天子派到諸軍的監督差遣官。中宗神龍元年（西元七〇五年）以後，以宦官出監諸軍，品秩低者為監軍，高者為監軍使。(62)兗鄆節度使　使職名，為兗鄆等州的差遣長官，乾元二年置。(63)三江　此指吳淞江、錢塘江、浦陽江。(64)五湖　泛指太湖流域一帶的所有湖泊。(65)宣歙節度使鄭炅之　據《新唐書・方鎮表五》，乾元元年置宣歙饒觀察使，治宣州。任使者應是李行穆（《新唐書・宗室世系表下》）。乾元二年廢，宣歙饒三州復由浙江西道觀察使領，上元二年（西元七六一年）浙江西道觀察使徙治宣州。宣歙未見置節度使。上元元年鄭炅之在宣州時的官銜應是觀察使，《全唐文》卷五百二權德輿〈金紫光祿大夫司農卿邵州長史李公（鉊）墓誌銘并序〉云：「宣州觀察使鄭炅之表為廣德令。」便是明證。故《通鑑》於此有誤。(66)洪州　州名，治所在江西南昌。(67)郁墅　地名，據地望，當在今江蘇蘇州西面不遠處。(68)湖州　州名，治所在今浙江湖州。(69)餘杭　縣名，縣治在今浙江杭州西餘杭鎮。(70)泗州　州名，治所在今江蘇泗洪東南。(71)南陵　縣名，縣治在今安徽南陵。(72)江州　州名，治所在今江西九江市。(73)江西　指江南西道。(74)舒和滁廬　均為州名。舒州，治所在今安徽潛山縣。和州，治所在今安徽和縣。滁州，治所在今安徽滁州。廬州，治所在今安徽合肥。(75)任城　縣名，縣治在今山東濟寧。(76)彭城　縣名，縣治在今江蘇徐州。(77)都梁山　山名，在今江蘇盱眙西南。(78)天長　縣名，縣治在今安徽天長。(79)穿掘　挖掘。此謂挖掘地下埋藏的錢物。

【校　記】①彊　原作「僵」。據章鈺校，甲十六行本、乙十一行本皆作「彊」，今據改。②華原　原無此二字。據章鈺校，甲十六行本、乙十一行本皆有此二字，張瑛《通鑑校勘記》同，今據補。③洪州　原作「淇州」。據章鈺校，甲十六行本、乙十一行本皆作「洪州」，今從改。④為　原無此字。據章鈺校，孔天胤本有此字，張敦仁《通鑑刊本識誤》同，今據補。⑤平盧　據章鈺校，甲十六行本、乙十一行本此二字下皆有「都知」二字，張敦仁《通鑑刊本識誤》、張瑛《通鑑校勘記》同。按，本卷上文稱田神功為兵馬使。⑥五千　據章鈺校，甲十六行本、乙十一行本、孔天胤本皆作「三千」。

【語　譯】七月二十五日癸丑，敕令天下重輪錢都以一錢當三十錢，如同京畿地區一樣。

七月二十八日丙辰，將高力士流放到巫州，王承恩流放到播州，魏悅流放到溱州，陳玄禮被強迫退休，把如仙媛安置在歸州，玉真公主出宮住在玉真觀。肅宗另外挑選了後宮一百多人，安置在西內，以供清掃服侍。命令萬安、咸宜兩位公主侍候太上皇的服飾飲食，四方所獻的珍奇物品，先進獻給太上皇。然而太上皇一天天心情越來越不快樂，於是不吃葷菜，不吃五穀，漸漸地生了病。肅宗起初還前往問安，後來肅宗自己也有病，只能派人去問候起居。在這以後，肅宗逐漸有所悔悟，厭惡李輔國，想要殺了他。又害怕他握有兵權，始終猶豫不能決定。

當初，哥舒翰在臨洮西關磨環川擊敗吐蕃，在當地設置神策軍。等到安祿山反叛，軍使成如璆派他的將領衛伯玉率千人前去解救危難。不久神策軍的地盤淪陷入吐蕃，衛伯玉留駐陝郡，官位一直做到右羽林大將軍。八月十三日庚午，任命衛伯玉為神策軍節度使。

八月三十日丁亥，追贈興王李佋的諡號為恭懿太子。

九月初七日甲午，在荊州設置南都，以荊州為江陵府，仍然設置永平軍團練兵三千人，用以扼守吳、蜀的要衝，這是依從了節度使呂諲的請求。

有人上書說：「天下還沒有太平，不宜把郭子儀安置在閒散的位置上。」九月初八日乙未，命令郭子儀出鎮邠州，党項人聞訊逃走了。二十一日戊申，下制書：「郭子儀統領諸道兵馬從朔方直取范陽，然後回師平定河北，徵發射生英武等禁軍以及朔方、鄜坊、邠寧、涇原各道的蕃、漢兵員一共七萬人，都受郭子儀指揮調度。」制書頒下後十天，又被魚朝恩所阻止，事情竟然未能進行。

冬，十月十九日丙子，設置青州、沂州等五州節度使。

十一月初六日壬辰，涇州擊敗党項。

御史中丞李銑、宋州刺史劉展都兼任淮西節度副使。李銑貪婪強暴不守法紀，劉展剛愎自用，所以做他們上司的人大都厭惡他們，節度使王仲昇先是奏明李銑的罪過而殺了他。當時有流傳的謠言說：「手執金刀起東方。」王仲昇讓監軍使、內左常侍邢延恩入朝上奏說：「劉展倔強不接受命令，他的姓名也與謠言的預示相合，請求除掉他。」邢延恩因此勸說肅宗：「劉展與李銑是一樣的人，如今李銑被殺，劉展心裡不安，如果不去掉他，恐怕他會作亂。然而，劉展正手握強兵，宜用計謀去掉他。請求任命劉展為江淮都統，代替李峘，等到他放下兵權去赴任時，中途把他抓起來，這樣只需一人之力就夠了。」肅宗聽從了他的建議。任命劉展為都統淮南東、江南西、浙西三道節度使，並祕密敕令舊都統李峘及淮南東道節度使鄧景山對付他。

邢延恩把制書交給劉展，劉展對此起疑，說：「我從陳留任參軍後，幾年間做到刺史，可以說是突然富貴。江、淮一帶是大量租賦所產生的地方，江淮都統是現今的重要職位，我既無功勞，又不是皇上的親戚或賢人，忽然間蒙受恩命得到如此寵信與提拔，莫非是有說我壞話的人在從中離間吧？」說著眼淚便流了下來。邢延恩很害怕，說：「您平素就有才幹有威望，皇上因憂慮江、淮一帶，所以才破格任用您，您反而起疑，這是為什麼呢？」劉展說：「此事如果不是欺騙，官印和旌節可否先給我？」邢延恩說：「可以。」於是策馬飛奔到廣陵，與李峘謀劃，解下李峘的官印和旌節交給劉展。劉展得到官印和旌節，就上表謝恩，然後下文書召來江、淮一帶的親戚故舊，當做心腹。三道的官吏都派使者前來迎接祝賀，申報地圖戶籍，一路上前後相望。劉展率領宋州全部兵馬七千人趕往廣陵。

邢延恩知道劉展已得知內情，又趕回廣陵，與李峘、鄧景山一起調兵抵禦劉展，並下檄書到各州、縣，說劉展反叛。劉展也下檄書說李峘反叛，各州、縣不知道該聽誰的。李峘帶兵渡過長江，與副使潤州刺史韋儇、浙西節度使侯令儀駐紮在京口，鄧景山率領一萬人駐紮在徐城。劉展平素就有威名，治軍嚴整，江、淮的人聞風而對他有所畏懼。劉展兼程而行，搶先趕到，派人問鄧景山說：「我奉詔書之命赴任，這裡是支什麼部隊？」鄧景山不回答。劉展派人在陣前呼喊道：「你們都是我的百姓，不要干擾我的軍事行動。」然後派他的部將孫待封、張法雷發起攻擊。鄧景山的部隊潰敗，與邢延恩一起逃往壽州。劉展帶兵進入廣陵，派他的部將屈突孝標率兵三千去奪取濠州、楚州，王晅率兵四千去攻掠淮西。

李峘開闢北固山作為戰場，插木頭以堵塞江口。劉展駐紮在白沙，在瓜洲設置疑兵，安排了很多火把和戰鼓，像是將要向北固山發兵似的，接連好幾天都是這樣。李峘用全部精銳士兵守衛京口以等待他。劉展於是從上流渡江，襲擊下蜀城。李峘的部隊聞訊後，自行潰散，李峘逃往宣城。

十一月初八日甲午，劉展攻陷潤州。昇州軍士一萬五千人謀劃響應劉展，進攻金陵城，沒有攻克而逃走了。侯令儀害怕，把後事交付給兵馬使姜昌羣，棄城逃走了，姜昌羣派他的部將宗犀到劉展那裡去投降。初十日丙申，劉展攻陷昇州，任命宗犀為潤州司馬、丹楊軍使，派姜昌羣兼管昇州，並讓自己的姪子劉伯瑛輔助他。

李光弼進攻懷州，攻了一百多天才攻下來，活捉了安太清。

史思明派他的部將田承嗣率兵五千人去奪取淮西，王同芝率兵三千人去奪取陳州，許敬江率兵二千人去奪取兗州、鄆州，薛鄂率兵五千人去奪取曹州。

十二月二十日丙子，党項侵犯美原、華原、同官，大肆搶掠後離去。○叛賊將帥郭愔等帶領各羌族、胡族擊敗秦隴防禦使韋倫，殺了監軍使。○兗鄆節度使能元皓進擊史思明的部隊，打敗了他。

李峘逃離潤州時，副使李藏用對他說：「身處別人授與的尊貴官位，享受別人給的優厚俸祿，面臨危難而逃走，這不能算忠誠。手握幾十州的兵馬和糧食，憑藉著三江、五湖的險要堅固的地勢，不發一箭就放棄，這不能算有勇氣。失掉了忠誠和勇氣，靠什麼來侍奉國君！我李藏用請求收拾殘餘兵力，竭盡全力來抵禦敵人。」李峘便將後事全部交付給李藏用。李藏用收拾散兵，得到七百人，又向東到蘇州招募壯士，得到二千人，於是設立柵欄以抵禦劉展。○劉展派他的部將傅子昂、宗犀進攻宣州，宣歙節度使鄭炅之棄城逃走，李峘逃往洪州。

李藏用與劉展的部將張景超、孫待封在郁墅交戰，兵敗，逃往杭州。張景超於是佔據蘇州，孫待封又進兵攻陷湖州。劉展任命他的部將許嶧為潤州刺史，李可封為常州刺史，楊持璧為蘇州刺史，孫待封兼管湖州事務。張景超進兵逼近杭州，李藏用派他的部將溫晁駐紮在餘杭。劉展任命李晃為泗州刺史，宗犀為宣州刺史。

傅子昂駐紮在南陵，準備攻下江州，略地江南西道。這時屈突孝標攻陷濠州、楚州，王晅攻陷舒州、和州、滁州、廬州等州，所向披靡，聚集兵力達一萬人，騎兵三千人，橫行江、淮之間。壽州刺史崔昭發兵抵禦，因此王晅不能西進，留下駐紮在廬州。

當初，肅宗命令平盧兵馬使田神功率領部下精兵五千人駐紮任城。鄧景山失敗後，與邢延恩一起上奏請求敕命田神功援救淮南，沒有得到回答。鄧景山派人去催促田神功，並且答應戰勝後把淮南的金銀財帛和女人送給他。田神功及其部下聽了都很高興，於是帶領全部人馬南下。到了彭城，接到敕書命田神功討伐劉展。劉展聞訊後，開始臉上有了畏懼的神色，便從廣陵率兵八千人抵敵，並挑選精兵二千人渡過淮河，在都梁山攻打田神功。劉展戰敗，逃到天長縣，用五百名騎兵依靠橋樑抵敵作戰，又敗了，劉展單獨與一個騎兵逃走，渡過了長江。田神功進入廣陵及楚州，大肆搶掠，殺死數以千計經商的胡人，城中的地面幾乎挖了個遍。

這一年，吐蕃攻陷廓州。

【研　析】本卷研析官軍九節度使兵敗鄴城，宦官李輔國橫恣。

九節度使兵敗鄴城。叛軍丟失西京，軍心動搖，安慶緒放棄洛陽，逃往河北，盤據鄴城，仍據有七郡六十餘城，有兵六萬，仍是唐的勁敵。乾元元年（西元七五八年）九月，郭子儀受命集七節度使進討安慶緒，合計步騎二十餘萬。肅宗又命李光弼、王思禮兩節度使率本部兵為後援。九節度使不相統屬，使宦官魚朝恩為觀軍容宣慰處置使，實際上是以魚朝恩為全軍統帥。唐肅宗不設元帥的理由是郭子儀、李光弼都是元勳，難相統屬。這是一個藉口。唐肅宗猜忌功臣，不讓靖亂之功為郭、李所有，讓魚朝恩來貪天之功便於控制。這一錯誤決策給官軍帶來了滅頂之災。

進兵之初，郭子儀率領七節度使之兵進圍衛州，安慶緒率領鄴城叛軍傾巢來救，郭子儀連戰皆勝，大破叛軍，包圍安慶緒於鄴城。從乾元元年十月至乾元二年二月，圍賊數月，築壘兩層，穿塹三重，又引漳水灌城，城中井泉漫水，構棧而居。賊眾食盡，掘鼠一隻值錢四千，賊眾將驚駭，指日可破。安慶緒向史思明呼救，聲言讓位稱臣。史思明率領十三萬大軍南下救援，李光弼阻擊於魏州。監軍觀軍容使宦官魚朝恩催促李光弼併兵圍鄴城。李光弼說：「史思明得魏州按兵不進，是在尋求戰機，等待官軍疲憊出其不意打擊官軍。官軍應將計就計，拖延史思明，鄴城一定會被攻破。鄴城被攻破，史思明孤軍不戰自破。」魚朝恩不贊同，李光弼無可奈何移師鄴城，史思明緊追其後，離鄴城五十里紮營。史思明每天擂鼓遙應鄴城賊眾，按兵不戰，抄掠官軍糧餉。此時官軍會圍鄴城達六十萬人。史思明選壯士假扮官軍，燒毀糧庫，官軍乏食，士氣低落。史思明抓住戰機，引大軍直逼城下。三月初六日壬申，兩軍會戰，官軍大敗。郭子儀朔方軍，戰馬萬匹，只存三千，甲仗十萬，棄遺殆盡。官軍四散，所過剽掠。九節度使，只有李光弼、王思禮兩節度使之兵，全軍退回。官軍功敗垂成，賊勢大勝。隨後史思明火併安慶緒，引兵南下，東京不守，河南、河北又是一片戰火。此次官軍五倍於敵，郭子儀、李光弼兩員良將督陣，為何輸得如此之慘，原因有五。唐肅宗藉口郭子儀、李光弼都是元勳，難相統屬，不置元帥。步騎數十萬，節度使九人，沒有統帥，號令不一，這是失敗的主要原因。宦官魚朝恩不懂軍事，唐肅宗用他為監軍，首次設置觀軍容使之名，權在主將之上。魚朝恩不聽李光弼之言，迫使李光弼進軍鄴城，史思明於是跟隨其後，與鄴城賊眾呼應，裡應外合，這是失敗的第二個原因。官軍政出多頭，以致糧餉被史思明假扮官軍焚毀。官軍無糧，士氣低落，這是失敗的第三個原因。三月六日，兩軍交戰，突起大風，飛沙走石，兩軍不戰自潰。賊眾兵少而精，作困獸之鬥，潰散而易整合。官軍來自四面八方，人數太多，烏合之眾，潰散難以收攏，這是失敗的第四個原因。歸根到底，唐肅宗忌疑主帥，用宦官遙控，政治腐敗，這才是失敗的第五個原因，也是最根本原因。鄴城之敗，不在軍事，而在政治，罪不在郭子儀，而在唐肅宗。宦官監軍，是唐玄宗創立的一個惡例，封常清、高仙芝冤死於宦官之手，哥舒翰兵敗潼關也是毀於宦官之手。唐肅宗設觀軍容使，在監軍之外創立了一個更大的惡例，良將受制，帶來更大的失敗。九節度使兵敗鄴城，魚朝恩歸罪於郭子儀，唐肅宗解除郭子儀的軍權，用李光弼為朔方節度使，又重賞朔方節度副使僕固懷恩，進爵為郡王，使與李光弼地位相等，以分李光弼之權。昏君對功臣是如此的猜忌，對宦官是那樣的寵信，唐王朝沒有在戰爭中得到洗禮、淨化，而是更加腐敗。

宦官李輔國橫恣。李輔國，原名李靜宗。是歷仕唐玄宗、肅宗、代宗三朝的大宦官。唐代宗寶應元年（西元七六二年），李輔國要皇帝做傀儡，他對代宗說：「大家但居禁中，外事聽老奴處分。」代宗忍無可忍，派刺客才將李輔國誅殺。

李輔國出身一個養馬人之家，從小閹割入宮，在高力士手下當僕役。天寶中，李輔國進東宮做了太子侍衛。肅宗靈武即位，李輔國有擁立之功，成為肅宗心腹，被賜名護國，後改名輔國。肅宗拜李輔國為家令，判元帥行軍司馬，開創了唐朝宦官掌握禁軍的先例。

至德二載（西元七五七年），唐軍收復長安，肅宗回京，任命李輔國為少府、殿中二監，封郕國公，加開府儀同三司，傳達百官奏事，始專權自恣。李輔國為了鞏固到手的權勢，暗中與張良娣（後為張皇后）兩人勾結，合謀陷害建寧王李倓。李倓是唐肅宗的第三子，膽識過人，又典親軍，為人耿直，看不慣張良娣放縱自恣、李輔國內外勾結，權傾朝野，向肅宗直言諫說。李輔國與張良娣誣陷建寧王懷恨未掌兵權，陰蓄異志。肅宗猜疑，賜死李倓，李輔國更加肆無忌憚，欺負到了太上皇的頭上。唐玄宗返回長安，常住興慶宮。肅宗命陳玄禮、高力士舊人陪伴唐玄宗，舊時梨園弟子也伴隨太上皇，奏樂解悶，其樂融融。興慶宮長慶樓南臨大道，唐玄宗在樓上不時與路過樓下的父老交流。李輔國不滿高力士的傲慢，又深恐唐玄宗一旦得勢或影響皇上對己不利，就設計拆散高力士、陳玄禮，掌控太上皇。李輔國利用肅宗的猜忌心，挑撥兩代皇帝的父子關係。李輔國對肅宗說，太上皇住在靠近街市，不便養老，高力士、陳玄禮等人伺機圖謀不軌。李輔國建言遷太上皇到禁中，斷絕與外人來往，才能免除後患。肅宗不忍，流著淚說：「太上皇仁慈，不會有事。」李輔國悍然訓斥說：「太上皇沒有奪位之心，但身邊的那一群小人靠不住。陛下為天下人之主，要為社稷大計，消亂於未萌，豈能效法匹夫之孝！太上皇入居深宮，杜絕小人熒惑聖聽，有什麼不好！」肅宗還是沒有答應，李輔國就假傳聖旨，強行迎請太上皇入居宮禁，流放了高力士，陳玄禮等舊人全被斥逐。從此，唐玄宗孑然一身，屈居西內。時逢端午節，肅宗懼怕李輔國與張皇后反對，竟然不敢到西內去探望父親。太上皇形同軟禁，悶悶不樂，一年多後就死了。

此時李輔國常居大內，制敕必經李輔國押署才能施行。宰相百官奏事，先要向李輔國報告，才能見皇上。御史臺、大理寺重囚，李輔國說放就放。三司、府、縣審案，事先要通報李輔國，重判輕判，都要隨李輔國的意。李輔國為了監視朝官大臣，設置了特務機構，稱察事廳子，窺探隱情，想要懲治某官，說辦就辦。察事廳子所到之處，橫加追索，諸司不敢違抗。漢、唐、明三代，是宦官肆虐的三個朝代。中唐以後，皇帝廢立都掌握在宦官之手。宦官如此猖獗，因其掌握禁軍。始作俑者，唐肅宗也。皇帝猜忌將相，就倚重宦官，宦官權重，反制皇帝。宦官肆虐，實質是扭曲了的皇權，也可以說是皇權的旁落。只要專制政體存在，宦官這一政治腫瘤就永遠不會割除。

卷第二百二十二

唐紀三十八　起重光赤奮若（辛丑　西元七六一年），盡昭陽單閼（癸卯　西元七六三年）六月，凡二年有奇。

【題解】本卷記事起西元七六一年，迄西元七六三年六月，凡兩年又六個月。當唐肅宗上元二年到唐代宗寶應二年六月。此時期政治多故，唐王朝又處於崩潰前夜。唐玄宗、肅宗兩代皇帝相繼去世，宦官李輔國發動政變，誅殺張皇后，擁立代宗，跋扈囂張，欲架空皇帝，代宗絕地反擊，用暗殺手段，誅除李輔國。由於代宗仍然信任宦官，除了一虎又來一狼，宦官程元振代李輔國專權，朝綱依舊不立。地方多濫刑，諸鎮兵將輕易殺逐主帥。官軍討賊，李光弼代郭子儀為副元帥，觀軍容使宦官魚朝恩聽信叛賊反間計，再次干預軍事，迫使李光弼盲目決戰，邙山大敗，叛軍史思明氣盛，欲乘勝取長安。史朝義殺父自立，官軍得以喘息。代宗借兵回紇，任用僕固懷恩為副元帥，復東京，降河北，史朝義授首，長達八年的安史之亂被平定。代宗姑息，任命安、史舊將田承嗣、李寶臣、李懷仙、薛嵩四人分帥河北為節度使，此為僕固懷恩所樹黨援，為藩鎮割據留下隱患。

肅宗文明武德大聖大宣孝皇帝下之下

上元二年（辛丑　西元七六一年）

春，正月癸卯❶，史思明改元應天。

張景超引兵攻杭州，敗李藏用將李彊於石夷門❷。孫待封自武康❸南出，將會景超攻杭州，溫晁據險擊敗之。待封脫身奔烏程❹，李可封以常州降。丁未❺，田神功使特進楊惠元❻等將千五百人西擊王晅。辛亥❼夜，神功先遣特進范知新等將四千人自白沙濟，西趣下蜀。鄧景山將千人自海陵❽濟，東趣常州。神功與邢延恩將三千人軍於瓜洲，壬子❾，濟江。展將步騎萬餘陳於蒜山❿。神功以舟載兵趣金山⓫，會大風，五舟飄抵金山下，展屠其二舟，沈其三舟，神功不得度，還軍瓜洲。而范知新等兵已至下蜀，展擊之，不勝。弟殷勸展引兵逃入海，可延歲月。展曰：「若事不濟，何用多殺人父子乎！死，早晚等耳！」遂更率眾力戰。將軍賈隱林⓬射展，中目而仆⓭，遂斬之，劉殷、許嶧等皆死。隱林，滑州人也。楊惠元等擊破王晅於淮南，晅引兵東走，至常熟⓮，乃降，孫待封詣李藏用降。張景超聚兵至七千餘人，聞展死，悉以兵授張法雷，使攻杭州，景超逃入海⓯。法雷至杭州，李藏用擊破之，餘黨皆平。平盧軍大掠十餘日。安、史之亂，亂兵不及江、淮，至是，其民始罹荼毒矣。

荊南節度使呂諲奏請以江[1]南之潭⑯、岳⑰、郴⑱、邵⑲、永⑳、道㉑、連㉒、黔中之涪州㉓皆隸荊南。從之。

【章旨】以上為第一段，寫官軍平定劉展之亂。

【注釋】❶癸卯　正月十七日。❷石夷門　在今浙江桐鄉北十八里石門鎮。❸武康　縣名，縣治在今浙江德清武康鎮。❹烏程　縣名，縣治在今浙江吳興南。❺丁未　正月二十一日。❻楊惠元　（?—西元七八四年）又作陽惠元。隨從田神功，初為京西兵馬使，後任貝州刺史。傳見《舊唐書》卷一百四十四、《新唐書》卷一百五十六。❼辛亥　正月二十五日。❽海陵　縣名，縣治在今江蘇泰州。❾壬子　正月二十六日。❿蒜山　山名，在今江蘇鎮江市西郊。⓫金山　山名，在今江蘇鎮江市西北大江中。⓬賈隱林　初為永平兵馬使，扈從德宗，糾察行在，遷檢校右散騎常侍。傳見《舊唐書》卷一百四十四、《新唐書》卷一百九十二。⓭仆　向前倒下。⓮常熟　縣名，縣治在今江蘇常熟。⓯景超逃入海　張景超反為李藏用討平本是下月事，這是因劉展之敗而一併記載。表明《通鑑》紀事雖屬編年，但有兼及本末的特點。⓰潭　州名，治所在今湖南長沙。⓱岳　州名，治所在今湖南岳陽。⓲郴　州名，治所在今湖南郴州。⓳邵　州名，治所在今湖南邵陽。⓴永　州名，治所在今湖南零陵。㉑道　州名，治所在今湖南道縣。㉒連　州名，治所在今廣東連州。㉓涪州　州名，治所在今重慶市涪陵區。

【校記】[1]江　嚴衍《通鑑補》改作「湖」。

【語譯】肅宗文明武德大聖大宣孝皇帝下之下

上元二年（辛丑　西元七六一年）

春，正月十七日癸卯，史思明改年號為應天。

張景超帶兵攻打杭州，在石夷門打敗了李藏用的部將李彊。孫待封從武康向南進發，準備和張景超會合攻打杭州，溫晁憑藉險要擊敗了他們。孫待封脫身逃往烏程，李可封交出常州投降。正月二十一日丁未，田神功派特進楊惠元等率一千五百人向西進擊王晅。二十五日辛亥夜裡，田神功先派特進范知新等率四千人從白沙渡江，向西趕往下蜀。鄧景山率一千人從海陵渡江，向東趕往常州。田神功與邢延恩率三千人駐紮在瓜洲，二十六日壬子，渡過長江。劉展率步兵騎兵一萬多人在蒜山列陣。田神功用船裝載士兵趕往金山，遇上大風，五艘船飄到金山腳下，劉展血洗了他的兩艘船，弄沉了他的三艘船，田神功不能渡江，回師瓜洲。但范知新等人的兵馬已經到達下蜀，劉展攻打他，未能取勝。劉展的弟弟劉殷勸劉展帶兵逃到海上，可以拖延時間。劉展說：「如果事情不能成功，何必要多殺人家的父子呢！要死，早晚都一樣！」於是又率領部眾奮力作戰。將軍賈隱林發箭射向劉展，射中眼睛，劉展倒下，於是殺了他，劉殷、許嶧等人也都死了。賈隱林，是滑州人。楊惠元等在淮南擊敗王暅，王暅帶兵東逃，逃到常熟，便投降了，孫待封到李藏用那裡投降。張景超聚集士兵達七千多人，聽到劉展死了，就把兵馬全部交給張法雷，派他去進攻杭州，張景超自己逃到海上。張法雷到達杭州，李藏用打敗了他，其餘的黨羽也全都被平定了。平盧軍隊大肆搶掠了十幾天。安、史之亂，叛亂的軍隊還沒有到達江、淮，到這時，江、淮的百姓也開始遭受殘害了。

荊南節度使呂諲上奏請求將江南的潭州、岳州、郴州、邵州、永州、道州、連州以及黔中的涪州都隸屬於荊南。肅宗聽從了這一意見。

二月，奴刺❶、党項寇寶雞❷，燒大散關❸，南侵鳳州❹，殺刺史蕭悅❺，大掠而西。鳳翔節度使李鼎追擊，破之。○戊辰❻，新羅王金嶷❼入朝，因請宿衛。

或言❽：「洛中將士皆燕人，久戍思歸，上下離心，急[1]擊之，可破也。」陝州觀軍容使魚朝恩以為信然，屢言於上，上敕李光弼等進取東京。光弼奏稱：「賊鋒尚銳，未可輕進。」朔方節度使僕固懷恩勇而愎❾，麾下皆蕃、漢勁卒，恃功多不法。郭子儀寬厚曲容⑩之，每用兵臨敵，倚以集事⑪。李光弼性嚴，一裁之以法，無所假貸⑫。懷恩憚光弼而心惡之，乃附⑬朝恩，言東都可取⑭。由是中使相繼，督光弼使出師。光弼不得已，使鄭、陳節度使李抱玉守河陽，與懷恩將兵會朝恩及神策節度使衛伯玉攻洛陽。

戊寅⑮，陳於邙山⑯。光弼命依險⑰而陳，懷恩陳於平原。光弼曰：「依險則可以進，可以退；若平原，戰而不利則盡矣。思明不可忽也。」命移於險，懷恩復止之。史思明乘其陳未定，進兵薄⑱之。官軍大敗，死者數千人，軍資⑲器械⑳盡棄之。光弼、懷恩度河走保聞喜㉑，朝恩、伯玉奔還陝，抱玉亦棄河陽走，河陽、懷州皆沒於賊。朝廷聞之，大懼，益兵屯陝。

【章旨】以上為第二段，寫觀軍容使魚朝恩中叛賊反間計，致使官軍邙山大敗。

【注釋】❶奴剌　據岑仲勉考，奴剌為突厥族屬，非胡三省所言西羌種落。見《通鑑隋唐紀比事質疑》。❷寶雞　縣名，縣治在今陝西寶雞。至德二載，改陳倉縣為寶雞縣。❸大散關　關名，即散關，唐稱大散關，在今陝西寶雞西南大散嶺上，地處秦嶺南北交通要道。❹鳳州　州名，治所在今陝西鳳縣。❺蕭愧　鳳州刺史蕭愧之死，兩《唐書·肅宗紀》均繫於二月己未。❻戊辰　二月十三日。❼新羅王金嶷　新舊《唐書·新羅傳》載，天寶二年（西元七四三年）至大曆二年（西元七六七年）新羅王為憲英，不載有金嶷。❽或言　據《通鑑考異》引《肅宗實錄》，此是史思明遣間諜散布的反間流言。❾勇而愎　勇猛而固執。勇猛作戰是其長，剛愎固執是其短。郭子儀假懷恩之短而用其長。❿曲容　曲意容忍。⓫集事　指完成其事。集，成就；成功。⓬假貸　寬宥；寬恕。⓭附　依附；附會。⓮言東都可取　當時史思明軍鋒尚銳，不可輕進取東都洛陽。

僕固懷恩希望李光弼打敗仗，執意認為東都可取。⑮戊寅　二月二十三日。⑯邙山　即北邙山，在今河南洛陽北。⑰依險　依靠險要地勢。⑱薄　逼近；靠近。⑲軍資　軍需品。⑳器械　指兵器。㉑聞喜　縣名，縣治在今山西聞喜東北。

【校　記】①急　原無此字。據章鈺校，十二行本、乙十一行本皆有此字，張敦仁《通鑑刊本識誤》同，今據補。

【語　譯】二月，奴剌、党項侵犯寶雞，焚燒大散關，向南進犯鳳州，殺死刺史蕭悅，大肆搶掠後西去。鳳翔節度使李鼎追擊，打敗了他們。〇十三日戊辰，新羅王金嶷來朝，因而請求留在宮中值宿警衛。

有人說：「駐紮在洛中的叛賊將士都是燕地人，長期戍守在外，很想回家，上下離心，趕快攻打他們，就可以把他們打敗。」陝州觀軍容使魚朝恩以為真的如此，多次向肅宗說起，肅宗敕命李光弼等進軍攻取洛陽。李光弼上奏說：「叛賊鋒芒還很銳利，不可輕率進攻。」朔方節度使僕固懷恩勇猛而剛愎自用，部下都是蕃族、漢族的強兵，倚仗有功，大都不守法紀。郭子儀寬厚，曲意容忍，每當用兵對敵，就依靠他們成事。李光弼性情嚴厲，一律按法律裁處，無所寬宥。僕固懷恩害怕李光弼而且內心厭惡他，就依附魚朝恩，聲稱東都可以攻取。從此宮中使者接連不斷，督促李光弼讓他出兵。李光弼不得已，派鄭、陳節度使李抱玉守衛河陽，與僕固懷恩率領軍隊會合魚朝恩及神策節度使衛伯玉進攻洛陽。

二月二十三日戊寅，列陣於邙山。李光弼命令憑藉險要地勢列陣，僕固懷恩卻在平原列陣。李光弼說：「憑藉險要地勢可以進也可以退；如果在平原，交戰不利就會全軍覆沒。對史思明不可忽視。」命令把陣地移到險要之處，僕固懷恩再次阻止命令執行。史思明趁他們列陣還沒有穩定，發兵進逼。官軍大敗，死了幾千人，軍需物資和兵器全都拋棄了。李光弼、僕固懷恩渡過黃河退守聞喜，魚朝恩、衛伯玉逃回陝郡，李抱玉也放棄河陽逃跑了，河陽、懷州又都陷入叛賊手中。朝廷聞訊後，大為恐懼，加派軍隊駐紮陝郡。

李揆與呂諲同為相，不相悅。諲在荊南以善政❶聞，揆恐其復入相，奏言置軍湖南非便，又陰使人如荊、湖求諲過失。諲上疏訟揆罪，癸未❷，貶揆袁州❸長史，以河中節度使蕭華為中書侍郎、同平章事。

史思明猜忍❹好殺，羣下小不如意，動至族誅，人不自保。朝義，其長子也，常從思明將兵，頗謙謹❺，愛士卒，將士多附之，無寵❻於思明。思明愛少子朝清，使守范陽，常欲殺朝義，立朝清為太子，左右頗泄其謀。思明既破李光弼，欲乘勝西入關，使朝義將兵為前鋒，自北道襲陝城，思明自南道將大軍繼之❼。三月甲午❽，朝義兵至礓子嶺❾，衛伯玉逆擊，破之。朝義數進兵，皆為陝兵所敗。思明退屯永寧，以朝義為怯，曰：「終不足成吾事！」欲按軍法斬朝義及諸將。戊戌❿，命朝義築三隅城⓫，欲貯軍糧，期一日畢。朝義築畢，未泥⓬，思明至，詬怒之，令左右立馬監泥⓭，斯須⓮而畢。思明又曰：「俟克陝州，終斬此賊。」朝義憂懼，不知所為。

思明在鹿橋驛⓯，令腹心曹將軍將兵宿衛。朝義宿於逆旅⓰，其部將駱悅、蔡文景說朝義曰：「悅等與王死無日⓱矣！自古有廢立，請召曹將軍謀之。」朝義俛首⓲不應。悅等曰：「王苟不許，悅等今歸李氏⓳，王亦不全矣。」朝義泣曰：「諸君善為之，勿驚聖人⓴！」悅等乃令許叔冀之子季常召曹將軍，至，則以其謀告之。曹將軍知諸將盡怨，恐禍及己，不敢違。是夕，悅等以朝義部兵三百被甲詣驛。宿衛兵怪之，畏曹將軍，不敢動。悅等引兵入至思明寢所，值思明如廁，問左右，未及對，已殺數人，左右指示之。思明聞有變，踰垣至廄中㉑[1]，自鞴㉒馬乘之。悅傔人㉓周子俊射之，中臂，墜馬，遂擒之。思明問：「亂者為誰？」悅曰：「奉懷王㉔命。」思明曰：「我朝來㉕語失，宜其及此。然殺我太早，何不待我克長安！今事不成矣。」悅等送思明於柳泉驛㉖，囚之，還，報朝義曰：「事成矣。」朝義曰：「不驚聖人乎？」悅曰：「無。」時周摯、許叔冀將後軍在福昌㉗，悅等使許季常往告之，摯驚倒於地。朝義引軍還，摯、叔冀來迎，悅等勸朝義執摯殺之。軍至柳泉，悅等恐眾心未壹，遂縊殺思明，以氈裹其尸，橐駝負歸洛陽。

朝義即皇帝位，改元顯聖。密使人至范陽，敕散騎常侍張通儒等殺朝清及朝清母辛氏并不附己者數十人。其黨自相攻擊，戰城中數月，死者數千人，范陽乃定。朝義以其將柳城李懷仙㉘為范陽尹、燕京留守。時洛陽四面數百里州、縣皆為丘墟㉙，而朝義所部節度使皆安祿山舊將，與思明等夷㉚，朝義召之，多不至，略相羈縻而已，不能得其用。

【章旨】以上為第三段，寫叛賊內訌，史朝義殺父自立。

【注釋】❶善政 政令良好，治績顯著。❷癸未 二月二十八日。❸袁州 州名，治所在今江西宜春。❹猜忍 猜忌殘忍。❺謙謹 謙遜謹慎。❻無寵 不受寵愛。❼自北道襲陝城二句 北道、南道，洛陽至陝州之二道。唐代由洛陽入關至長安，必須經過陝州。洛陽到陝州有南北二道，陝州入關也有南北二道，這裡指的是前者。洛陽到陝州的南道是：洛陽—甘泉驛（今河南洛陽西南）—壽安（今河南宜陽）—柳泉驛（今河南宜陽西北）—福昌（今河南宜陽福昌鎮）—鹿橋驛（今河南洛寧北四十里）—莎柵（在鹿橋驛西）—硤石（今河南澠池縣西）—陝州。北道是：洛陽—新安（今河南新安）—澠池（今河南澠池縣）—硤石—陝州。參見王文楚〈唐代兩京驛路考〉，載《歷史研究》一九八三年第六期。❽甲午 三月初九日。❾礓子嶺 即礓子阪。在今河南陝縣東。❿戊戌 三月十三日。⓫三隅城 指城一面環山，只築其餘三面城牆。隅，角。⓬泥 塗抹。⓭立馬監泥 指佇立馬旁督促塗泥。立馬，佇立馬旁。監，監督。⓮斯須 一會兒；片刻。⓯鹿橋驛 驛站名，在今河南洛寧北。⓰逆旅 旅舍。⓱無日 無時日。猶言不久。⓲俛首 低頭。⓳李氏 指唐朝。⓴聖人 當時臣子稱其君父為聖人。㉑廄中 即馬圈中。㉒韝 把鞍轡等套在馬身上。㉓傔人 侍從；副官。㉔懷王 史思明封史朝義為懷王。㉕朝來 早上；上午。㉖柳泉驛 驛站名，在今河南宜陽西北。㉗福昌 縣名，縣治在今河南宜陽福昌鎮。㉘李懷仙 （？—西元七六八年）柳城（今遼寧朝陽）胡人，從史思明為將，後斬史朝義降唐；又從僕固懷恩反叛，大曆三年（西元七六八年）為部下所殺。傳見《舊唐書》卷一百四十三、《新唐書》卷二百十二。㉙丘墟 廢墟；荒地。㉚等夷 同輩。

【校記】[1]中 原為空格。據章鈺校，十二行本、乙十一行本空格處有「中」字，今據補。

【語譯】李揆與呂諲同為宰相，相處很不愉快。呂諲在荊南以良好的政績聞名，李揆擔心他再次入朝為相，上奏說在湖南設置軍鎮很不便利，又暗中派人到荊南、湖南去尋找呂諲的過失。呂諲上疏控告李揆的罪過。二月二十八日癸未，把李揆貶為袁州長史，任命河中節度使蕭華為中書侍郎、同平章事。

史思明性情猜忌殘忍又好殺人，部下做得稍不如意，動不動甚至會被誅滅全族，人人都不能自保。史朝義，是史思明的長子，經常跟隨史思明率領部隊，為人相當謙恭謹慎，愛護士卒，將士多依附於他，但他不受史思明的寵愛。史思明喜歡小兒子史朝清，讓他鎮守范陽，常常想殺掉史朝義，立史朝清為太子，左右的人洩露了不少史思明的陰謀。史思明打敗李光弼後，想乘勝西進入關，派史朝義率軍為前鋒，從北路襲擊陝城，史思明從南路率大軍繼續進攻。三月初九日甲午，史朝義的部隊到達礓子嶺，衛伯玉迎戰，打敗了他。史朝義多次進兵，都被陝地部隊打敗。史思明退駐永寧，認為史朝義怯懦，說：「終究不能成就我的事業！」想按軍法斬殺史朝義和各位將領。十三日戊戌，命令史朝義修築三隅城，想用來貯存軍糧，限一天修完。史朝義修完了，還沒有塗泥，史思明就到了，對他大罵，十分生氣，命令左右佇立馬旁監督塗泥，一會兒泥就塗好了。史思明又說：「等攻克陝州後，終究要殺掉這個壞東西。」史朝義憂慮恐懼，不知道該怎麼辦。

史思明在鹿橋驛，命令心腹曹將軍帶兵值宿警衛。史朝義在旅舍住宿，他的部將駱悅、蔡文景勸史朝義說：「我們與大王您隨時都可能沒命了！自古以來有廢有立，請把曹將軍叫來謀劃。」史朝義低著頭沒有回應。駱悅等人又說：「大王如果不許，我們今天就歸順李氏，那麼您也不能保全了。」史朝義哭著說：「諸君好好地處理此事，不要驚動皇上！」駱悅等人便讓許叔冀的兒子許季常叫來曹將軍，曹將軍到後，就把他們的謀劃告訴他。曹將軍知道眾將都有怨恨，害怕禍事連累到自己，不敢違抗。這天晚上，駱悅等人帶領史朝義部下的士兵三百人身披鎧甲來到驛館。值宿警衛的士兵感到很奇怪，但畏懼曹將軍，不敢行動。駱悅等人帶兵進入到史思明睡覺的地方，正好遇到史思明上廁所去了，便問左右的人，還沒來得及回答，已經被殺了好幾個人，於是左右的人指示了史思明的去向。史思明聽到有變亂，翻牆來到馬廄中，自己給馬套好鞍轡騎了上去。駱悅的副官周子俊發箭射他，射中手臂，史思明掉下馬來，於是被抓獲。史思明問：「作亂的是誰？」駱悅說：「奉懷王之命。」史思明說：「我早上說話失口，應該得到這樣的下場。然而現在殺我太早，何不等我攻克長安之後！如今我的事完成不了了。」駱悅等人押送史思明到柳泉驛，把他囚禁起來，回來向史朝義報告說：「事情成功了。」史朝義問：「沒有驚動皇上嗎？」駱悅說：「沒有。」當時周摯、許叔冀率領後軍駐在福昌，駱悅等人派許季常前往告訴他們此事，周摯大驚，倒在地下。史朝義率軍回去，周摯、許叔冀前來迎接，駱悅等人勸史朝義逮捕周摯，把他殺了。軍隊到達柳泉，駱悅等人害怕眾人心意不一，便勒死了史思明，用氈子包裹了他的屍體，用駱駝馱回洛陽。

史朝義即皇帝位，改年號為顯聖。祕密派人到范陽，敕令散騎常侍張通儒等殺死史朝清和史朝清的母親辛氏以及不歸附自己的幾十個人。賊黨自相攻擊，在城中交戰幾個月，死了幾千人，范陽才安定下來。史朝義任命他的部將柳城人李懷仙為范陽尹、燕京留守。當時洛陽四周幾百里內州、縣都成為廢墟，而史朝義所統領的節度使都是安祿山的舊將，與史思明同輩，史朝義召見他們，大都不到，只是大致維繫著表面上的關係，史朝義並不能讓他們為己所用。

李光弼上表，固求自貶，制以開府儀同三司、侍中，領河中節度使。術士長塞❶鎮將❷朱融與左武衛將軍竇如玢等謀奉嗣岐王珍❸作亂，金吾將軍邢濟告之。夏，四月乙卯❹朔，廢珍為庶人，溱州安置，其黨皆伏誅。珍，業之子也。丙辰❺，左散騎常侍張鎬貶辰州❻司戶。鎬嘗買珍宅故也。

己未❼，以吏部侍郎裴遵慶❽為黃門侍郎、同平章事。○乙亥❾，青、密節度使尚衡破史朝義兵，斬首五千餘級。○丁丑❿，兗、鄆節度使能元皓破史朝義兵。

壬午⓫，梓州刺史段子璋反。子璋驍勇，從上皇在蜀有功，東川節度使李奐奏替之，子璋舉兵，襲奐於綿州⓬。道過遂州⓭，刺史虢王巨蒼黃⓮修屬郡禮⓯迎之，子璋殺之。李奐戰敗，奔成都。子璋自稱梁王，改元黃龍，以綿州為龍安府，置百官，又陷劍州。

五月己丑⑯，李光弼自河中入朝。

初，李輔國與張后同謀遷上皇於西內。是日端午⑰，山人李唐見上，上方抱幼女，謂唐曰：「朕念之，卿勿怪也。」對曰：「太上皇思見陛下，計亦如陛下之念公主也。」上泫然⑱泣下。然畏張后，尚不敢詣西內。

癸巳⑲，党項寇寶雞。

初，史思明以其博州刺史令狐彰為滑、鄭、汴節度使，將數千兵戍滑臺⑳。彰密因中使楊萬定通表請降，徙屯杏園度。思明疑之，遣其將薛岌圍之。彰與岌戰，大破之，因隨萬定入朝。甲午㉑，以彰為滑、衛等六州㉒節度使。

戊戌㉓，平盧節度使侯希逸擊史朝義范陽兵，破之。〇乙未㉔，西川節度使崔光遠與東川節度使李奐共攻綿州。庚子㉕，拔之，斬段子璋。

復以李光弼為河南副元帥、太尉兼侍中，都統河南、淮南東・西、山南東、荊南、江南西、浙江東・西八道行營節度，出鎮臨淮㉖。

【章旨】以上為第四段，寫邙山之敗，李光弼自請解職，一月之後，復職為河南副元帥。

【注釋】❶長塞　鎮名，在蔚州（今山西靈丘）界。❷鎮將　官名。唐制，屯防鎮有上中下之分，有戍兵五百者為上鎮，三百人為中鎮，不及三百者為下鎮。鎮置鎮將、鎮副，掌捍防守禦。上鎮將正六品下，中鎮將正七品上，下鎮將正七品下。

❸嗣岐王珍　李珍（？—西元七六一年），睿宗第五子惠宣太子李業之子。岐王本是睿宗第五子李範，死後其子瑾嗣。天寶中瑾暴卒，便以李業（薛王）之子李珍為嗣岐王。上元二年（西元七六一年）珍以謀反罪賜死。傳見《新唐書》卷八十一。❹乙卯　四月初一日。❺丙辰　四月初二日。❻辰州　州名，治所在今湖南沅陵。❼己未　四月初五日。❽裴遵慶　（西元六八六—七七五年）字少良，絳州聞喜（今山西聞喜）人，世為河東冠族。官至黃門侍郎、同中書門下平章事。傳見《舊唐書》卷一百十三、《新唐書》卷一百四十。❾乙亥　四月二十一日。❿丁丑　四月二十三日。⓫壬午　四月二十八日。⓬綿州　州名，治所在今四川綿陽東。⓭遂州　州名，治所在今四川遂寧。⓮蒼黃　即倉皇，急忙。⓯修屬郡禮　施行屬郡的禮節。屬郡，管轄下的州郡。⓰己丑　五月初五日。⓱端午　農曆五月初五日。⓲泫然　眼淚汪汪的樣子。⓳癸巳　五月初九日。⓴滑臺　城名，在今河南滑縣東舊滑縣。㉑甲午　五月初十日。㉒滑衛等六州　指滑、衛、相、貝、魏、博六州。㉓戊戌　五月十四日。㉔乙未　五月十一日。㉕庚子　五月十六日。㉖臨淮　泗州治所，在今江蘇泗洪東南。

【語　譯】李光弼上表，堅持要求將自己貶官，於是肅宗下制書任命他為開府儀同三司、侍中，兼領河中節度使。

方士長塞鎮將朱融與左武衛將軍竇如玢等謀劃擁戴嗣岐王李珍作亂，金吾將軍邢濟舉報了他們。夏，四月初一日乙卯，李珍被廢為平民，安置在溱州，他的黨羽都被處死。李珍，是李業的兒子。初二日丙辰，左散騎常侍張鎬被貶為辰州司戶。這是因為張鎬曾經購買李珍住宅的緣故。

四月初五日己未，任命吏部侍郎裴遵慶為黃門侍郎、同平章事。〇二十一日乙亥，青、密節度使尚衡打敗史朝義的部隊，斬獲首級五千多。〇二十三日丁丑，兗、鄆節度使能元皓打敗史朝義的部隊。

四月二十八日壬午，梓州刺史段子璋造反。段子璋十分勇猛，跟隨太上皇在蜀地有功，東川節度使李奐上奏派人替代他，段子璋發兵，在綿州襲擊李奐。路過遂州，刺史虢王李巨匆忙間採用屬郡的禮節迎接他，段子璋殺了李巨。李奐戰敗，逃往成都。段子璋自稱梁王，改年號為黃龍，把綿州改為龍安府，設置百官，又攻陷劍州。

五月初五日己丑，李光弼從河中入朝。

當初，李輔國與張皇后同謀把太上皇遷居到西內。這一天是端午節，山人李唐拜見肅宗，肅宗正抱著小女兒，對李唐說：「朕很想念她，你不要見怪。」李唐回答說：「太上皇想見到陛下，估計也同陛下想念公主一樣。」肅宗流下了眼淚。然而畏懼張皇后，還是不敢到西內去。

五月初九日癸巳，党項侵犯寶雞。

當初，史思明任命他的博州刺史令狐彰為滑、鄭、汴節度使，率領幾千士兵戍守滑臺。令狐彰祕密通過宮中使者楊萬定呈送表文請求歸降，遷移到杏園度駐紮。史思明懷疑他，派遣部將薛岌包圍他。令狐彰與薛岌交戰，大敗薛岌，於是跟隨楊萬定入朝。五月初十日甲午，任命令狐彰為滑州、衛州等六州節度使。

五月十四日戊戌，平盧節度使侯希逸攻打史朝義在范陽的部隊，打敗了他們。〇十一日乙未，西川節度使崔光遠與東川節度使李奐一起攻打綿州。十六日庚子，攻取了綿州，殺了段子璋。

重又任命李光弼為河南副元帥、太尉兼侍中，都統河南、淮南東・西、山南東、荊南、江南西、浙江東・西八道行營節度，出鎮守臨淮。

六月甲寅❶，青、密節度使能元皓❷敗史朝義將李元遇。

江淮都統李峘畏失守之罪，歸咎❸於浙西節度使侯令儀。丙子❹，令儀坐除名，長流康州❺。加田神功開府儀同三司，徙徐州刺史。徵李峘、鄧景山還京師。

戊寅❻，党項寇好時❼。

秋，七月癸未❽朔，日有食之，既，大星皆見❾。〇以試少府監❿李藏用為浙西節度副使。

八月癸丑⑪朔，加開府儀同三司李輔國兵部尚書。乙未⑫，輔國赴上⑬，宰相朝臣皆送之，御廚具饌，太常設樂。輔國驕縱日甚，求為宰相。上曰：「以卿之功，何官不可為，其如朝望未允何⑭！」輔國乃諷僕射裴冕等使薦己。上密謂蕭華曰：「輔國求為宰相，若公卿表來，不得不與。」華出，問冕；曰：「初無⑮此事，吾臂可斷⑯，宰相不可得！」華入言之，上大悅，輔國銜之。

己巳⑰，李光弼赴河南行營。

辛巳⑱，以殿中監李若幽為朔方[1]、鎮西、北庭、興平⑲、陳鄭等節度行營及河中節度使，鎮絳州，賜名國貞。

九月甲申⑳，天成地平節㉑，上於三殿㉒置道場，以宮人為佛菩薩㉓，北門[2]武士為金剛神王㉔，召大臣膜拜㉕圍繞。

壬寅㉖，制去尊號，但稱皇帝；去年號，但稱元年；以建子月㉗為歲首㉘，月皆以所建為數㉙；因赦天下。停京兆、河南、太原、鳳翔四京及江陵南都之號。自今每除五品以上清望京[3]官㉚及郎官㉛、御史、刺史，令舉一人自代，觀其所舉，以行殿最㉜。

江、淮大饑，人相食。

冬，十月，江淮都統崔圓署㉝李藏用為楚州刺史。會支度租庸使㉞以劉展之亂，諸州用倉庫物無準，奏請徵驗㉟。時倉猝募兵，物多散亡，徵之不足，諸將往往賣產以償之。藏用恐其及己，嘗與人言，頗有悔恨。其牙將高幹挾故怨㊱，使人詣廣陵告藏用反，先以兵襲之。藏用走，幹追斬之。崔圓遂簿責㊲藏用將吏以驗之，將吏畏，皆附成其狀㊳。獨孫待封堅言不反，圓命引出斬之。或曰：「子何不從眾以求生！」待封曰：「吾始從劉大夫㊴奉詔書來赴鎮，人謂吾反。李公起兵滅劉大夫，今又以李公為反。如此，誰則非反者，庸有極乎！吾寧就死，不能誣人以非罪。」遂斬之㊵。

建子月壬午㊶朔，上受朝賀，如正旦儀㊷。

或告鴻臚卿康謙與史朝義通，事連司農卿嚴莊，俱下獄。京兆尹劉晏㊸遣吏防守莊家。上尋敕出莊，引見。莊怨晏，因言晏與臣言，常道禁中語，矜功怨上。丁亥㊹，貶晏通州㊺刺史，莊難江㊻尉，謙伏誅。

戊子㊼，御史中丞元載㊽為戶部侍郎，充句當度支㊾、鑄錢、鹽鐵兼江淮轉運等使。載初為度支郎中，敏悟善奏對，上愛其才，委以江淮漕運。數月，遂代劉晏，專掌財利。

戊戌㊿，冬至[51]。己亥[52]，上朝上皇於西內。◯神策節度使衛伯玉攻史朝義，拔永寧，破澠池[53]、福昌、長水[54]等縣。己酉[55]，上朝獻太清宮。庚戌[56]，享太廟、元獻[57]廟。建丑月[58]辛亥[59]朔，祀圜丘、太一壇。

平盧節度使侯希逸與范陽相攻連年，救援既絕，又為奚所侵，乃悉舉其軍二萬餘人襲李懷仙，破之，因引兵而南。

【章旨】以上為第五段，寫唐肅宗受制於宦官李輔國，朝綱不振，地方亦多濫刑。

【注釋】❶甲寅　六月初一日。❷青密節度使能元皓　本書上卷上元元年十二月以及本卷上元二年四月均載能元皓為兗鄆節度使，至寶應元年（西元七六二年）建寅月戊申，仍書侯希逸會能元皓於兗州，而這裡卻書「青密節度使能元皓」，故疑「青密」為「兗鄆」之誤。❸歸咎　歸罪。❹丙子　六月二十三日。❺康州　州名，治所在今廣東德慶。❻戊寅　六月二十五日。❼好時　縣名，縣治在今陝西乾縣西北。❽癸未　七月初一日。❾見　通「現」。出現。❿少府監　官名，掌百工技巧之事，即國家手工業事務。⓫癸丑　八月初一日。⓬乙未　八月癸丑朔，無乙未，當為乙卯之誤。乙卯，八月初三日。⓭赴上　尚書省僕射、各部尚書赴省供職。⓮其如朝望未允何　指這件事情由於朝廷百官不贊成，實在沒有辦法。其，代詞，指李輔國求宰相事。如……何，奈……何；由於……無可奈何。朝望，朝廷中有聲望的大臣。⓯初無　壓根兒沒有；從來沒有。⓰吾臂可斷　我寧可承受斷臂的酷刑。臂，手臂；上肢。⓱己巳　八月十七日。⓲辛巳　八月二十九日。⓳興平　軍鎮名，不詳所在。⓴甲申　九月初三日。㉑天成地平節　肅宗生於景雲二年（西元七一一年）九月初三，便以這天為天成地平節。㉒三殿　麟德殿別名。因此殿有三面，故名。此殿多作宴會之用，殿在大明宮內，處仙居殿西北。㉓佛菩薩　佛，即佛教創始人釋迦牟尼。菩薩，梵語「菩提薩埵」的簡稱，「菩提」意為正，「薩埵」意為眾生，菩提薩埵即指能自覺本性，普度眾生。又佛經說，菩薩是釋迦牟尼未成佛時的稱號。後來泛指宣揚並實行大乘佛教的人。㉔金剛神王　即金剛力士，佛教護法神名，手執金剛杵而立，常置於寺門。通常稱寺院山門內所塑四天王像為四大金剛。㉕膜拜　合掌加額，伏地跪拜。㉖壬寅　九月二十一日。㉗建子月　十一月。我國古代以北斗星斗柄的運轉計算月分，斗柄所指之辰謂之斗建，以十二斗建稱十二個月，如正月指寅，為建寅之月，二月指卯，為建卯之月，依此類推，十一月指子，即為建子之月。㉘歲首　一年的第一個月。古代歲首所在月分不一，如夏朝以正月為歲首，商朝以十二月為歲首，周朝以十一月為歲首，等等。㉙月皆以所建為數　月分均以建月為名稱，代替原用的數字月名。㉚清望京官　在京的清望官。唐代以內外三品以上官及門下、中書、侍中、尚書左右丞、六部侍郎、太常卿、祕書少監、太子少詹事、左右庶子、國子司業為清望官。詳《唐六典・吏部郎中》及《舊唐書》卷四十二。㉛郎官　指六部二十四司的郎中、員外郎，以及尚書左右司的郎中、員外郎。唐代很重視郎官，注意郎官的人選，員外郎比郎中更有身價。見劉肅《大唐新語》卷十三。㉜殿最　古代考核軍功或政績所分的等次。又用來泛指功績的高下等第。殿，下等。最，上等。㉝署　署置；任用官吏。㉞支度租庸使　支度使和租庸使的兼使，兼掌節度使所屬支度、租庸二使的職務。主管軍資、糧米、器仗、租庸數額和使用，每年統計後向中央申報。㉟徵驗　驗證；查證確實。㊱挾故怨　挾帶以前的怨恨。㊲簿責　根據文簿一一詰責。㊳附成其狀　附和高幹之言以構成李藏用謀反罪。㊴劉大夫　指劉展。㊵遂斬之　指孫待封被冤殺。史言兵興之時政紀不肅，多濫刑。㊶壬午　十一月初一日。㊷正旦儀　嘉禮五十儀之一，即皇帝元正受群臣朝賀的儀式。詳《通典》卷七十、《新唐書》卷十九。正旦，正月初一。㊸京兆尹劉晏　此時（上元二年）劉晏所任職官為戶部侍郎，充度支、鑄錢、鹽鐵等使，兼京兆尹。㊹丁亥　十一月初六日。㊺通州　州名，治所在今四川達縣。㊻難江　縣名，縣治在今四川南江縣。㊼戊子　十一月初七日。㊽元載　（？—西元七七七年）字公甫，鳳翔岐山（今陝西岐山縣）人，以道舉入第，官至宰相。參與謀殺李輔國，擅權嗜利，獲罪伏誅。傳見《舊唐書》卷一百十八、《新唐書》卷一百四十五。㊾句當度支　句當度支使，辦理度支使職事，猶如度支使的差遣官，實際上就是度支使，《舊唐書・元載傳》便直接書作「度支使」。句當，辦理。句，亦作「勾」。度支，指度支使。㊿戊戌　十一月十七日。(51)冬至　二十四節氣之一。在西曆十二月二十二日或二十三日。(52)己亥　十一月十八日。(53)澠池　縣名，縣治在今河南澠池縣。(54)長水　縣名，縣治在今河南洛寧西南。(55)己酉　十一月二十八日。(56)庚戌　十一月二十九日。(57)元獻　肅宗生母、玄宗之妃楊氏（？—西元七二九年），至德二載（西元七五七年），玄宗在蜀，下詔追冊為元獻太后。傳見《舊唐書》卷五十二、《新唐書》卷七十六。(58)建丑月　十二月。(59)辛亥　十二月初一日。

【校記】①朔方　原無此二字。據章鈺校，十二行本、乙十一行本皆有此二字，張瑛《通鑑校勘記》同，今據補。②北門　原無此二字。據章鈺校，十二行本、乙十一行本皆有此二字，今據補。③京　原無此字。據章鈺校，十二行本、乙十一行本皆有此字，今據補。

【語譯】六月初一日甲寅，青、密節度使能元皓打敗史朝義的部將李元遇。

江淮都統李峘害怕自己有失守之罪，就歸咎於浙西節度使侯令儀。六月二十三日丙子，侯令儀獲罪被削除名籍，長期流放康州。加封田神功為開府儀同三司，改任徐州刺史。徵召李峘、鄧景山回京師。

六月二十五日戊寅，党項侵犯好時縣。

秋，七月初一日癸未，日全蝕，大星都出現了。○任命試少府監李藏用為浙西節度副使。

八月初一日癸丑，加封開府儀同三司李輔國為兵部尚書。乙未日，李輔國赴省就職，宰相朝臣都去送他，由御廚房準備酒席，太常寺安排奏樂。李輔國的驕橫放縱一天比一天厲害，還要求去做宰相。肅宗說：「以你的功勞，什麼官不能做，只是朝廷中有聲望的大臣還沒有同意又怎麼辦呢！」李輔國於是暗示僕射裴冕等人，讓他們推薦自己。肅宗暗中對蕭華說：「李輔國要求做宰相，如果公卿推薦他的表文來了，就不得不給他了。」蕭華出宮後去問裴冕，裴冕說：「從來沒有這回事，我的手臂可以斷，宰相一職他不可以得到！」蕭華入宮告訴肅宗，肅宗十分高興，李輔國因此懷恨在心。

八月十七日己巳，李光弼奔赴河南行營。

八月二十九日辛巳，任命殿中監李若幽為朔方、鎮西、北庭、興平、陳鄭等節度行營及河中節度使，鎮守絳州，賜名為國貞。

九月初三日甲申，是天成地平節，肅宗在三殿設置道場，把宮人裝扮成佛菩薩，把北門武士裝扮成金剛神王，召大臣圍繞膜拜。

九月二十一日壬寅，下制書除去尊號，只稱皇帝；除去年號，只稱元年；以十一月建子月為一年的第一個月，每個月都以所建字代替數目；於是大赦天下。停止京兆、河南、太原、鳳翔四京以及江陵南都的名號。

從今以後，每次任命五品以上的在京清望官以及郎官、御史、刺史，都讓他們推舉一個人來代替自己，然後觀察他們所推舉的人，以排出先後的名次。

江、淮地區饑荒嚴重，出現人吃人的現象。

冬，十月，江淮都統崔圓任命李藏用為楚州刺史。遇上支度租庸使因劉展作亂，各州使用倉庫物資沒有定準，上奏請求查證檢驗。當時倉促召募士兵，物資多有散亡，查驗數量不足時，各個將領往往變賣財產以補償。李藏用擔心此事會連累自己，曾經與人談起，頗有悔恨之意。李藏用的牙將高幹對他懷有舊怨，派人到廣陵告發李藏用謀反，並先帶兵襲擊了他。李藏用逃走，高幹追上去把他斬殺。崔圓於是以文書詰責李藏用的部將、官吏來加以驗證，部將、官吏很害怕，都附和高幹的說法而證實李藏用謀反的罪狀。只有孫待封堅持說李藏用沒有謀反，崔圓命令把他帶出去殺了。有人說：「你為什麼不隨從眾人的說法以謀求生存呢！」孫待封說：「我先前跟隨劉大夫奉詔書赴鎮，有人說我們謀反。李公起兵消滅了劉大夫，現在又認為李公謀反。像這樣，哪一個人不是謀反者，難道還有個完嗎！我寧願去死，也不能誣告沒有罪的人。」於是他被斬殺。

十一月初一日建子月壬午，肅宗接受群臣朝覲慶賀，如同元旦的儀式。

有人告發鴻臚卿康謙與史朝義勾結，事情牽連到司農卿嚴莊，兩人都被關進監獄。京兆尹劉晏派官吏防守嚴莊的家。肅宗不久敕命釋放嚴莊，帶去進見。嚴莊怨恨劉晏，就趁機說劉晏與他談話，經常洩露宮禁中的一些話，自恃有功而埋怨肅宗。十一月初六日丁亥，貶劉晏為通州刺史，嚴莊為難江縣尉，康謙被處死。

十一月初七日戊子，御史中丞元載為戶部侍郎，充任句當度支使、鑄錢使、鹽鐵使兼江淮轉運使等職。元載起初做度支郎中，敏捷聰明善於奏對，肅宗喜愛他的才幹，把江淮漕運之事交付給他。幾個月後，他便取代劉晏，專門掌管財政事務。

十一月十七日戊戌，冬至。十八日己亥，肅宗到西內朝見太上皇。〇神策軍節度使衛伯玉攻打史朝義，攻克永寧，打敗了澠池、福昌、長水等縣的敵軍。

十一月二十八日己酉，肅宗在太清宮舉行朝獻祭祀。二十九日庚戌，在太廟祭奠祖宗，在元獻廟祭奠母后。十二月初一日建丑月辛亥，祭祀圜丘和太一壇。

平盧節度使侯希逸與范陽敵軍連年相攻，救援斷絕後，又受到奚人的侵擾，於是率領全部兵力二萬多人襲擊李懷仙，打敗了他，便率軍南歸。

寶應元年（壬寅　西元七六二年）

建寅月❶甲申❷，追尊靖德太子琮❸為奉天皇帝，妃竇氏為恭應皇后。丁酉❹，葬于齊陵❺。

甲辰❻，吐蕃遣使請和。○李光弼拔許州❼，擒史朝義所署潁川太守李春。朝義將史參救之，丙午❽，戰于城下，又破之。

戊申❾，平盧節度使侯希逸於青州北度河而會田神功、能元皓於兗州。

租庸使元載以江、淮雖經兵荒，其民比諸道猶有貲產，乃按籍❿舉⓫八年⓬租調之違負⓭及逋逃⓮者，計其大數⓯而徵之。擇豪吏為縣令而督之，不問負之有無，貲之高下，察民有粟帛者發徒⓰圍之，籍⓱其所有而中分⓲之，甚者什取八九，謂之白著⓳。有不服者，嚴刑以威之。民有蓄穀十斛者，則重足⓴以待命，或相聚山澤為羣盜，州縣不能制。

建卯月㉑辛亥㉒朔，赦天下。復以京兆為上都，河南為東都，鳳翔為西都，江陵為南都，太原為北都。○奴剌寇成固㉓。

初，王思禮為河東節度使，資儲豐衍㉔，贍軍之外，積米百萬斛，奏請輸五十萬斛於京師。思禮薨，管崇嗣㉕代之，為政寬弛，信任左右，數月間，耗散殆盡，惟陳腐米萬餘斛在。上聞之，以鄧景山代之。景山至，則鉤校㉖所出入㉗，將士輩多有隱沒，皆懼。有裨將抵罪當死，諸將請之，不許。其弟請代兄死，亦不許。請入一馬以贖死，乃許之。諸將怒曰：「我輩曾不及一馬乎！」遂作亂，癸丑㉘，殺景山。上以景山撫御失所㉙以致亂，不復推究㉚亂者，遣使慰諭以安之。諸將請以都知兵馬使、代州刺史辛雲京為節度使。己未㉛，以雲京為北都留守、河東節度使[1]。雲京奏張光晟為代州刺史。

絳州素無儲蓄，民間饑，不可賦斂㉜，將士糧賜㉝不充。朔方等諸道行營都統李國貞屢以狀聞，朝廷未報㉞，軍中咨怨㉟。突將㊱王元振將作亂，矯令於眾曰：「來日㊲脩都統宅，各具畚鍤㊳，待命于門。」士卒皆怒曰：「朔方健兒豈脩宅夫邪！」乙丑㊴，元振帥其徒作亂，燒牙城㊵門。國貞逃于獄，元振執之，置卒食於前曰：「食此而役其力，可乎！」國貞曰：「脩宅則無之，軍食則屢奏而未報，諸君所知也。」眾欲退。元振曰：「今日之事，何必更問！都統不死，則我輩死矣。」遂拔刃殺之。○鎮西、北庭行營兵屯於翼城[41]，亦殺節度使荔非元禮，推裨將白孝德為節度使，朝廷因而授之。

戊辰[42]，淮西節度使王仲昇與史朝義將謝欽讓戰于申州城下，為賊所虜，淮西震駭。會侯希逸、田神功、能元皓攻汴州，朝義召欽讓兵救之。

絳州諸軍剽掠不已，朝廷憂其與太原亂軍合從[43]連賊，非新進[44]諸將所能鎮服，辛未[45]，以郭子儀為汾陽王，知朔方、河中、北庭、潞澤節度行營兼興平、定國[46]等軍副元帥，發京師絹四萬匹、布五萬端[47]、米六萬石以給絳軍。建辰月[48]庚寅[49]，子儀將行，時上不豫，羣臣莫得進見。子儀請曰：「老臣受命，將死於外，不見陛下，目不瞑[50]矣！」上召入臥內，謂曰：「河東之事，一以委卿。」

史朝義遣兵圍李抱玉於澤州，子儀發定國軍救之，乃去。

上召山南東道節度使來瑱赴京師。瑱樂在襄陽，其將士亦愛之，乃諷所部將吏上表留之，行及鄧州，復令還鎮。荊南節度使呂諲、淮西節度使王仲昇及中使往來者言：「瑱曲收[51]眾心，恐久難制。」上乃割商、金、均、房[52]別置觀察使，令瑱止領六州53。會謝欽讓圍王仲昇於申州數月，瑱怨之，按兵不救，仲昇竟敗沒。行軍司馬裴莪54謀奪瑱位，密表瑱倔彊55難制，請以兵襲取之，上以為然。癸巳56，以瑱為淮西、河南十六州節度使，外示寵任，實欲圖之，密敕以莪代瑱為襄、鄧等州防禦使。

【章　旨】以上為第六段，寫租庸使元載不顧江淮大饑而苛徵賦稅，藩鎮兵將輕易逐殺主帥。

【注　釋】❶建寅月　正月。❷甲申　正月初四日。❸靖德太子琮　唐玄宗長子李琮，卒於天寶十載（西元七五一年），諡為靖德太子，至是追尊為奉天皇帝。❹丁酉　正月十七日。❺齊陵　唐玄宗長子李琮墓，在今陝西臨潼東。❻甲辰　正月二十四日。❼許州　今河南許昌。唐天寶時改潁州郡為許州，安、史仍稱舊名。❽丙午　正月二十六日。❾戊申　正月二十八日。❿籍　戶口簿冊。⓫舉　檢舉。⓬八年　天寶十四載以來至此寶應元年（西元七六二年）共八年。⓭違負　違期拖欠。違，不按時間。負，欠。⓮逋逃　逃亡。⓯大數　大約的整數。⓰徒　步卒。⓱籍　登記。⓲中分　平分。⓳白著　正稅之外的橫徵暴斂。胡三省注引勃海高雲有〈白著歌〉曰：「上元官吏務剝削，江淮之人多白著。」⓴重足　疊足而立，指十分懼怕而不敢稍微移動一下。㉑建卯月　二月。㉒辛亥　二月初一日。㉓成固　縣名，縣治在今陝西城固。㉔豐衍　豐盛盈溢。㉕管崇嗣　曾任鴻臚卿、太原尹兼御史大夫、北京留守、河東節度副大使，封趙國公。其事散見《舊唐書》卷一百二十〈郭子儀傳〉、《新唐書》卷二百二十五上〈史思明傳〉等篇。㉖鉤校　查對；查核。㉗出入　支出收入。㉘癸丑　二月初三日。㉙撫御失所　安撫統御不當。㉚推究　推問追究。㉛己未　二月初九日。㉜賦斂　徵收田地稅。㉝糧賜　糧餉供給。賜，給予。㉞朝廷未報　朝廷沒有回信、答覆。㉟咨怨　歎息而怨恨。㊱突將　統率驍勇士卒衝鋒突陣的將領。㊲來日　將來的某一天。㊳畚鍤　指挖運泥土的工具。畚，用竹篾編織的盛物器具。鍤，鐵鍬。㊴乙丑　二月十五日。㊵牙城　圍繞衙署的小城。㊶翼城　縣名，縣治在今山西翼城。㊷戊辰　二月十八日。㊸合從　即合縱，南北聯合。㊹新進　新近晉升。㊺辛未　二月二十一日。㊻定國　軍鎮名，不詳所在。㊼端　布的計量單位。唐制，布闊一尺八寸，長五丈為一端。㊽建辰月　三月。

㊾庚寅　三月十一日。㊿瞑　閉目。51曲收　多方收買。52商金均房　皆州名，商州治所在今陝西商縣，金州治所在今陝西安康，均州治所在今河南禹州，房州治所在今湖北房縣。53令瑱止領六州　來瑱所任山南東道節度使，據《新唐書・方鎮表四》，在至德二載（西元七六七年）設置時，領襄、鄧、隋、唐、安、均、房、金、商九州，今割去商、金、均、房四州，應是只領五州。止，同「只」。54裴茙　（？—西元七六二年）來瑱鎮陝州，以裴茙為判官。來瑱移鎮襄州，以裴茙為行軍司馬，恩遇甚厚。傳見《舊唐書》卷一百十四、《新唐書》卷一百四十四。55倔彊　直傲不屈服於人。56癸巳　三月十四日。

【校　記】1己未……河東節度使　原無此十五字。據章鈺校，十二行本、乙十一行本皆有此十五字，張瑛《通鑑校勘記》同，今據補。

【語　譯】寶應元年（壬寅　西元七六二年）

正月初四日建寅月甲申，追尊靖德太子李琮為奉天皇帝，妃子竇氏為恭應皇后。十七日丁酉，將他們葬在齊陵。

正月二十四日甲辰，吐蕃派使者前來請求與唐朝和好。○李光弼攻克許州，抓獲史朝義所任用的潁川太守李春。史朝義的部將史參前去援救，二十六日丙午，在城下交戰，又把史參擊敗。

正月二十八日戊申，平盧節度使侯希逸在青州北渡過黃河，與田神功、能元皓在兗州會合。

租庸使元載認為江淮地區雖然經歷兵荒，當地百姓與其他各道的相比還是有些財產，於是按戶籍檢查出八年來租調拖欠者和逃亡者，估計一個大約的整數加以徵收。元載選擇一些富豪官吏做縣令來督辦此事，不問是否拖欠，家產有多少，只要查到百姓有糧食、布帛，就派人包圍起來，登記他們所存有的糧食、布帛，取走其中一半，有的甚至取走十分之八九，稱之為白著。如果有不服從的人，就用嚴刑威脅他。百姓中有積蓄了十斛糧食的，就心懷恐懼不敢動以等待命令，有的人聚集在山林湖澤中做強盜，州縣官府也不能制止。

二月初一日建卯月辛亥，大赦天下。又以京兆為上都，河南為東都，鳳翔為西都，江陵為南都，太原為北都。○奴剌侵犯成固。

當初，王思禮為河東節度使時，物資儲備十分豐富，除供給軍隊之外，積蓄米糧一百萬斛，上奏請求輸送五十萬斛到京師。王思禮去世後，管崇嗣代替他，處理政務寬緩鬆懈，過於信任左右的人，幾個月的時間，這些糧食消耗散失殆盡，只剩下一萬斛陳腐的米糧。肅宗聽說後，派鄧景山代替他。鄧景山到任後，就核查收支，將士們多有隱瞞吞沒，因此都很害怕。有一個裨將論罪應當處死，眾將去求情，鄧景山不許。裨將的弟弟請求代替哥哥去死，也不許。請求進獻一匹馬來贖取死罪，鄧景山這才允許。眾將憤怒地說：「我們這些人還不如一匹馬嗎！」於是作亂。二月初三日癸丑，殺了鄧景山。肅宗認為鄧景山安撫統馭部下失當以致引起作亂，因此不再追究作亂的人，派使者慰問曉諭以安撫他們。眾將請求任命都知兵馬使、代州刺史辛雲京為節度使。二月初九日己未，任命辛雲京為北都留守、河東節度使。辛雲京奏請讓張光晟擔任代州刺史。

絳州一向沒有儲備，民間有饑荒，不能徵收賦稅，將士們的糧餉供給不充足。朔方等各道行營都統李國貞多次奏報這一情況，但朝廷沒有答覆，軍中嗟歎怨恨。突將王元振準備作亂，向士卒假傳命令說：「來日修理都統住宅，各人準備好畚鍤等工具，在門口待命。」士卒都憤怒地說：「朔方的健兒難道是修理住宅的勞力嗎！」二月十五日乙丑，王元振率領他的部下作亂，焚燒牙城門。李國貞逃進監獄，王元振抓住他，把士卒的飯食放在他面前說：「吃這種飯食還要讓他們出勞力，行嗎！」李國貞說：「修理住宅絕無此事，軍中糧食問題則已多次奏報而沒有得到答覆，這是各位都知道的。」眾人想要退下。王元振說：「今天的事情，何必再問！都統如果不死，那我們這些人就會死。」於是拔刀殺了李國貞。○鎮西、北庭行營兵駐紮在翼城，也殺了節度使荔非元禮，推舉裨將白孝德做節度使，朝廷因此就把這一職務授與了白孝德。

二月十八日戊辰，淮西節度使王仲昇與史朝義的部將謝欽讓在申州城下交戰，被叛賊所俘虜，淮西震驚。適逢侯希逸、田神功、能元皓進攻汴州，史朝義召謝欽讓的部隊去援救。

絳州各軍搶劫掠奪不止，朝廷擔心他們與太原作亂的部隊聯合起來勾結叛賊，這不是新近晉升的各位將領所能鎮服的，二月二十一日辛未，任命郭子儀為汾陽王，掌管朔方、河中、北庭、潞澤節度行營兼興平、定國等軍副元帥，調發京師絹四萬匹、布五萬端、米六萬石以供給絳州各軍。

三月十一日建辰月庚寅，郭子儀即將啟程，此時肅宗有病，群臣不能進見。郭子儀請求說：「老臣接受命令，將要死在外面，不見到陛下，死不瞑目！」肅宗召他進入臥室，對他說：「河東的事情，全都委託給你了。」

史朝義派兵在澤州包圍李抱玉，郭子儀調定國軍去援救，史朝義的兵馬於是退去。

肅宗召山南東道節度使來瑱到京師來。來瑱樂意待在襄陽，他部下的將士也喜歡他留在襄陽，於是他暗示部下的將領、官吏上表請求留下他，等他走到鄧州時，肅宗又下令他返回鎮所。荊南節度使呂諲、淮西節度使王仲昇以及來來往往的宮中使者都說：「來瑱多方收買人心，恐怕時間長了難以控制。」肅宗於是分出商州、金州、均州、房州另外設置觀察使，命令來瑱只管轄六個州。適逢謝欽讓在申州包圍王仲昇好幾個月，來瑱怨恨朝廷，按兵不救，王仲昇終於戰敗被俘。行軍司馬裴茙圖謀奪取來瑱的位置，暗中上表說來瑱倔強難以控制，請求帶兵襲擊並逮捕他，肅宗認為可以。三月十四日癸巳，任命來瑱為淮西、河南十六州的節度使，外表上顯示寵愛信任，實際上是想設法對付他，祕密下敕書任命裴茙代替來瑱做襄州、鄧州等州防禦使。

甲午❶，奴剌寇梁州❷，觀察使李勉棄城走，以邠州刺史河西臧希讓❸為山南西道節度使。○丙申❹，党項寇奉天❺。

李輔國以求宰相不得，怨蕭華。庚午❻，以戶部侍郎元載為京兆尹，載詣輔國固辭，輔國識其意。壬寅❼，以司農卿陶銳為京兆尹。輔國言蕭華專權，請罷其相，上不許。輔國固請不已，乃從之，仍引元載代華。戊申❽，華罷為禮部尚書，以載同平章事，領度支、轉運使如故。

建巳月❾庚戌❿朔，澤州刺史李抱玉破史朝義兵於城下。

王子⑪，楚州刺史崔侁表稱：「有尼真如，恍惚⑫登天⑬，見上帝，賜以寶玉十三枚⑭，云：『中國有災，以此鎮之。』」羣臣表賀。

甲寅⑮，上皇崩于神龍殿⑯，年七十八。乙卯⑰，遷坐⑱於太極殿⑲。上以寢疾⑳，發哀㉑於內殿㉒，羣臣發哀於太極殿。蕃官剺面割耳者四百餘人。丙辰㉓，命苗晉卿攝冢宰㉔。上自仲春㉕寢疾，聞上皇登遐㉖，哀慕㉗，疾轉劇，乃命太子監國。甲子㉘，制改元，復以建寅為正月，月數皆如其舊，赦天下。

初，張后與李輔國相表裏，專權用事，晚年，更有隙。內射生使㉙三原㉚程元振㉛黨於輔國。上疾篤，后召太子謂曰：「李輔國久典禁兵，制敕皆從之出。擅逼遷聖皇，其罪甚大，所忌者吾與太子。今主上彌留㉜，輔國陰與程元振謀作亂，不可不誅。」太子泣曰：「陛下疾甚危，二人皆陛下勳舊之臣，一旦不告而誅之，必致震驚，恐不能堪也。」后曰：「然則㉝太子姑歸㉞，吾更徐思之。」太子出，后召越王係謂曰：「太子仁弱，不能誅賊臣，汝能之乎？」對曰：「能。」係乃命內謁者監段恆俊選宦官有勇力者二百餘人，授甲於長生殿㉟後。乙丑㊱，后以上命召太子。元振知其謀，密告輔國，伏兵於陵霄門㊲以俟之。太子至，以難告。太子曰：「必無是事，主上疾亟召我，我豈可畏死而不赴乎！」元振曰：

「社稷事大，太子必不可入。」乃以兵送太子於飛龍廄㊳，且以甲卒守之。是夜，輔國、元振勒兵三殿，收捕越王係、段恆俊及知內侍省事朱光輝等百餘人繫之。以太子之命遷后於別殿。時上在長生殿，使者逼后下殿，并左右數十人幽於後宮，宦官宮人皆驚駭逃散。丁卯㊴，上崩。輔國等殺后并係及兗王僩。是日，輔國始引太子素服於九仙門㊵與宰相相見，敘上皇晏駕㊶，拜哭，始行監國之令。戊辰㊷，發大行皇帝㊸喪於兩儀殿㊹，宣遺詔。己巳㊺，代宗即位。

高力士遇赦還㊻，至朗州㊼，聞上皇崩，號慟㊽，嘔血而卒。

【章旨】以上為第七段，寫唐玄宗、肅宗父子相繼病歿，李輔國發動政變，殺張皇后，擁立代宗。

【注釋】❶甲午　三月十五日。❷梁州　州名，治所在今陝西漢中。❸臧希讓　（？—西元七七四年）曾任邠州刺史、山南西道節度使、太子詹事、檢校工部尚書、渭北節度使、坊州刺史等職。其事散見《舊唐書》卷一百八十三〈竇覦傳〉、《新唐書》卷二百十六下〈吐蕃傳〉。❹丙申　三月十七日。❺奉天　縣名，縣治在今陝西乾縣。❻庚午　三月庚辰朔，無庚午，當為庚子之誤。庚子，三月二十一日。❼壬寅　三月二十三日。❽戊申　三月二十九日。❾建巳月　四月。❿庚戌　四月初一日。⓫壬子　四月初三日。⓬恍惚　神志不清。⓭登天　升天。⓮寶玉十三枚　十三枚寶玉的名稱詳《舊唐書・肅宗紀》。⓯甲寅　四月初五日。⓰神龍殿　殿名，中宗神龍（西元七〇五—七〇六年）年間所居，故名。在長安太極宮甘露殿之左，殿前有神龍門。⓱乙卯　四月初六日。⓲坐　帝王遺像的座位。⓳太極殿　在大明宮內。⓴寢疾　臥病。㉑發哀　哀哭；哀悼。㉒內殿　指肅宗所居大明宮的寢殿。㉓丙辰　四月初七日。㉔命苗晉卿攝冢宰　唐肅宗、代宗擬命苗晉卿擔任的攝冢宰，從苗晉卿辭冢宰表來看，是皇帝服喪期間，代天子行使職權，「百官聽政冢宰」，承當軍國大事的最高裁決者。詳《舊唐書》卷一百十三〈苗晉卿傳〉。按，玄宗崩，肅宗命苗晉卿攝冢宰，晉卿上表懇辭；肅宗崩，代宗命晉卿攝冢宰，晉卿再上表固辭。

兩次辭讓都獲得批准，故雖有其命，而無其事，《通鑑》於此所書欠妥。冢宰，周代官名，為佐天子、總百官之職，秦漢以後不置。㉕仲春　即春季的居中一月，指二月。仲，位次居中。㉖登遐　同「登假」。對帝王死去的諱稱。㉗哀慕　悲傷思念。㉘甲子　四月十五日。㉙內射生使　使職名，掌領英武軍殿前射生手，以宦官充任。射生，即射生手，肅宗從隨從自己到靈武的子弟中挑選一千名善騎射者充任，分為左右廂，號稱英武軍，護衛皇帝。㉚三原　縣名，縣治在今陝西三原東北。㉛程元振　宦官。官至右監門衛大將軍，封邠國公。傳見《舊唐書》卷一百八十四、《新唐書》卷二百七。㉜彌留　指病重瀕臨死亡。語出《尚書・顧命》：「病日臻，既彌留。」意思是病越來越重，留在身體而不能去除。㉝然則　承上接下之詞，那麼。㉞姑歸　暫且回去。㉟長生殿　宮殿名，一說為唐代帝王寢殿皆稱長生殿。此即指大明宮內肅宗寢殿。一說長生殿為齋殿，沐浴淨身之地。㊱乙丑　四月十六日。㊲陵霄門　宮門名，大明宮北面三門，中為玄武門，左為銀漢門，右即陵霄門，又稱青霄門。陵，亦作「淩」。霄，或作「雲」。㊳飛龍廄　仗內六閑之一，在玄武門外。㊴丁卯　四月十八日。㊵九仙門　宮門名，在大明宮翰林院之北。㊶晏駕　對帝王死亡的諱稱。㊷戊辰　四月十九日。㊸大行皇帝　大行，本指一去不返。古代臣下因諱言皇帝死亡，故用大行作比喻。自漢代以後稱皇帝死為大行，帝死停棺未葬者為大行皇帝。㊹兩儀殿　宮殿名，在長安太極宮太極殿之北，由太極殿經朱明門入兩儀門便是兩儀殿。貞觀五年（西元六三一年）太宗以隋之中華殿改名，作為常日聽政之所。中葉以後，帝、后喪亦多殯於此。㊺己巳　四月二十日。㊻遇赦還　上元元年（西元七六〇年）七月，高力士流巫州，至此遇赦還至朗州。㊼朗州　州名，治所在今湖南常德。㊽號慟　號啕痛哭。

【語譯】三月十五日甲午，奴剌侵犯梁州，觀察使李勉棄城逃跑，任命邠州刺史河西人臧希讓為山南西道節度使。〇十七日丙申，党項侵犯奉天。

李輔國因為要求做宰相沒做成，怨恨蕭華。三月庚午日，任命戶部侍郎元載為京兆尹。元載到李輔國那裡堅決辭謝，李輔國知道他的心意。二十三日壬寅，任命司農卿陶銳為京兆尹。李輔國說蕭華專權，請求罷免他的宰相職位，肅宗不許。李輔國再三請求不止，肅宗這才同意，李輔國就推薦元載來代替蕭華。二十九日戊申，蕭華被免去相位而改任禮部尚書，任命元載同平章事，兼度支使、轉運使照舊。

四月初一日建巳月庚戌，澤州刺史李抱玉在城下打敗史朝義的部隊。

四月初三日壬子，楚州刺史崔侁上表說：「有尼姑名叫真如，恍恍惚惚地升了天，見到上帝，上帝賜給她寶玉十三枚，並說：『中國有災難，用這些寶玉可以鎮住。』」群臣都上表祝賀。

四月初五日甲寅，太上皇在神龍殿駕崩，享年七十八歲。初六日乙卯，將神座遷到太極殿。肅宗因臥病在床，在內殿舉哀，群臣則在太極殿舉哀。蕃族官員劃破面孔、割破耳朵表示哀悼的有四百多位。初七日丙辰，命令苗晉卿總攝朝政。肅宗從仲春時起就臥病不起，聽到太上皇去世後，哀痛思念，病情加重，於是命令太子監理國政。十五日甲子，下制書改年號，重又以建寅月為正月，月分的次序也都和以前一樣，大赦天下。

當初，張皇后與李輔國相互勾結，專權用事，到了晚年，彼此有了嫌隙。內射生使三原人程元振與李輔國結為朋黨。肅宗病重，皇后召太子來對他說：「李輔國長期掌管禁兵，制書敕令都從他那裡發出。他擅自逼太上皇遷居，他的罪行極大，他有所顧忌的是我和太子。現在皇上處在彌留之際，李輔國暗中與程元振陰謀作亂，不能不誅殺他們。」太子流著淚說：「陛下病情很危急，這兩個人都是陛下的有功勞的舊臣，一旦不報告陛下就誅殺他們，必然導致陛下震驚，恐怕陛下承受不了。」皇后說：「既然如此那麼太子暫且回去，我再慢慢考慮一下。」太子出去後，皇后召越王李係來對他說：「太子仁慈軟弱，不能誅殺賊臣，你能夠嗎？」李係回答說：「能。」李係便命令內謁者監段恆俊挑選宦官中勇敢有力的二百多人，在長生殿後面把武器鎧甲發給他們。四月十六日乙丑，皇后以肅宗的命令召見太子。程元振知道了他們的計謀，祕密報告李輔國，在陵霄門埋伏士兵等待太子。太子到後，就把皇后發難的事告訴他。太子說：「一定沒有這種事，皇上病情危急召見我，我怎麼可以怕死而不去呢！」程元振說：「社稷事大，太子一定不可進去。」於是派兵護送太子到飛龍廄，並且派身披鎧甲的士卒守衛他。這天夜裡，李輔國、程元振帶兵來到三殿，拘捕越王李係、段恆俊以及知內侍省事朱光輝等一百多人，將他們捆綁起來。以太子的命令把皇后遷到別殿。當時肅宗在長生殿，使者逼迫皇后下殿，連同左右幾十個人都幽禁在後宮，宦官和宮女都驚慌害怕紛紛逃散。十八日丁卯，肅宗駕崩。李輔國等人殺死皇后以及越王李係和兗王李僩。這天，李輔國才帶著太子穿上白色衣服在九仙門與宰相見面，敘述上皇駕崩，跪拜哭泣，開始實行太子監國的命令。十九日戊辰，在兩儀殿為大行皇帝發喪，宣讀遺詔。二十日己巳，代宗即位。

高力士遇上大赦回來，走到朗州，聽說太上皇駕崩，號啕大哭，極度悲痛，吐血而死。

甲戌❶，以皇子奉節王适❷為天下兵馬元帥。

李輔國恃功益橫，明謂上曰：「大家❸但居禁中，外事聽老奴處分。」上內不能平。以其方握禁兵，外尊禮之。乙亥❹，號輔國為尚父❺而不名❻，事無大小皆咨之，羣臣出入皆先詣，輔國亦晏然❼處之。以內飛龍廄副使❽程元振為左監門衛將軍，知內侍省事朱光輝❾及內常侍❿啖庭瑤、山人李唐等二十餘人皆流黔中。

初，李國貞治軍嚴，朔方將士不樂，皆思郭子儀，故王元振因之作亂。子儀至軍，元振自以為功。子儀曰：「汝臨賊境，輒害主將，若賊乘其釁⓫，無絳州矣。吾為宰相，豈受一卒之私邪！」五月庚辰⓬，收元振及其同謀四十人，皆殺之。辛雲京聞之，亦推按殺鄧景山者數十人，誅之。由是河東諸鎮率皆奉法。

壬午⓭，以李輔國為司空兼中書令。○党項寇同官、華原⓮。

甲申⓯，以平盧節度使侯希逸為平盧、青・淄等六州節度使，由是青州節度有平盧之號⑯。

乙酉⑰，徙奉節王适為魯王。

庚寅⑱[1]，追尊上母吳妃⑲為皇太后。

壬辰⑳，貶禮部尚書蕭華為峽州㉑司馬。元載希李輔國意，以罪誣之也。○

敕乾元大小錢㉒皆一當一㉓，民始安之。

【章旨】以上為第八段，寫郭子儀誅兵變首領，整肅軍紀。

【注釋】❶甲戌　四月二十五日。❷奉節王适　即李适（西元七四二—八〇五年），代宗長子，天寶元年（西元七四二年）封奉節郡王。事見《舊唐書》卷十二、《新唐書》卷七。❸大家　宮中侍臣宦者或后妃對皇帝的稱呼。❹乙亥　四月二十六日。❺尚父　本為周武王對呂尚的尊稱，意為可尊尚的長輩。後世皇帝尊禮大臣，也有加「尚父」尊號的。❻不名　不直接呼叫名字。❼晏然　安然；理所當然。❽內飛龍廄副使　使職名，為飛龍廄使的副職，以宦官充任。起初，飛龍廄為仗內六閑之一，飛龍使要接受閑廄使指揮。中唐後，飛龍使地位提高，京城馬匹全歸其管理調度，並領有兵士，成為很重要的內諸司使之一。❾朱光輝　《新唐書》卷七十七〈后妃傳〉、卷二百八〈宦者傳〉皆作「朱輝光」。❿內常侍　官名，內侍省副長官，佐內侍職掌侍奉皇帝和宮掖宣傳之事。⓫釁　隙；空子。⓬庚辰　五月初二日。⓭壬午　五月初四日。⓮華原　縣名，縣治在今陝西耀州東南。⓯甲申　五月初六日。⓰青州節度有平盧之號　《新唐書・方鎮表二》載侯希逸上元二年（西元七六一年）為淄青平盧節度使，其時青州已有平盧之號，與《通鑑》所言有異。⓱乙酉　五月初七日。⓲庚寅　五月十二日。⓳吳妃　即肅宗章敬皇后（？—西元七四〇年），吳氏本為坐父事沒入掖庭的宮人，侍奉肅宗，生代宗。傳見《舊唐書》卷五十二、《新唐書》卷七十七。⓴壬辰　五月十四日。㉑峽州　州名，治所在今湖北宜昌。㉒乾元大小錢　乾元時第五琦主持鑄造的兩種錢幣。小錢先鑄，每緡重十斤，徑一寸；大錢後鑄，每緡重十二斤，徑一寸二分，有重輪，又名重輪錢。㉓皆一當一　乾元錢初鑄，規定小錢以一當開元舊錢十，大錢一當五十。至上元元年大錢減為一當三十，開元舊錢與小錢都一當十。代宗即位，令大錢一當三，小錢一當二；三天後，又令大小錢都以一當一。詳《新唐書》卷五十四〈食貨志〉。

【校　記】①庚寅　原無此二字。據章鈺校，十二行本、乙十一行本皆有此二字，張瑛《通鑑校勘記》同，今據補。

【語　譯】四月二十五日甲戌，任命皇子奉節王李适為天下兵馬元帥。

李輔國倚仗有功更加專橫，公開對代宗說：「陛下只需住在宮中，外面的事聽由老奴來處理。」代宗內心憤憤不平。因李輔國正掌握著禁兵，表面上仍然尊重禮待他。四月二十六日乙亥，代宗尊稱李輔國為尚父而不稱他的名字，事無大小都去諮詢他，群臣出入朝廷都先去拜訪他，李輔國自己也安然處之。任命內飛龍廄副使程元振為左監門衛將軍，知內侍省事朱光輝以及內常侍啖庭瑤、山人李唐等二十多人都被流放黔中。

當初，李國貞治軍嚴厲，朔方將領和士兵不高興，都想念郭子儀，所以王元振趁機作亂。郭子儀到了軍中，王元振自以為有功。郭子儀說：「你面對賊人佔領的地區，擅自殺害主將，如果賊人利用了這樣的空子，絳州就完了。我身為宰相，怎麼能夠接受一個士卒的私情呢！」五月初二日庚辰，郭子儀拘捕王元振及其同謀四十人，把他們都殺了。辛雲京聽說後，也追究審理殺害鄧景山的幾十個人，誅殺了他們。從此河東各鎮都遵奉法紀。

五月初四日壬午，任命李輔國為司空兼中書令。○党項侵擾同官、華原。

五月初六日甲申，任命平盧節度使侯希逸擔任平盧、青、淄等六州節度使，從此青州節度使有平盧的稱號。

五月初七日乙酉，移封奉節王李适為魯王。

五月十二日庚寅，追尊代宗的母親吳妃為皇太后。

五月十四日壬辰，把禮部尚書蕭華貶為峽州司馬。這是因為元載迎合李輔國的心意，捏造罪名誣告了他。

○敕令乾元大錢和小錢都一個當一個用，百姓這才安定下來。

史朝義自圍宋州數月，城中食盡，將陷，刺史李岑不知所為。遂城❶果毅❷開封劉昌❸曰：「倉中猶有麴❹數千斤，請屑食❺之。不過二十日，李太尉❻必救我。城東南隅最危，昌請守之。」李光弼至臨淮，諸將以朝義兵尚彊，請南保揚州。光弼曰：「朝廷倚我以為安危，我復退縮，朝廷何望！且吾出其不意，賊安知吾之眾寡！」遂徑趣❼徐州，使兗鄆節度使田神功進擊朝義，大破之。先是，田神功既克劉展，留連❽揚州未還，太子賓客尚衡與左羽林大將軍殷仲卿❾相攻於兗、鄆，聞光弼至，憚其威名，神功遽還河南，衡、仲卿相繼入朝。

光弼在徐州，惟軍旅之事自決之，自餘眾務，悉委判官張傪❿。傪吏事精敏，區處如流，諸將白事，光弼多令與傪議之，諸將事傪如光弼。由是軍中肅然，東夏⓫以寧。先是，田神功起偏裨為節度使，留前使判官劉位等於幕府，神功皆平受其拜。及見光弼與傪抗禮⓬，乃大驚，偏拜位等曰：「神功出於行伍，不知禮儀，諸君亦胡為⓭不言，成神功之過乎！」

丁酉⓮，赦天下。○立皇子益昌王邈⓯為鄭王，延⓰為慶王，迥⓱為韓王。

來瑱聞徙淮西，大懼，上言：「淮西無糧，請俟收麥而行。」又諷將吏留己。上欲姑息無事，壬寅⓲，復以瑱為山南東道節度使。

飛龍副使程元振謀奪李輔國權，密言於上，請稍加裁制。六月己未⑲，解輔國行軍司馬及兵部尚書，餘如故。以元振代判元帥行軍司馬，仍遷輔國出居外第⑳，於是道路相賀。輔國始懼，上表遜位㉑。辛酉㉒，罷輔國兼中書令，進爵博陸王。輔國入謝，憤咽㉓而言曰：「老奴事郎君㉔不了，請歸地下事先帝！」上猶慰諭而遣之。

【章　旨】以上為第九段，寫唐代宗解除李輔國軍權。

【注　釋】❶遂城　縣名，縣治在今河北徐水縣西遂城。❷果毅　劉昌所任為左果毅。唐制，諸衛折衝都尉府置折衝都尉一人，左右果毅都尉各一人，為折衝都尉之副。天寶年間以後，「別將」、「果毅」之類，授受頗濫。❸劉昌（西元七三七－八〇一年）字公明，汴州開封（今河南開封）人，從河南防禦使張介然討安祿山，授易州遂城左果毅。貞元中，歷任京西行營節度使、四鎮北庭行營兼涇原節度使。傳見《舊唐書》卷一百五十二、《新唐書》卷一百七十。❹麴　酒母。用麴黴和它的培養基（多為麥子、麩皮、大豆的混合物）製成的塊狀物，用來釀酒或製醬。❺屑食　碾碎成粉末吃用。❻李太尉　指李光弼。❼徑趣　直趨；直往。❽留連　指捨不得離開。❾殷仲卿　兩《唐書》無傳。在安史之亂中，歷任左羽林大將軍、青州刺史、淄州刺史、淄沂滄德棣等州節度使，後為光祿卿。廣德元年（西元七六三年），吐蕃攻入京城，仲卿逃出，至藍田糾合散兵及驍勇以拒之，並配合郭子儀收復長安。❿張傪　人名，徐州判官。⓫東夏　指中國的東部。夏，中國的古稱。⓬抗禮　行對等之禮。⓭胡為　疑問代詞，為什麼；怎麼。⓮丁酉　五月十九日。⓯益昌王邈　（？－西元七七四年）唐代宗第二子。傳見《舊唐書》卷一百十六、《新唐書》卷八十二。⓰延　李延，事不詳。⓱迴　李迴（西元七五〇－七九六年），唐代宗第七子。傳見《舊唐書》卷一百十六、《新唐書》卷八十二。⓲壬寅　五月二十四日。⓳己未　六月十一日。⓴外第　指皇宮內院之外的住所。肅宗時，李輔國常居禁中內宅，至此，始令遷出。㉑遜位　退位；讓位。㉒辛酉　六月十三日。㉓憤咽　憤憤不平、聲音哽咽。㉔郎君　本是對貴家子弟的稱呼。此指代宗。

【語　譯】史朝義親自包圍宋州好幾個月了，城中糧食吃盡，眼看要淪陷，刺史李岑不知該怎麼辦。遂城果毅開封人劉昌說：「倉庫裡還有酒麴幾千斤，請把它搗碎了食用。不出二十天，李太尉一定來援救我們。城的東南角最危險，我請求去守衛那裡。」李光弼到達臨淮，眾將認為史朝義兵力還很強盛，請求向南去保衛揚州。李光弼說：「朝廷倚重我，我身繫安危，我再退縮，朝廷還有什麼指望！況且我軍出其不意，叛賊怎麼知道我軍的眾寡！」於是逕直趕往徐州，派兗鄆節度使田神功進擊史朝義，把他打得大敗。先前，田神功攻克劉展後，留連在揚州沒有回去，太子賓客尚衡與左羽林大將軍殷仲卿在兗州、鄆州一帶相互攻打，聽說李光弼到了，都害怕他的威名，田神功迅速趕回河南，尚衡和殷仲卿也相繼回到朝廷。

李光弼在徐州，只有軍旅之事由自己決定，其餘的眾多事務都託付給判官張傪去辦。張傪從事政務精幹敏捷，籌劃處理十分順暢，各位將領稟告事情，李光弼大多讓他們與張傪商議，他們侍奉張傪如同侍奉李光弼一樣。因此軍中秩序井然，東夏得以安寧。先前，田神功由裨將擢升為節度使，把前任節度使的判官劉位等人留用在幕府裡，田神功總是平身接受他們的跪拜。等見到李光弼與張傪行對等之禮，才大吃一驚，於是一一拜見劉位等人說：「我田神功出身行伍，不懂禮儀，諸位為什麼也不說，造成我的過失呢！」

五月十九日丁酉，大赦天下。○立皇子益昌王李邈為鄭王，李延為慶王，李迥為韓王。

來瑱聽說自己調任淮西，非常恐懼，上書說：「淮西無糧，請求等到收麥時再去。」又暗示部下的將領、官吏挽留自己。代宗想姑息他，免得生事，五月二十四日壬寅，重又任命來瑱為山南東道節度使。

飛龍副使程元振圖謀奪取李輔國的權力，祕密向代宗進言，請求對李輔國逐漸加以約束節制。六月十一日己未，解除李輔國行軍司馬及兵部尚書的職務，其他職務照舊。讓程元振代理元帥行軍司馬，還把李輔國遷出到宮外的宅第居住，於是眾人互相慶賀。李輔國開始感到害怕，上表請求讓位。十三日辛酉，罷免李輔國兼任的中書令職務，進封爵位為博陸王。李輔國入宮謝恩，氣憤哽咽地說：「老奴侍奉不了皇上，請求回到地下去侍奉先帝吧！」代宗仍然安慰勸諭一番送走了他。

壬戌❶，以兵部侍郎嚴武為西川節度使❷。襄鄧防禦使裴茙屯穀城❸，既得密敕，即帥麾下二千人沿漢趨襄陽。己巳❹，陳於穀水❺北。瑱以兵逆之，問其所以來，對曰：「尚書❻不受朝命，故來。若受代❼，謹❽當釋兵❾。」瑱曰：「吾已蒙恩❿，復留鎮此，何受代之有！」因取敕及告身示之。茙驚惑。瑱與副使薛南陽縱兵夾擊，大破之，追擒茙於申口⓫，送京師，賜死。

乙亥⓬，以通州刺史劉晏為戶部侍郎兼京兆尹，充度支、轉運、鹽鐵、鑄錢等使。

秋，七月壬辰⓭，以郭子儀都知朔方、河東、北庭、潞・儀⓮・澤・沁・陳・鄭等節度行營及興平等軍副元帥。○癸巳⓯，劍南兵馬使徐知道反，以兵守要害，拒嚴武，武不得進。

八月，桂州刺史邢濟討西原賊帥吳功曹等，平之。○己未⓰，徐知道為其將李忠厚所殺，劍南悉平。○乙丑⓱，山南東道節度使來瑱入朝謝罪，上優待之。

己巳⓲，郭子儀自河東入朝。時程元振用事，忌子儀功高任重，數譖之於上。子儀不自安，表請解副元帥、節度使。上慰撫之，子儀遂留京師。

台州賊帥袁晁⑲攻陷浙東諸州，改元寶勝，民疲於賦斂者多歸之。李光弼遣兵擊晁於衢州⑳，破之。

乙亥㉑，徙魯王适為雍王。

九月庚辰㉒，以來瑱為兵部尚書、同平章事、知山南東道節度使。○乙未㉓，加程元振驃騎大將軍兼內侍監。○左僕射裴冕為山陵使㉔。議事有與程元振相違者，丙申㉕，貶冕施州㉖刺史。

【章旨】以上為第十段，寫宦官程元振取代李輔國專朝政。

【注釋】❶壬戌　六月十四日。❷嚴武為西川節度使　據吳廷燮《唐方鎮年表》及其〈考證〉卷下，嚴武任西川節度使的時間，應是上元二年十月。❸穀城　縣名，縣治在今湖北穀城。❹己巳　六月二十一日。❺穀水　漢水從湖北老河口流入穀城後，稱為穀水。❻尚書　指來瑱，時為檢校戶部尚書。❼受代　接受職位替代。❽謹　表示恭敬之辭。❾釋兵　放下武器。❿蒙恩　蒙受天子恩寵。⓫申口　鎮名，在今陝西旬陽境。⓬乙亥　六月二十七日。⓭壬辰　七月十五日。⓮儀　州名，原名遼州，武德八年（西元六二五年）改名箕州，先天元年（西元七一二年）改名儀州，天寶元年（西元七四二年）改為樂平郡，乾元元年（西元七五八年）復名儀州，治所在今山西左權。⓯癸巳　七月十六日。⓰己未　八月十三日。⓱乙丑　八月十九日。⓲己巳　八月二十三日。⓳袁晁　寶應元年八月，袁晁率眾起事於明州翁山縣（在今浙江舟山群島），攻佔台州，建立政權，年號寶勝。先後佔領越州（今浙江紹興）、衢州（今浙江衢州）、信州（今江西上饒）、溫州（今浙江溫州）、明州（今浙江寧波）等地，有兵二十萬人。廣德元年（西元七六三年）四月袁晁敗死。其事散見《舊唐書》卷一百五十二〈王栖曜傳〉、《新唐書》卷一百三十六〈李光弼傳〉等。⑳衢州　州名，治所在今浙江衢州。㉑乙亥　八月二十九日。㉒庚辰　九月初四日。㉓乙未　九月十九日。㉔山陵使　使職名，掌修帝王陵墓，多以宰相充任。㉕丙申　九月二十日。㉖施州　州名，治所在今湖北恩施。

【語　譯】六月十四日壬戌，任命兵部侍郎嚴武為西川節度使。

襄鄧防禦使裴茙駐紮在穀城，接到肅宗的祕密敕書後，立即率領部下兩千人沿漢水趕往襄陽。六月二十一日己巳，在穀水北岸擺下陣勢。來瑱率兵迎他，問他為什麼來，回答說：「尚書不接受朝廷的命令，所以前來。如果你接受替代，我自當解除軍事行動。」來瑱說：「我已經蒙受皇恩，又留在此地鎮守，哪有什麼接受替代呢！」於是取出敕書及任命狀給他看。裴茙感到驚訝又有疑惑。來瑱與副使薛南陽發兵夾攻，大敗裴茙，在申口追上裴茙將他活捉，送往京師，代宗令其自殺。

六月二十七日乙亥，任命通州刺史劉晏為戶部侍郎兼任京兆尹，並擔任度支使、轉運使、鹽鐵使、鑄錢使等職務。

秋，七月十五日壬辰，任命郭子儀總管朔方、河東、北庭、潞・儀・澤・沁・陳・鄭等節度行營以及興平等軍副元帥。〇十六日癸巳，劍南兵馬使徐知道反叛，派兵守住要害地區，拒絕嚴武，嚴武不能前進。

八月，桂州刺史邢濟討伐西原叛賊主帥吳功曹等人，將他們平定。〇十三日己未，徐知道被部將李忠厚殺了，劍南叛亂全部平定。〇十九日乙丑，山南東道節度使來瑱入朝謝罪，代宗優待了他。

八月二十三日己巳，郭子儀從河東入朝。當時程元振專權主事，嫉恨郭子儀功高任重，多次在代宗面前誣陷他。郭子儀心裡不安，上表請求解除副元帥、節度使。代宗安慰他，郭子儀便留在了京師。

台州賊寇主帥袁晁攻陷浙東各州，改年號為寶勝，被賦斂逼得疲困不堪的百姓多去歸附他。李光弼派兵在衢州攻打袁晁，打敗了他。

八月二十九日乙亥，移封魯王李适為雍王。

九月初四日庚辰，任命來瑱為兵部尚書、同平章事，兼山南東道節度使。〇十九日乙未，加任程元振為驃騎大將軍兼內侍監。〇左僕射裴冕擔任山陵使。議事時有與程元振意見不合的地方，二十日丙申，把裴冕貶為施州刺史。

上遣中使劉清潭❶使於回紇，修舊好，且徵兵討史朝義。清潭至其庭，回紇登里可汗已為朝義所誘，云：「唐室繼有大喪，今中原無主，可汗宜速來共收其府庫。」可汗信之。清潭致敕書曰：「先帝雖棄天下，今上繼統❷，乃昔日廣平王，與葉護共收兩京者也。」回紇業已❸起兵至三城❹，見州縣皆為丘墟，有輕唐之志，乃困辱❺清潭。清潭遣使言狀，且曰：「回紇舉國十萬眾至矣！」京師大駭。上遣殿中監藥子昂往勞之於忻州南。初，毗伽闕可汗為登里求昏，肅宗以僕固懷恩女妻之，為登里可敦。可汗請與懷恩相見。懷恩時在汾州，上令往見之。懷恩為可汗言唐家恩信不可負，可汗悅，遣使上表，請助國討朝義。可汗欲自蒲關入，由沙苑❻出潼關東向，藥子昂說之曰：「關中數遭兵荒，州縣蕭條，無以供擬❼，恐可汗失望。賊兵盡在洛陽，請自土門略邢、洺、懷、衛而南，得其資財以充軍裝。」可汗不從。又請自太行南下據河陰，扼賊咽喉，亦不從。又請自陝州大陽津❽度河，食太原倉❾粟，與諸道俱進，乃從之。

袁晁陷信州❿。冬，十月，袁晁陷溫州⓫、明州⓬。

以雍王适為天下兵馬元帥。辛酉[13]，辭行，以兼御史中丞藥子昂、魏琚為左右廂兵馬使，以中書舍人韋少華為判官，給事中李進為行軍司馬，會諸道節度使及回紇于陝州，進討史朝義。上欲以郭子儀為适副，程元振、魚朝恩等沮之而止。加朔方節度使僕固懷恩同平章事兼絳州刺史，領諸軍節度行營以副适。

上在東宮，以李輔國專橫，心甚不平。及嗣位，以輔國有殺張后之功，不欲顯誅[14]之。壬戌[15]夜，盜入其第，竊輔國之首及一臂而去。敕有司捕盜，遣中使存問[16]其家，為刻木首葬之，仍贈太傅。

丙寅[17]，上命僕固懷恩與母、妻俱詣行營。

雍王适至陝州，回紇可汗屯於河北[18]，适與僚屬[19]從數十騎往見之。可汗責适不拜舞，藥子昂對以禮不當然。回紇將軍車鼻曰：「唐天子與可汗約為兄弟，可汗於雍王，叔父也，何得不拜舞？」子昂曰：「雍王，天子長子，今為元帥，安有中國儲君向外國可汗拜舞乎！且兩宮在殯[20]，不應舞蹈。」力爭久之，車鼻遂引子昂、魏琚、韋少華、李進各鞭一百。以适年少未諳[21]事，遣歸營。琚、少華一夕而死。

戊辰[22]，諸軍發陝州，僕固懷恩與回紇左殺為前鋒，陝西節度使[23]郭英乂、神策觀軍容使魚朝恩為殿，自澠池入，潞澤節度使李抱玉自河陽入，河南等道副元帥李光弼自陳留入，雍王留陝州。辛未㉔，懷恩等軍于同軌㉕。

史朝義聞官軍將至，謀於諸將。阿史那承慶曰：「唐若獨與漢兵來，宜悉眾與戰。若與回紇俱來，其鋒不可當，宜退守河陽以避之。」朝義不從。壬申㉖，官軍至洛陽北郊，分兵取懷州。癸酉㉗，拔之。乙亥㉘，官軍陳于橫水㉙。賊眾數萬，立柵自固，懷恩陳于西原㉚以當之。遣驍騎及回紇並南山出柵東北，表裏合擊，大破之。朝義悉其精兵十萬救之，陳於昭覺寺，官軍驟擊之，殺傷甚眾，而賊陳不動。魚朝恩遣射生五百人力戰，賊雖多死者，陳亦如初。鎮西節度使馬璘㉛曰：「事急㉜矣！」遂單騎奮擊，奪賊兩牌㉝，突入萬眾中。賊左右披靡，大軍乘之而入，賊眾大敗。轉戰於石榴園、老君廟，賊又敗，人馬相蹂踐，填尚書谷，斬首六萬級，捕虜二萬人，朝義將輕騎數百東走。懷恩進克東京及河陽城，獲其中書令許叔冀、王伷等，承制釋之。懷恩留回紇可汗營於河陽，使其子右廂兵馬使瑒及朔方兵馬使高輔成帥步騎萬餘乘勝逐朝義，至鄭州，再戰皆捷。朝義至汴州，其陳留節度使張獻誠㉞閉門拒之。朝義奔濮州，獻誠開門出降。

回紇入東京，肆行殺掠[1]，死者萬計，火累旬不滅。朔方、神策軍亦以東京、鄭、汴、汝州皆為賊境，所過虜掠，三月乃已，比屋㉟蕩盡，士民皆衣紙。回紇悉置所掠寶貨於河陽，留其將安恪守之。

【章旨】以上為第十一段，寫唐代宗借兵回紇，大破史朝義，收復東都，回紇恣意搶掠，平民遭殺戮。

【注釋】❶劉清潭 （？—西元七七九年）宦官，後代宗賜名忠翼。一度權傾朝野，德宗即位，賜死。事見《舊唐書》卷一百十八。❷繼統 繼承皇統。❸業已 已經。❹三城 指三受降城。❺困辱 窘迫、玷辱。❻沙苑 地名，又名沙阜、沙海、沙窩。在陝西大荔南洛、渭之間。東西八十里，南北三十里，地多沙草，宜畜牧。❼供擬 供給；供應。❽大陽津 又作太陽津，津渡名，在今河南陝縣北，稱太陽渡。❾太原倉 隋時建置，為國家倉儲重地，在河東界。❿信州 州名，治所在今江西上饒。⓫溫州 州名，治所在今浙江溫州。⓬明州 州名，治所在今浙江寧波南。⓭辛酉 十月十六日。⓮顯誅 公開誅殺。⓯壬戌 十月十七日。⓰存問 撫恤慰問。存，撫恤。⓱丙寅 十月二十一日。⓲河北 據《舊唐書・回紇傳》，指陝州黃河以北。胡三省注認為是陝州河北縣。按，陝州河北縣（今山西平陸東北）已於天寶元年（西元七四二年）改名平陸縣。⓳僚屬 所屬官吏。⓴兩宮在殯 即玄、肅二帝尚未安葬。兩宮，指玄宗、肅宗。殯，停放靈柩。㉑諳 熟悉。㉒戊辰 十月二十三日。㉓陝西節度使 據《新唐書・方鎮表一》，陝西節度使於上元元年（西元七六〇年）以陝虢華節度使改置。㉔辛未 十月二十六日。㉕同軌 城名，在今河南洛寧境內。㉖壬申 十月二十七日。㉗癸酉 十月二十八日。㉘乙亥 十月三十日。㉙橫水 鎮名，在今河南孟津西。㉚西原 地名，在今河南靈寶西南。㉛馬璘 （西元七二二—七七七年）岐州扶風（今陝西扶風）人，在平定史朝義和抗擊吐蕃中累建殊功，官至四鎮、北庭行營節度使。鎮守涇州凡八年，吐蕃不敢犯境，稱中興之猛將。封扶風郡王。傳見《舊唐書》卷一百五十二、《新唐書》卷一百三十八。㉜事急 官軍攻史朝義，史朝義軍陣不動；官軍退卻，必然潰敗，陷入進退兩難的境地，所以馬璘才認為戰事緊迫。㉝牌 盾牌。南方以竹製作，北方以木製作。㉞張獻誠 （？—西元七六八年）陝州平陸（今山西平陸）人，前幽州節度使張守珪之子。先從安、史亂軍，寶應元年（西元七六二年）歸唐，任劍南東川節度使，封鄧國公。傳見《舊唐書》卷一百二十二、《新唐書》卷一百三十三。㉟比屋 並鄰之屋；挨家挨戶。

【校 記】①掠 原作「略」。據章鈺校，十二行本、乙十一行本皆作「掠」，今從改。

【語 譯】代宗派宮中使者劉清潭出使回紇，重建舊日的友好關係，並且徵調其兵馬討伐史朝義。劉清潭到達回紇大本營，回紇的登里可汗已被史朝義所誘惑，史朝義聲稱：「唐王室接連有大喪事，現在中原沒有君主，可汗應快來和我一起收取他們府庫中的財物。」可汗相信了他的話。劉清潭送上皇帝敕書說：「先帝雖然去世，但現今的皇上已繼承皇位，他就是當年的廣平王，曾與葉護共同收復兩京的。」此時回紇已經發兵到了三受降城，見到州縣都成廢墟，有輕視唐王朝的意思，於是為難侮辱劉清潭。劉清潭派使者回朝稟報情況，並且說：「回紇全國十萬大軍到了！」京師大為震驚。代宗派殿中監藥子昂前往沂州南邊慰勞回紇軍隊。當初，毗伽闕可汗替登里求婚，肅宗拿僕固懷恩的女兒嫁給登里為妻，就是登里可敦。可汗請求與僕固懷恩相見。僕固懷恩當時在汾州，代宗命令他前去會見可汗。僕固懷恩對可汗說唐室的恩德信義不可辜負，可汗很高興，派使者上表，請求幫助國家去討伐史朝義。可汗想從蒲關進入，由沙苑出潼關往東，藥子昂勸他說：「關中多次遭受戰亂，州縣蕭條，沒有什麼東西可以拿來供給部隊，恐怕可汗會感到失望。叛賊兵力都在洛陽，請從土門進兵，奪取邢州、洺州、懷州、衛州後南進，獲取他們的物資財物用來補充軍備。」可汗不同意。藥子昂又請可汗從太行山南下佔據河陰，扼住叛賊的咽喉，可汗也不同意。又請可汗從陝州大陽津渡過黃河，食用太原倉的粟米，與各道的軍隊一起前進，可汗這才同意了。

袁晁攻陷信州。冬，十月，袁晁攻陷溫州、明州。

任命雍王李适為天下兵馬元帥。十月十六日辛酉，李适辭行，又任命兼御史中丞藥子昂、魏琚為左右廂兵馬使，任命中書舍人韋少華為判官，給事中李進為行軍司馬，在陝州與各道節度使和回紇的軍隊會合，進軍討伐史朝義。代宗想讓郭子儀做李适的副手，因程元振、魚朝恩等人阻撓而作罷。加任朔方節度使僕固懷恩同平章事兼絳州刺史，統領各軍節度行營來擔任李适的副手。

代宗在東宮時，因李輔國專斷強橫，心裡十分不平。等到繼位後，因李輔國有殺張皇后之功，不想公開地誅殺他。十月十七日壬戌夜裡，有強盜進入李輔國的宅第，偷割了李輔國的腦袋及一隻手臂而離開了。代宗敕令有關部門追捕強盜，並派宮中使者去撫恤慰問他家，為他刻了一個木頭腦袋把他葬了，還追贈他為太傅。

十月二十一日丙寅，代宗命僕固懷恩與母親、妻子一起前往行營。

雍王李适到達陝州，回紇可汗駐紮在黃河之北，李适與僚屬帶著數十人騎馬前去見他。可汗責備李适見到他不拜舞，藥子昂回答說依照禮節不應當這樣。回紇將軍車鼻說：「唐朝天子與可汗結為兄弟，可汗對雍王來說，就是叔父，怎麼能不拜舞呢？」藥子昂說：「雍王，是天子的長子，現在是元帥，哪裡有中國的儲君向外國的可汗拜舞的呢！況且太上皇和先帝都還在停柩待葬，也不應該舞蹈。」竭力爭辯了好久，車鼻就帶走藥子昂、魏琚、韋少華、李進，對他們各鞭打一百下。以李适年少不懂事，遣送回營。魏琚和韋少華過了一夜就死了。

十月二十三日戊辰，各軍從陝州出發，僕固懷恩與回紇左殺擔任前鋒，陝西節度使郭英乂、神策觀軍容使魚朝恩殿後，從澠池進攻，潞澤節度使李抱玉從河陽進攻，河南等道副元帥李光弼從陳留進攻，雍王李适留守陝州。二十六日辛未，僕固懷恩等屯兵同軌。

史朝義聽說官軍將到，與各位將領謀劃。阿史那承慶說：「唐朝如果單派漢人部隊來，我們應當出動全部兵力與他們交戰。如果與回紇部隊一起來，他們的鋒芒不可阻擋，我們就應當退守河陽以避其鋒芒。」史朝義沒有聽從他的意見。十月二十七日壬申，官軍到達洛陽北郊，分兵攻取懷州。二十八日癸酉，攻下懷州。三十日乙亥，官軍在橫水列陣。叛賊部隊好幾萬人，設立營柵固守，僕固懷恩在西原列陣以抵敵叛軍。派遣驍勇的騎兵以及回紇軍隊沿南山出動到營柵東北，內外夾攻，大敗叛軍。史朝義率領他的全部精兵十萬人前來援救，在昭覺寺列陣，官軍突然攻擊了他們，殺死殺傷的人很多。但叛賊的陣勢並未受到撼動。魚朝恩派射生手五百人奮力衝殺，賊兵雖然死了很多，但陣勢依然像最初一樣。鎮西節度使馬璘說：「戰事危急了！」便單槍匹馬奮力衝擊，奪得賊兵兩個盾牌，衝進千軍萬馬之中。賊兵紛紛向左右潰散，唐朝大軍乘勢攻了進來，賊軍大敗。轉戰到石榴園、老君廟，賊軍又敗，人馬相互踐踏，填滿了尚書谷，殺死叛賊六萬人，俘虜兩萬人，史朝義率輕騎數百人向東逃走。僕固懷恩進軍攻克東京洛陽以及河陽城，抓獲史朝義的中書令許叔冀、王伷等人，稟承代宗旨意又釋放了他們。僕固懷恩留下回紇可汗在河陽紮營，讓他的兒子右廂兵馬使僕固瑒及朔方兵馬使高輔成率領步兵騎兵一萬多人乘勝追逐史朝義，到達鄭州，兩次交戰都告捷。史朝義逃到汴州，他的陳留節度使張獻誠緊閉城門拒絕他。史朝義逃往濮州，張獻誠便打開城門出來向官軍投降。

回紇軍隊進入東京，大肆殺戮搶掠，死的人數以萬計，大火燒了幾十天都不熄滅。朔方、神策軍也認為東京、鄭州、汴州、汝州都是叛賊的地域，所到之處大肆搶奪，三個月後才停止下來，家家戶戶被搶得一無所有，士人、百姓都穿上紙做的衣服。回紇軍隊把搶來的珍寶貨物都放在河陽，留下其部將安恪看守。

十一月丁丑❶，露布❷至京師。

朝義自濮州北度河。懷恩進攻滑州，拔之，追敗朝義於衛州。朝義睢陽節度使田承嗣等將兵四萬餘人與朝義合，復來拒戰。僕固瑒擊破之，長驅至昌樂❸東。朝義帥魏州兵來戰，又敗走。於是鄴郡節度使薛嵩❹以相、衛、洺、邢四州降于陳鄭、澤潞節度使李抱玉，恆陽節度使張忠志以趙、恆、深、定、易五州降于河東節度使辛雲京。嵩，楚玉❺之子也。抱玉等已進軍入其營，按其部伍，嵩等皆受代，居無何，僕固懷恩皆令復位。由是抱玉、雲京疑懷恩有貳心，各表言之，朝廷密為之備。懷恩亦上疏自理❻，上慰勉之。辛巳❼，制：「東京及河南、北受偽官者，一切不問。」

己丑❽，以戶部侍郎劉晏兼河南道水陸轉運都使❾。

丁酉❿，以張忠志為成德軍⓫節度使，統恆、趙、深、定、易五州，賜姓李，名寶臣。初，辛雲京引兵將出井陘，常山裨將王武俊⓬說寶臣曰：「今河東兵精銳，出境遠鬭，不可敵也。且吾以寡當眾，以曲遇直，戰則必離，守則必潰，公其圖之。」寶臣乃撤守備，舉五州來降。及復為節度使，以武俊之策為善，擢為先鋒兵馬使。武俊，本契丹也，初名沒諾干。

郭子儀以僕固懷恩有平河朔功，請以副元帥讓之。己亥⓭，以懷恩為河北副元帥，加左僕射兼中書令、單于、鎮北大都護、朔方節度使。

史朝義走至貝州，與其大將薛忠義等兩節度合。僕固瑒追之，至臨清⓮。朝義自衡水⓯引兵三萬還攻之，瑒設伏，擊走之。回紇又至，官軍益振，遂逐之，大戰于下博⓰東南。賊大敗，積尸擁流⓱而下，朝義奔莫州。懷恩都知兵馬使薛兼訓⓲、兵馬使郝庭玉與田神功、辛雲京會於下博，進圍朝義於莫州，青淄節度使侯希逸繼至。

十二月庚申⓳，初以太祖配天地⓴。

【章　旨】以上為第十二段，寫官軍窮追史朝義。

【注　釋】❶丁丑　十一月初二日。❷露布　不緘封的文書，多指捷報。《隋書・禮儀志三》：「後魏每攻戰剋捷，欲天下知聞，迺書帛，建於竿上，名為露布。其後相因施行。」❸昌樂　縣名，縣治在今河南南樂。❹薛嵩　（？—西元七七三年）絳州萬泉（今山西萬榮南）人，名將薛仁貴之孫。初從安、史叛軍，廣德元年（西元七六三年）降唐，亂平，為河北藩帥之一。傳見《舊唐書》卷一百二十四、《新唐書》卷一百十一。❺楚玉　薛楚玉，唐左武衛大將軍薛仁貴之子。開元中，為幽州大都督府長史，以不稱職見代而卒。事見《舊唐書》卷九十三、《新唐書》卷一百十一。❻自理　自己申辯。理，申辯。❼辛巳　十一月初六日。❽己丑　十一月十四日。❾河南道水陸轉運都使　即都管河南道水陸轉運的轉運使。❿丁酉　十一月二十二日。⓫成德軍　方鎮名，又名恆冀軍、鎮冀軍。寶應元年（西元七六二年）置。此是招撫安、史餘眾而設置的河北三鎮之一，治所在今河北正定。轄境屢有變動，長期領有恆、冀、深、趙四州。⓬王武俊　（西元七四五—八〇一年）字元英，契丹人，任李寶臣的先鋒兵馬使，後殺寶臣子惟岳而任恆州刺史、恆冀都團練觀察使。建中三年（西元七八二年）與朱滔、田悅、李納等聯兵稱王建國。興元元年（西元七八四年）歸順，授成德軍節度使，加司空、同中書門下平章事，封琅邪郡王。傳見《舊唐書》卷一百四十二、《新唐書》卷二百十一。⓭己亥　十一月二十四日。⓮臨清　縣名，縣治在今山東臨清。⓯衡水　縣名，縣治在今河北衡水市西南。⓰下博　縣名，縣治在今河北深州東。⓱擁流　擠滿河流。擁，擁擠。⓲薛兼訓　歷官浙東觀察使、越州刺史、御史大夫、檢校工部尚書、太原尹、北都留守、河東節度使。其事散見《舊唐書》卷一百四十六〈鮑防傳〉、《新唐書》卷一百九十六〈秦系傳〉等。⓳庚申　十二月十六日。⓴以太祖配天地　太祖，即唐高祖李淵的祖父李虎，唐建立後，追尊為景皇帝。唐高祖武德初年，詔每年祭祀圜丘、方丘（即天、地），以景皇帝配享。以後，改為以高祖、太宗配，然而歷朝多有異議。至寶應元年，杜鴻漸為太常卿、禮儀使，以為太祖景皇帝始受封於唐，請以配祭天地，獲得批准，於是不再以高祖、太宗配祭天地。詳見《舊唐書》卷二十一〈禮儀一〉。

【語　譯】十一月初二日丁丑，報捷文書送到京師。

史朝義從濮州向北渡過黃河。僕固懷恩進攻滑州，攻了下來，追擊史朝義到衛州並打敗了他。史朝義的睢陽節度使田承嗣等人率領軍隊四萬多人與史朝義會合，又來抵敵交戰。僕固瑒擊敗他們，長驅到達昌樂東邊。史朝義率領魏州的軍隊前來交戰，又被打敗而逃走。於是史朝義的鄴郡節度使薛嵩獻出相州、衛州、洺州、邢州四州，投降了陳鄭、澤潞節度使李抱玉；恆陽節度使張忠志獻出趙州、恆州、深州、定州、易州五州，投降了河東節度使辛雲京。薛嵩，是薛楚玉的兒子。李抱玉等人已進軍到薛嵩等的營中，查驗了他們的部隊，薛嵩等人都接受了替代，沒過多久，僕固懷恩命令他們都恢復原先的職位。因此，李抱玉、辛雲京懷疑僕固懷恩有二心，各自上表說了此事，朝廷暗中對此作了防備。僕固懷恩也上疏替自己申辯，代宗安慰勉勵了他。十一月初六日辛巳，頒下制書：「東京及河南、河北接受偽官的人，全部不加追究。」

十一月十四日己丑，任命戶部侍郎劉晏兼河南道水陸轉運都使。

十一月二十二日丁酉，任命張忠志為成德軍節度使，統領恆州、趙州、深州、定州、易州五州，賜姓李，名寶臣。當初，辛雲京帶兵準備出井陘時，常山裨將王武俊勸李寶臣說：「如今河東士兵精銳，離開本地到遠方戰鬥，不可抵敵。況且我軍以少數抵擋多數，以無理對抗有理，交戰則必然離散，防守則必然潰敗，請您好好考慮一下。」李寶臣於是撤除守備，率五州前來投降。等到又做了節度使，認為王武俊當初的策略很好，便把他提拔為先鋒兵馬使。王武俊，本是契丹人，起初名叫沒諾干。

郭子儀認為僕固懷恩有平定河朔的功勞，請求將副元帥的職位讓給他。十一月二十四日己亥，任命僕固懷恩為河北副元帥，加任左僕射兼中書令、單于、鎮北大都護、朔方節度使。

史朝義逃到貝州，與他的大將薛忠義等兩個節度使會合。僕固瑒追趕他，到達臨清。史朝義從衡水帶領部隊三萬人回來進攻，僕固瑒設埋伏，把他打跑了。回紇的軍隊又到達了，官軍更加振奮，於是追逐史朝義，在下博縣的東南大戰。叛賊大敗，堆積的屍體擠在河道裡順流而下，史朝義逃到莫州。僕固懷恩的都知兵馬使薛兼訓、兵馬使郝庭玉與田神功、辛雲京在下博會合，進軍莫州包圍史朝義，青淄節度使侯希逸隨後趕到。

十二月十六日庚申，開始用太祖來配合天地接受祭享。

廣德元年（癸卯 西元七六三年）

春，正月己卯❸，追諡吳太后曰章敬皇后。○癸未❹，以國子祭酒劉晏為吏部尚書、同平章事，度支等使如故。

初，來瑱在襄陽，程元振有所請託，不從。及為相，元振譖瑱言涉不順。王仲昇在賊中，以屈服❺得全，賊平得歸，與元振善，奏瑱與賊合謀，致仲昇陷賊。壬寅❻，瑱坐削官爵，流播州，賜死於路。由是藩鎮皆切齒於元振。

史朝義屢出戰，皆敗。田承嗣說朝義，令親往幽州發兵，還救莫州，承嗣自請留守莫州。朝義從之，選精騎五千自北門犯圍❼而出。朝義既去，承嗣即以城降，送朝義母、妻、子於官軍。於是僕固瑒、侯希逸、薛兼訓等帥眾三萬追之，及於歸義❽，與戰，朝義敗走。

時朝義范陽節度使李懷仙已因中使駱奉仙❾請降，遣兵馬使李抱忠將兵三千鎮范陽縣❿。朝義至范陽，不得入。官軍將至，朝義遣人諭抱忠以大軍留莫州、輕騎來發兵救援之意，因責以君臣之義。抱忠對曰：「天不祚⓫燕，唐室復興。今既歸唐矣，豈可更為反覆，獨不愧三軍邪！大丈夫恥以詭計⓬相圖，願早擇去就⓭，以謀自全。且田承嗣必已叛矣，不然，官軍何以得至此！」朝義大懼，曰：

「吾朝來未食，獨不能以一餐相餉乎！」抱忠乃令人設食於城東。於是范陽人在朝義麾下者，並拜辭而去，朝義涕泣而已，獨與胡騎數百既食而去。東奔廣陽⑭，廣陽不受。欲北入奚、契丹，至溫泉柵⑮，李懷仙遣兵追及之。朝義窮蹙⑯，縊於林中，懷仙取其首以獻。僕固懷恩與諸軍皆還。甲辰⑰，朝義首至京師。

【章旨】以上為第十三段，寫史朝義授首，官軍平定安史之亂。

【注釋】❶代宗　（西元七二六－七七九年）初名俶，後改名豫，肅宗長子。乾元元年（西元七五八年）立為太子，寶應元年（西元七六二年）即位。西元七六三－七七九年在位。為唐朝第八位皇帝。廟號世宗，為避太宗諱，改稱代宗。❷睿文孝武皇帝　唐代宗的謚號。❸己卯　正月初五日。❹癸未　正月初九日。❺屈服　屈從；順從。❻壬寅　正月二十八日。❼犯闕　突闕。❽歸義　縣名，縣治在今河北雄縣西北。❾駱奉仙　《新唐書》卷二百七本傳作「駱奉先」，宦官，三原（今陝西三原）人，曾任右驍衛大將軍、奉先軍容使，掌畿內兵，權盛極一時。❿范陽縣　縣名，縣治在今河北涿州。⓫祚　賜福。⓬詭計　欺詐的計謀。⓭去就　去留；進退。⓮廣陽　舊郡名，北魏置，治所在今北京市密雲。⓯溫泉柵　地名，在今河北灤縣南。⓰窮蹙　困窘；窘迫。⓱甲辰　正月三十日。

【語譯】代宗睿文孝武皇帝上之上

廣德元年（癸卯　西元七六三年）

春，正月初五日己卯，追贈吳太后的謚號為章敬皇后。〇初九日癸未，任命國子祭酒劉晏為吏部尚書、同平章事，度支使等職照舊。

當初，來瑱在襄陽時，程元振有所請託，來瑱沒有答應。等來瑱做了宰相，程元振就誣陷來瑱言辭有不恭順的地方。王仲昇身在叛賊之中，因屈身順服而得以保全，叛賊被蕩平後得以回朝，他與程元振關係很好，上奏說來瑱與叛賊合謀，致使王仲昇身陷叛賊。正月二十八日壬寅，來瑱被定罪削去官職爵位，流放播州，在路上賜令他自殺。從此各藩鎮對程元振都切齒痛恨。

史朝義屢次出戰，都敗了。田承嗣勸說史朝義，讓他親自前往幽州調派軍隊，回來援救莫州，田承嗣自己請求留守莫州。史朝義聽從了他的建議，挑選精銳騎兵五千人從北門突圍出去。史朝義走後，田承嗣立即率領全城投降，把史朝義的母親、妻子、兒子都送到官軍那裡。於是僕固瑒、侯希逸、薛兼訓等人率領部眾三萬人追趕史朝義，在歸義追上了他，與他交戰，史朝義戰敗逃走。

當時史朝義的范陽節度使李懷仙已經通過宮中使者駱奉仙請求投降，派遣兵馬使李抱忠帶兵三千人鎮守范陽縣。史朝義到達范陽，不能進去。官軍將要到了，史朝義派人向李抱忠說明大軍留在莫州，自己帶輕騎來調派軍隊救援的意思，並且用君臣大義來責備他。李抱忠回答說：「上天不賜福給燕國，唐朝又復興了。現在我已經歸順唐朝了，怎麼可以再做反反覆覆的事呢，那樣豈不是有愧於三軍了嗎！大丈夫恥於以詭計圖謀別人，希望你早日選擇定去就，設法保全自己。再說田承嗣必定已經叛變了，不然的話，官軍怎麼能夠追到這裡呢！」史朝義非常恐懼，說：「我從早晨至今還沒有吃飯，難道不能給我們吃一頓飯嗎！」李抱忠於是讓人在城東擺好食物。這時范陽人在史朝義部下的，都向史朝義叩拜辭別而去，史朝義只是哭泣而已，獨自與幾百個胡人騎兵吃完飯便離去了。向東逃到廣陽，廣陽不接受他們。想往北進入奚、契丹，到達溫泉柵時，李懷仙派兵追上了他們。史朝義困窘已極，在樹林中上吊自殺，李懷仙取下他的首級獻給朝廷。僕固懷恩與各軍都回來了。正月三十日甲辰，史朝義的首級被送到京師。

閏月己酉❶夜，有回紇十五人犯含光門❷，突入鴻臚寺❸，門司❹不敢遏。

癸亥❺，以史朝義降將薛嵩為相、衛、邢❻、洺、貝、磁❼六州節度使，田承嗣為魏❽、博❾、德❿、滄、瀛⓫五州都防禦使，李懷仙仍故地為幽州、盧龍節度使。時河北諸州皆已降，嵩等迎僕固懷恩，拜於馬首，乞行間⓬自效。懷恩亦恐賊平寵衰，故奏留嵩等及李寶臣分帥河北，自為黨援。朝廷亦厭苦兵革，苟冀無事，因而授之。

回紇登里可汗歸國，其部眾所過抄掠，廩給小不如意輒殺人，無所忌憚。陳鄭、澤潞節度使李抱玉欲遣官屬置頓，人人辭憚，趙城⓭尉馬燧⓮獨請行。比⓯回紇將至，燧先遣人賂其渠帥，約毋暴掠。帥遺之旗曰：「有犯令者，君自戮之。」燧取死囚為左右，小有違令，立斬之。回紇相顧失色，涉其境者皆拱手遵約束。抱玉奇之，燧因說抱玉曰：「燧與回紇言，頗得其情。僕固懷恩恃功驕蹇⓰，其子瑒好勇而輕，今內樹四帥⓱，外交回紇，必有窺河東、澤潞之志，宜深備之。」抱玉然之。

初，長安人梁崇義⓲以羽林射生從來瑱鎮襄陽，累遷右兵馬使。崇義有勇力，能卷鐵舒鉤⓳，沈毅⓴寡言，得眾心。瑱之入朝也，命諸將分戍諸州。瑱死，戍者皆奔歸襄陽。行軍司馬龐充將兵二千赴河南，至汝州，聞瑱死，引兵還襲襄州，左兵馬使李昭拒之，充奔房州。崇義自鄧州引戍兵歸，與昭及副使薛南陽相讓為長，久之不決。眾皆曰：「兵非梁卿主之不可。」遂推崇義為帥。崇義尋殺昭及南陽，以其狀聞，上不能討。三月甲辰㉑，以崇義為襄州刺史、山南東道節度留後㉒。崇義奏改葬瑱，為之立祠，不居瑱聽事及正堂㉓。

辛酉㉔，葬至道大聖大明孝皇帝㉕于泰陵㉖，廟號玄宗。庚午㉗，葬文明武德大聖大宣孝皇帝㉘于建陵㉙，廟號肅宗。

夏，四月庚辰㉚，李光弼奏擒袁晁，浙東皆平。時袁晁[1]聚眾近二十萬，轉攻州縣，光弼使部將張伯儀㉛將兵討平之。伯儀，魏州人也。〇郭子儀數上言：「吐蕃、党項不可忽，宜早為之備。」

辛丑㉜，遣兼御史大夫李之芳㉝等使于吐蕃，為虜所留，二年乃得歸。

羣臣三上表請立太子。五月癸卯㉞，詔許俟秋成㉟議之。

丁卯㊱，制分河北諸州，以幽、莫、嬀、檀、平、薊為幽州管，恆、定、趙、深、易為成德軍管，相、貝、邢、洺為相州管，魏、博、德為魏州管，滄、棣㊲、冀、瀛為青淄管，懷、衛、河陽為澤潞管。

【章旨】以上為第十四段，寫僕固懷恩奏請安、史舊將田承嗣、李寶臣、李懷仙、薛嵩四人分帥河北為節度使，自為黨援，唐代宗姑息從之，為藩鎮割據留下隱患。

【注釋】❶己酉 閏正月初五日。❷含光門 唐長安皇城南面三門，中間為朱雀門，東邊為安上門，西邊就是含光門。❸鴻臚寺 唐九寺之一。主要掌管外來使節及四夷君長朝見事務，其官署在含光門東。❹門司 即門衛。❺癸亥 閏正月十九日。❻邢 州名，治所在今河北邢臺。❼磁 州名，治所在今河北磁縣。❽魏 州名，治所在今河北大名東北。❾博 州名，治所在今山東聊城東北。❿德 州名，治所在今山東陵縣。⓫瀛 州名，治所在今河北河間。⓬行間 軍中。⓭趙城 縣名，縣治在今山西洪洞北。⓮馬燧 （西元七二六—七九五年）字洵美，汝州郟城（今河南郟縣）人，少學兵書戰策，沉毅勇敢而長於計算。長期節鎮河東，累建戰績，官至侍中，封北平郡王，謚曰莊武。傳見《舊唐書》卷一百三十四、《新唐書》卷一百五十五。⓯比 及。⓰驕蹇 傲慢不順。⓱四帥 指田承嗣、李寶臣、李懷仙、薛嵩。⓲梁崇義 （？—西元七八一年）京兆長安（今陝西西安）人，割據襄鄧七州的藩鎮，建中二年（西元七八一年）兵敗自殺。傳見《舊唐書》卷一百二十一、《新唐書》卷二百二十四上。⓳卷鐵舒鉤 使鐵捲曲，使鉤伸展，言力氣很大。⓴沈毅 深沉剛毅。㉑甲辰 三月初一日。㉒節度留後 唐藩鎮命帥，在未正式任命為節度使，授予雙旌雙節前，先擔任節度留後。㉓正堂 官衙正中的大廳。㉔辛酉 三月十八日。㉕至道大聖大明孝皇帝 玄宗的謚號。㉖泰陵 玄宗陵墓。在今陝西蒲城東北金粟山，有高力士墳為陪葬陵。㉗庚午 三月二十七日。㉘文明武德大聖大宣孝皇帝 肅宗的謚號。㉙建陵 肅宗陵墓。在今陝西禮泉北武將山。㉚庚辰 四月初七日。㉛張伯儀 李光弼部將，討平袁晁，功第一，擢為睦州刺史，後為江陵節度使。傳見《新唐書》卷一百三十六。㉜辛丑 四月二十八日。㉝李之芳 唐太宗第七子蔣王惲的曾孫。官至禮部尚書。事見《舊唐書》卷七十六、《新唐書》卷八十。㉞癸卯 五月初一日。㉟秋成 秋收。㊱丁卯 五月二十五日。㊲棣 州名，治所在今山東惠民東南。

【校記】①袁晁 原無「袁」字。據章鈺校，孔天胤本有「袁」字，今據補。

【語譯】閏正月初五日己酉夜晚，有回紇兵十五人擅闖含光門，突然進入鴻臚寺，守門官吏不敢阻止。

閏正月十九日癸亥，任命史朝義的降將薛嵩為相州、衛州、邢州、洺州、貝州、磁州等六州節度使，田承嗣為魏州、博州、德州、滄州、瀛州等五州都防禦使，李懷仙仍然留在原地做幽州、盧龍節度使。當時河北各州都已歸降，薛嵩等人迎接僕固懷恩，在他的馬前叩拜，請求留在軍中效力。僕固懷恩也擔心叛賊被平定後代宗對自己的寵信會減少，所以奏請留下薛嵩等人及李寶臣分別統帥河北地區，為自己安排好黨羽和外援。朝廷也對戰爭十分厭惡，深以為苦，只希望姑且平安無事，因此授予了他們相應職位。

回紇登里可汗回國，他的部下所過之處都肆意搶掠，供給稍不如意就殺人，無所忌憚。陳鄭、澤潞節度使李抱玉想派部下官員去安頓他們，人人都推辭害怕，趙城縣尉馬燧獨獨請求去辦理此事。等回紇部隊快要到達時，馬燧先派人賄賂他們的主將，約定不要強行掠奪。主將給他一面旗幟說：「有違犯命令的，您可以自行殺掉他。」馬燧讓死囚作為左右隨從，稍有違犯命令者，立即斬首。回紇士兵相互對視，大驚失色，於是經過境內的回紇士兵都規矩地遵守管束。李抱玉對此感到驚奇，馬燧趁機勸李抱玉說：「我與回紇人交談，得到不少內情。僕固懷恩恃功倨傲，他的兒子僕固瑒喜好顯示勇武而行事輕浮。如今僕固懷恩在國內樹立了四個主帥，在外部結交回紇，一定有窺伺河東、澤潞的意圖，應該認真地防備他。」李抱玉認為他說得很有道理。

當初，長安人梁崇義作為羽林射生跟隨來瑱鎮守襄陽，不斷升遷，做到右兵馬使。梁崇義勇敢有力，能夠彎曲鐵器，展開鐵鉤，沉靜堅毅，言語很少，頗得人心。來瑱入朝時，命令各位將領分別戍守各州。來瑱死後，戍守者都逃回襄陽。行軍司馬龐充率領士兵二千人奔赴河南，到達汝州時，聽說來瑱死了，就帶兵回來襲擊襄州，左兵馬使李昭抵禦他，龐充逃往房州。梁崇義從鄧州帶領戍守士兵返回，與李昭和副使薛南陽相互推讓不肯做首領，很長時間決定不下來。大家都說：「軍隊非梁崇義統領不可。」於是推舉梁崇義為統帥。梁崇義不久便殺了李昭和薛南陽，把情況奏報朝廷，代宗不能討伐他。三月初一日甲辰，任命梁崇義擔任襄州刺史、山南東道節度留後。梁崇義上奏改葬來瑱，為他建立祠堂，自己也不在來瑱的辦公廳和正堂處理公務。

三月十八日辛酉，把至道大聖大明孝皇帝葬於泰陵，廟號為玄宗。二十七日庚午，把文明武德大聖大宣孝皇帝葬於建陵，廟號為肅宗。

夏，四月初七日庚辰，李光弼奏報擒獲袁晁，浙東都已平定。當時袁晁聚眾將近二十萬人，輾轉攻打各州縣，李光弼派部將張伯儀率兵討伐平定了他們。張伯儀，是魏州人。〇郭子儀多次上書說：「吐蕃、党項不可忽視，應該盡早對他們做好準備。」

四月二十八日辛丑，派遣兼御史大夫李之芳等人出使吐蕃，被吐蕃人扣留，兩年後才得以回來。

群臣三次上表請求立太子。五月初一日癸卯，下詔書許諾等秋收後商議此事。

五月二十五日丁卯，下制書劃分河北各州，把幽州、莫州、嬀州、檀州、平州、薊州劃歸幽州統管，把恆州、定州、趙州、深州、易州劃歸成德軍統管，把相州、貝州、邢州、洺州劃歸相州統管，把魏州、博州、德州劃歸魏州統管，把滄州、棣州、冀州、瀛州劃歸青淄統管，把懷州、衛州、河陽劃歸澤潞統管。

六月癸酉❶，禮部侍郎華陰楊綰❷上疏，以為：「古之選士必取行實❸，近世專尚文辭。自隋煬帝始置進士科，猶試策❹而已。至高宗時，考功員外郎劉思立❺始奏進士加雜文❻，明經加帖❼，從此積弊，轉而成俗。朝之公卿以此待士，家之長老以此訓子，其明經則誦帖括❽以求僥幸❾。又，舉人皆令投牒自應❿，如此，欲其返淳朴，崇廉讓，何可得也！請令縣令察孝廉⓫，取行著鄉閭，學知經術者，薦之於州。刺史考試，升之於省。任各占⓬一經，朝廷擇儒學之士，問經義⓭二十條，對策⓮三道，上第⓯即注官，中第得出身⓰，下第罷歸。又道舉⓱亦非理國所資[1]，望與明經、進士並停。」上命諸司通議，給事中李栖筠、左丞賈至、京兆尹嚴武並與綰同。至議以為：「今試學者以帖字為精通，考文者以聲病⓲為是非，風流⓳頹弊⓴，誠當釐改㉑。然自東晉㉒以來，人多僑寓㉓，士居鄉土，百無一二。請兼㉔廣學校，保桑梓㉕者鄉里舉焉，在流寓㉖者庠序㉗推焉。」敕禮部具條目以聞。綰又請置五經㉘秀才㉙科。

庚寅㉚，以魏博都防禦使田承嗣為節度使。承嗣舉管內戶口，壯者皆籍㉛為兵，惟使老弱者[2]耕稼，數年間有眾十萬。又選其驍健者萬人自衛，謂之牙兵㉜。

同華節度使㉝李懷讓為程元振所譖，恐懼，自殺。

【章旨】以上為第十五段，寫改革科舉，以經術與對策取士。

【注釋】❶癸酉　六月初一日。❷楊綰　字公權，華州華陰（今陝西華陰）人，官至中書侍郎、同中書門下平章事、集賢殿崇文館大學士。傳見《舊唐書》卷一百十九、《新唐書》卷一百四十二。❸行實　生平事跡。❹策　策問。從漢代起，皇帝為選拔人才舉行考試，事先把問題寫在竹簡上，稱「策」。試策，即出題考試。❺劉思立　高宗時為侍御史，後遷考功員外郎，首先提出明經加帖、進士試雜文。事見《舊唐書》卷一百九十中、《新唐書》卷二百二。❻士加雜文　雜文，經史以外的文章，主要指詩、賦。唐代科舉考試，自永隆二年（西元六八一年）起，進士始試雜文二篇，通文律者然後才能試策。❼明經加帖　唐代科舉的明經科，主要考試儒經的經義，後來加試帖經，即以所習誦的經文掩蓋兩端，只開中間一行，裁成帖，每帖有三字，考生根據帖經內容，續通前後。❽帖括　唐代帖經試士，應試者總括經文編寫歌訣，以便記憶，謂之帖括。《新唐書》卷四十四〈選舉志上〉載楊綰上疏，其中說「明經者但記帖括」，成為一代陋習。❾僥幸　意外地獲得成功。❿投牒自應　自己投書應舉。牒，書札。⓫孝廉　漢代舉薦人才的科目，唐代已無孝廉科。此指有孝、廉行為的人。孝，善待父母。廉，廉潔。⓬占　占對；應口對答。⓭經義　儒經的義理。⓮對策　應考者按策上的問題陳述自己的見解。⓯第　等級。⓰出身　做官的最初資歷。⓱道舉　以道教為內容的取士科目。開元二十九年（西元七四一年）始置崇玄學，以道家典籍教授生員，生員兩京各百人，諸州無固定員額。每年課試與明經科相同。最初，生員習誦《老子》、《莊子》、《文子》、《列子》。天寶九載（西元七五〇年），道舉停《老子》，加《周易》。道舉實行到五代時才漸消失。⓲聲病　指不合乎四聲的規律，不按四聲規律作詩賦。聲，指寫作詩賦，要平、上、去、入四聲音從、文順。⑲風流　風俗教化。⑳頹弊　衰敗變壞。㉑釐改　改正。㉒東晉　朝代名，晉朝先建都洛陽，史稱西晉。西元三一六年，匈奴滅西晉後，司馬睿在建康（今江蘇南京）重建政權，時稱東晉，存在於西元三一七—四二〇年，與西晉合稱兩晉。㉓僑寓　僑居；寄居異鄉。㉔兼　同時實行。㉕桑梓　桑、梓原為古代住宅旁常栽的樹木，後來用作故鄉的代稱。㉖流寓　寄居他鄉。㉗庠序　古代地方所設立的學校，是與帝王的辟雍、諸侯的泮宮等大學相對而言。後泛指學校。㉘五經　指《詩》、《書》、《禮》、《易》、《春秋》五部儒家經典。㉙秀才　科舉考試科目。唐代是與明經、進士並立的科目。㉚庚寅　六月十八日。㉛籍　登記。㉜牙兵　即衙兵。節度使設置宿衛牙城的親兵。牙兵給賜豐厚，父子相承，驕橫不法，變易主帥，如同兒戲，成為方鎮割據的重要條件。魏博鎮設置牙兵自田承嗣始。㉝同華節度使　使職名，為同、華兩州的軍事差遣官，上元元年（西元七六〇年）置。

【校　記】①所資　原無此二字。據章鈺校，十二行本、乙十一行本皆有此二字，張瑛《通鑑校勘記》同，今據補。②者　據章鈺校，十二行本、乙十一行本皆無此字。

【語　譯】六月初一日癸酉，禮部侍郎華陰人楊綰上疏，認為：「古代選拔士人必定考察他的生平事跡，近代則專門崇尚文辭。從隋煬帝開始設置進士科，還只是考試策論而已。到高宗時，考功員外郎劉思立開始奏請進士科加試雜文，明經科加試帖經，從此積成弊端，轉而變成習俗。朝廷的公卿大人以此來看待士人，家中長輩以此來教訓兒子，那些考明經科的人就背誦帖括以求得僥倖及第。而且，讓舉人都自己投送文書應考，這樣一來，想讓他們回歸敦厚質樸，崇尚廉潔禮讓，又怎麼可以得到呢！請求命令縣令考察孝順廉潔之士，選取在鄉里品行卓著，學問上又通曉經術的人，推薦到州裡。州刺史加以考試，再把他們送到尚書省。任由他們各自選擇一部經書，朝廷挑選精通儒學的人，考問他們經書義理二十條，對策三道。考試成績上等的立即按才能授與官職，中等的獲得做官的身分、資格，下等的落第回去。另外道學科舉也不是治國所資，希望與明經科、進士科一併停止。」代宗命令各有關部門共同商議，給事中李栖筠、左丞賈至、京兆尹嚴武都與楊綰意見相同。賈至的議論認為：「現在考試經學以擅長帖經為精通，考試文章以是否懂聲病判斷是非，致使風氣衰頹敗壞，確實應當改革。然而自從東晉以來，很多人寄居他鄉，士人居住在本鄉本土的，不到百分之一二。請求朝廷同時廣設學校，留在故鄉的人由鄉里舉薦，寄居他鄉的由學校推選。」代宗敕令禮部制定詳細條目奏報。楊綰又請求設置《五經》秀才科。

六月十八日庚寅，任命魏博都防禦使田承嗣為節度使。田承嗣核查所管轄區域內的住戶和人口，年輕力壯的都登記當兵，只讓年老體弱的去種田，幾年之間便有部隊十萬人。又從中挑選勇猛強健的士兵一萬人護衛自己，稱他們為牙兵。

同華節度使李懷讓被程元振所誣陷，心懷恐懼，自殺身亡。

【研　析】本卷記載肅宗死，代宗繼位，平定安史之亂進入最後階段。兩年間發生了許多重大的政治和軍事事件，值得研析的有以下四件大事。

第一件，邙山之戰，李光弼敗北。鄴城之戰，唐肅宗罷免郭子儀，改用資望較輕的李光弼統軍，同時又進用僕固懷恩以分李光弼之權，還要加一個觀軍容使宦官魚朝恩來掌控，戰局的前景可想而知。

肅宗乾元二年（西元七五九年），史思明率大軍南下取汴州、鄭州。李光弼兵少，退出東京扼守河陽，牽制叛軍得了東都不敢西進長安。史思明引軍來爭河陽，李光弼大破史思明，史思明逃回東都，戰爭膠著相持。叛軍利在速決，官軍堅守河陽，援軍大集，李光弼可穩操勝券。叛賊史思明反間計蠱惑官軍觀軍容使魚朝恩，說：「洛中將士皆燕人，久戍思歸，上下離心，擊之，可破也。」李光弼上奏：「賊鋒尚銳，未可輕進。」肅宗不聽，逼迫李光弼進軍取東都。僕固懷恩想取代李光弼，於是依附魚朝恩，上書說東京可取。肅宗上元二年（西元七六一年）二月，宦官使者一批接一批催促李光弼，李光弼不得已進兵洛陽，兩軍在邙山會戰。僕固懷恩不聽李光弼節制，在邙山下平原布陣，唯恐官軍不敗。結果官軍大敗，諸將散走，河陽、懷州等軍事要地失守，唐王朝再度陷入危機。史思明乘勝進攻陝州，兵指西京，朝廷大懼。正在緊急關頭，史思明被兒子史朝義殺死，史朝義稱帝。叛賊內訌，停止了進攻。

邙山之敗，是官軍繼鄴城之敗的又一次慘敗。李光弼因戰敗被解除兵權，改任河中節度使，僕固懷恩接任朔方節度使，成為代替郭、李的統兵副元帥。罪魁禍首魚朝恩依然得到寵任。郭子儀、李光弼是唐軍的名將，唐王朝賴以生存的中流砥柱，可是在唐肅宗猜忌之下、宦官的干預之下成為敗軍之將。昏君依靠功臣來維持朝廷，卻要用宦官來監控他們，寧願冒敗軍的風險，也要聽信宦官的讒言。因為宦官是執行皇帝的意志。皇帝總以為宦官是家奴好控制，其實奴大欺主，宦官權重反過來控制了皇帝。邙山戰後的第二年，唐肅宗病重，宦官李輔國和程元振發動政變，殺張皇后，擁立太子李豫，即李俶即位，是為代宗。唐肅宗驚嚇而死。

第二件，代宗借兵回紇，太子取辱，東京遭劫難。西元七六二年代宗即位，他仍然是一個昏君。代宗同乃父一樣猜忌郭子儀、李光弼，他要收復東京，消滅史朝義，借兵回紇，用太子李适為天下兵馬元帥，僕固懷恩為副元帥。回紇登里可汗親自率兵來內地，目的是要搶掠財物，代宗效法乃父出賣東京人民財物。登里可汗趾高氣揚，輕視唐朝，強迫李适行拜舞禮。隨從唐臣力爭，說雍王李适是天子的長子，今為元帥，哪有儲君向外國可汗行跪拜禮的。回紇車鼻將軍說：「唐天子與可汗約為兄弟，可汗對於雍王是叔父，為什麼不拜！」回紇爭的是敵國平等禮，唐臣爭的是大唐天朝至高無上。回紇鞭打抗禮的唐臣各一百鞭，批評李适年幼無知，免其行禮。唐代宗不信任郭子儀、李光弼忠臣良將，卻信任依附宦官桀驁不馴的僕固懷恩，不信任本國兵力而借兵回紇，自取其辱，是極大的失策和錯誤。李淵起兵滅隋，借兵回紇，只是象徵性，為的是籠絡回紇不為敵，沒有給中原帶來禍害。肅宗借兵回紇復兩京，在東都燒殺搶掠，已是一場大禍。代宗再次借兵回紇，攻入東京，又肆行殺略，死者萬計，火累旬不滅。更有甚者，這次官軍也把東京、鄭州、汴州、汝州當做賊境，所過擄掠，達三個月之久。河南民眾，抵抗叛軍，渴望官軍解救，希望把他們救出水火，結果盼來洪水猛獸。這真是官匪不分，甚至是官比匪更兇惡。郭、李兵敗，官軍四散，也亂搶一氣。僕固懷恩為胡將，搶掠固其天性，人民遭受的災難就更為沉重。

第三件，代宗任用僕固懷恩為元帥，姑息河北降將割河北，是極大的錯誤。太子任兵馬元帥只是掛名，僕固懷恩為副元帥，實際是全軍主帥。僕固懷恩為胡人，其生性和文化，重義不重忠。僕固懷恩之女代公主和親回紇。僕固懷恩有異志，則以回紇為外援。西元七六三年，史朝義自殺，史朝義部下諸節度使投降官軍，安史之亂形式上被平定。僕固懷恩鑑於郭、李遭遇，為了避免狡兔死，走狗烹，表奏河北叛將歸降分帥河北為節度使，以為黨援。代宗姑息，居然下詔：「東京及河南、北受偽官者，一切不問。」認可僕固懷恩之請，河北叛賊四位降將田承嗣、李寶臣、李懷仙、薛嵩分帥河北為節度使。田承嗣為魏博節度使，李寶臣為成德節度使，李懷仙為幽州盧龍節度使，薛嵩為相衛節度使。八年安史之亂，唐王朝傾全力討賊。付出了幾千萬人生命的代價，最終結果，只是叛將名義歸順朝廷而已。

代宗姑息苟安，對強橫不法的武夫，愈是強橫，得到的待遇愈是優厚。對順從朝命的功臣，愈是功大，愈遭猜忌，郭子儀功績最大，遭到猜忌的程度最深。無論功臣或武夫，為了自保，不肯輕易放棄兵權和防地，於是藩鎮割據在代宗的姑息下基本格局在其後期就形成了。而郭子儀忠貞無私，罷了兵權，連親兵都解散了，實在是難能可貴。

第四件，昏君誤國，最大禍害是信用宦官。安史之亂，叛軍只擁有河北數鎮，軍力、財力、人口不及全唐天下的十分之一，為何叛亂達八年之久！如果肅、代二宗不用宦官監軍，郭子儀、李光弼，以及諸多良將，有足夠能力早日平定叛亂，也不用借兵回紇。官軍重大的失利，哥舒翰潼關不守、郭子儀鄴城之敗、李光弼邙山之敗，全都是宦官監軍造成。由於安史之亂，皇帝不思自己的過錯，不從政治腐敗找原因，反而猜忌功臣，更加寵信宦官。肅、代二宗不僅用宦官監軍，還用宦官掌控禁軍。代宗之世，李輔國、程元振、魚朝恩相繼掌控神策軍。宦官用事，代行皇帝之權，亂政亂軍，皇帝兜著。忠臣良將要誅除宦官，投鼠忌器。無行武夫投靠宦官，囂張跋扈，加劇割據勢力的發展。如同華節度使周智光投靠魚朝恩，無惡不作，敢擅殺他州刺史，活埋杜冕家屬八十一人以洩私憤。宦官往往是割據稱雄武夫的保護傘。當宦官權重危及皇帝時，皇帝也只是殺了宦官再換一個。代宗是一個典型。他除掉李輔國，換了程元振，除了程元振，又換了魚朝恩。安史之亂，久久不能平定，宦官之禍佔了決定性的因素。

西元七五五年安史之亂初起，全國人口五千三百萬，到西元七六三年安史之亂被平定，第二年人口普查全國只剩一千七百萬，死亡三千六百萬，達百分之七十以上。強大的唐王朝從此土崩瓦解，以後的近二百年統治，長期處於藩鎮割據戰亂之中，全國民眾陷入了大災大難。玄宗致亂，肅、代不武，這幾個窩囊皇帝，應負全部責任。

卷第二百二十三

唐紀三十九

起昭陽單閼（癸卯　西元七六三年）七月，盡旃蒙大荒落（乙巳　西元七六五年）十月，凡二年有奇。

【題　解】本卷記事起西元七六三年七月，迄西元七六五年十月，凡兩年又三個月。當唐代宗廣德元年到永泰元年十月。唐代宗執政十四年，此為代宗初即位的頭兩年，安史之亂已平定，正是中興大有為之時，由於代宗平庸，處理安史之亂善後不當，事事姑息，是非不明，逼反僕固懷恩，形勢急轉，唐室再現危局。僕固懷恩兩次連兵回紇、吐蕃入寇，一度攻佔長安，代宗蒙塵，幸賴郭子儀被重新起用，和好回紇，大破吐蕃，才又使唐室轉危為安。代宗親信宦官，初受制於李輔國，繼為程元振掌控，導致吐蕃犯闕，文武百官憤恨，趕走了程元振，又來了魚朝恩。代宗依賴宦官是政治的一大失誤。正是由於宦官監軍，導致郭子儀、李光弼兩位中興良將在蕩平安史之亂前夕被罷職。僕固懷恩摘取勝利之果，保奏河北降將以為黨援，於是河北四鎮承德李寶臣、魏博田承嗣、相衛薛嵩、盧龍李懷仙，再加一個山南東道梁崇義，互為婚姻，連體相依，日漸成為割據之勢。

代宗睿文孝武皇帝上之下

廣德元年（癸卯　西元七六三年）

秋，七月壬寅❶，羣臣上尊號曰寶應元聖文武孝皇帝。壬子❷，赦天下，改元❸。諸將討史朝義者進官階❹、加爵邑❺有差。冊回紇可汗為頡咄登蜜施合俱錄英義建功毗伽可汗，可敦為娑墨光親麗華毗伽可敦，左、右殺以下皆加封賞❻。

戊辰❼，楊綰上貢舉條目：秀才問經義二十條，對策五道。國子監舉人，令博士薦於祭酒，祭酒試通者升之於省，如鄉貢❽法。明法❾，委刑部考試。或以為明經、進士行之已久，不可遽改。事雖不行，識者是之。

以僕固瑒為朔方行營節度使。

吐蕃入大震關❿，陷蘭⓫、廓⓬、河⓭、鄯⓮、洮⓯、岷⓰、秦⓱、成⓲、渭⓳等州，盡取河西、隴右之地。唐自武德⓴以來，開拓邊境，地連西域，皆置都督、府、州、縣。開元中，置朔方、隴右、河西、安西、北庭諸節度使以統之。歲發山東丁壯為戍卒，繒帛為軍資，開屯田，供糗糧，設監牧㉑，畜馬牛，軍城戍邏，萬里相望。及安祿山反，邊兵精銳者皆徵發入援，謂之行營，所留兵單弱，胡虜稍蠶食之，數年間，西北數十州相繼淪沒，自鳳翔以西，邠州以北，皆為左衽㉒矣。

【章　旨】以上為第一段，寫吐蕃趁安史之亂，奪取大唐西北隴右、河西數十州之地。

【注　釋】❶壬寅　七月初一日。❷壬子　七月十一日。❸改元　改元廣德。❹進官階　晉升官員的階級，授予官員更高一級的品秩。官員的階級以品秩來表示，其品秩有九品、正從、上下之分。唐代職事官以所帶的散官為本品，以散官標誌其本官階。❺加爵邑　加賜爵位和增加實食封戶。爵，封爵。邑，食邑。封爵，表示天子賜予一定的身分地位。每等爵位又有相應的食邑和品級。唐代封爵有親王以下至開國縣男共九等，親王食邑萬戶、正一品，下至開國縣男食邑三百戶、從五品上。❻左右殺以下句　左殺封為雄朔王，右殺封為寧朔王，胡祿都督封金河王，拔覽將軍封靜漢王，諸都督十一人並封國公。❼戊辰　七月二十七日。❽鄉貢　唐代取士之法，出自學館者稱為「生徒」；出自州縣者稱為「鄉貢」；由天子自詔者稱為「制舉」。鄉貢之法，指明經、秀才、俊士、進士等科目，先由縣對那些通經達理為鄉閭所稱道者進行考核，選送合格者由州官複試，最後送尚書省禮部考試。❾明法　即律學。科舉取士科目的一種名稱。明法考試，據《新唐書・選舉志》所載，試律七條，令三條，全部通過為甲等，通過八條為乙等。❿大震關　關名，在今陝西隴縣西境隴山頂上，大中六年（西元八五二年）防禦使薛逵徙築新關，改名安戎關。當地人謂大震關為故關，安戎關為新關。⓫蘭　州名，治所在今甘肅蘭州。⓬廓　州名，治所在今青海尖扎北。⓭河　州名，治所在今甘肅臨夏。⓮鄯　州名，治所在今青海樂都。⓯洮　州名，治所在今甘肅臨潭。⓰岷　州名，治所在今甘肅岷縣。⓱秦　州名，治所在今甘肅天水市。⓲成　州名，治所在今甘肅成縣。⓳渭　州名，治所在今甘肅隴西縣東南。⓴武德　唐高祖年號（西元六一八—六二六年）。㉑監牧　唐代在西北各地所設置國家牧場。牧場的直接管理機關為牧監。每監設監、副監等官。監下有管理馬群的牧長、牧尉。總統於太僕寺，後歸羣牧使。㉒左衽　衽，衣襟。我國古代少數民族的服裝，前襟向左，不同於中原一帶人民的右衽。後遂稱受少數民族統治為左衽。

【語　譯】代宗睿文孝武皇帝上之下

廣德元年（癸卯　西元七六三年）

秋，七月初一日壬寅，群臣為代宗上尊號為寶應元聖文武孝皇帝。十一日壬子，大赦天下，改年號為廣德。討伐史朝義的各位將領都晉升官階、加賜爵位、食邑各有等差。冊封回紇可汗為頡咄登蜜施合俱錄英義建功毗伽可汗，可敦為娑墨光親麗華毗伽可敦，左、右殺以下官員都加封賞。

七月二十七日戊辰，楊綰奏上貢舉條目：秀才科考問經書義理二十條，對策五道。國子監推舉的人員，先讓博士推薦給國子祭酒，經國子祭酒考試通過的人再上送到尚書省，和鄉貢的辦法相同。明法科，委託刑部主持考試。有人認為明經科、進士科選拔的辦法實行已久，不可以匆忙改變。楊綰的主張雖然沒有實行，但有識之士認為是正確的。

任命僕固瑒為朔方行營節度使。

吐蕃侵入大震關，攻陷蘭州、廓州、河州、鄯州、洮州、岷州、秦州、成州、渭州等州，全部攻取了河西、隴右地區。唐朝自武德年間以來，開拓邊疆，土地與西域相連，都設置了都督、府、州、縣。開元時期，設置朔方、隴右、河西、安西、北庭各節度使來統治這些地區。每年都徵發山東一帶的少壯男子作為戍守的士卒，用絲織品作為軍費開支，開荒屯田，供應軍糧，設置監牧，蓄養馬牛，建立軍事城堡，派士卒戍守巡邏，綿延萬里，前後相望。等到安祿山造反時，守邊的精銳士兵都被徵調回來援救朝廷，稱之為行營，留下的兵力單薄虛弱，外族軍隊逐漸蠶食，數年時間，西北幾十個州相繼淪陷，從鳳翔以西，邠州以北，都被外族佔領了。

初，僕固懷恩受詔與回紇可汗相見於太原。河東節度使辛雲京以可汗乃懷恩壻，恐其合謀襲軍府❶，閉城自守，亦不犒師。及史朝義既平，詔懷恩送可汗出塞，往來過太原，雲京亦閉城不與相聞。懷恩怒，具表其狀，不報。懷恩將朔方兵數萬屯汾州❷，使其子御史大夫瑒將萬人屯榆次❸，裨將李光逸等屯祁縣❹，李懷光等屯晉州❺，張維嶽等屯沁州❻。懷光，本勃海靺鞨也，姓茹，為朔方將，以功賜姓。中使駱奉仙至太原，雲京厚結之，為言懷恩與回紇連謀，反狀已露。奉仙還，過懷恩，懷恩與飲於母前，母數讓❼奉仙曰：「汝與吾兒約為兄弟，今又親雲京，何兩面❽也！」酒酣，懷恩起舞，奉仙贈以纏頭綵❾。懷恩欲酬之，曰：「來日端午，當更樂飲一日。」奉仙固請行，懷恩匿其馬。奉仙謂左右曰：「朝來責我，又匿我馬，將殺我也。」夜，踰垣而走。懷恩驚，遽以其馬追還之。八月癸未❿，奉仙至長安，奏懷恩謀反，懷恩亦具奏其狀，請誅雲京、奉仙。上兩無所問，優詔和解之。

懷恩自以兵興以來⓫，所在力戰，一門死王事者四十六人，女嫁絕域⓬，說諭⓭回紇，再收兩京，平定河南、北，功無與比，而為人搆陷，憤怨殊深，上書自訟⓮，以為：「臣昨奉詔送可汗歸國，傾竭家貲，俾之上道。行至山北⓯，雲京、奉仙閉城不出祇迎⓰，仍令潛行竊盜。回紇怨怒，亟欲縱兵，臣力為彌縫⓱，方得出塞。雲京、奉仙恐臣先有奏論，遂復妄稱設備，與李抱玉共相組織⓲。臣靜而思之，其罪有六：昔同羅叛亂，臣為先帝掃清河曲，一也。臣男玢為同羅所虜，得間亡歸，臣斬之以令眾士，二也⓳。臣有二女，遠嫁外夷，為國和親，蕩平寇敵，三也。臣與男瑒不顧死亡，為國效命，四也。河北新附，節度使⓴皆握彊兵，臣撫綏㉑以安反側㉒，五也。臣說諭回紇，使赴急難，天下既平，送之歸國，六也。臣既負六罪，誠合萬誅㉓，惟當吞恨九泉㉔，銜冤千古㉕，復何訴哉！臣受恩深[1]重，夙夜㉖思奉天顏㉗。但以來瑱受誅，朝廷不示其罪，諸道節度，誰不疑懼！近聞詔追㉘數人，盡皆不至，實畏中官讒口，虛㉙受陛下誅夷。豈惟羣臣不忠？正為回邪㉚在側。且臣前後所奏駱奉仙，詞情非不摭實㉛，陛下竟無處置，寵任彌深，皆由同類比周㉜，蒙蔽聖聽。竊聞四方遣人奏事，陛下皆云與驃騎㉝議之，曾不委宰相可否，或稽留㉞數月不還，遠近益加疑阻㉟。如臣朔方將士，功效最高，為先帝中興主人㊱，乃陛下蒙塵㊲故吏㊳，曾不別加優獎，反信讒嫉之詞。子儀先已被猜，臣今又遭詆毀。弓藏鳥盡㊴，信㊵匪虛言㊶。陛下信其矯誣㊷，何殊指鹿為馬㊸！儻㊹不納愚懇㊺，且貴因循㊻，臣實不敢保家，陛下豈能安國！忠言利行㊼，惟陛下圖之。臣欲公然㊽入朝，恐將士留沮。今託巡晉、絳，於彼遷延㊾，乞陛下特遣一介至絳州問臣，臣即與之同發。」

九月壬戌㊿，上遣裴遵慶詣懷恩諭旨，且察其去就。懷恩見遵慶，抱其足號泣訴冤。遵慶為言聖恩優厚，諷令(51)入朝，懷恩許諾。副將范志誠以為不可，曰：「公信其甘言，入則為來瑱，不復還矣！」明日，懷恩見遵慶，以懼死為辭，請令一子入朝，志誠又以為不可，遵慶乃還。御史大夫王翊[52]使回紇還。懷恩先與可汗往來，恐翊洩其事，遂留之。

【章旨】以上為第二段，寫僕固懷恩上奏訴冤，唐代宗無辭以對，和稀泥，君臣相猜，暗伏危機。

【注釋】❶軍府　節度使府衙署。❷汾州　州名，治所在今山西汾陽。❸榆次　縣名，縣治在今山西榆次。❹祈縣　縣名。祈為「祁」之誤。祁縣縣治在今山西祁縣。❺晉州　州名，治所在今山西臨汾。❻沁州　州名，治所在今山西沁源。❼讓　責怪；責備。❽兩面　唐人稱反覆無常者為「兩面」，與今人所說「兩面派」同義。❾纏頭綵　唐人宴會，酒酣為之舞蹈，接受舞蹈禮者贈送彩色絲織物給對方，稱為纏頭綵。倡伎當筵舞者亦有纏頭之賜。這是唐代的一種禮俗。❿癸未　八月十三日。⓫兵興以來　指安祿山反叛，唐室舉兵討伐，以至平定叛軍這一段時期。⓬絕域　極遠的地方。此指回紇。⓭說諭　勸說、曉諭。⓮自訟　為自己辯冤。⓯山北　僕固懷恩在汾州，以太原為山北。⓰祗迎　指恭候迎接。祗，恭敬。⓱彌縫　彌補縫合。⓲組織　構陷；羅織罪名。⓳二也　上面所述僕固懷恩討同羅，復河曲；斬僕固玢以肅軍紀，事均見本書卷二百十八肅宗至德元載。⓴節度使　指田承嗣、李寶臣、李懷仙等。㉑撫綏　安撫、綏靖。㉒反側　反覆無常。㉓萬誅　千刀萬剮，指罪惡極大。㉔九泉　地下深處。常指人死後埋葬的地方。㉕千古　形容年代久遠。㉖夙夜　指早晚、朝夕。夙，早晨。㉗天顏　帝王的容顏。㉘詔追　以詔書召回。唐人稱召為追。㉙虛　徒勞；白白地。㉚回邪　邪僻；邪惡。㉛摭實　指來自真實的情況。摭，採摘。㉜比周　語出《論語・為政》：「君子周而不比，小人比而不周。」比，勾結。周，忠信。此言比周，應是「比而不周」的縮語，意思是相互勾結。㉝驃騎　指宦官飛龍副使、判元帥行軍司馬、右監門大將軍程元振。寶應元年（西元七六二年）程元振加驃騎大將軍，兼內侍監。其諸銜中，驃騎大將軍的官階最高，故以此代稱之。㉞稽留　拖延。㉟疑阻　疑惑。㊱主人　主體；主要力量。㊲蒙塵　蒙受塵土。多用作比喻帝王流亡或失位，遭受垢辱。㊳故吏　舊時屬吏。㊴弓藏鳥盡　語出《史記》卷四十一〈越王句踐世家〉范蠡寫給大夫文種的信，其中說：「蜚鳥盡，良弓藏；狡兔死，走狗烹。」意思是飛鳥被打完後弓箭被藏了起來，狡兔死後，獵狗也將被烹殺。比喻事業完成而功臣被害。㊵信　的確；實在。㊶虛言　不實之辭；空話。㊷矯誣　假託名義，進行誣陷。㊸指鹿為馬　語出《史記・秦始皇本紀》：「趙高欲為亂，恐群臣不聽，乃先設驗，持鹿獻於二世，曰：「馬也。」二世笑曰：「丞相誤邪？謂鹿為馬。」問左右，左右或默，或言馬以阿順趙高，或言鹿者。高因陰中諸言鹿者以法。後群臣皆畏高。」後來便把「指鹿為馬」比喻故意顛倒是非，擅作威福。㊹儻　假如。㊺愚懇　謙稱自己的真誠。愚，自稱的謙詞。㊻因循　守舊而不加變更。㊼忠言利行　語出《史記・留侯世家》：「且忠言逆耳利於行，毒藥苦口利於病。」指忠直的話，聽起來雖然不順耳，卻對處事有好處。㊽公然　公開，無所顧忌。㊾遷延　拖延。㊿壬戌　九月二十二日。51諷令　用委婉的話來使對方聽從。52王翃　（？—西元七六七年）太原晉陽（今山西太原西南）人。傳見《舊唐書》卷一百五十七、《新唐書》卷一百四十三。

【校　記】①深　據章鈺校，十二行本、乙十一行本皆作「至」。

【語　譯】當初，僕固懷恩接受詔令在太原與回紇可汗相見。河東節度使辛雲京因為可汗是僕固懷恩的女婿，擔心他們合謀襲擊軍府，閉城自守，也不去犒勞他們的部隊。等到史朝義被平定後，代宗下詔命僕固懷恩送可汗出塞，往來經過太原，辛雲京也閉城不聞不問。僕固懷恩大怒，上表奏明這一狀況，朝廷沒有答覆。僕固懷恩率領朔方軍隊幾萬人駐紮在汾州，派他的兒子御史大夫僕固瑒率領一萬人駐紮在榆次，裨將李光逸等人駐紮在祁縣，李懷光等人駐紮在晉州，張維嶽等人駐紮在沁州。李懷光，本來是勃海靺鞨人，姓茹，任朔方將領，因有功賜姓李。宮中使者駱奉仙到達太原，辛雲京與他結交很深，對他說僕固懷恩與回紇合謀，反叛的跡象已經顯露。駱奉仙回京，途中拜訪了僕固懷恩，僕固懷恩和他在自己的母親面前一起飲酒，僕固懷恩的母親多次責備駱奉仙說：「你與我兒相約成為兄弟，如今又去親近辛雲京，為什麼成了兩面派呢！」酒喝到興起時，僕固懷恩起身舞蹈，駱奉仙贈送給他纏頭綵。僕固懷恩想要酬謝他，說：「明天是端午，我們應該再高高興興地喝一天。」駱奉仙一再要求啟程回京，僕固懷恩把他的馬藏了起來。駱奉仙對左右的人說：「早上責備我，現在又藏了我的馬，這是準備殺掉我啊。」到了夜晚，駱奉仙翻牆逃走了。僕固懷恩大驚，立刻追上去把他的馬還給他。八月十三日癸未，駱奉仙到達長安，上奏說僕固懷恩謀反，僕固懷恩也把詳情向代宗奏明，請求殺掉辛雲京、駱奉仙。代宗對兩方面都不追究，寬容地下詔書讓他們和解。

僕固懷恩自認為興兵討伐叛賊以來，到處奮力作戰，一家為報效君王而死的就有四十六人，女兒也遠嫁回紇，勸說曉諭回紇出兵，收復西京和東京，平定河南、河北地區，功勞無人可比，卻被人誣陷，因此氣憤怨恨極深，於是上書代宗，自我申辯，認為：「臣先前奉詔令送回紇可汗回國，竭盡家中資財，才使可汗上路。來到太原，辛雲京、駱奉仙緊閉城門不出來恭候迎接，讓我們悄悄行走像盜賊一樣。回紇人又怨又怒，急著想放縱士兵生事，臣竭力彌合補救，回紇方能太平出塞。辛雲京、駱奉仙害怕臣先上奏申明，就胡亂聲稱是為了預設防備，和李抱玉一起對我羅織罪名。臣靜心思考，自己的罪過有六項：過去同羅叛亂，臣替先帝把河曲的叛敵掃蕩乾淨，此其一。臣的兒子僕固玢被同羅俘虜，找到機會逃回，臣把他殺了以號令將士，此其二。臣有兩個女兒，遠嫁外夷，為了國家去和親，以蕩平敵寇，此其三。臣與兒子僕固瑒不顧生死，為國效命，此其四。河北地區新近歸附，各個節度使都握有強兵，臣安撫他們使他們不再反覆無常，此其五。臣勸說曉諭回紇，讓他們趕去解救朝廷的危難，天下平定後，又送他們回國，此其六。臣既然背負這六項罪過，確實罪該萬死，只該含恨九泉，銜冤千古，又有什麼可申訴的呢！臣蒙受皇恩深重，日夜都想回朝侍奉陛下。但因來瑱被殺，朝廷卻沒有宣布他的罪狀，各道節度使，誰不疑慮恐懼！近來聽說下詔令召回幾個人，他們全都不到，實在是因為害怕宦官的讒言，擔心自己會無緣無故地遭受陛下誅殺。難道是群臣不忠嗎？這正是因為陛下身邊有邪惡的小人。再說臣前後所奏報關於駱奉仙的事，言詞和事情並非不是出於真實情況，陛下竟然不加處置，對他的寵愛信任反而更深，這都是因為同類的小人相互勾結，蒙蔽聖上的視聽。臣私下聽說，各地派人上奏事情，陛下總是說去和驃騎將軍商議，竟不委託宰相來提出可否，有的奏報甚至拖延好幾個月不給答覆，使得遠近官吏更加有了疑慮和隔閡。比如臣所率領的朔方將士，功勞成績最大，是先帝中興的主要力量，又是陛下蒙塵落難時的舊部，卻未曾特別給以優待嘉獎，反而聽信那些誹謗忌妒的話。郭子儀先前已被猜疑，臣今日又遭詆毀。鳥盡弓藏，的確不是一句虛假的話。陛下相信那些假借名義誣陷的話，這與指鹿為馬有什麼不同！倘若陛下不採納我誠懇的意見，而且想要沿襲原先的做法，臣實在不敢指望能保住臣一家，陛下又怎麼能安定國家呢！忠言逆耳利於行，希望陛下考慮。臣想公開入朝，但擔心將士們強留阻攔。現在臣藉巡視晉州、絳州之機，在那裡拖延些時日，請求陛下特派一位使者到絳州來調查臣，臣就立即與他一同出發。」

九月二十二日壬戌，代宗派裴遵慶到僕固懷恩那裡去宣諭聖旨，並且觀察他的去留動向。僕固懷恩見到裴遵慶，抱住他的腳號啕大哭，訴說冤枉。裴遵慶向他說聖恩優厚，委婉含蓄地勸他入朝，僕固懷恩答應了。他的副將范志誠卻認為不可，說：「你如果相信他那些好聽的話，入朝後就成為又一個來瑱，不會再回來了！」第二天，僕固懷恩見到裴遵慶，以怕死為藉口推託，請求改由他的一個兒子入朝，但范志誠又認為不可，裴遵慶便回去了。御史大夫王翊出使回紇返回。僕固懷恩先前與回紇可汗往來，害怕王翊洩露此事，於是將他扣留下來。

吐蕃之初[1]入寇也，邊將告急，程元振皆不以聞。冬，十月，吐蕃寇涇州，刺史高暉以城降之，遂為之鄉導❶，引吐蕃深入，過邠州，上始聞之。辛未❷，寇奉天、武功❸，京師震駭。詔以雍王适為關內元帥，郭子儀為副元帥，出鎮咸陽以禦之。

子儀閒廢日久❹，部曲離散，至是召募，得二十騎而行。至咸陽，吐蕃帥吐谷渾、党項、氐、羌二十餘萬眾，彌漫❺數十里，已自司竹園❻度渭，循山而東。子儀使判官中書舍人王延昌入奏，請益兵。程元振遏之，竟不召見。癸酉❼，渭北行營兵馬使呂月將將精卒二千破吐蕃於盩厔之西。乙亥❽，吐蕃寇盩厔，月將復與力戰，兵盡，為虜所擒。

上方治兵❾，而吐蕃已度便橋，倉猝不知所為。丙子❿，出幸陝州，官吏藏竄，六軍逃散。郭子儀聞之，遽自咸陽歸長安。比至，車駕已去。上纔出苑門，度滻水，射生將王獻忠擁四百騎叛還長安，脅豐王珙⓫等十王西迎吐蕃。遇子儀於開遠門內，子儀叱之。獻忠下馬，謂子儀曰：「今主上東遷，社稷無主，令公⓬身為元帥，廢立在一言耳。」子儀未應。珙越次⓭言曰：「公何不言！」子儀責讓之，以兵援⓮送行在⓯。丁丑⓰，車駕至華州，官吏奔散，無復供擬⓱，扈從將士不免凍餒。會觀軍容使魚朝恩將神策軍自陝來迎，上乃幸朝恩營。豐王珙見上於潼關，上不之責。退至幕中，有不遜語。羣臣奏請[2]誅之，乃賜死。

戊寅⓲，吐蕃入長安，高暉與吐蕃大將馬重英⓳等立故邠王守禮之孫廣武王[3]承宏⓴為帝，改元，置百官，以前翰林學士于可封等為相。吐蕃剽掠府庫市里，焚閭舍，長安中蕭然㉑一空。苗晉卿㉒病臥家，遣人輿㉓入，迫脅之。晉卿閉口不言，虜不敢殺。於是六軍㉔散者所在剽掠，士民避亂，皆入山谷。

辛巳㉕，上至陝，百官稍有至者。郭子儀引三十騎自御宿川㉖循山而東，謂王延昌曰：「六軍將士逃潰者多在商州，今速往收之，并發武關防兵，數日間，北出藍田以向長安，吐蕃必遁。」過藍田，遇元帥都虞候臧希讓、鳳翔節度使高昇，得兵近千人。子儀與延昌謀曰：「潰兵至商州，官吏必逃匿而人亂。」使延昌自直徑㉗入商州撫諭之。諸將方縱兵暴掠㉘，聞子儀至，皆大喜聽命。子儀恐吐蕃逼乘輿，留軍七盤㉙，三日乃行。比至商州，行收兵，并武關防兵合四千人，軍勢稍振。子儀乃泣諭將士以共雪國恥，取長安，皆感激受約束。子儀請太子賓客第五琦為糧料使㉚，給軍食。上賜子儀詔，恐吐蕃東出潼關，徵子儀詣行在。子儀表稱：「臣不收京城，無以見陛下。若出兵藍田，虜必不敢東向。」上許之。鄜延④節度判官段秀實說節度使白孝德引兵赴難，孝德即日大舉，南趣京畿，與蒲、陝、商、華合勢進擊。

吐蕃既立廣武王承宏，欲掠城中士、女、百工整眾歸國。子儀使左羽林大將軍長孫全緒將二百騎出藍田觀虜勢，令第五琦攝京兆尹，與之偕行，又令寶應軍使㉛張知節將兵繼之。全緒至韓公堆，晝則擊鼓張旗幟，夜則多然㉜火，以疑吐蕃。前光祿卿殷仲卿聚眾近千人保藍田，與全緒相表裏，帥二百餘騎直度滻水。吐蕃懼，百姓又紿之曰：「郭令公自商州將大軍不知其數至矣！」虜以為然，稍稍引軍去。全緒又使射生將王甫入城陰結少年數百，夜擊鼓大呼於朱雀街㉝。吐蕃惶駭，庚寅㉞，悉眾遁去。高暉聞之，帥麾下三百餘騎東走，至潼關，守將李日越擒而殺之。

壬辰㉟，詔以元載判元帥行軍司馬，以第五琦為京兆尹。癸巳㊱，以郭子儀為西京留守。甲午㊲，子儀發商州。己亥㊳，以魚朝恩部將皇甫溫為陝州刺史，周智光㊴為華州刺史。

【章　旨】以上為第三段，寫吐蕃入長安，代宗蒙塵。勤王之師驅走吐蕃，轉危為安。

【注　釋】❶鄉導　同「嚮導」。帶路人。❷辛未　十月初二日。❸武功　縣名，縣治在今陝西武功。❹閒廢日久　閒散無事的時間長。指郭子儀自去年八月入朝，留京至今。❺彌漫　布滿。❻司竹園　地名，在今陝西周至東南，臨渭水，竹林綿延數十里。❼癸酉　十月初四日。❽乙亥　十月初六日。❾治兵　調集兵力，整飭軍隊。❿丙子　十月初七日。⓫豐王珙　唐玄宗第十三子，為唐代宗之叔。傳見《舊唐書》卷一百七、《新唐書》卷八十二。⓬令公　郭子儀時為中書令，故稱。⓭越次　逾越次序。⓮援　執。⓯行在　天子出行的所在地。⓰丁丑　十月初八日。⓱供擬　辦理供應。⓲戊寅　十月初九日。⓳大將馬重英　《舊唐書．李承宏傳》作吐蕃宰相。⓴邠王守禮之孫廣武王承宏　邠王李守禮，章懷太子李賢之子，其孫李承宏與代宗為遠房堂兄弟。李承宏傳見《舊唐書》卷八十六、《新唐書》卷八十一。㉑蕭然　冷落蕭條。㉒苗晉卿　上黨壺關（今山西壺關縣）人，歷仕唐玄宗、肅宗、代宗三朝，官至宰相。傳見《舊唐書》卷一百十三、《新唐書》卷一百四十。㉓輿　抬。㉔六軍　代指王師。國家軍隊的總稱。㉕辛巳　十月十二日。㉖御宿川　漢武帝時築離宮別館於此，遊觀止宿，故名。㉗直徑　直接。㉘暴掠　強行掠奪。㉙七盤　即七盤山。在今陝西藍田南。㉚糧料使　使職名，為經理軍隊的食糧供給而設置的差遣官。㉛寶應軍使　使職名，統領寶應軍的差遣官。寶應軍，英武軍的稱號。寶應元年（西元七六二年）英武軍的射生手入禁中殺張后，平定宮廷內亂，擁代宗即位有功，賜名「寶應功臣」，故其軍又號「寶應軍」。㉜然　通「燃」。燃燒。㉝朱雀街　長安城正中的一條南北大街，北自皇城朱雀門，南至明德門。㉞庚寅　十月二十一日。㉟壬辰　十月二十三日。㊱癸巳　十月二十四日。㊲甲午　十月二十五日。㊳己亥　十月三十日。㊴周智光　（？—西元七六七年）

以騎射從軍，至節鎮軍帥。大曆元年（西元七六六年）據同、華二州叛，漕路為之斷絕，次年兵潰被殺。傳見《舊唐書》卷一百十四、《新唐書》卷二百二十四上。

【校　記】①初　原無此字。據章鈺校，十二行本、乙十一行本皆有此字，今據補。②請　原作「議」。據章鈺校，十二行本、乙十一行本、孔天胤本皆作「請」，今從改。③廣武王　原無此三字。據章鈺校，十二行本、乙十一行本皆有此三字，今據補。④延　據章鈺校，十二行本、乙十一行本皆作「坊」。

【語　譯】吐蕃最初入侵時，邊關將領告急，程元振都不奏報。冬，十月，吐蕃侵犯涇州，刺史高暉率全城投降，於是替吐蕃做嚮導，帶領吐蕃軍隊繼續深入，過了邠州，代宗才開始知道這事。初二日辛未，吐蕃侵犯奉天、武功，京師震驚。代宗下詔書任命雍王李适為關內元帥，郭子儀為副元帥，出兵鎮守咸陽以抵禦吐蕃。

郭子儀在京城閒居已久，部下離散，到這時臨時召募，只召得二十騎就啟程了。到達咸陽時，吐蕃率領吐谷渾、党項、氐、羌等族軍隊二十多萬人，遍布方圓幾十里地方，並已從司竹園渡過渭水，沿著山嶺向東進發。郭子儀派判官中書舍人王延昌入奏，請求增加兵力。程元振加以阻撓，竟然沒有被召見。十月初四日癸酉，渭北行營兵馬使呂月將率領精銳士卒兩千人在盩厔的西邊打敗吐蕃。初六日乙亥，吐蕃進犯盩厔，呂月將又與吐蕃奮力作戰，部隊打光了，他自己也被吐蕃擒獲。

代宗正在訓練軍隊，而吐蕃軍隊已經渡過便橋，代宗在倉猝之間不知道該怎麼辦。十月初七日丙子，代宗出城逃到陝州，官吏們躲藏逃竄，六軍也四處逃散。郭子儀聞訊，急忙從咸陽返回長安。等他到達時，代宗已經離開了。代宗剛剛出了宮苑的門，渡過滻水，射生將王獻忠就招集四百騎兵叛變返回長安，脅迫豐王李珙等十個王向西去迎接吐蕃。在開遠門內遇到郭子儀，郭子儀大聲呵斥他。王獻忠下馬，對郭子儀說：「如今主上東遷，社稷沒有君主，令公您身為元帥，君主的廢立就在於您的一句話罷了。」郭子儀沒有回應。李珙搶上前說：「你為什麼不說話！」郭子儀責備他，並派兵押送他到代宗所在地去。初八日丁丑，代宗到達華州，地方官吏都已逃散，沒有人再來安排供應，隨從將士不免凍餓。適逢觀軍容使魚朝恩率領神策軍從陝州前來迎接，代宗便到了魚朝恩的軍營中。豐王李珙在潼關見到代宗，代宗沒有責備他。他退回營帳中，卻出言不遜。群臣奏請誅殺他，於是被賜自盡。

十月初九日戊寅，吐蕃進入長安，高暉與吐蕃大將馬重英等人擁立已故邠王李守禮的孫子廣武王李承宏為皇帝，改年號，設置百官，任命前翰林學士于可封等人為宰相。吐蕃軍隊搶劫府庫和民間的財物，焚燒民居房舍，長安城中空蕩蕩一片蕭條。苗晉卿因病臥床在家。吐蕃派人把他抬到朝廷，脅迫他。苗晉卿閉口不言，吐蕃也不敢殺他。此時，逃散的唐朝六軍士兵也到處搶劫，士人百姓躲避戰亂，都逃入山谷。

十月十二日辛巳，代宗到達陝州，百官中也逐漸有些人來到了。郭子儀帶領三十個騎兵從御宿川沿著山邊向東行進，他對王延昌說：「六軍將士逃散的大都在商州，現在要趕快前去收攏他們，並調發武關的守軍，在數日之內，北出藍田，向長安進發。吐蕃必然逃走。」經過藍田時，遇到元帥都虞候臧希讓、鳳翔節度使高昇，得到士兵近千人。郭子儀與王延昌謀劃說：「潰散的士兵到了商州，地方官吏必然逃跑躲藏，百姓一片混亂。」於是派王延昌從近路逕直進入商州安撫曉諭百姓。各將領正放縱士兵強行搶掠，聽說郭子儀來了，都非常高興並聽從他的命令。郭子儀害怕吐蕃進逼代宗，就把軍隊留在七盤山，過了三天才啟程。等到達商州時，因邊走邊收攏散兵，連同武關的守軍合起來共有四千人，軍勢稍稍振作了些。郭子儀於是流著淚曉諭將士要共雪國恥，奪取長安，將士們都深受感動願受約束。郭子儀請太子賓客第五琦做糧料使，負責供給軍中糧草。代宗賜郭子儀詔書，害怕吐蕃軍隊東出潼關，徵召郭子儀到皇帝所在地去。郭子儀上表說：「臣不收復京城，無法來見陛下。如果從藍田出兵，吐蕃必定不敢東進。」代宗同意了。鄜延節度判官段秀實勸說節度使白孝德率兵趕去解救國家危難，白孝德當天就大舉出兵，向南趕往京畿，與蒲州、陝州、商州、華州的軍隊聯合起來進擊吐蕃。

吐蕃擁立廣武王李承宏為帝後，便想掠奪城中的士人、女子以及各類工匠，然後整頓部眾回國。郭子儀派左羽林大將軍長孫全緒率領二百騎兵從藍田出發去觀察敵軍形勢，命令第五琦代理京兆尹，和他一同去，又命令寶應軍使張知節率兵跟上。長孫全緒到達韓公堆，白天就擊鼓張設旗幟，夜晚就點燃很多火把，以迷惑吐蕃。前光祿卿殷仲卿聚集了近千人保衛藍田，與長孫全緒相互呼應，率領兩百多個騎兵直接渡過了滻水。

吐蕃害怕了，老百姓又欺騙他們說：「郭令公從商州率領大軍不計其數，就要到來了！」吐蕃信以為真，漸漸帶著部隊離開。長孫全緒又派射生將王甫進城暗中聯絡少年幾百人，夜晚在朱雀街擊鼓大聲呼叫。吐蕃驚恐，十月二十一日庚寅，全部逃走。高暉聞訊後，率領部下三百多騎兵向東逃跑，到達潼關時，守將李日越把他擒獲而殺了。

十月二十三日壬辰，下詔書任命元載兼任元帥行軍司馬，任命第五琦為京兆尹。二十四日癸巳，任命郭子儀為西京留守。二十五日甲午，郭子儀從商州出發。三十日己亥，任命魚朝恩的部將皇甫溫為陝州刺史，周智光為華州刺史。

驃騎大將軍、判元帥行軍司馬程元振專權自恣❶，人畏之甚於李輔國。諸將有大功者，元振皆忌疾❷欲害之。吐蕃入寇，元振不以時奏❸，致上狼狽❹出幸❺。上發詔徵諸道兵，李光弼等皆忌❻元振居中，莫有至者，中外咸切齒❼而莫敢發言。太常博士柳伉上疏，以為：「犬戎❽犯關度隴，不血刃❾而入京師，劫宮闈，焚陵寢❿，武士無一人力戰者，此將帥叛陛下也。陛下疏元功⓫，委近習⓬，日引月長⓭，以成大禍。羣臣在廷，無一人犯顏⓮回慮⓯者，此公卿叛陛下也。陛下始出都，百姓填然⓰，奪府庫，相殺戮，此三輔叛陛下也。自十月朔⓱召諸道兵，盡四十日，無隻輪⓲入關，此四方叛陛下也。內外離叛，陛下以今日之勢為安邪，危邪？若以為危，豈得高枕⓳，不為天下討罪人乎！臣聞良醫療疾，當病飲藥⓴，藥不當病，猶無益也。陛下視今日之病，何緣至此乎？必欲存宗廟社稷，獨斬元振首，馳告天下，悉出內使㉑隸諸州，持神策兵㉒付大臣，然後削尊號，下詔引咎，曰：『天下其許朕自新改過，宜即募士西赴朝廷。若以朕惡不悛㉓，則帝王大器㉔，敢妨聖賢㉕，其聽天下所往㉖。』如此而兵不至，人不感，天下不服，臣請闔門寸斬㉗以謝陛下！」上以元振嘗有保護功㉘，十一月辛丑㉙，削元振官爵，放歸田里㉚。

【章　旨】以上為第四段，寫宦官程元振專權自恣，諸將百官共忿，唐代宗放歸田里。

【注　釋】❶自恣　為所欲為。❷忌疾　忌恨、妒嫉。❸不以時奏　不及時上奏。❹狼狽　比喻為難窘迫。❺出幸　此指皇帝外逃。❻忌　顧忌；畏懼。❼切齒　咬緊牙齒，表示極端痛恨。❽犬戎　古戎族的一支，在殷周時居於中國西部。此借指吐蕃。❾血刃　血染刀口，指廝殺。❿陵寢　帝王墓地的宮殿。⓫元功　指輔佐復興帝業的元從功臣。元，開始。⓬近習　君主所親幸的左右之人。指宦官程元振之流。⓭日引月長　指一天甚似一天。引，延伸。⓮犯顏　冒犯皇帝的尊嚴。⓯回慮　回心，指勸諫皇帝改變主意。⓰填然　形容聲勢很大。⓱十月朔　十月初一日。⓲隻輪　指一輛軍車。輪，車輪。⓳高枕　指安臥。⓴當病飲藥　指對症下藥。當，對等；相當。㉑內使　此時宦官任內諸司使，故內使乃概指宦官。㉒神策兵　當時宦官魚朝恩領神策軍。㉓悛　改；悔改。㉔大器　寶器，此指帝王座位。㉕敢妨聖賢　意即豈敢妨礙為聖賢之人所有。㉖其聽天下所往　它（指帝王大器）只好聽任天下人心所嚮往的人。㉗闔門寸斬　指全家受極刑。闔，全。寸斬，極刑。猶言粉身碎骨。㉘元振嘗有保護功　指寶應元年（西元七六二年），張后等人謀亂，程元振曾以兵保護太子（即代宗）即位。㉙辛丑　十一月初二日。㉚田里　故鄉。

【語　譯】驃騎大將軍、兼元帥行軍司馬程元振專權放肆，為所欲為，人們害怕程元振比害怕李輔國更嚴重。

對那些有大功的將領，程元振都非常忌恨，總想加害他們。吐蕃入侵，程元振不及時上奏，致使代宗狼狽外逃。代宗發詔書徵調各道兵馬，李光弼等人都顧忌程元振身居朝中要職，沒有人來，朝廷內外都對程元振切齒痛恨，但沒有人敢公開說出來。太常博士柳伉上疏，認為：「吐蕃進犯大震關，越過隴右地區，兵不血刃，進入京師，搶劫宮禁，焚燒陵寢，武士們沒有一個出來奮力作戰的，這是將帥背叛陛下。陛下疏遠元從功臣，把政事託付身邊親幸之人，日甚一日，釀成大禍。群臣在朝廷，沒有一個人敢冒犯陛下尊嚴使陛下回心轉意的，這是公卿大臣背叛陛下。陛下剛離開都城，老百姓便成群結隊地跑出來，搶奪府庫財物，互相殺戮，這是三輔地區背叛陛下。從十月初一日徵召各道兵馬，至今已過了四十天，沒有一個軍車車輪入關，這是四方背叛陛下。朝廷內外都離散背叛，陛下認為今天的形勢是安全呢，還是危險呢？如果認為危險，怎麼還能高枕安臥，而不替天下討伐罪人呢！臣聽說良醫治病，對症吃藥，藥不對症，還是沒有益處的。陛下看今天的病症，是什麼原因才造成如此局面的呢？如果確實想要保存宗廟社稷，只有砍下程元振的頭，馳告天下，把擔任內諸司使的所有宦官全都遷出宮中，隸屬於各州，把神策軍交付大臣掌管，然後削去陛下的尊號，下詔書引咎自責，說：『天下的人如果允許朕改過自新，就當立即召募士兵向西奔赴朝廷。如果認為朕的罪惡不能悔改，那麼帝王的大位，豈敢妨礙聖賢去坐，朕願意聽憑天下所嚮往的人來做帝王。』這樣做了而救援的兵馬還不來，人民還不受感動，天下還不服從，臣請求全家碎屍萬段來向陛下謝罪！」代宗認為程元振曾經有保駕的功勞，十一月初二日辛丑，削去程元振的官職和爵位，放回鄉里。

王甫自稱京兆尹，聚眾二千餘人，署置官屬，暴橫長安中。壬寅❶，郭子儀至滻水西，甫按兵不出。或謂子儀城不可入，子儀不聽，引三十騎徐進，使人傳呼召甫。甫失據❷，出迎拜伏，子儀斬之，其兵盡散。白孝德與邠寧節度使張蘊琦將兵屯畿縣❸，子儀召之入城，京畿遂安。

宦官廣州市舶使❹呂太一發兵作亂，節度使張休棄城奔端州❺。太一縱兵焚掠，官軍討平之。

吐蕃還至鳳翔，節度使孫志直閉城拒守，吐蕃圍之數日。鎮西節度使馬璘聞車駕幸陝，將精騎千餘自河西入赴難。轉鬬至鳳翔，值吐蕃圍城，璘帥眾持滿❻外向，突入城中，不解甲，背城出戰，單騎先士卒奮擊，俘斬千計而歸。明日，虜復逼城請戰，璘開懸門❼以待之。虜引退，曰：「此將軍不惜死，宜避之。」遂去，居於原❽、會❾、成❿、渭之地。

十二月丁亥⓫，車駕發陝州。左丞顏真卿請上先謁陵廟⓬，然後還宮。元載不從，真卿怒曰：「朝廷豈堪相公再壞邪！」載由是銜之。甲午⓭，上至長安，郭子儀帥城中百官及諸軍迎於滻水東，伏地待罪。上勞之曰：「用卿不早，故及於此。」

以魚朝恩為天下觀軍容宣慰處置使⓮，總禁兵，權寵無比。築城於鄠縣⓯及中渭橋，屯兵以備吐蕃。以駱奉仙為鄠縣築城使⓰，遂將其兵。

乙未⓱，以苗晉卿為太保，裴遵慶為太子少傅，並罷政事。以宗正卿⓲李峴為黃門侍郎、同平章事。遵慶既去，元載權益盛，以貨結內侍董秀，使主書卓英倩潛與往來，上意所屬，載必先知之，承意探微⑲，言無不合，上以是益[1]愛之。英倩，金州人也。

吐蕃既去，廣武王承宏逃匿草野，上赦不誅。丙申⑳，放之於華州。

程元振既得罪，歸三原，聞上還宮，衣婦人服，私入長安，復規㉑任用，京兆府擒之以聞。

吐蕃陷松、維、保㉒三州及雲山㉓新築二城，西川節度使高適不能救，於是劍南西山諸州㉔亦入於吐蕃矣。

【章旨】以上為第五段，寫唐代宗返回長安，宦官魚朝恩用事。

【注釋】❶壬寅　十一月初三日。❷失據　失去依靠。❸畿縣　唐代京都的縣，在長安城內的叫京縣，城外的叫畿縣。❹市舶使　使職名，在廣州、揚州、交州等對外交通港口設置的掌管對外交通貿易的差遣官。開元初年已有市舶使的記載。廣州市舶使有時由宦官充任。❺端州　州名，治所在今廣東肇慶。❻持滿　拉滿弓弦。❼懸門　古時城門所設的門閘，在左右開啟的城門之外，平時掛起，有警時則放下，形成雙重門，以此來加固防衛。❽原　州名，治所在今寧夏固原。❾會　州名，治所在今甘肅靖遠。❿成　州名，治所在今甘肅禮縣西南。⓫丁亥　十二月十九日。⓬陵廟　帝王的陵墓和宗廟。⓭甲午　十二月二十六日。⓮天下觀軍容宣慰處置使　使職名，是以宦官充任的監視一切出征將帥兼有統領指揮大權的最高軍事差遣官，位高權重。⓯鄠縣　縣名，縣治在今陝西戶縣。⓰築城使　使職名，主管修築城池事務。⓱乙未　十二月二十七日。⓲宗正卿　官名，宗正寺長官，掌皇族宗室事務。⓳承意探微　稟承意旨，刺探細微。⓴丙申　十二月二十八日。㉑規　謀求。

㉒松維保　皆州名，松州治所在今四川松潘，維州治所在今四川理縣東北，保州治所在今四川理縣北孟屯河中下游。㉓雲山縣名，縣治在今四川理縣。㉔劍南西山諸州　指劍南道岷山以西的松、維、保、悉、靜、當、柘、恭、奉等州。

【校　記】①益　據章鈺校，十二行本、乙十一行本皆作「愈」。

【語　譯】王甫自稱京兆尹，聚眾兩千多人，設置官員下屬，在長安城中橫行霸道。十一月初三日壬寅，郭子儀到達滻水西邊，王甫按兵不動。有人對郭子儀說長安城不可進入，郭子儀不聽，帶了三十名騎兵緩緩前行，派人傳呼召來王甫。王甫沒了主意，只好出來迎接，伏地叩拜，郭子儀把他斬了，他的部下全都逃散。白孝德與邠寧節度使張蘊琦率兵駐紮在畿縣，郭子儀召他們進城，於是京畿地區安定了下來。

宦官廣州市舶使呂太一起兵作亂，節度使張休放棄城池逃往端州。呂太一放縱士兵燒殺搶掠，官軍討伐平定了他。

吐蕃回軍途中到達鳳翔，節度使孫志直關閉城門進行抵抗，吐蕃軍隊包圍鳳翔好幾天。鎮西節度使馬璘聽說代宗到達陝州，率領精銳騎兵一千多人從河西趕來解救危難。一路轉戰來到鳳翔，遇上吐蕃軍隊圍城，馬璘率領部眾手持滿弓，面向外直指敵人，突破包圍進入城中，沒有卸下鎧甲休息，又背靠城池出來作戰。馬璘單槍匹馬，身先士卒，奮勇攻擊，俘虜斬殺數以千計的敵人才回。第二天，敵人又逼近城下挑戰，馬璘打開縣門，嚴陣以待。敵人退了回去，說：「這位將軍不怕死，應該避開他。」於是就離開了，留居在原州、會州、成州、渭州等地。

十二月十九日丁亥，代宗從陝州出發。左丞顏真卿請求代宗先拜謁陵廟，然後回宮。元載不同意，顏真卿生氣地說：「朝廷哪裡經受得住你再次破壞呢！」元載由此對他懷恨在心。二十六日甲午，代宗到達長安，郭子儀率城中百官及各路軍隊在滻水東邊迎接，伏在地上等待代宗治罪。代宗慰勞他說：「朕沒有及早任用你，所以才導致這種局面。」

任命魚朝恩為天下觀軍容宣慰處置使，統領禁兵，權勢和恩寵無人能比。在鄠縣和中渭橋修築城池，駐紮軍隊以防備吐蕃。任命駱奉仙為鄠縣築城使，並統率那裡的軍隊。

十二月二十七日乙未，任命苗晉卿為太保，裴遵慶為太子少傅，都罷除政事。任命宗正卿李峴為黃門侍郎、同平章事。裴遵慶離開後，元載的權力更大，用錢財勾結內侍董秀，派主書卓英倩暗中與他往來，代宗有什麼想法，元載必定最先知道，於是就順承代宗的想法，探求代宗細微的心思，所說的話無不與代宗的心意相合，代宗因此就更加寵愛他。卓英倩，是金州人。

吐蕃離開後，廣武王李承宏逃到民間躲了起來，代宗赦免不殺他。十二月二十八日丙申，把他流放到華州。

程元振因罪撤職後，回到三原，聽說代宗回到宮中，他穿上女人的衣服，私自進入長安，再次謀求受到任用，京兆府抓住他奏報朝廷。

吐蕃攻陷松州、維州、保州三個州和雲山新修築的兩座城，西川節度使高適不能去救援，於是劍南西山各州也落入吐蕃之手。

二年（甲辰　西元七六四年）

春，正月壬寅❶，敕稱程元振變服潛行，將圖不軌，長流溱州。上念元振之功，尋復令於江陵安置。

癸卯❷，合劍南東、西川為一道，以黃門侍郎嚴武為節度使。

丙午❸，遣檢校刑部尚書顏真卿宣慰朔方行營。上之在陝也，顏真卿請奉詔召僕固懷恩，上不許。至是，上命真卿說諭懷恩入朝。對曰：「陛下在陝，臣往，以忠義責之，使之赴難，彼猶有可來之理。今陛下還宮，彼進不成勤王❹，退不能釋眾，召之，庸肯至乎！且言懷恩反者，獨辛雲京、駱奉仙、李抱玉、魚朝恩四人耳，自餘[1]羣臣皆言其枉。陛下不若以郭子儀代懷恩，可不戰而服也。」時汾州別駕李抱真❺，抱玉之從父弟也，知懷恩有異志，脫身歸京師。上方以懷恩為憂，召見抱真問計，對曰：「此不足憂也。朔方將士思郭子儀，如子弟之思父兄。懷恩欺其眾云，郭子儀已為魚朝恩所殺。眾信之，故為其用耳。陛下誠以子儀領朔方，彼皆不召而來耳。」上然之。

甲寅❻，禮儀使❼杜鴻漸奏：「自今祀圜丘、方丘❽請以太祖配，祈穀❾以高祖配，大雩❿以太宗配，明堂⓫以肅宗配。」從之。

乙卯⓬，立雍王适為皇太子。

吐蕃之入長安也，諸軍亡卒及鄉曲無賴子弟相聚為盜。吐蕃既去，猶竄伏南山子午等五谷⓭，所在為患。丁巳⓮，以太子賓客薛景仙為南山五谷防禦使以討之。

魏博節度使⓯田承嗣奏名所管曰天雄軍，從之。

僕固懷恩既不為朝廷所用，遂與河東都將⓰李竭誠潛謀取太原。辛雲京覺之，殺竭誠，乘城⑰設備。懷恩使其子瑒將兵攻之，雲京出與戰，瑒大敗而還，遂引兵圍榆次。上謂郭子儀曰：「懷恩父子負朕實深。聞朔方將士思公如枯旱之望雨，公為朕鎮撫河東，汾上之師⑱必不為變。」戊午⑲，以子儀為關內、河東副元帥、河中節度等使。懷恩將士聞之，皆曰：「吾輩從懷恩為不義，何面目見汾陽王⑳！」

癸亥㉑，以劉晏為太子賓客，李峴為詹事，並罷政事。晏坐與程元振交通；元振獲罪，峴有功[2]焉，由是為宦官所疾㉒，故與晏皆罷。以右散騎常侍王縉㉓為黃門侍郎，太常卿杜鴻漸為兵部侍郎，並同平章事。

丁卯㉔，以郭子儀為朔方節度大使。二月，子儀至河中。雲南子弟㉕萬人戍河中，將貪卒暴，為一府患，子儀斬十四人，杖三十人，府中遂安。

癸酉㉖，上朝獻太清宮。甲戌㉗，享太廟。乙亥㉘，祀昊天上帝於圜丘。

【章　旨】以上為第六段，寫僕固懷恩反叛，唐代宗重新起用郭子儀為朔方節度大使以招懷舊部。

【注　釋】❶壬寅　正月初四日。❷癸卯　正月初五日。❸丙午　正月初八日。❹勤王　出兵救援天子。❺李抱真　（西元七三二—七九四年）字太雲，德宗朝任昭義軍節度使，勤於王事。官至檢校左僕射、平章事，封義陽郡王。傳見《舊唐書》卷一百三十二、《新唐書》卷一百三十八。❻甲寅　正月十六日。❼禮儀使　使職名，專掌國家禮儀的差遣官。禮儀本由太常職掌，景雲元年（西元七一〇年）中書令姚元之已具禮儀使銜。天寶九載（西元七五〇年）始置使專掌。亦稱禮儀祠祭使。建中元年（西元七八〇年）後不再設置，遇有南郊大禮則臨時設置，禮畢即停。❽祀圜丘方丘　圜丘，古代冬至日祭天的圓形高壇。方丘，夏至日祭地之壇。祀圜丘、方丘，即祭祀天地，都屬於吉禮的大祀。❾祈穀　古代每年二十二種常祀之一。冬至、正月上辛舉行的祭禮，以祈求五穀豐登。❿大雩　古代每年二十二種常祀之一。在孟夏舉行的祭禮，以祈求下雨。⓫明堂　季秋大享於明堂，也是古代每年二十二種常祀之一。⓬乙卯　正月十七日。⓭南山子午等五谷　南山，長安以南西接岐州、東抵虢州的秦嶺群山。五谷，陝西秦嶺間的五條谷道，即子午谷（古人以「子」為北，「午」為南，是由關中通漢中的南北通道，在今陝西長安南）、斜谷（在今眉縣西南）、駱谷（在今周至西南，谷長四百餘里，為關中與漢中的交通要道）、藍田谷（在今藍田東南）、衡嶺谷（不詳所在）。⓮丁巳　正月十九日。⓯魏博節度使　使職名，為魏博鎮的差遣長官，掌該鎮軍事、行政、賦稅等大權。魏博，方鎮名，轄魏、博、德、滄、瀛五州，廣德元年（西元七六三年）置，為河北三鎮之一，治所在今河北大名東北。⓰都將　武官名，權重，可單獨統領兵馬，類似藩鎮自置的兵馬使。胡三省注認為都將即都知兵馬使。都知兵馬使又在兵馬使之上。⓱乘城　登城。⓲汾上之師　駐紮汾州（治所在今山西汾陽）的軍隊，指朔方軍。⓳戊午　正月二十日。⓴汾陽王　指郭子儀。寶應元年（西元七六二年）封為汾陽郡王。㉑癸亥　正月二十五日。㉒由是為宦官所疾　李峴相肅宗，即不被李輔國所容。宦官之恨李峴，由來已久。㉓王縉　（西元七〇〇—七八一年）字夏卿，本太原祁（今山西祁縣）人，後客居河中（府名，治今山西永濟蒲州鎮）。早年以文翰著名。黨附元載，官至門下侍郎、中書門下平章事。傳見《舊唐書》卷一百十八、《新唐書》卷一百四十五。㉔丁卯　正月二十九日。㉕雲南子弟　岑仲勉先生認為，此雲南字斷非指今之滇省，因為雲南去河中極遠，時南詔方叛唐，其子弟不可能萬人戍河中。但又無別種史料相校，難定是否字訛。見《通鑑隋唐紀比事質疑》。㉖癸酉　二月初五日。㉗甲戌　二月初六日。㉘乙亥　二月初七日。

【校　記】①餘　據章鈺校，十二行本、乙十一行本皆作「外」。②功　據章鈺校，十二行本、乙十一行本皆作「力」。

【語　譯】二年（甲辰　西元七六四年）

春，正月初四日壬寅，代宗下敕書說程元振改換服裝偷偷出行，將要圖謀不軌，將他長期流放到溱州。不久代宗念及程元振曾有保駕之功，又下令在江陵安置。

正月初五日癸卯，把劍南東、西川合為一道，任命黃門侍郎嚴武為節度使。

正月初八日丙午，派檢校刑部尚書顏真卿前去宣諭慰問朔方行營。代宗在陝州時，顏真卿請求奉詔書去徵召僕固懷恩，代宗不許。到這時，代宗命顏真卿去勸說曉諭僕固懷恩入朝，顏真卿回答說：「陛下在陝州時，臣前往，用忠義的道理責備他，讓他趕來解救國家的危難，他還有可以來的理由。如今陛下回到了宮中，他進說不上是出兵救援君王，退則不能向大家解釋，召他來，他怎麼肯來呢！況且說僕固懷恩謀反的，只有辛雲京、駱奉仙、李抱玉和魚朝恩四個人罷了，其餘大臣都說他是冤枉的。陛下不如任命郭子儀代替僕固懷恩，可以不戰而使他服從。」當時汾州別駕李抱真，是李抱玉的堂弟，他知道僕固懷恩有反叛的意向，就脫身返回京師。代宗正因僕固懷恩的事感到憂慮，就召見李抱真詢問對策，李抱真回答說：「這件事不值得憂慮。朔方將士思念郭子儀，就如同子弟思念父兄。僕固懷恩欺騙他的部眾說，郭子儀已被魚朝恩所殺。部眾都相信了，所以為他所用。陛下如果真讓郭子儀統領朔方，他們都會不召而來的。」代宗認為他說得對。

正月十六日甲寅，禮儀使杜鴻漸上奏說：「從今以後，祭祀圜丘、方丘時請求以太祖配祀，祈禱穀神時以高祖配祀，舉行大雩祭祀時以太宗配祀，明堂祭祀時以肅宗配祀。」代宗同意了。

正月十七日乙卯，立雍王李适為皇太子。

吐蕃進入長安時，各軍逃亡的士卒以及鄉里中的無賴子弟相聚在一起做強盜。吐蕃離開後，他們仍然流竄潛伏在南山的子午谷等五個山谷中，到處造成禍害。正月十九日丁巳，任命太子賓客薛景仙為南山五谷防禦使去討伐他們。

魏博節度使田承嗣上奏請求把所管轄的地區取名為天雄軍，代宗同意了。

僕固懷恩既然不被朝廷重用，便與河東都將李竭誠暗中謀劃奪取太原。辛雲京覺察到這件事，殺死了李竭誠，登城設防。僕固懷恩派他的兒子僕固瑒率兵攻城，辛雲京出城與他交戰，僕固瑒大敗而回，於是帶兵包圍榆次。代宗對郭子儀說：「僕固懷恩父子辜負朕實在很深。聽說朔方將士思念你就像乾枯久旱盼望下雨一樣，你去替朕鎮撫河東，汾州的朔方軍一定不會叛變。」正月二十日戊午，任命郭子儀為關內、河東副元帥、河中節度等使。僕固懷恩的將士聽說此事，都說：「我們跟隨僕固懷恩做不義的事，還有什麼臉面去見汾陽王！」

正月二十五日癸亥，任命劉晏為太子賓客，李峴為詹事，一併停止參議國家政事。劉晏獲罪是因為與程元振結交；程元振被治罪，李峴是有功的，因此被宦官所忌恨，所以與劉晏一起罷除政事。任命右散騎常侍王縉為黃門侍郎，太常卿杜鴻漸為兵部侍郎，一併同平章事。

正月二十九日丁卯，任命郭子儀為朔方節度大使。二月，郭子儀到達河中。當時，雲南地區當兵的年輕人一萬人戍守河中，將領貪婪，士兵橫暴，成為河中府的禍患，郭子儀殺了十四人，棍打三十人，河中府才安定下來。

二月初五日癸酉，代宗在太清宮舉行朝獻祭禮。初六日甲戌，享祭太廟。初七日乙亥，在圜丘祭祀昊天上帝。

僕固瑒圍榆次，旬餘不拔。遣使急發祁縣兵，李光逸盡與之。士卒未食，行不能前，十將白玉、焦暉以鳴鏑❶射其後者❷。軍士曰：「將軍何乃❸射人？」玉曰：「今從人反，終不免死。死一也，射之何傷！」至榆次，瑒責其遲，胡人曰：「我乘馬，乃漢卒不行耳。」瑒捶漢卒，卒皆怨怒，曰：「節度使黨胡人。」其夕，焦暉、白玉帥眾攻瑒，殺之。僕固懷恩聞之，入告其母。母曰：「吾語汝勿反，國家待汝不薄，今眾心既變，禍必及我，將如之何！」懷恩不對，再拜而出。母提刀逐之，曰：「吾為國家殺此賊，取其心以謝三軍！」懷恩疾走，得免，遂與麾下三百度河北走。

時朔方將渾釋之守靈州，懷恩檄至，云全軍歸鎮。釋之曰：「不然，此必眾潰矣。」將拒之，其甥張韶曰：「彼或翻然❹改圖，以眾歸鎮，何可不納也！」釋之疑未決。懷恩行速，先候者❺而至，釋之不得已納之。張韶以其謀告懷恩，懷恩以韶為間❻，殺釋之而收其軍，使韶主之，既而曰：「釋之，舅也，彼尚負之，安有忠於我哉！」他日，以事杖之，折其脛❼，置於彌峨城❽而死。

都虞候張維嶽在沁州，聞懷恩去，乘傳❾至汾州，撫定其眾，殺焦暉、白玉而竊其功，以告郭子儀。子儀使牙官❿盧諒至汾州，維嶽賂諒，使實其言⓫。子儀奏維嶽殺瑒，傳首詣闕。羣臣入賀，上慘然不悅，曰：「朕信⓬不及人，致勳臣⓭顛越⓮，深用為愧，又何賀焉！」命輦懷恩母至長安，給待[1]優厚。月餘，以壽終，以禮葬之，功臣皆感歎。

戊寅⓯，郭子儀如汾州，懷恩之眾數萬[2]悉歸之，咸鼓舞涕泣，喜其來而悲其晚也。子儀知盧諒之詐，杖殺之。上以李抱真言有驗，遷殿中少監。

【章旨】以上為第七段，寫郭子儀入邠州，懷恩之眾，涕泣歸服。

【注釋】❶鳴鏑　指響箭。鏑，箭頭。❷後者　落在隊伍後面的人。❸何乃　怎麼能。❹翻然　又作「幡然」，亦云「反然」，指改變。❺候者　即候人，迎送賓客的官員。❻間　離間。❼脛　小腿。❽彌峨城　不詳所在。❾傳　驛馬。❿牙官　節鎮、州、府都有牙官，為府衙的屬官，供衙署驅使。⓫使實其言　使郭子儀相信張維嶽竊功的話為實。實，信。⓬信　守信用。⓭勳臣　功臣。⓮顛越　隕落；從高處墜落。⓯戊寅　二月初十日。

【校　記】①待　原作「侍」。據章鈺校，十二行本、乙十一行本皆作「待」，今從改。②數萬　原無此二字。據章鈺校，十二行本、乙十一行本皆有此二字，張敦仁《通鑑刊本識誤》同，今據補。

【語　譯】僕固瑒包圍榆次，十幾天沒有攻取。派使者緊急徵調祁縣的部隊，李光逸把祁縣的部隊全都交給了他。士卒因為沒有吃東西，不能向前行進，十將白玉、焦暉用響箭射那些落在隊伍後面的人。軍士說：「將軍怎麼能射人？」白玉說：「如今跟著別人造反，最終免不了要死。怎麼死都一樣，用箭射人又有何妨！」到達榆次，僕固瑒指責他們來遲了，胡人士兵說：「我們騎馬，是漢人士卒走不動。」僕固瑒鞭打漢人士卒，士卒們都又怨又怒，說：「節度使偏袒胡人士兵。」當天晚上，焦暉、白玉率領部眾攻打僕固瑒，把他殺了。僕固懷恩聞訊後回家告訴他的母親。他的母親說：「我告訴你不要謀反，國家待你不薄，現在眾人已經變心，災禍必然牽連到我，這將如何是好！」僕固懷恩沒有回答，拜了兩拜出門走了。他的母親提著刀追趕他，說道：「我替國家殺掉這個叛賊，挖出你的心來向三軍謝罪！」僕固懷恩飛快逃跑，得以脫身免死，於是便與部下三百人渡過黃河向北逃走。

當時朔方將領渾釋之守衛靈州，僕固懷恩的檄文到了，說全軍要返回鎮所。渾釋之說：「不對，這一定是部隊潰敗了。」準備拒絕他，他的外甥張韶說：「他也許已幡然改變想法，率領部隊返回鎮所，怎麼可以不接納他呢！」渾釋之心中疑惑，尚未作出決定。僕固懷恩行動迅速，沒等見到迎接賓客的官吏就先已到達了，渾釋之不得已而接納了他。張韶把渾釋之的打算告訴了僕固懷恩，僕固懷恩把張韶當做內應，殺掉渾釋之而接管了他的軍隊，讓張韶統領，不久，僕固懷恩又認為：「渾釋之是他舅舅，他尚且會背棄，他怎麼會對我效忠呢！」後來，僕固懷恩找了個事由拷打他，打斷了他的小腿，將他棄置在彌峨城而死去。

都虞候張維嶽在沁州，聽說僕固懷恩離去，便乘驛馬趕到汾州，安撫穩定他的部眾，殺了焦暉、白玉而竊取他們的功勞，然後向郭子儀報告。郭子儀派牙官盧諒到汾州，張維嶽賄賂盧諒，讓他把自己所謊報的功勞說成是真實的。郭子儀於是奏報說是張維嶽殺了僕固瑒，把僕固瑒的首級傳送到宮中。群臣入朝慶賀，代宗卻憂傷而並無喜悅之色，說：「朕的誠意不能使人相信，致使功臣死亡，朕因此深感慚愧，又有什麼值得慶賀的呢！」下令用車子把僕固懷恩的母親接到長安，供給待遇非常優厚。一個多月後，她壽終正寢，又按照禮儀將她安葬，功臣們對此都感動讚歎。

二月初十日戊寅，郭子儀到汾州，僕固懷恩的數萬部眾全都歸附了郭子儀，他們都既歡欣鼓舞又悲傷哭泣，高興的是郭子儀來了，悲傷的是他來得太晚了。郭子儀得知盧諒的欺詐，施杖刑把他打死。代宗因李抱真的話得到了證實，提拔他為殿中少監。

上之幸陝也，李光弼竟遷延不至。上恐遂成嫌隙❶，其母在河中，數遣中使存問之。吐蕃退，除光弼東都留守，以察其去就。光弼辭以就江、淮糧運，引兵歸徐州。上迎其母至長安，厚加供給，使其弟光進❷掌禁兵，遇之加厚。

戊子❸，赦天下[1]。

自喪亂以來，汴水❹堙廢❺，漕運者自江、漢抵梁、洋❻，迂險勞費❼。三月己酉❽，以太子賓客劉晏為河南、江、淮以來轉運使，議開汴水。庚戌❾，又命晏與諸道節度使均節❿賦役，聽從[2]便宜⓫行畢[3]以聞。時兵火之後，中外艱食⓬，關中米斗千錢，百姓挼穗⓭以給禁軍，宮廚⓮無兼時⓯之積。晏乃疏浚⓰汴水，遺元載書⓱，具陳漕運利病，令中外相應。自是每歲運米數十萬石以給關中。唐世稱[4]漕運之能者，推晏為首，後來者皆遵其法度云。

甲子⑱，盛王琦⑲薨。

党項寇同州，郭子儀使開府儀同三司李國臣⑳擊之，曰：「虜得間則出掠，官軍至則逃入山。宜使羸師居前以誘之，勁騎居後以覆之。」國臣與戰於澄城㉑北，大破之，斬首捕虜千餘人。

【章旨】以上為第八段，寫劉晏為河南江淮轉運使，漕運暢通。

【注釋】❶嫌隙 由猜疑而成的隔閡、仇怨。❷光進 李光進，李光弼弟。官至太子太保，封武威郡王。傳見《新唐書》卷一百三十六。❸戊子 二月二十日。❹汴水 古水名，隋代開通濟渠，因其中自今河南滎陽至開封一段利用原來的汴水，故唐、宋人遂將自出黃河至入淮河的通濟渠東段全流統稱為汴水、汴河或汴渠。❺堙廢 填塞而廢棄。❻梁洋 指梁州、洋州。梁州治所在今陝西漢中。洋州治所在今陝西洋縣。❼迂險勞費 迂迴曲折，路途艱險，勞民傷財。❽己酉 三月十二日。❾庚戌 三月十三日。❿均節 均平調節。⓫聽從便宜 聽任便宜處置。⓬艱食 食糧困難。⓭挼穗 指穀未成熟，用兩手揉穗以脫粒。挼，兩手揉搓。穗，穀穗。⓮宮廚 皇宮中的廚房，專供御膳及宮中人員食膳。⓯兼時 兩時。此指連續兩頓飯。⓰浚 疏通。⓱遺元載書 劉晏於廣德二年（西元七六四年）考察黃河、汴水、泗水後寫給宰相元載的信。詳《唐會要》卷八十七。⓲甲子 三月二十七日。⓳盛王琦 玄宗第二十一子。傳見《舊唐書》卷一百七、《新唐書》卷八十二。⓴李國臣 本姓安，積功為雲麾大將軍，賜姓李，曾任鹽州刺史。傳見《新唐書》卷一百三十六。㉑澄城 縣名，縣治在今陝西澄城。

【校記】[1]戊子赦天下 原無此五字。據章鈺校，十二行本、乙十一行本皆有此五字，張瑛《通鑑校勘記》同，今據補。[2]從 原無此字。據章鈺校，十二行本、乙十一行本皆有此字，今據補。[3]畢 據章鈺校，孔天胤本作「事」。[4]稱 原作「推」。據章鈺校，十二行本、乙十一行本皆作「稱」，今從改。

【語譯】代宗到達陝州時，李光弼竟然拖延時間沒有奉召而來。代宗擔心因此形成隔閡，正好他的母親在河中，便多次派宮中使者去慰問。吐蕃退走後，任命李光弼為東都留守，以觀察他的去留動向。李光弼藉口江、淮糧運事加以辭謝，帶兵回到徐州。代宗接他的母親到長安，供給豐厚，讓他的弟弟李光進掌管禁兵，待遇更加優厚。

二月二十日戊子，大赦天下。

自從安史之亂以來，汴水因堵塞而遭廢棄，漕運都是從長江、漢水運到梁州、洋州，路途迂迴曲折又很艱險，勞民傷財。三月十二日己酉，任命太子賓客劉晏為河南、江、淮以來轉運使，商議開通汴水。十三日庚戌，又命劉晏與諸道節度使平均調節賦稅和勞役，准他依據具體情況可自行處置，事後再奏報朝廷。當時正值戰亂之後，京城內外糧食匱乏，關中的米價每斗一千錢，老百姓揉搓穀穗來供應禁軍，宮中廚房也沒有可以連續吃兩頓的存糧。劉晏便疏通汴水，寫信給元載，詳細說明漕運的利弊，讓朝廷內外的有關官員都來配合。從此，每年運米達幾十萬石以供給關中。唐代漕運稱道有能力的人，首推劉晏，後來從事漕運的人都遵循他的法度。

三月二十七日甲子，盛王李琦去世。

党項侵犯同州，郭子儀派開府儀同三司李國臣去攻打党項，說：「党項一有機會就出來掠奪，官軍到後就逃進山裡。應該派疲弱的士兵在前面引誘他們，把戰鬥力強的騎兵放在後面去消滅他們。」李國臣在澄城北面與党項交戰，大敗他們，殺死俘虜了一千多人。

夏，五月癸丑❶，初行五紀曆❷。

庚申❸，禮部侍郎楊綰奏歲貢孝弟力田❹無實狀，及童子科❺皆僥倖，悉罷之。

郭子儀以安、史昔據洛陽，故諸道置節度使以制其要衝。今大盜已平，而所在聚兵，耗蠹❻百姓，表請罷之，仍自河中為始。六月庚辰❼[1]，敕罷河中節度及耀德軍❽。子儀復請罷關內副元帥，不許。

僕固懷恩至靈武，收合散亡，其眾復振。上厚撫其家。癸未❾，下詔稱其「勳勞著於帝室，及於天下。疑隙之端，起自群小❿，察其深衷⓫，本無它志，君臣之義，情實如初。但以河北既平，朔方已有所屬，宜解河北副元帥、朔方節度等使，其太保兼中書令、大寧郡王如故。但當詣闕，更勿有疑。」懷恩竟不從。

秋，七月庚子⓬，稅天下青苗錢⓭以給百官俸。

太尉兼侍中、河南副元帥、臨淮武穆王李光弼治軍嚴整，指顧⓮號令，諸將莫敢仰視⓯，謀定而後戰，能以少制眾，與郭子儀齊名。及在徐州，擁兵不朝，諸將田神功等不復稟畏⓰。光弼愧恨⓱成疾，己酉⓲，薨。八月丙寅⓳，以王縉代光弼都統河南、淮西、山南東道諸行營。

郭子儀自河中入朝，會涇原⓴奏僕固懷恩引回紇、吐蕃十萬眾將入寇，京師震駭，詔子儀帥諸將出鎮奉天。上召問方略㉑，對曰：「懷恩無能為也。」上曰：「何故？」對曰：「懷恩勇而少恩，士心不附。所以能入寇者，因思歸之士耳㉒。

懷恩本臣偏裨，其麾下皆臣部曲，必不忍以鋒刃相向，以此知其無能為也。」辛巳㉓，子儀發，赴奉天。

甲午㉔，加王縉東都留守。

河中尹兼節度副使㉕崔寓發鎮兵西禦吐蕃，為法不一。九月丙申㉖，鎮兵作亂，掠官府及居民，終夕㉗乃定。

丙午㉘，加河東節度使辛雲京同平章事。

辛亥㉙，以郭子儀充北道邠寧、涇原、河西以東[2]通和吐蕃使㉚，以陳鄭、澤潞節度使李抱玉充南道通和吐蕃使。子儀聞吐蕃逼邠州，甲寅㉛，遣其子朔方兵馬使晞㉜將兵萬人救之。

己未㉝，劍南節度使嚴武破吐蕃七萬眾，拔當狗城㉞。○關中蟲蝗、霖雨㉟，米斗千餘錢。

僕固懷恩前軍至宜祿㊱，郭子儀使右兵馬使李國臣將兵為郭晞後繼。邠寧節度使白孝德敗吐蕃于宜祿。冬，十月，懷恩引回紇、吐蕃至邠州，白孝德、郭晞閉城拒守。○庚午㊲，嚴武拔吐蕃鹽川城㊳。

僕固懷恩與回紇、吐蕃進逼奉天，京師戒嚴。諸將請戰，郭子儀不許，曰：

「虜深入吾地，利於速戰。吾堅壁以待之，彼以吾為怯，必不戒，乃可破也。若遽戰而不利，則眾心離矣。敢言戰者斬！」辛未㊴夜，子儀出陳於乾陵㊵之南。壬申㊶未明，虜眾大至。虜始以子儀為無備，欲襲之，忽見大軍，驚愕，遂不戰而退。子儀使裨將李懷光㊷等將五千騎追虜，至麻亭㊸而還。虜至邠州，丁丑㊹，攻之，不克。乙酉㊺，虜涉涇而遁。

懷恩之南寇也，河西節度使楊志烈發卒五千，謂監軍柏文達曰：「河西銳卒，盡於此矣。君將之以攻靈武，則懷恩有返顧㊻之慮，此亦救京師之一奇也！」文達遂將其[3]眾擊摧砂堡㊼、靈武縣㊽，皆下之，進攻靈州。懷恩聞之，自永壽㊾遽歸，使蕃、渾二千騎夜襲文達，大破之，士卒死者殆半。文達將餘眾歸涼州，哭而入。志烈迎之曰：「此行有安京室之功，卒死何傷！」士卒怨其言。未幾，吐蕃圍涼州，士卒不為用，志烈奔甘州，為沙陀㊿所殺，涼州遂陷[4]。沙陀者[5]，姓朱耶，世居沙陀磧(51)，因以為名。

【章旨】以上為第九段，寫李光弼擁兵徐州，憂憤而死。郭子儀擊退僕固懷恩連兵回紇、吐蕃之入寇。

【注釋】❶癸丑　五月十七日。❷五紀曆　曆法名，寶應元年（西元七六二年），以《至德曆》不合天象，詔司天臺官屬郭獻之等以李淳風撰《麟德曆》，參照《大衍曆》，另撰新曆。曆成，唐代宗題名《五紀曆》。行用二十餘年，至建中五年（西元七八四年）廢。❸庚申　五月二十四日。❹孝弟力田　漢代以來的察舉科目。唐代制舉也有孝弟力田之科。孝弟，孝順父母，友愛兄弟。力田，努力耕田。❺童子科　唐制，凡十歲以下，能通規定的儒經者，根據應試的成績，給予出身或授官，稱為童子科。❻耗蠹　耗費損害。❼庚辰　六月十四日。❽耀德軍　軍鎮名，乾元二年（西元七五九年）以河中節度使之軍名耀德軍。❾癸未　六月十七日。❿羣小　眾小人。⓫深衷　內心深處。⓬庚子　七月初五日。⓭青苗錢　地稅的附加稅。廣德二年（西元七六四年）正月決定徵天下地畝青苗錢，七月開始徵收，每畝十五文，用來作百司課料。大約同時又徵收青苗地頭錢，是為青苗錢的附加稅。據宋白《續通典》載，大曆五年（西元七七〇年）五月詔，青苗錢以前每畝徵十五文，地頭錢每畝徵二十五文。自今以後，全部以青苗錢為名，每畝減五文，徵三十五文。隨徵夏稅時據數徵納。後來青苗錢也用作軍費或天子的用費。⓮指顧　手指目視。⓯仰視　抬頭看。⓰稟畏　聽命、敬畏。李光弼不聽命於朝廷，故諸將不敬畏李光弼。⓱愧恨　羞愧悔恨。⓲己酉　七月十四日。⓳丙寅　八月初一日。⓴涇原　方鎮名，治所在今甘肅涇川縣北。長期轄有涇、原二州。㉑方略　計謀策略。㉒因思歸之士耳　指僕固懷恩入寇，是順應部眾思歸故里。由此可知，懷恩之眾多關內、河東人。㉓辛巳　八月十六日。㉔甲午　八月二十九日。㉕河中尹兼節度副使　五月已罷河中節度使，此不應又言節度副使，或指前官。㉖丙申　九月初二日。㉗終夕　整晚；一夜。㉘丙午　九月十二日。㉙辛亥　九月十七日。㉚通和吐蕃使　這是以通和使之名，從河東、河南調集兩支軍隊去西邊抵禦吐蕃和僕固懷恩的進攻。以「通和」為名，顯然是出於策略考慮，是為了緩和與吐蕃的關係及有利於招撫僕固懷恩。㉛甲寅　九月二十日。㉜晞　郭晞（？—西元七九四年），郭子儀第三子。少善騎射，常從父征戰。官至檢校工部尚書、太子賓客，封趙國公。傳見《舊唐書》卷一百三十、《新唐書》卷一百三十七。㉝己未　九月二十五日。㉞當狗城　城名，故址在今四川理縣東南新保關西。㉟霖雨　連天陰雨。㊱宜祿　縣名，縣治在今陝西長武。㊲庚午　十月初六日。㊳鹽川城　城名，故址在今四川理縣東南新保關西北。㊴辛未　十月初七日。㊵乾陵　唐高宗與武則天的合葬墓。在今陝西乾縣梁山。㊶壬申　十月初八日。㊷李懷光　（西元七二九—七八五年）勃海靺鞨人，本姓茹，其父以戰功賜姓李。懷光以軍功加中書令。討伐朱泚時，因受譖憤懣而反叛被殺。傳見《舊唐書》卷一百二十一、《新唐書》卷二百二十四上。㊸麻亭　地名，在今陝西永壽西北。㊹丁丑　十月十三日。㊺乙酉　十月二十一日。㊻返顧　回顧；後顧。㊼摧砂堡　城堡名，在今寧夏固原西北。㊽靈武縣　縣名，縣治在今寧夏永寧西南。㊾永壽　縣名，縣治在今陝西永壽。㊿沙陀　我國古部族名，西突厥別部，又稱沙陀突厥。貞觀中居金莎山（今尼赤金山）南、蒲類海（今新疆巴里坤湖）以東，其地有大磧名沙陀，故以為部族名。憲宗（西元八〇六—八二〇年）時內附，唐末參與鎮壓黃巢，五代後唐、後晉、北漢三朝皇族皆沙陀人。詳《新唐書》卷二百十八。51沙陀磧　即今新疆古爾班通古特沙漠。

【校記】1庚辰　原無此二字。據章鈺校，十二行本、乙十一行本皆有此二字，今據補。2以東　原誤作「以來」。據章鈺校，孔天胤本作「以東」，尚不誤，今據以校正。按，《舊唐書》卷一百二十〈郭子儀傳〉云：「明年（廣德二年）九月，以子儀守太尉，充北道邠寧、涇原、河西已東通和蕃及朔方招撫觀察使。」此為「來」字乃「東」字之誤的又一確證。3其　原無此字。據章鈺校，十二行本、乙十一行本皆有此字，今據補。4涼州遂陷　原無此四字。據章鈺校，十二行本、乙十一行本皆有此四字，張敦仁《通鑑刊本識誤》、張瑛《通鑑校勘記》同，今據補。5者　原無此字。據章鈺校，十二行本、乙十一行本皆有此字，今據補。

【語譯】夏，五月十七日癸丑，開始實行《五紀曆》。

五月二十四日庚申，禮部侍郎楊綰上奏說每年各地選送的孝弟力田科舉人與實際不符，考中童子科的也都屬於僥倖，朝廷將這兩科全都取消。

郭子儀認為安祿山、史思明過去佔據洛陽，所以各道都設置節度使以控制交通要道。現在這些大盜已經蕩平，而仍到處聚集部隊，耗費損害百姓的財力物力，所以上表請求取消各節度使，就從河中節度使開始。六月十四日庚辰，代宗敕令取消河中節度使及耀德軍。郭子儀又請求罷免自己的關內副元帥職務，未被允許。

僕固懷恩到了靈武，收攏逃散的士卒，他的部隊又振興起來。代宗優厚地安撫他的家屬。六月十七日癸未，頒詔稱僕固懷恩「對皇室功勳卓著，惠及天下。猜疑和嫌隙的產生，來自那批小人，考察他的內心深處，本來就沒有反叛的意圖，君臣之間的情義，其狀況實際上仍像當初一樣。只是因為河北已經平定，朔方已有了歸屬，所以應當解除河北副元帥、朔方節度使等職；他的太保兼中書令、大寧郡王等官爵依然照舊。只是他應當入朝，再不要遲疑。」僕固懷恩竟然不服從。

秋，七月初五日庚子，徵收天下青苗錢稅來供給百官俸祿。

太尉兼侍中、河南副元帥、臨淮武穆王李光弼治軍嚴整，指揮號令，各將領都十分敬畏而不敢仰視，謀劃定了之後再作戰，能以少勝多，與郭子儀齊名。等到在徐州時，擁兵不朝，諸將如田神功等人就不再聽命和敬畏他了。李光弼愧恨交集，積鬱成疾，七月十四日己酉，去世。八月初一日丙寅，任命王縉代替李光弼統帥河南、淮西、山南東道各行營。

郭子儀從河中入朝，適逢涇原上奏說僕固懷恩帶領回紇、吐蕃十萬之眾將要入侵，京師驚恐，代宗下詔令郭子儀率眾將出兵鎮守奉天。代宗召見郭子儀詢問方針大計和策略，郭子儀回答說：「僕固懷恩不會有什麼作為的。」代宗問：「什麼原因？」回答說：「僕固懷恩雖然勇猛但對部下缺少恩惠，士卒的內心並不願歸附他。之所以能來進犯，是因為有思歸故里的士卒罷了。僕固懷恩本是臣的偏裨將領，他統率的原先都是臣的部下，必然不忍心兵刃相向，由此可知，僕固懷恩不會有什麼作為的。」八月十六日辛巳，郭子儀發兵，奔赴奉天。

八月二十九日甲午，加封王縉為東都留守。

河中尹兼節度副使崔寓調鎮兵向西去抵禦吐蕃，執法卻不統一。九月初二日丙申，鎮兵作亂，搶劫官府及居民，過了一整夜才平息下來。

九月十二日丙午，加封河東節度使辛雲京同平章事。

九月十七日辛亥，任命郭子儀充任北道邠寧、涇原、河西以東通和吐蕃使，任命陳鄭、澤潞節度使李抱玉充任南道通和吐蕃使。郭子儀聽說吐蕃進逼邠州，二十日甲寅，派他的兒子朔方兵馬使郭晞率軍萬人前去救援。

九月二十五日己未，劍南節度使嚴武打敗吐蕃七萬人，攻下當狗城。〇關中地區鬧蝗災，又連遭陰雨，米價一斗一千多錢。

僕固懷恩的先頭部隊到達宜祿，郭子儀派右兵馬使李國臣率軍做郭晞的後續部隊。邠寧節度使白孝德在宜祿打敗吐蕃。冬，十月，僕固懷恩帶領回紇、吐蕃的軍隊到達邠州，白孝德、郭晞閉城堅守。〇初六日庚午，嚴武攻取吐蕃鹽川城。

僕固懷恩與回紇、吐蕃部隊進逼奉天，京師戒嚴。各將領請求出戰，郭子儀不許，說：「敵人深入我境，利在速戰。我們要堅守壁壘等待，他們以為我們膽怯，必然放鬆戒備，這樣就可以打敗他們了。如果急忙出戰而戰局又不利的話，軍心就會渙散。再有敢說出戰的就斬首！」十月初七日辛未夜裡，郭子儀出兵在乾陵南面列陣。初八日壬申，天還沒亮，敵人的部隊大批到達。敵人開始以為郭子儀沒有防備，想要偷襲，忽然見到郭子儀的大軍，十分吃驚，於是不戰而退。郭子儀派裨將李懷光等人率五千騎兵追趕敵人，追到麻亭才回來。敵人到達邠州，十三日丁丑，攻打邠州，沒有攻下。二十一日乙酉，敵人便渡過涇河逃走了。

僕固懷恩南侵時，河西節度使楊志烈調兵五千人，對監軍柏文達說：「河西精銳部隊，全都在這裡了。您率領他們去進攻靈武，這樣僕固懷恩就會有後顧之憂，這也是救援京師的一條奇計！」柏文達於是率領部隊去攻打摧砂堡、靈武縣，都攻了下來，進而又攻打靈州。僕固懷恩聽說後，從永壽縣急忙回來，派蕃族、渾族騎兵二千人夜襲柏文達，大敗柏文達，士卒死了近一半。柏文達率殘部回到涼州，哭著進了城。楊志烈迎接他說：「這次出兵有安定京城之功，士卒死了一些有什麼值得悲傷的！」士卒對這種話心懷怨恨。不久，吐蕃包圍涼州，士卒都不聽指揮，楊志烈逃到甘州，被沙陀所殺，於是涼州陷落。沙陀姓朱耶，世代居住在沙陀磧，因此以沙陀為名。

十一月丁未❶，郭子儀自行營入朝。郭晞在邠州，縱士卒為暴，節度使白孝德患之，以子儀故，不敢言。涇州刺史段秀實自請補都虞候❷，孝德從之。既署一月，晞軍士十七人入市取酒，以刃刺酒翁❸，壞釀器。秀實列卒取十七人首注槊上❹，植市門❺。晞一營大譟，盡甲。孝德震恐，召秀實曰：「柰何？」秀實曰：「無傷也，請往解之。」孝德使數十人從行，秀實盡辭去，選老躄❻者一人持馬至晞門下。甲者出，秀實笑且入，曰：「殺一老卒，何甲也！吾戴吾頭來矣。」甲者愕。因諭曰：「常侍❼負若屬❽邪？副元帥負若屬邪？柰何欲以亂敗郭氏！」晞出，秀實讓之曰：「副元帥❾勳塞天地，當念始終。今常侍恣卒為暴，行且致亂❿，亂則罪及副元帥。亂由常侍出，然則郭氏功名，其存者幾何！」言未畢，晞再拜曰：「公幸教晞以道，恩甚大，敢不從命！」顧叱左右：「皆解甲，散還火伍⓫中，敢譁者死！」秀實因留宿軍中。晞通夕不解衣，戒候卒⓬擊柝⓭衛秀實。旦，俱至孝德所，謝不能，請改，邠州由是無患。

五谷防禦使薛景仙討南山羣盜，連月不克，上命李抱玉討之。賊帥高玉最彊，抱玉遣兵馬使李崇客將四百騎自洋州入，襲之於桃虢川，大破之，玉走成固⓮。庚申⓯，山南西道節度使張獻誠擒玉，獻之，餘盜皆平。

十二月乙丑⓰，加郭子儀尚書令⓱。子儀以為：「自太宗為此官，累聖不復置，近皇太子亦嘗為之，非微臣⓲所宜當。」固辭不受，還鎮河中。

是歲，戶部奏戶二百九十餘萬，口一千六百九十餘萬。

上遣于闐王勝還國，勝固請留宿衛，以國授其弟曜⓳，上許之。加勝開府儀同三司，賜爵武都王。

【章　旨】以上為第十段，寫段秀實智勇，申軍法，大義曉諭服郭晞。

【注　釋】❶丁未　十一月十四日。❷都虞候　官名，唐朝中後期節度使下置此職，負責整肅軍紀。元帥、都統出征置中軍都虞候一人，為軍中重職。段秀實懲治郭晞市酒士卒，屬於都虞候職權範圍之內。❸酒翁　釀酒者。❹注槊上　插在長矛上。注，聚集，此為插。槊，長矛。❺植市門　樹立在市集的街口。植，樹立。❻躄　足跛。❼常侍　指郭晞，時為左散騎常侍。❽若屬　你們。❾副元帥　指郭子儀，時為河東副元帥。❿行且致亂　將要造成動亂。「行」與「且」義同，連言猶今之「行將」、「將要」。⓫火伍　指隊伍。唐制，兵五人為一伍，十人為一火。⓬候卒　偵察兵。⓭柝　巡夜打更用的梆子。⓮成固　縣名，縣治在今陝西城固。⓯庚申　十一月二十七日。⓰乙丑　十二月初二日。⓱尚書令　官名，尚書省長官，總領百官，統率吏、戶、禮、兵、刑、工六部，綜理全部行政事務。唐初李世民在高祖朝居其職，其後不復授人。龍朔二年（西元六六二年）制廢其官，遂以左右僕射為尚書省長官。代宗廣德元年（西元七六三年），雍王适（即後來的德宗）曾一度居此職。後授郭子儀，子儀辭之。晚唐李茂貞曾僭居其位，後亦辭讓。故唐代實廢尚書令一職。⓲微臣　自謙詞，臣對君的自稱。⓳曜　尉遲曜。其兄尉遲勝為于闐國王時，曜為葉護。至德初勝以兵赴難，曜權知本國事。至此勝讓位於曜。

【語　譯】十一月十四日丁未，郭子儀從行營入朝。郭晞在邠州，縱容士兵橫行霸道，節度使白孝德對此深感憂慮，因為郭子儀的緣故，不敢多說什麼。涇州刺史段秀實自己請求補任他為都虞候，白孝德同意了。任職一個月後，郭晞的軍士十七人到市集上去索要酒喝，用刀刺釀酒的老人，砸壞釀酒的器具。段秀實派兵圍捕，砍下這十七人的首級，插在長矛上，樹立在市集的街口。郭晞全營大鬧起來，士兵們都穿上鎧甲。白孝德非常震驚恐慌，把段秀實叫來問：「怎麼辦？」段秀實說：「沒有關係，請讓我前去解決。」白孝德派幾十個人隨行，段秀實把他們全都辭了，只挑選了一個年老跛腳的人牽著他的馬來到郭晞的營門前。身穿鎧甲的士兵出來了，段秀實笑著走了進去，說：「殺一個老兵，何必穿著鎧甲！我帶著我的頭來了。」甲士們十分驚愕。段秀實趁機曉諭他們說：「郭常侍對不起你們嗎？副元帥對不起你們嗎？為什麼想要作亂來敗壞郭家呢！」這時郭晞出來了，段秀實責備他說：「副元帥功滿天地，應當想到善始善終。如今常侍你放縱士兵橫行霸道，這樣做將會導致動亂，一旦動亂獲罪就會連累副元帥。亂子是由常侍你造成的，這樣郭家的功名，還能留存多少呢！」話還沒有說完，郭晞連忙拜了又拜，說：「幸虧您用道義來教導我，您的恩情非常大，我怎敢不從命呢！」回頭叱責左右的人說：「都脫下鎧甲，解散回到各自的隊伍中，誰再敢鬧事就處死！」段秀實於是留宿在軍營中。郭晞整夜未脫衣服，告誡哨兵敲木梆守衛段秀實。天亮後，段秀實和郭晞一同來到白孝德的官署，郭晞為治軍不力道歉，請求改過，邠州從此不再有這類禍害。

五谷防禦使薛景仙討伐南山的強盜，連續幾個月都沒有成功，代宗命李抱玉前去討伐。強盜首領高玉實力最強，李抱玉派兵馬使李崇客率四百名騎兵從洋州進山，在桃虢川發動襲擊，大敗高玉，高玉逃到成固。十一月二十七日庚申，山南西道節度使張獻誠擒獲高玉，把他獻給朝廷，其餘的強盜隨即也都被蕩平。

十二月初二日乙丑，加封郭子儀為尚書令。郭子儀認為：「自從太宗擔任這一官職後，歷代皇帝都不再設置。近來皇太子也曾任過此職，這不是我所應該擔任的。」再三辭謝不接受，又回去鎮守河中。

這一年，戶部奏報全國有二百九十多萬戶，一千六百九十多萬人口。

代宗派于闐王尉遲勝回國，尉遲勝堅決請求留下在宮中值宿警衛，把國家交給他弟弟尉遲曜去治理，代宗答應了。加封尉遲勝為開府儀同三司，賜爵位為武都王。

永泰元年（乙巳　西元七六五年）

春，正月癸卯朔❶，改元❷，赦天下。

戊申❸，加陳鄭、澤潞節度使李抱玉鳳翔、隴右節度使，以其從弟殿中少監抱真為澤潞節度副使。抱真以山東有變，上黨為兵衝❹，而荒亂之餘，土瘠民困，無以贍軍，乃籍民，每三丁選一壯者，免其租傜，給弓矢，使農隙習射，歲暮都試❺，行其賞罰。比三年，得精兵二萬，既不費廩給，府庫充實，遂雄視❻山東。由是天下稱澤潞步兵為諸道最。

二月戊寅❼，党項寇富平❽，焚定陵殿❾。○庚辰❿，儀王璲⓫薨。

三月壬辰⓬朔，命左僕射裴冕、右僕射郭英乂等文武之臣十三人於集賢殿待制⓭。左拾遺⓮洛陽獨孤及⓯上疏曰：「陛下召冕等待制以備詢問，此五帝⓰盛德⓱也。頃者⓲陛下雖容⓳其直，而不錄⓴其言，有容下之名，無聽諫之實。遂使諫者稍稍鉗口㉑飽食，相招㉒為祿仕㉓。此忠鯁㉔之人所以竊歎，而臣亦恥之。今師興不息十年矣，人之生產，空於杼軸㉕。擁兵者第館亙街陌㉖，奴婢厭酒肉，而貧人羸餓就役，剝膚及髓㉗。長安城中白晝椎剽㉘，吏不敢詰㉙，官亂職廢㉚，將墮卒暴㉛，百揆隳剌㉜，如沸粥紛麻㉝。民不敢訴於有司，有司不敢聞於陛下，茹毒飲痛㉞，窮㉟而無告。陛下不以此時思所以救之之術，臣實懼焉。今天下惟朔方、隴西有吐蕃、僕固之虞，邠、涇、鳳翔之兵足以當之矣。自此而往，東洎㊱海，南至番禺，西盡巴、蜀，無鼠竊之盜而兵不為解。傾天下之貨，竭天下之穀，以給不用之軍，臣不知其故。假令居安思危，自可阨㊲要害之地，俾㊳置屯禦㊴，悉休其餘，以糧儲扉屨㊵之資，充疲人貢賦，歲可減國租之半。陛下豈可持疑於改作㊶，使率土㊷之患日甚一日乎！」上不能用。

丙午㊸，以李抱玉同平章事，鎮鳳翔如故。

庚戌㊹，吐蕃遣使請和，詔元載、杜鴻漸與盟於興唐寺㊺。上問郭子儀：「吐蕃請盟，何如？」對曰：「吐蕃利我不虞㊻。若不虞而來，國不可守矣。」乃相繼遣河中兵戍奉天，又遣兵巡涇原以覘之。

是春不雨，米斗千錢。

【章旨】以上為第十一段，寫左拾遺獨孤及建言裁減諸節度鎮兵，省軍費，輕稅賦，以抒民困，唐代宗不聽。

【注釋】❶正月癸卯朔　正月初一日。按，去年十二月甲子朔，則今年正月初一不當是癸卯。陳垣《二十史朔閏表》作「癸巳朔」為是。❷改元　改年號為永泰。❸戊申　正月十六日。❹兵衝　軍事要衝；兵家必爭之地。❺都試　漢代以立秋日總試騎士，稱都試。此日集眾講武，設斧鉞旌旗，習射御。❻雄視　勇武雄壯而臨視之。❼戊寅　二月十六日。❽富平　縣名，縣治在今陝西富平東北。❾定陵殿　定陵，唐中宗陵墓，在今陝西富平西北龍泉山。帝陵有寢有殿，寢在後，殿在前。殿為祭祀之所。❿庚辰　二月十八日。⓫儀王璲　李璲（？—西元七六五年），唐玄宗第十二子。傳見《舊唐書》卷一百七、《新唐書》卷八十二。⓬壬辰　三月初一日。⓭集賢殿待制　集賢殿為唐開元年間所置殿名，殿內設書院，置學士、直學士，以宰相為知院事，有修撰、校理等官，掌刊輯經籍、搜求佚書。待制，本指等候皇帝召喚諮詢。唐太宗時，命京官五品以上，輪值中書、門下兩省，以備顧問。永徽（西元六五〇—六五五年）中，命弘文館學士一人，日待制於武德殿西門。代宗永泰元年（西元七六五年），因一些功臣罷節度使，無職事，遂命待制於集賢殿，以示寵榮。待制，輪值待召問。⓮左拾遺　官名，門下省屬官，掌諷諫。凡發令舉事，有不當之處，或廷爭，當面直言，或上封事，書面陳述。⓯獨孤及　（西元七二五—七七七年）字至元，河南洛陽（今河南洛陽）人，善屬文，天寶末年為與李華、蕭穎士齊名的文學家。歷任左拾遺、太常博士、禮部員外郎，終常州刺史。著有《毗陵集》。傳見《舊唐書》卷一百六十八、《新唐書》卷一百六十二。⑯五帝　相傳古代有五帝，其說不一，《史記・五帝本紀》以黃帝、顓頊、帝嚳、堯、舜為五帝，這是最通常的說法。⑰盛德　大德。⑱頃者　近來。⑲容　容納。⑳錄　錄用。㉑鉗口　閉口。㉒相招　相互邀約。招，招邀。㉓祿仕　祿食之士，領取俸祿的做官人。㉔忠鯁　忠誠鯁直。鯁，直爽；正直。㉕杼軸　泛指紡織。杼，織布機上的梭子。軸，織布機上的滾筒。㉖第館亙街陌　指武官的住宅、客館綿延於街市。第，第宅，指官僚貴族的住宅。館，客舍。亙，連接。街陌，街道。㉗剝膚及髓　剝削由肌膚而達骨髓。言被剝削之深重。㉘椎剽　指殺人劫財。椎，有柄的捶擊工具。㉙詰　查；查辦。㉚官亂職廢　官制混亂，職掌弛廢。㉛將墮卒暴　軍將怠惰，士卒橫暴。墮，通「惰」。怠惰。㉜百揆隳刺　百官政務或已毀壞，或被反其道而行之。百揆，百官之事。隳，毀壞。刺，違逆。㉝沸粥紛麻　形容亂成一團，沒有頭緒。沸粥，滾開的稀飯。紛麻，亂麻。㉞茹毒飲痛　猶言含恨忍痛，只能把苦楚和痛恨往肚裡咽。茹，吃。㉟窮　走投無路。㊱洎　到；至。㊲阨　卡住。㊳俾　使。㊴屯禦　指駐兵防禦。屯，駐守。㊵屝屨　麻作的鞋叫屝，絲作的鞋叫屨。㊶持疑於改作　對改革抱懷疑態度。改作，改革。㊷率土　境域以內，即全國。㊸丙午　三月十五日。㊹庚戌　三月十九日。㊺興唐寺　佛寺名，在長安大寧坊東南隅。神龍元年（西元七〇五年）太平公主為武太后建造，稱罔極寺，極其華麗，為京都之名寺。開元二十年（西元七三二年）改名興唐寺。㊻不虞　沒有準備。

【語　譯】永泰元年（乙巳　西元七六五年）

春，正月癸卯日，改換年號，大赦天下。

正月十六日戊申，加封陳鄭、澤潞節度使李抱玉為鳳翔、隴右節度使，任命他的堂弟殿中少監李抱真為澤潞節度副使。李抱真認為山東如有變亂，上黨為軍事要衝，而在饑荒戰亂之後，那裡土地貧瘠，人民困苦，無力供給軍隊，於是就登記百姓戶籍，每三個成年人中挑選一個身體強壯的人，免除他的租稅和徭役，發給弓箭，讓他們在農閒時習射，年終集中考試，進行賞罰。到了三年，得到精兵二萬人，既不花費官府的給養，又使公家的倉庫得以充實，於是稱雄山東。從此，天下都稱讚澤潞的步兵是各道最強的。

二月十六日戊寅，党項侵犯富平，焚燒了定陵的殿堂。〇十八日庚辰，儀王李璲去世。

三月初一日壬辰，命左僕射裴冕、右僕射郭英乂等文武大臣十三人在集賢殿值班等候召問。左拾遺洛陽人獨孤及上疏說：「陛下召裴冕等人值班以備詢問，這是五帝的盛德。近來陛下雖然能夠容忍臣下的直率，但不採納他們的言詞，有容忍臣下之名，無聽從勸諫之實。於是使得勸諫的人漸漸閉口而只是飽食終日，相互邀請，成了只知領取俸祿的做官的人。這正是忠誠耿直的人所以私下歎息的原因，而臣也對此感到羞恥。如今興兵不止已有十年，百姓不能生產，連紡織也停了下來。擁有軍隊的人的住宅客舍在街道上連成一片，他們的奴婢吃飽了酒肉，而貧窮人家又瘦又餓還要去服勞役，忍受著由膚及髓的盤剝。長安城裡，光天化日之下殺人劫財，官吏不敢追究查辦，官制混亂，職務廢弛，將領怠惰，士卒橫暴，各種政務或遭荒廢或遭違逆，猶如沸騰的稀粥、紛雜的麻絲，混亂不堪。百姓不敢向有關官員申訴，有關官員也不敢報告陛下，大家都忍受著毒害和痛苦，困窘已極卻無處訴說。陛下不在此時思考用以挽救這種局面的良策，臣實在感到恐懼。如今天下只有朔方、隴西有吐蕃和僕固懷恩帶來的憂患，而邠州、涇州、鳳翔的部隊足以抵擋他們。除此之外，東到大海，南到番禺，西至巴、蜀，已經沒有盜寇，然而各地的軍隊還不解散。傾盡天下的貨物，竭盡天下的糧食，來供給用不上的軍隊，我不知道是什麼緣故。假若是居安思危，原本可以扼守要害之地，讓軍隊駐屯防禦，其餘的軍隊全部解散，把置辦軍用糧食、鞋子等的資財，用來充當貧困人家的賦稅，一年可以減省國家一半的租稅。陛下怎麼能夠對改革遲疑不決，使國家的憂患日益加重呢！」代宗沒能採用他的意見。

三月十五日丙午，任命李抱玉同平章事，照舊鎮守鳳翔。

三月十九日庚戌，吐蕃派使者前來請求講和，代宗詔令元載、杜鴻漸與吐蕃在興唐寺訂立盟約。代宗問郭子儀：「吐蕃請求訂盟，你看怎麼樣？」郭子儀回答說：「我們不作防備對吐蕃有利。如果我們不作防備，他們趁虛而入，國家就守不住了。」於是相繼派遣河中的部隊戍守奉天，又派遣部隊在涇原巡邏以偵察吐蕃的動向。

這年春天沒有下雨，米價一斗一千錢。

夏，四月丁丑❶，命御史大夫王翊充諸道稅錢使❷。河東道租庸、鹽鐵使裴諝❸入奏事，上問：「榷酤❹之利，歲入幾何？」諝久之不對。上復問之，對曰：「臣自河東來，所過見菽粟❺未種，農夫愁怨。臣以為陛下見臣，必先問人之疾苦，乃責臣以營利，臣是以未敢對也。」上謝之，拜左司郎中❻。諝，寬之子也。

辛卯❼，劍南節度使嚴武薨。武三鎮劍南❽，厚賦斂以窮❾奢侈。梓州刺史章彝小不副意❿，召而杖殺之。然吐蕃畏之，不敢犯其境。母數戒⓫其驕暴⓬，武不從，及死，母曰：「吾今始免為官婢⓭矣！」

五月癸丑⓮，以右僕射郭英乂為劍南節度使。

畿內麥稔，京兆尹第五琦請稅百姓田，十畝收其一，曰：「此古什一之法⓯也。」上從之。

平盧節度使侯希逸鎮淄青⓰，好遊畋⓱，營塔寺，軍州⓲苦之。兵馬使李懷玉得眾心，希逸忌之，因事解其軍職。希逸與巫宿於城外，軍士閉門不納，奉懷玉為帥。希逸奔滑州，上表待罪。詔赦之，召還京師。秋，七月壬辰⓳，以鄭王邈⓴為平盧、淄青節度大使，以懷玉知留後，賜名正己。時承德[1]節度使李寶臣、魏博節度使田承嗣、相衛節度使薛嵩、盧龍節度使李懷仙收安、史餘黨，各擁勁卒數萬，治兵完城㉑，自署文武將吏，不供貢賦，與山南東道節度使梁崇義及正己皆結為昏姻，互相表裏㉒。朝廷專事姑息，不能復制。雖名藩臣㉓，羈縻㉔而已。

甲午㉕，以上女昇平公主㉖嫁郭子儀之子曖㉗。

太子母沈氏㉘，吳興㉙人也。安祿山之陷長安也，掠送洛陽宮。上克洛陽，見之，未及迎歸長安。會史思明再陷洛陽，遂失所在。上即位，遣使散求㉚之，不獲。己亥㉛，壽州崇善寺尼廣澄詐稱太子母，按驗㉜，乃故少陽院㉝乳母也，鞭殺之。

【章旨】以上為第十二段，寫河北四鎮承德、魏博、相衛、盧龍節度使皆安、史舊將，再加一個山南東道梁崇義，互為婚姻，漸成割據之勢。

【注釋】❶丁丑　四月十六日。❷御史大夫句　王翃曾兼御史中丞。《舊唐書》卷一百五十七、《新唐書》卷一百四十三有傳，皆未載充諸道稅錢使事。❸裴諝　（西元七一九—七九三年）字士明，河南洛陽（今河南洛陽）人，先為史思明御史中丞，後事代宗、德宗，居職以寬厚和易著稱。官至吏部侍郎兼御史大夫。傳見《舊唐書》卷一百二十六、《新唐書》卷一百三十。❹榷酤　指官府專利賣酒。榷，專利；專賣。酤，酒。按，唐代廣德二年（西元七六四年）始見有徵收酒稅的記載。建中三年（西元七八二年）才實行禁止民間酤酒，而由官府設置酒店營利（《通典》卷十一）。因此，這裡所言「榷酤」，不能看作已在全國實行酒的專賣。❺菽粟　泛指豆類與穀物。菽，豆類的總稱。粟，穀子，去皮後稱小米。❻左司郎中　官名，尚書都省的左司副官，協助左丞管理省內吏、戶、禮三部政務。❼辛卯　四月三十日。❽武三鎮劍南　嚴武三鎮劍南，有杜甫〈八哀詩・贈左僕射鄭國公嚴公武〉「三掌華陽兵」為證。考嚴武乾元（西元七五八—七五九年）中出任綿州刺史，上元二年（西元七六一年）遷劍南東川節度使，十二月兼西川節度使；寶應元年（西元七六二年）四月召入朝未行，六月授西川節度使；約十月還京任京兆尹、二聖山陵橋道使；廣德二年（西元七六四年）正月合東西川為一道，武任劍南節度使，至卒。參見吳廷燮《唐方鎮年表》及其〈考證〉卷下。❾窮　窮盡；極盡。❿小不副意　指稍微一點不合意願。小，稍微；稍稍。副，相稱；符合。⓫戒　通「誡」。警告。⓬驕暴　驕橫暴虐。⓭官婢　沒入官府為奴的婦女。⓮癸丑　五月二十二日。⓯什一之法　《孟子・滕文公上》曰：「夏后氏五十而貢，殷人七十而助，周人百畝而徹，其實皆什一也。」指十分中一分作貢賦。⓰侯希逸鎮淄青　事在上元二年（西元七六一年）。⓱遊畋　出遊打獵。畋，打獵。⓲軍州　指平盧節度使領屬的軍和州。據《唐會要・節度使》和《新唐書・方鎮表》，平盧節度使領平盧軍、盧龍軍和淄、青、棣、齊、登、萊等州。⓳壬辰　七月初二日。⓴鄭王邈　李邈（？—西元七七三年），代宗第二子，封鄭王，贈昭靖太子。傳見《舊唐書》卷一百十六、《新唐書》卷八十二。㉑治兵完城　訓練士兵，修繕城池。完，修繕。㉒互相表裏　互相串通；裡外呼應。㉓藩臣　藩籬大臣；護衛天子的大臣。㉔羈縻　比喻維繫、控制。羈，馬籠頭。縻，牛鼻繩。㉕甲午　七月初四。㉖昇平公主　（？—西元八一〇年）代宗長女。傳見《新唐書》卷八十三。㉗曖　郭曖（西元七五三—八〇〇年），郭子儀第六子，尚代宗女，官至太常卿，襲封代國公。傳見《舊唐書》卷一百二十、《新唐書》卷一百三十七。㉘太子母沈氏　即代宗皇后沈氏，世為吳興冠族。開元末，以良家子選入東宮，賜與太子男廣平王。天寶元年（西元七四二年）生德宗。安、史軍破長安，被拘往東都掖庭，後莫知所在。德宗即位，遙尊為皇太后；貞元七年（西元七九一年），冊諡曰睿真皇后。傳見《舊唐書》卷五十二、《新唐書》卷七十七。㉙吳興　郡名，即湖州，治所在今浙江湖州。㉚散求　四處尋求。散，分散。㉛己亥　七月初九日。㉜按驗　審查驗證。㉝少陽院　宮院名，在大明宮的史館之北，皇太子居住處。

【校　記】①承德　據章鈺校，十二行本、乙十一行本皆作「成德」，張敦仁《通鑑刊本識誤》同。

【語　譯】夏，四月十六日丁丑，任命御史大夫王翃充當諸道稅錢使。河東道租庸、鹽鐵使裴諝入朝奏報事情，代宗問：「酒類專賣的錢，一年收入多少？」裴諝沉默很久沒有回答。代宗又問他，他回答說：「臣從河東來，沿途看到糧食作物尚未種植，農民都發愁抱怨。臣以為陛下見到臣，一定會先問百姓的疾苦，不料陛下卻以營利的事情責問臣，臣因此沒敢回答。」代宗感謝他，任命他為左司郎中。裴諝，是裴寬的兒子。

四月三十日辛卯，劍南節度使嚴武去世。嚴武三度鎮守劍南，橫徵暴斂，窮奢極欲。梓州刺史章彝稍微有點不合嚴武的意，就被召來用棍子打死。然而吐蕃畏懼他，不敢侵犯他的轄區。他的母親對他的驕橫殘暴多次給以告誡，嚴武不聽，等他死後，他的母親說：「我如今才可以免於受連累被罰做官府的奴婢了！」

五月二十二日癸丑，任命右僕射郭英乂為劍南節度使。

京畿地區的麥子成熟了，京兆尹第五琦請求向老百姓徵收田稅，十畝田收取一畝田的麥子作稅，說：「這是古代徵收十分之一的稅法。」代宗同意了。

平盧節度使侯希逸鎮守淄青，喜好出遊打獵，建造寶塔寺廟，所屬軍州備受其苦。兵馬使李懷玉很得人心，侯希逸嫉妒他，找個事由解除了他的軍職。侯希逸與巫師在城外留宿，軍士們關閉城門不讓他進來，尊奉李懷玉為主帥。侯希逸逃到滑州，上表等待治罪。代宗下詔赦免了他，召他回京師。秋，七月初二日壬辰，任命鄭王李邈為平盧、淄青節度大使，任命李懷玉知留後，並賜名為正己。當時承德節度使李寶臣、魏博節度使田承嗣、相衛節度使薛嵩、盧龍節度使李懷仙收聚安祿山、史思明的餘黨，各自擁有強兵幾萬，他們訓練部隊，修繕城池，自行任命文武官員，不向朝廷進貢交納賦稅，與山南東道節度使梁崇義及李正己都結為姻親，相互串通，彼此呼應。然而朝廷一味姑息，不能再控制他們。他們雖然名義上是藩臣，但只是維繫著表面的關係而已。

七月初四日甲午，把代宗的女兒昇平公主嫁給郭子儀的兒子郭曖。

太子的母親沈氏，是吳興人。安祿山攻陷長安時，沈氏被擄掠送到洛陽的宮中。代宗收復洛陽，見到沈氏，還沒有來得及把她迎回長安。遇上史思明再次攻陷洛陽，於是就失去了下落。代宗即位，派使者四散尋找，沒有找到。七月初九日己亥，壽州崇善寺的尼姑廣澄詐稱是太子的母親，經查驗，原來是以前少陽院的奶媽，用鞭子把她打死了。

九月庚寅朔❶，置百高座❷於資聖、西明兩寺❸，講仁王經❹，內出經二寶輿❺，以人為菩薩、鬼神之狀，導以音樂鹵簿❻。百官迎於光順門❼外，從至寺。

僕固懷恩誘回紇、吐蕃、吐谷渾、党項、奴剌數十萬眾俱入寇，令吐蕃大將尚結悉贊摩、馬重英等自北道趣奉天，党項帥任敷、鄭庭、郝德等自東道趣同州，吐谷渾、奴剌之眾自西道趣盩厔，回紇繼吐蕃之後，懷恩又以朔方兵繼之。

郭子儀使行軍司馬趙復入奏曰：「虜皆騎兵，其來如飛，不可易❽也。請使諸道節度使鳳翔李抱玉、滑濮李光庭❾、邠寧白孝德、鎮西馬璘、河南郝庭玉、淮西李忠臣各出兵以扼其衝要。」上從之。諸道多不時出兵。李忠臣方與諸將擊毬❿，得詔，亟命治行⓫。諸將及監軍皆曰：「師行必擇日。」忠臣怒曰：「父母有急，豈可擇日而後救邪！」即日勒兵就道。

懷恩中途遇暴疾而歸。丁酉⓬，死於鳴沙⓭。大將張韶代領其眾，別將徐璜玉殺之，范志誠又殺璜玉而領其眾。懷恩拒命三年，再引胡寇，為國大患，上猶為之隱⓮，前後敕制未嘗言其反。及聞其死，憫然⓯曰：「懷恩不反，為左右所誤耳！」

吐蕃至邠州，白孝德嬰城⓰自守。甲辰⓱，上命宰相及諸司⓲長官於西明寺行香設素饌⓳，奏樂。是日，吐蕃十萬眾至奉天，京城震恐。朔方兵馬使渾瑊、討擊使白元光⓴先戍奉天，虜始列營，瑊帥驍騎二百直[1]衝之，身先士卒，虜眾披靡。瑊挾虜將一人躍馬而還，從騎無中鋒鏑[21]者。城上士卒望之，勇氣始振。乙巳[22]，吐蕃進攻之，虜死傷甚眾，數日，斂眾[23]還營。瑊夜引兵襲之，殺千餘人，前後與虜戰二百餘合，斬首五千級。丙午[24]，罷百高座講。召郭子儀於河中，使屯涇陽[25]。己酉[26]，命李忠臣屯東渭橋，李光進屯雲陽[27]，馬璘、郝庭玉屯便橋，李抱玉屯鳳翔，內侍駱奉仙、將軍李日越屯盩厔，同華節度使周智光屯同州，鄜坊節度使杜冕屯坊州，上自將六軍屯苑中。

庚戌[28]，下制親征。辛亥[29]，魚朝恩請索城中，括[30]士民私馬，令城中男子皆衣皁[31]，團結為兵[32]，城門皆塞二開一。士民大駭，踰垣鑿竇[33]而逃者甚眾，吏不能禁。朝恩欲奉上幸河中以避吐蕃，恐羣臣議論[2]不一，一旦，百官入朝，立班[34]久之，閤門[35]不開，朝恩忽從禁軍十餘人操白刃而出，宣言：「吐蕃數犯郊畿，車駕欲幸河中，何如？」公卿皆錯愕[36]不知所對。有劉給事[37]者，獨出班抗聲[38]曰：「敕使[39]反邪？今屯軍如雲，不戮力扞寇[40]，而遽欲脅天子棄宗廟社稷而去，非反而何！」朝恩驚沮而退，事遂寢。

自丙午至甲寅[41]，大雨不止，故虜不能進。吐蕃移兵攻醴泉，党項西掠白水[42]，東侵蒲津。丁巳[43]，吐蕃大掠男女數萬而去，所過焚廬舍、蹂禾稼殆盡。周智光引兵邀擊，破之於澄城北，因逐北至鄜州。智光素與杜冕不協，遂殺鄜州刺史張麟，阬冕家屬八十一人，焚坊州廬舍三千餘家。

【章旨】以上為第十三段，寫僕固懷恩再引回紇、吐蕃連兵入寇，唐代宗下詔親征。僕固懷恩病死。吐蕃退兵。

【注釋】❶庚寅朔　九月初一日。❷百高座　百尺高座。❸資聖西明兩寺　佛寺名，資聖寺在長安崇仁坊，本是長孫無忌宅，龍朔三年（西元六六三年）為文德皇后追福，立為尼寺，咸亨四年（西元六七三年）復為僧寺。西明寺在延康坊，本是隋朝越國公楊素宅，貞觀（西元六二七—六四九年）中賜濮王泰，泰死，便立為寺。❹仁王經　佛經名，有兩種譯本，舊本為五胡十六國時後秦僧人鳩摩羅什譯，題為《佛說仁王般若波羅蜜經》；新本為唐代不空譯，題為《仁王護國般若波羅蜜經》。均為兩卷，是釋迦牟尼對當時印度十六大國國王宣講佛法的經文。此指新本《仁王經》。❺內出經二寶輿　宮內拿出兩寶車《仁王經》。❻鹵簿　帝王駕出時扈從的儀仗隊。❼光順門　宮門名，大明宮集賢殿西有南北街，街北出之門便是光順門。外命婦朝皇后、百官上書都在此門。❽易　輕視。❾滑濮李光庭　據《舊唐書》之〈代宗紀〉和〈郭子儀傳〉，「庭」為「進」之誤。李光進為李光弼之弟，吐蕃入寇，至便橋，郭子儀任副元帥，李光進與郭英乂佐之。與李懷光、田神功、李抱玉、白孝德、郝庭玉、辛京杲等皆為一時名將。傳見《新唐書》卷一百三十六。❿擊毬　指擊球比賽，是唐代很盛行的一項體育活動。詳《封氏聞見記》卷六。毬，同「球」。古代遊戲用具，以皮做成，中間以毛充實，人騎馬上用棍擊之以為戲娛。⓫治行　整治行裝。⓬丁酉　九月初八日。⓭鳴沙　縣名，縣治在今寧夏吳忠西南。⓮隱　隱瞞。⓯憫然　哀憐。⓰嬰城　環城。嬰，圍繞。⓱甲辰　九月十五日。⓲諸司　各官府部門。⓳素饌　指素食，沒有肉類的食品。饌，食物。⓴白元光　突厥人，郭子儀幕府勇將，以軍功官至衛尉卿，封南陽郡王。傳見《新唐書》卷一百三十六。㉑鋒鏑　泛指兵器。鋒，兵刃。鏑，箭頭。㉒乙巳　九月十六日。㉓斂眾　聚集士卒。㉔丙午　九月十七日。㉕涇陽　縣名，縣治在今陝西涇陽。㉖己酉　九月二十日。㉗雲陽　縣名，縣治在今陝西涇陽西北。㉘庚戌　九月二十一日。㉙辛亥　九月二十二日。㉚括　搜求。㉛衣皁　即穿黑衣服。古代的衛士身穿黑衣。皁，黑色。㉜團結為兵　團夥相結，組織成兵。㉝踰垣鑿竇　翻越城牆、挖通孔道。踰，翻越。

垣，牆。竇，孔穴；通道。㉞立班　排班站立。㉟閤門　側門。閤，「閣」的異體字。㊱錯愕　倉惶驚懼。㊲劉給事　姓劉的給事中。㊳抗聲　高聲；大聲。㊴敕使　皇帝的使者。唐人稱宦官為敕使。㊵勠力扞寇　同心協力抵禦敵寇。勠力，并力；合力。扞，抵禦。㊶自丙午至甲寅　即從九月十七日至二十五日。㊷白水　縣名，縣治在今陝西白水縣。㊸丁巳　九月二十八日。

【校　記】①直　原無此字。據章鈺校，十二行本、乙十一行本皆有此字，今據補。②議論　據章鈺校，乙十一行本作「論議」。

【語　譯】九月初一日庚寅，在資聖寺和西明寺兩座寺院中設置百尺高座，宣講《仁王經》，從宮內運出兩車佛經，讓人扮成菩薩、鬼神的模樣，用音樂儀仗隊為前導。百官在光順門外迎接，並跟隨到寺裡。

僕固懷恩引誘回紇、吐蕃、吐谷渾、党項、奴剌數十萬人一起入侵，命吐蕃大將尚結悉贊摩、馬重英等從北路趕赴奉天，党項主帥任敷、鄭庭、郝德等人從東路趕赴同州，吐谷渾、奴剌的部隊從西路趕赴盩厔，回紇的部隊跟隨在吐蕃的部隊後面，僕固懷恩又帶領朔方軍隊跟在回紇部隊的後面。

郭子儀派行軍司馬趙復入朝上奏說：「敵人都是騎兵，行動迅疾如飛，不可輕視。請求派各道節度使鳳翔的李抱玉、滑濮的李光庭、邠寧的白孝德、鎮西的馬璘、河南的郝庭玉、淮西的李忠臣，各自出兵扼守軍事要地。」代宗同意了他的意見。各道節度使大都不及時出兵。李忠臣正和各將領打毬，得到詔令，立刻下令整裝出發。各將領及監軍都說：「部隊出發一定要選好日子。」李忠臣氣憤地說：「父母有急難，難道可以選好日子再去救助嗎！」當天率領軍隊上路。

僕固懷恩中途得急病只好回去。九月初八日丁酉，在鳴沙死去。大將張韶代替他統領部隊，別將徐璜玉殺死張韶，范志誠又殺死徐璜玉來統領部隊。僕固懷恩抗拒詔命長達三年，兩次帶領胡寇入侵，成為國家的大患，但代宗還是替他隱諱，前後的敕令制書都不曾說他反叛。等聽到他的死訊，又哀憐地說：「僕固懷恩不想反叛，是被左右的人所誤啊！」

吐蕃到達邠州，白孝德閉城自守。九月十五日甲辰，代宗命宰相及各部門長官到西明寺上香擺設素食，演奏音樂。這一天，吐蕃十萬大軍到達奉天，京城震動恐慌。朔方兵馬使渾瑊、討擊使白元光先行戍守奉天，敵人剛開始布列營寨，渾瑊就率領驍勇的騎兵二百人直衝敵人，他身先士卒，所向披靡。渾瑊抓獲敵將一人，躍馬奔回，隨從騎兵也沒有一個被兵器所傷的人。城牆上的士卒看到這一情景，勇氣開始提振。十六日乙巳，吐蕃進攻奉天，敵兵傷亡慘重，攻了好幾天，便收兵回營。渾瑊趁夜晚帶兵襲擊他們，殺死一千多人，前後與敵人交戰二百多個回合，殺死五千人。十七日丙午，代宗罷除在百尺高座上宣講佛經。從河中徵召郭子儀，讓他屯駐在涇陽。二十日己酉，命令李忠臣屯駐在東渭橋，李光進屯駐在雲陽，馬璘、郝庭玉屯駐在便橋，李抱玉屯駐在鳳翔，內侍駱奉仙、將軍李日越屯駐在盩厔，同華節度使周智光屯駐在同州，鄜坊節度使杜冕屯駐在坊州，代宗親自統率六軍屯駐在禁苑中。

九月二十一日庚戌，代宗下制書要親自出征。二十二日辛亥，魚朝恩請求在京城裡搜索，徵用士民私人的馬匹，下令城裡的男人都穿上黑色衣服，組成民團進行訓練，城門都堵塞兩個只開放一個。士人和百姓十分驚慌，翻牆打洞逃跑的人很多，官吏不能禁止。魚朝恩想要代宗駕臨河中以避吐蕃，害怕群臣議論不一，一天早晨，百官入朝，分班站立了很久，閤門卻沒有打開，魚朝恩忽然率領十幾個禁軍手持鋒利的刀子出來，宣布說：「吐蕃多次侵犯京畿郊縣地區，皇上想要駕臨河中，你們覺得怎麼樣？」公卿大臣倉卒間十分驚訝，不知道如何回答。有一位劉給事，獨自走出朝班大聲說：「宦官想要造反嗎？現在駐軍雲集，你不合力抵禦敵寇，反而匆忙想脅迫天子放棄宗廟社稷而離去，不是造反又是什麼！」魚朝恩驚慌沮喪地退下去，於是這件事便作罷。

從九月十七日丙午到二十五日甲寅，大雨下個不停，所以敵人不能進軍。吐蕃轉移兵力進攻醴泉，党項向西攻掠白水，向東侵犯蒲津。二十八日丁巳，吐蕃大肆擄掠男男女女好幾萬人後離去，一路上焚燒房屋、踐踏莊稼，摧毀殆盡。周智光率兵攔擊，在澄城北面打敗吐蕃，乘勝追逐潰逃的敵人直到鄜州。周智光平素就與杜冕關係不和，便殺了鄜州刺史張麟，活埋了杜冕家屬八十一人，焚燒坊州房屋三千多家。

冬，十月己未❶，復講經於資聖寺。

吐蕃退至邠州，遇回紇，復相與入寇。辛酉❷，至奉天。癸亥❸，党項焚同州官廨❹民居而去。

丙寅❺，回紇、吐蕃合兵圍涇陽，子儀命諸將嚴設守備而不戰。及暮，二虜退屯北原❻。丁卯❼，復至城下。是時，回紇與吐蕃聞僕固懷恩死，已爭長，不相睦，分營而居，子儀知之。回紇在城西，子儀使牙將❽李光瓚等往說之，欲與之共擊吐蕃。回紇不信，曰：「郭公固在此乎？汝紿我耳。若果在此，可得見乎？」光瓚還報，子儀曰：「今眾寡不敵，難以力勝。昔與回紇契約❾甚厚，不若挺身往說之，可不戰而下也。」諸將請選鐵騎五百為衛從。子儀曰：「此適足為害也。」郭晞扣馬❿諫曰：「彼，虎狼也；大人，國之元帥，柰何以身為虜餌！」子儀曰：「今戰則父子俱死而國家危。往以至誠與之言，或幸而見從，則四海之福也！不然，則身沒而家全。」以鞭擊其手曰：「去！」遂與數騎開門而出。使人傳呼曰：「令公來！」回紇大驚。其大帥合胡祿都督藥葛羅⓫，可汗之弟也，執弓注矢⓬，立於陣前。子儀免冑釋甲⓭投槍而進，回紇諸酋長相顧曰：「是也！」皆下馬羅拜⓮。子儀亦下馬，前執藥葛羅手，讓之曰：「汝回紇有大功於唐，唐之報汝亦不薄，柰何負約，深入吾地，侵逼畿縣，棄前功，結怨仇，背恩德而助叛臣，何其愚也！且懷恩叛君棄母，於汝國何有！今吾挺身而來，聽汝執我殺之，我之將士必致死與汝戰矣！」藥葛羅曰：「懷恩欺我，言天可汗已晏駕，令公亦捐館⑮，中國無主，我是以敢與之來。今知天可汗在上都⑯，令公復總兵於此，懷恩又為天所殺，我曹⑰豈肯與令公戰乎！」子儀因說之曰：「吐蕃無道，乘我國有亂，不顧舅甥之親⑱，吞噬我邊鄙，焚蕩⑲我畿甸⑳，其所掠之財不可勝載，馬牛雜畜，長數百里，彌漫在野，此天以賜汝也。全師而繼好㉑，破敵以取富，為汝計，孰便於此！不可失也。」藥葛羅曰：「吾為懷恩所誤，負公誠深，今請為公盡力，擊吐蕃以謝過。然懷恩之子，可敦兄弟也㉒，願捨之勿殺。」子儀許之。回紇觀者左右[1]為兩翼，稍前，子儀麾下亦進。子儀揮手卻之，因取酒與其酋長共飲。藥葛羅使子儀先執酒為誓。子儀酹地㉓曰：「大唐天子萬歲！回紇可汗亦萬歲！兩國將相亦萬歲！有負約者，身隕陳前，家族滅絕[2]。」盃至藥葛羅，亦酹地曰：「如令公誓！」於是諸酋長皆大喜曰：「鄉以二巫師從軍，巫言此行甚安穩[3]，不與唐戰，見一大人而還，今果然矣。」子儀遺之綵三千匹，酋長分以賞巫，子儀竟與定約而還。吐蕃聞之，夜，引兵遁去。回紇遣其酋長石野那等六人入見天子。

藥葛羅帥眾追吐蕃，子儀使白元光帥精騎與之俱。癸酉㉔，戰於靈臺㉕西原，大破之，殺吐蕃萬計，得所掠士女四千人。丙子㉖，又破之於涇州東。丁丑㉗，僕固懷恩將張休藏等降。○辛巳㉘，詔罷親征，京城解嚴。

初，肅宗以陝西節度使郭英乂領神策軍，使內侍魚朝恩監其軍。英乂入為僕射，朝恩專將之。及上幸陝，朝恩舉在陝兵與神策軍迎扈㉙，悉號神策軍，天子幸其營。及京師平，朝恩遂以軍歸禁中，自將之，然尚未得與北軍齒㉚。至是，朝恩以神策軍從上屯苑中，其勢寖盛，分為左、右廂，居北軍之右㉛矣。

郭子儀以僕固名臣、李建忠等皆懷恩驍將，恐逃入外夷㉜，請招之。名臣，懷恩之姪也，時在回紇營，上敕并舊將有功者皆赦其罪，令回紇送之。壬午㉝，名臣以千餘騎來降。子儀使開府儀同三司慕容休貞以書諭党項帥鄭庭、郝德等，皆詣鳳翔降。

甲申㉞，周智光詣闕獻捷，再宿㉟歸鎮。智光負專殺㊱之罪未治，上既遣而悔之。

乙酉㊲，回紇胡祿都督等二百餘人入見，前後贈賚繒帛十萬匹，府藏空竭，稅百官俸以給之。

【章　旨】以上為第十四段，寫郭子儀誠信感回紇，連兵大破吐蕃。

【注　釋】❶己未　十月初一日。❷辛酉　十月初三日。❸癸亥　十月初五日。❹官廨　官署；官吏處理公務的地方。❺丙寅　十月初八日。❻北原　涇陽縣北邊高平地帶。❼丁卯　十月初九日。❽牙將　郭子儀的衙前部將。❾契約　雙方或多方同意訂立的條約、文書。此泛指雙方關係。❿扣馬　拉住馬；牽住馬。⓫合胡祿都督藥葛羅　回紇的都督，既是部落長，又是地方政權長官。合胡祿，可能是部落名稱。藥葛羅，《舊唐書‧回紇傳》作藥羅葛，可汗之姓。⓬執弓注矢　手執弓，矢投弦。注，投。⓭免冑釋甲　取下頭盔，脫去身上的鎧甲。冑，頭盔。甲，鎧甲。⓮羅拜　羅列而拜；圍著下拜。⓯捐館　即「捐館舍」的省稱，意為捨棄所居住的屋舍，是死亡的委婉說法。⓰上都　指長安。⓱我曹　即我輩、我們。⓲舅甥之親　舅父與外甥的親戚關係。唐曾先後將宗室女文成公主和金城公主嫁與吐蕃，因此，開元時吐蕃贊普上表稱：「外甥是先皇帝舅宿親。」⓳焚蕩　燒光。⓴畿甸　泛指京城地區。古代王畿千里，王都所在千里之地曰畿；城郭外稱郊，郊外稱甸。㉑全師而繼好　既保全軍隊，又繼續以前的友好關係。㉒然懷恩之子二句　僕固懷恩女嫁回紇可汗，故言其子為回紇可敦的兄弟。㉓酹地　把酒灑在地上，表示祭奠，以請天地鬼神作證。㉔癸酉　十月十五日。㉕靈臺　縣名，縣治在今甘肅靈臺。㉖丙子　十月十八日。㉗丁丑　十月十九日。㉘辛巳　十月二十三日。㉙迎扈　迎接皇帝而扈從左右。扈，扈從。㉚齒　並列。㉛右　古代尊右，故以右為較尊貴的地位。㉜外夷　泛指邊疆少數民族地區。㉝壬午　十月二十四日。㉞甲申　十月二十六日。㉟再宿　住宿兩夜。㊱專殺　不經請示擅自殺人。㊲乙酉　十月二十七日。

【校　記】[1]左右　原無此二字。據章鈺校，十二行本、乙十一行本皆有此二字，張瑛《通鑑校勘記》同，今據補。[2]滅絕　胡克家初刊本脫此二字，後來的補刻本已補入「滅絕」二字。據章鈺校，十二行本、乙十一行本皆有此二字，張敦仁《通鑑刊本識誤》同，今據增補。[3]穩　原作「隱」。據章鈺校，乙十一行本、孔天胤本皆作「穩」，今據改。

【語　譯】冬，十月初一日己未，又恢復在資聖寺宣講佛經。

吐蕃退到邠州，遇上回紇，又一起進軍入侵。十月初三日辛酉，到達奉天。初五日癸亥，党項軍隊焚燒同州官署民居後離去。

十月初八日丙寅，回紇、吐蕃合兵圍攻涇陽，郭子儀命令各將領嚴加防守而不要與敵軍交戰。等到了晚上，回紇、吐蕃兩軍退駐北原。初九日丁卯，又來到城下。這時，回紇與吐蕃聽說僕固懷恩死了，已經開始爭奪統帥位置，不相和睦，分別設營駐紮，郭子儀知道了這一情況。回紇軍隊在城西，郭子儀派牙將李光瓚等人前往遊說，想與回紇共同攻擊吐蕃。回紇不信，說：「郭公難道在這裡嗎？你們在欺騙我們而已。假若果真在這裡，可以見一見嗎？」李光瓚回來報告，郭子儀說：「現在兵力的眾寡並不相當，難以憑實力取勝。過去我們與回紇結下的關係很深厚，不如我挺身前往勸說他們，可以不戰而勝。」眾將請求挑選鐵騎五百人作為護衛隨從。郭子儀說：「這樣做恰恰足以害了我。」郭晞拉住郭子儀的馬勸告說：「他們是虎狼，大人您是國家的元帥，怎麼能夠拿自己去做敵人的餌食呢！」郭子儀說：「如果現在交戰，那麼我們父子都會戰死而國家依然危險。我前去用真誠的態度和他們商談，也許有幸能使他們聽從，那就是天下的福分了！如果他們不聽，那麼我死了但一家還能保全。」說著用馬鞭抽打郭晞的手說：「走開！」就和幾個騎兵打開城門出去，派人傳呼說：「令公來了！」回紇大吃一驚。回紇大帥合胡祿都督藥葛羅，是可汗的弟弟，拉滿弓搭上箭，站在陣前。郭子儀脫下頭盔、鎧甲，丟下槍後前行，回紇的各酋長相互看了看說：「是他來了！」都下馬列隊叩拜。郭子儀也下馬，上前握著藥葛羅的手，責備他說：「你們回紇對唐朝有大功，唐朝回報你們也不薄，為什麼要背叛約定，深入我們的地域，侵逼京畿郊縣，丟棄以前的功勞，結下怨仇，背棄恩德而幫助叛臣，這是多麼愚蠢啊！再說僕固懷恩背叛君主拋棄母親，對你們國家有什麼用處！今天我挺身而來，任憑你們捉住我殺掉我，但我的將士必然拼死與你們一戰！」藥葛羅說：「僕固懷恩騙我，說天可汗已經駕崩，令公您也去世，中國沒有做主的人，我因此敢同他一起來。現在知道天可汗在京城長安，令公您再次在這裡統率部隊，僕固懷恩又遭天殺，我們哪裡肯與您交戰啊！」郭子儀趁機勸說他道：「吐蕃不講道義，趁我國有變亂，不顧舅甥之間的親戚關係，吞噬我邊疆土地，焚燒掃蕩我京畿一帶，他們所掠奪的財物裝都裝不完，牛馬及各種牲畜的隊伍長達幾百里，遍布原野，這是上天賜給你們的。既能保全軍隊又能繼續以前的友好關係，打敗了敵人並奪到了財富，替你們著想，還有比這更有利的事嗎！機不可失啊。」藥葛羅說：「我被僕固懷恩所誤，實在太對不起您了，如今請求替您盡一份力，攻擊吐蕃以認錯道歉。然而僕固懷恩的兒子，是我們可敦的兄弟，希望放過他不要殺他。」郭子儀答應了。這時，回紇圍觀的人分為左右站在兩邊，漸漸向前靠近，郭子儀的部下也向前靠近。郭子儀揮手讓他們退下，於是拿起酒與回紇酋長共飲。藥葛羅讓郭子儀先拿著酒起誓。郭子儀把酒澆在地上說：「大唐天子萬歲！回紇可汗也萬歲！兩國將相也萬歲！如有違背約定的，就身死陣前，家族滅絕。」酒杯遞給藥葛羅，他也把酒澆在地上說：「如令公的誓言一樣！」於是各酋長都非常高興地說：「出發時我們讓兩位巫師隨軍，巫師說這一趟很安穩，不會與唐朝交戰，見到一位大人後回來，今天果真如此。」郭子儀送給回紇綵帛三千匹，酋長分一部分賞給巫師，郭子儀終於與回紇定好盟約而回。吐蕃聞訊後，深夜，帶兵逃走。回紇派他們的酋長石野那等六個人入朝拜見天子。

藥葛羅率領部隊追擊吐蕃，郭子儀派白元光率領精銳騎兵與他一起行動。十月十五日癸酉，在靈臺西原與吐蕃交戰，大敗吐蕃，殺死吐蕃士兵數以萬計，截獲吐蕃所擄掠的士人婦女四千人。十八日丙子，又在涇州東面打敗吐蕃。

十月十九日丁丑，僕固懷恩的將領張休藏等人投降。〇二十三日辛巳，下詔書停止親征，京城解除戒嚴。

當初，肅宗任命陝西節度使郭英乂統領神策軍，派宦官魚朝恩擔任監軍。郭英乂入朝任僕射，魚朝恩便單獨統領神策軍。等代宗駕臨陝州，魚朝恩便率領全部在陝州的部隊與神策軍前去迎駕扈從，都號稱神策軍，天子還駕臨他的軍營中。等到京師平定，魚朝恩便帶著軍隊回到宮中，親自統率它，但其地位還不能與北門六軍相並列。到了這個時候，魚朝恩率領神策軍跟隨代宗屯駐禁苑中，他的勢力逐漸強大，把神策軍分為左、右廂，處在北門六軍之上。

郭子儀認為僕固名臣、李建忠等人都是僕固懷恩的猛將，擔心他們逃到外族那裡，請求代宗招降他們。僕固名臣，是僕固懷恩的姪子，當時在回紇軍營中，代宗敕令對僕固名臣及有功勞的舊將都赦免其罪，命回紇送他們回來。十月二十四日壬午，僕固名臣率領一千多名騎兵前來投降。郭子儀派開府儀同三司慕容休貞帶著書信去曉諭党項的主帥鄭庭、郝德等人，他們都前往鳳翔投降。

十月二十六日甲申，周智光到朝廷來獻俘虜和戰利品，住了兩個晚上後回到鎮所。周智光有擅自殺人的罪過而沒有受到懲治，代宗讓他走後又有些後悔。

十月二十七日乙酉，回紇胡祿都督等二百多人入朝進見，朝廷前後賜贈的絲帛有十萬匹，府庫儲存枯竭，只好徵收百官俸祿稅來供給回紇人。

【研 析】本卷記事為代宗初即位頭兩年的史事，值得研析的有以下幾件大事：一、安史之亂平定後，善後失宜，留下多種隱患。二、吐蕃入長安，代宗蒙塵。三、僕固懷恩反叛。四、郭子儀誠信感回紇，再造唐室。

安史亂平，代宗善後失宜。代宗忌刻郭子儀、李光弼功臣建立奇功，平定安史之亂的收尾之戰不用郭、李，而用僕固懷恩，借兵回紇。這本身就是失計。李光弼被罷除元帥，出鎮臨淮，心懷怨恨，以致吐蕃入長安，李光弼擁兵徐州不勤王，事後憂死，唐王朝折了一員良將，此其一失。僕固懷恩挾私智，表請河北降將分帥河北，開啟了藩鎮割據的先聲，到代宗末年，藩鎮割據的格局形成，禍及子孫，此其二失。代宗不聽獨孤及裁減諸鎮兵員的建言，亂平而聽任諸鎮擁強兵，以致叛服不定，禍及自身，此其三失。解除郭子儀兵權，以朔方節度使授僕固懷恩，假兵柄於跋扈鎮將，此其四失。河東節度使辛雲京與僕固懷恩有隙，回紇還軍，路過太原，僕固懷恩奉命護送回紇，辛雲京閉門不接待，危及兩國和親，激化僕固懷恩怨忿，過在辛氏，不在僕固懷恩。辛雲京自我辯護，誣奏僕固懷恩勾結回紇有異心，未有證據。僕固懷恩上奏訴冤，代宗不回答，兩不過問，是非混淆，直接激起了僕固懷恩的反叛，此其五失。僕固懷恩為臣不忠，代宗為君亦不仁、不明，君臣兩失。僕固懷恩之反，代宗不能辭其咎。

吐蕃入長安，代宗蒙塵。吐蕃趁安史之亂奪取大唐西北隴右、河西之地，蘭、河、鄯、洮、岷、秦、成、渭等州盡沒入吐蕃。廣德元年（西元七六三年）七月，吐蕃大舉入寇，宦官程元振封鎖消息，等到吐蕃過了邠州，前鋒達到奉天、武功，代宗才得知，情況危急，趕緊起用郭子儀為關內副元帥出鎮咸陽。郭子儀閒廢日久，部曲離散，臨時召募，到達咸陽才只有二十騎跟隨。吐蕃二十萬眾，鋪天蓋地而來，郭子儀上奏請求增派軍隊，程元振又扣住不使上聞。吐蕃兵臨長安，代宗匆匆出逃，到達陝州，幸魚朝恩神策軍營。代宗下詔勤王，沒有人聽命，擁兵徐州的李光弼也不赴難。郭子儀趕往商州，手中只有三十個騎兵。郭子儀在商州收聚散兵，又調發武關守軍，總計才四千人。郭子儀大膽進兵藍田，虛張聲勢，鄜延節度使白孝德引兵南趣京畿，蒲、陝、商、華合勢進擊，吐蕃大掠長安後退走。

代宗返長安，太常博士柳伉上書指陳時弊，柳伉說：「吐蕃長驅入長安，將士紛紛逃避，這是將帥背叛朝廷。功臣被疏遠，嬖倖受重任，直到大禍造成，群臣沒有一個敢直言，這是公卿背叛朝廷。這次車駕剛出長安，百姓就哄搶府庫，這是京城百姓背叛朝廷。十月初一，皇上下詔徵兵，四十天之後，沒有一兵一卒勤王，這是四方都背叛朝廷了。」柳伉指出四條嚴峻形勢後，義正詞嚴直問代宗：「陛下以今日之勢為安全呢，還是危險呢？如果認為危險，豈能高枕無憂，不懲治罪人呢？」柳伉要求代宗斬程元振，斥退宦官，神策軍交付大臣統率，然後皇上下罪己詔，問天下百姓允不允許自己改過自新，如果得不到允許，皇上就該退位讓賢。這是正義的抗爭，可以說振聾發聵。柳伉代表了百官群臣的公意。代宗不得已罷了程元振的官，依然用魚朝恩為天下觀軍容宣慰處置使，寵信宦官的熱情不減。代宗還加重了奸相元載的權勢，依靠他來彈壓百官。昏君是不會以史為鑑的。

僕固懷恩反叛。僕固懷恩，鐵勒部九姓之一。貞觀二十二年（西元六四八年），鐵勒九姓大首領降唐，唐太宗授歌濫拔延為右武衛大將軍、金微都督。僕固懷恩為拔延之孫，世襲都督。肅宗即位於靈武，僕固懷恩為郭子儀部屬，從郭子儀赴行在，是郭子儀最得力的戰將之一，成為副手。僕固懷恩作戰英勇，一門盡力王事，戰死四十六人，女為公主，遠嫁回紇和親。官軍收兩京，平定河南、河北，剿滅史朝義，僕固懷恩立下卓越戰功。僕固懷恩為天下兵馬副元帥，在郭子儀麾下，不失為忠臣良將，所建勳勞僅次於郭子儀、李光弼，是平定安史之亂的第三大功臣。代宗猜忌郭子儀、李光弼，用僕固懷恩取代，煽起了他的野心，自以為功大，不滿意朝廷的待遇。而代宗照例猜忌功臣，現在輪到了猜忌僕固懷恩。辛雲京、李抱玉、宦官駱奉仙、魚朝恩，添油加醋打小報告。代宗下詔召僕固懷恩入朝，要收他的兵權，僕固懷恩稱病不入朝。雙方關係迅速惡化。代宗廣德二年，代宗用李抱玉計謀，重新任用郭子儀為朔方節度使。朔方將士聽到郭子儀到任，紛紛離開僕固懷恩，歡迎郭子儀。僕固懷恩率領三百名親兵逃到靈武，收合散兵，招引回紇、吐蕃兩次大舉入寇。代宗永泰元年（西元七六五年）九月，僕固懷恩第二次引回紇、吐蕃、吐谷渾三十餘萬大軍入寇，深入至奉天，京師大駭。九月初八日，僕固懷恩病死，郭子儀與回紇媾和，連兵擊退吐蕃，唐王朝才轉危為安。僕固懷恩，一個蓋世功臣，以叛臣賊子落幕，令人悲憫。代宗內心有虧，前後所下敕制，從不言僕固懷恩反叛，並在京師養其母，撫其女。代宗聽到僕固懷恩死亡消息後，也愴然曰：「懷恩不反，為左右所誤耳。」誤懷恩者，實代宗也。

郭子儀誠信感回紇，再創唐室。僕固懷恩第二次引回紇、吐蕃大舉入寇，郭子儀守奉天，僕固懷恩不敢與之交戰，回紇、吐蕃之兵取道涇陽指向京師。長安士民驚恐。代宗下詔親征，實欲逃往河東。在這千鈞一髮之關頭，郭子儀馳援涇陽，立腳未穩，回紇十餘萬大軍圍迫上來，吐蕃繼其後。官軍人心惶惶，強行拒戰，涇陽不守，一定會全軍覆滅。回紇與唐和親，助唐平定安史之亂，獲得唐朝豐厚回報。回紇留在長安的商人、辦事人員有數千人，作奸犯科，代宗一概不問。每年互市，唐朝用重金購回紇的瘦馬，維護關係。郭子儀與回紇將領並肩作戰，關係友好。回紇之所以入寇，一定是僕固懷恩挑撥，而今僕固懷恩已死，挑撥的源頭沒有了，郭子儀決定身入虎穴，以大義諭說回紇與唐連和共擊吐蕃。眾將軍不同意，認為冒險，一定要去，請選派五百名精騎保護。郭子儀對眾將說：「打硬仗是以卵擊石。與回紇重申盟好，只有這一條路。擔心回紇殺我，派五百人也沒有用，只是增加無謂的犧牲。回紇不是豺狼虎豹，胡人講誠信。我誠心而去，只要有一線希望，便是國家之福，如果殉職，這是軍人的責任。」最後，郭子儀帶領數騎，不穿甲冑而往。回紇全副武裝迎接，如臨大敵。郭子儀令人傳呼：「令公來了。」郭子儀官拜中書令，人稱「令公」。回紇見到郭子儀，大吃一驚。回紇大帥藥葛羅，是回紇可汗的弟弟，也是郭子儀的老朋友。藥葛羅拉弓搭箭站在隊列，見郭子儀赤手空拳而來，十分感動，他扔下兵器，納頭便拜，其他衛士也高興地拜迎郭子儀。郭子儀扶起藥葛羅，既親切又嚴肅地責備說：「回紇有大功於唐，唐也回報豐厚，為何有始無終，負約侵犯。僕固懷恩叛君棄母，值得回紇幫助嗎？我如今挺身而來，你們可以殺我，我的將士將會和你們拚命。」藥葛羅說：「僕固懷恩騙了我們，說皇帝和令公都死了，中國無主，我們才來的。現在僕固懷恩被天殺了，我們怎敢與令公交戰。」郭子儀趁熱說回紇，吐蕃無道，奪地掠民，搶了許多財物。回紇與唐重歸於好，共同打敗吐蕃，所有財物全歸回紇。藥葛羅於是與郭子儀執酒為誓。吐蕃聽到消息，連夜逃跑。唐軍與回紇並兵追擊，大破吐蕃，斬首以萬計，解救被吐蕃搶掠的士女四千多人。

郭子儀善用兵，懂外交，講仁德，所以聲威遠播，回紇人很敬仰他，這是他的資本。李抱玉向代宗推薦郭子儀，說：「僕固懷恩反叛，不足憂慮。朔方將士想念郭子儀，如同子弟想念父兄。陛下只要起用郭子儀為朔方節度使，朔方將士不召自來。」事實果然如此。不過郭子儀與回紇行盟，畢竟是身入虎穴，不僅要有大勇，而且要有高度的愛國精神，這正是郭子儀受人敬仰的內在原因。郭子儀既誠信，義利分析得當，又誘以厚利，所以贏得了回紇人的信任。假如吐蕃再入長安，回紇助紂為虐，勢將激起河北兵變，唐王朝真的就要完蛋。郭子儀誠信感回紇，不僅退了吐蕃之兵，而且是再造了唐室。

卷第二百二十四

唐紀四十

起旃蒙大荒落（乙巳　西元七六五年）閏月，盡昭陽赤奮若（癸丑　西元七七三年），凡八年有奇。

【題解】本卷記事起西元七六五年閏月，迄西元七七三年，凡八年又三個月。當唐代宗永泰元年閏十月到大曆八年。此時為唐代宗執政中期，宦官程元振、魚朝恩相繼用事，元載專權，代宗佞佛，政刑廢弛，賦斂無度，國庫仍然空虛，百官用職田之入充軍糧。劉晏、第五琦、韓滉諸人掌理財賦，國用稍足，民更困矣。代宗姑息，諸鎮兵將屢屢犯上逐帥，朝廷隨即安撫，以致蜀中大亂，幽州兵將兩度自立邊帥，華州刺史周智光桀驁不馴，嶺南蠻夷叛亂，舉國不寧，局部變亂不斷。幸賴郭子儀等良將健在，維護了國家的統一，打擊吐蕃入侵，鞏固了西北的邊防。和親、互市，維護了與回紇的和平。代宗平庸，不能裁減諸鎮之兵，不能翦除強梁鎮將，不能控御權臣，只是維持了唐朝的統治。代宗仁厚，不興大獄，所以能維護大局平穩。

代宗睿文孝武皇帝中之上

永泰元年（乙巳　西元七六五年）

閏十月乙巳❶，郭子儀入朝。子儀以靈武初復，百姓彫弊❷，戎落❸未安，請以朔方軍糧使❹三原路嗣恭❺鎮之；河西節度使楊志烈既死，請遣使巡撫河西及置涼、甘、肅、瓜、沙等州長史。上皆從之。○丁未❻，百官請納職田❼充軍糧。許之。

戊申❽，以戶部侍郎路嗣恭為朔方節度使。嗣恭披荊棘❾，立軍府，威令大行。○己酉❿，郭子儀還河中。

初，劍南節度使嚴武奏將軍崔旰⓫為利州⓬刺史。時蜀中新亂，山賊塞路，旰討平之。及武再鎮劍南，賂山南西道節度使張獻誠以求旰，獻誠使旰移疾自解⓭，詣武。武以為漢州⓮刺史，使將兵擊吐蕃於西山，連拔其數城，攘地⓯數百里。武作七寶轝⓰迎旰入成都以寵之。

武薨，行軍司馬杜濟知軍府事。都知兵馬使郭英幹，英乂之弟也，與都虞候郭嘉琳共請英乂為節度使。旰時為西山都知兵馬使，與所部共請大將王崇俊為節度使。會朝廷已除英乂，英乂由是銜之，至成都數日，即誣崇俊以罪而誅之。召旰還成都，旰辭以備吐蕃，未可歸。英乂愈怒，絕其餽餉以困之。旰轉徙入深山，英乂自將兵攻之，聲言助旰拒守。會大雪，山谷深數尺，士馬凍死者甚眾。旰出兵擊之，英乂大敗，收餘兵，纔及千人而還。

英乂為政嚴暴驕奢，不恤士卒，眾心離怨。玄宗之離蜀也，以所居行宮為道士觀⑰，仍鑄金為真容⑱。英乂愛其竹樹茂美，奏為軍營，因徙去真容，自居之。旰宣言⑲英乂反，不然，何以徙真容自居其處！於是帥所部五千餘人襲成都。辛巳⑳[1]，戰于城西，英乂大敗。旰遂入成都，屠英乂家，英乂單騎奔簡州㉑。普州㉒刺史韓澄殺英乂，送首於旰。邛州㉓牙將柏茂琳㉔、瀘州㉕牙將楊子琳㉖、劍州㉗牙將李昌巎㉘各舉兵討旰，蜀中大亂。旰，衛州人也。

華原令顧繇上言，元載子伯和等招權受賄。十二月戊戌㉙，繇坐流錦州㉚。

自安、史之亂，國子監㉛室堂頹壞，軍士多借居之。祭酒蕭昕上言：「學校不可遂廢。」

【章旨】以上為第一段，寫蜀中大亂。

【注釋】❶乙巳　閏十月十七日。❷彫弊　衰敗零落。❸戎落　指少數民族部落。❹軍糧使　即糧料使。使職名，掌管軍糧有關事務的差遣官。❺路嗣恭　（西元七一一—七八一年）字懿範，京兆三原（今陝西三原東北）人，初名劍客，歷仕郡縣，有能名，考績為天下之最，遂賜名嗣恭。後任節度使，至兵部尚書，東都留守。傳見《舊唐書》卷一百二十二、《新唐書》卷一百三十八。❻丁未　閏十月十九日。❼職田　文武官員按品級所得俸祿田。❽戊申　閏十月二十日。❾披荊棘　指排除混亂。披，劈開。荊棘，本指叢生有刺的灌木，此比喻紛亂。❿己酉　閏十月二十一日。⓫崔旰　（西元七二三—七八三年）

賜名寧，衛州（今河南衛輝）人，代宗時仕蜀十餘年，仗地險兵強，窮奢極欲，朝廷不能制。後徵至京師，官至檢校司空、平章事、御史大夫。為盧杞誣陷而死。傳見《舊唐書》卷一百十七、《新唐書》卷一百四十四。⑫利州　州名，治所在今四川廣元。⑬移疾自解　指稱病自行解職離任。移疾，移病，即稱病，多為居官者求退的婉辭。⑭漢州　州名，治所在今四川廣漢。⑮攘地　即奪地。攘，侵奪。⑯七寶轝　非常華貴的車。⑰道士觀　道士住的廟宇。⑱真容　肖像。⑲宣言　宣稱；揚言。⑳辛巳　十一月二十四日。㉑簡州　州名，治所在今四川簡陽西北。㉒普州　州名，治所在今四川安岳。㉓邛州　州名，治所在今四川邛崍。㉔柏茂琳　茂琳，《舊唐書·代宗紀》作「茂林」，《舊唐書·杜鴻漸傳》作「貞節」，皆為一人。見岑仲勉《唐集質疑》。初為邛州牙將，後為邛州刺史、防禦使、節度使。崔旰逐走西川郭英乂，柏茂琳曾起兵討旰。兩《唐書》無傳。㉕瀘州　州名，治所在今四川瀘州。㉖楊子琳　即楊猷。本為瀘南「賊帥」，歸降後任瀘州牙將、刺史。入夔州，授峽州刺史，遷澧州刺史，兼澧朗鎮遏使。後授洮州刺史、隴右節度兵馬使。其事散見《舊唐書》卷一百八〈杜鴻漸傳〉、《新唐書》卷一百四十四〈崔寧傳〉等篇。㉗劍州　州名，治所在今四川劍閣。㉘李昌巙　人名，劍州牙將。《唐曆》作「李昌夔」。㉙戊戌　十二月十一日。㉚錦州　州名，治所在今湖南麻陽西。㉛國子監　唐代中央學府。貞觀二年（西元六二八年）設置。長官祭酒一員，副長官司業二員，職掌儒學訓導的政令，總領國子學、太學、四門學、律學、書學、算學等六學。

【校　記】①辛巳　據章鈺校，十二行本、乙十一行本皆作「辛亥」。

【語　譯】代宗睿文孝武皇帝中之上

永泰元年（乙巳　西元七六五年）

閏十月十七日乙巳，郭子儀入朝。郭子儀認為靈武剛剛收復，民生彫敝，戎族部落尚未安定，請求任用朔方軍糧使三原人路嗣恭去鎮撫靈武；河西節度使楊志烈已死，請求派遣使者去巡撫河西並設置涼州、甘州、肅州、瓜州、沙州等州的長史。代宗都聽從了這些建議。〇十九日丁未，群臣請求交納職分田的田稅以補充軍糧。代宗准許了。

閏十月二十日戊申，任命戶部侍郎路嗣恭為朔方節度使。路嗣恭上任後大力整治紛亂的局面，設立軍府，威嚴的號令通行無阻。〇二十一日己酉，郭子儀返回河中。

當初，劍南節度使嚴武奏請任命將軍崔旰為利州刺史。當時蜀地剛剛發生動亂，山林盜賊阻塞道路，崔旰討伐並平定了他們。等到嚴武再次出鎮劍南時，賄賂山南西道節度使張獻誠以便得到崔旰，張獻誠讓崔旰上書稱病，自請解除職務，前往嚴武那裡。嚴武任命他為漢州刺史，讓他率領部隊在西山攻打吐蕃，連續攻克吐蕃好幾座城池，奪取土地好幾百里。嚴武製作了七寶車把崔旰迎進成都以表示對他的寵愛。

嚴武去世後，行軍司馬杜濟掌管軍府事務。都知兵馬使郭英幹是郭英乂的弟弟，與都虞候郭嘉琳共同請求任命郭英乂為節度使。崔旰當時是西山都知兵馬使，與他的部下共同請求任命大將王崇俊為節度使。適逢朝廷已經任命了郭英乂，郭英乂因此對崔旰等人懷恨在心，到達成都幾天後，就誣陷王崇俊有罪而誅殺了他。又召崔旰回成都，崔旰推託說要防備吐蕃，不能回來。郭英乂就更加憤怒了，斷絕了崔旰的糧餉供應使他陷入困境。崔旰轉移到深山中，郭英乂親自率軍去攻打他，卻聲稱是幫助崔旰防守吐蕃。碰上下大雪，山谷裡積雪深達幾尺，士兵馬匹凍死很多。崔旰出兵攻擊，郭英乂大敗，搜集殘兵，只有一千人，返回了成都。

郭英乂施政嚴酷殘暴，驕橫奢侈，不體恤士卒，眾人離心，怨氣很大。玄宗離開蜀中時，把所居住的行宮改為道士觀，又用金鑄了一尊真容像。郭英乂喜愛那裡竹木盛美，上奏改為軍營，於是遷走真容像，自己居住在那裡。崔旰宣稱郭英乂謀反，不然的話，為什麼要遷走真容像自己居住在那裡。於是率領部下五千多人襲擊成都。十一月二十四日辛巳，在城西交戰，郭英乂大敗。崔旰便進入成都，屠殺了郭英乂一家，郭英乂單獨一人騎馬逃到簡州。普州刺史韓澄殺死郭英乂，把他的首級送到崔旰那裡。邛州牙將柏茂琳、瀘州牙將楊子琳、劍州牙將李昌巙各自發兵討伐崔旰，蜀中大亂。崔旰，是衛州人。

華原縣令顧繇上書說，元載的兒子元伯和等人倚仗權勢，接受賄賂。十二月十一日戊戌，顧繇獲罪被流放到錦州。

自從安、史之亂以後，國子監的教室廳堂破敗，軍隊多借居在裡面。祭酒蕭昕上書說：「學校不能因此而荒廢。」

大曆元年（丙午　西元七六六年）

春，正月乙酉❶，敕復補國子學生❷。

丙戌❸，以戶部尚書劉晏為都畿、河南、淮南、江南、湖南、荊南、山南東道轉運、常平❹、鑄錢、鹽鐵等使，侍郎第五琦為京畿、關內、河東、劍南、山南西道轉運等使，分理天下財賦。

周智光至華州，益驕橫，召之，不至，上命杜冕從張獻誠於山南以避之。智光遣兵於商山❺邀之，不獲。智光自知罪重，乃聚亡命無賴子弟，眾至數萬，縱其剽掠以悅其心。擅留關中所漕米二萬斛，藩鎮貢獻❻，往往殺其使者而奪之。

二月丁亥❼朔，釋奠❽于國子監。命宰相帥常參官❾、魚朝恩帥六軍諸將往聽講，子弟❿皆服朱紫⓫為諸生。朝恩既貴顯，乃學講經為文，僅能執筆辨章句⓬，遽自謂才兼文武，人莫敢與之抗。◯辛卯⓭，命有司修國子監。

元載專權，恐奏事者攻訐⓮其私，乃請百官凡論事，皆先白長官，長官白宰相，然後奏聞。仍以上旨諭百官曰：「比日⓯諸司奏事煩多，所言多讒毀⓰，故委長官、宰相先定其可否。」

刑部尚書顏真卿上疏，以為：「郎官、御史，陛下之耳目。今使論事者先白宰相，是自掩其耳目也。陛下患羣臣之為讒，何不察其言之虛實！若所言果虛宜誅之，果實宜賞之。不務為此，而使天下謂陛下厭聽覽⑰之煩，託此為辭，以塞諫爭⑱之路，臣竊為陛下惜之！太宗著門司式⑲云：『其無門籍⑳人，有急奏者，皆令門司與仗家㉑引奏，無得關礙㉒。』所以防壅蔽㉓也。天寶以後，李林甫為相，深疾言者，道路以目㉔。上意不下逮㉕，下情不上達，蒙蔽喑嗚㉖，卒成幸蜀之禍。陵夷㉗至于今日，其所從來㉘者漸矣。夫人主大開不諱㉙之路，羣臣猶莫敢盡言；況今宰相大臣裁而抑之，則陛下所聞見者，不過三數人耳。天下之士從此鉗口結舌㉚，陛下見無復言者，以為天下無事可論，是林甫復起於今日也！昔林甫雖擅權，羣臣有不諂宰相輒奏事者，則託以他事陰中傷之，猶不敢明令百司奏事皆先白宰相也。陛下儻不早寤，漸成孤立，後雖悔之，亦無及矣！」載聞而恨之，奏真卿誹謗㉛，乙未㉜，貶峽州別駕。

【章　旨】以上為第二段，寫元載專權。

【注　釋】❶乙酉　正月二十九日。❷國子學生　國子學生員。國子學，國子監所領六學之一，設博士五人、助教五人、直講四人，講授《五經》等學課。國子學生員規定為文武官三品以上、國公的子孫，二品以上官的子孫、曾孫。成績優秀要求做官的上報給國子監，能參加科試的則推薦給尚書省禮部。❸丙戌　正月三十日。❹常平　常平使，使職名，掌管常平法及常平倉政事的差遣官。常平之法，是官府在州府設置常平倉，實行穀賤時增價買入，穀貴時減價賣出，用來調節糧食供求矛盾，平穩市場價格。唐代的常平職事本由太府寺的常平署和地方的倉曹司倉參軍管理。開元時，按察使、采訪使已有監督各道常平錢穀運用的職責。安史亂後，第五琦、劉晏以各種使職的名義經管財政之初，都涉及常平，第五琦曾於廣德二年（西元七六四年）奏請於各州置常平庫使。而中央官員以常平名使，卻首見於本年劉晏與第五琦分理天下財賦之時。❺商山名，屬秦嶺山脈。在今陝西商縣東。❻貢獻　進奉；進貢。❼丁亥　二月初一日。❽釋奠　古代學校舉行的一種典禮。每年仲春、仲秋和學校始建時，陳設酒食祭奠先聖先師。國子監、太學的釋奠，由祭酒、司業、博士祭獻，有時皇太子和文武官員參加，並舉行講學典禮。❾常參官　常朝日必須赴朝參見皇帝的官員。唐制，文官五品以上及中書省、門下省八品以上供奉官和監察御史、員外郎、太常博士每日參見，稱常參官。武官三品以上三日一朝，稱九參官。五品以上及新行折衝當番者五日一朝，號六參官。❿子弟　指常參官和六軍諸將的子弟。⓫朱紫　紅色與紫色。唐代三品以上官員袍服用紫色，五品以上官員袍服用朱色。⓬章句　古書的章節與句讀。⓭辛卯　二月初五日。⓮攻訐　攻擊或揭發別人短處。⓯比日　近來。⓰讒毀　說別人壞話；詆毀。⓱聽覽　傾聽、觀覽。⓲諫爭　以直言規勸。⓳門司式　唐式的一篇。式，是唐代四種法規（律、令、格、式）之一，是以官府為篇目而編定的行政條例，用來規範辦事要求和程序。《門司式》是左右監門衛的行政條例，主要是關於進出宮禁殿門的要求和手續的規定，由左右監門衛大將軍、將軍及其僚屬掌握執行。⓴門籍　出入宮殿門的牒籍。出入宮門的人須持有記載其姓名、年紀及所帶物色的牒，經過按省，方得通行；在京各司官員要進出宮門的，須有本司具其官爵姓名的移牒，流外官還須注明其腳色、年紀、狀貌，由門司報大將軍檢校後方得通行。㉑仗家　宿衛在內廊、閤門外的警衛人員。㉒關礙　妨礙。㉓防壅蔽　防止壅塞和遮蔽。壅，壅塞；堵塞而不暢通。蔽，遮蔽；蒙蔽。㉔道路以目　語出《國語・周語》：「厲王虐，國人謗王，邵公告曰：『民不堪命矣。』王怒，得衛巫，使監謗者，以告，則殺之。國人莫敢言，道路以目。」形容懾於暴政，敢怒而不敢言。㉕下逮　向下傳達。逮，及；達到。㉖喑嗚　吞聲悲咽；說話喑啞不明。㉗陵夷　衰落。㉘從來　由來。㉙不諱　不隱諱。㉚鉗口結舌　指閉口不敢說話。鉗口，閉口。結舌，不敢說話。㉛誹謗　說人壞話。㉜乙未　二月初九日。

【語　譯】大曆元年（丙午　西元七六六年）

春，正月二十九日乙酉，下敕書恢復補充國子學的生員。

正月三十日丙戌，任命戶部尚書劉晏擔任都畿、河南、淮南、江南、湖南、荊南、山南東道轉運使、常平使、鑄錢使、鹽鐵使等職，任命侍郎第五琦擔任京畿、關內、河東、劍南、山南西道轉運使等職，分別管理國家的財政賦稅。

周智光到達華州，更加驕橫，朝廷召他，他不來，代宗命杜冕跟隨張獻誠去山南以躲避他。周智光派兵在商山攔截，沒有截到。周智光自己知道罪過深重，於是聚集亡命之徒及無賴子弟，人員多達幾萬，放縱他們去搶劫以博取他們的歡心。又擅自截留關中漕運的米二萬斛，各藩鎮向朝廷進貢，周智光常常殺掉其使者而奪走貢物。

二月初一日丁亥，在國子監舉行釋奠之禮。代宗命宰相率領常參官、魚朝恩率領六軍各將領前往聽講，子弟們都穿著紅色、紫色的衣服做學生。魚朝恩地位尊貴顯要之後，就學著講經典寫文章，僅僅只會拿筆辨認章節句讀，就馬上自以為兼有文武之才，沒有哪個人敢和他對抗。○初五日辛卯，命令有關部門修繕國子監。

元載專權，害怕向代宗奏事的人攻擊揭發他的私心，於是請求百官凡是奏論事情，都要先報告長官，長官報告宰相，然後再上奏皇上。他還以代宗的旨意曉諭百官說：「近來各部門上奏事情煩雜眾多，所說的大都是些詆毀或挑撥的話，所以委託各長官、宰相先決定所說的事是否可以上奏。」

刑部尚書顏真卿上疏，認為：「郎官、御史，是陛下的耳目。如今讓上奏論事的人先報告宰相，是自己把耳目遮蓋住了。陛下擔心群臣進讒言，為什麼不考察群臣言論的真假虛實呢！如果所說的話真是虛假的，就應該誅殺他們；如果是真實的，就應該獎賞他們。不致力於這樣做，而使天下的人認為陛下因聽取和閱讀奏章太多而感到厭煩，以此為藉口，用來堵塞臣下直言規勸的通道，臣私下替陛下感到惋惜！太宗所著的《門司式》說：『那些沒有出入宮門通行證的人，如有急事上奏，都讓宮門負責人和宮內宿衛人員帶領他們去奏報，不許阻礙。』這樣做是為了防止阻塞言路、蒙蔽皇帝。天寶以後，李林甫做宰相，非常痛恨進言的人，人們在路上相遇不敢交談，只能用眼神示意。致使皇帝的旨意不能下傳，而下面的情況也不能上達，皇帝被蒙蔽，臣下吞聲哀歎，最後釀成玄宗逃奔蜀中的大禍。國勢衰落直至今日，這種局面都是逐漸積累而形成的。

皇帝即使大開直言不諱之路，群臣尚且不敢暢所欲言；更何況讓宰相大臣裁決並壓制，那麼陛下所能聽到見到的人不過三兩個罷了。天下的人士從此將閉口不言，陛下見不再有進言的人，便認為天下沒有事情可以奏論，這是李林甫在今天重又復活了！當年李林甫雖然專權，但群臣有不向宰相諮詢就奏報事情的，李林甫就找其他事情做藉口暗地裡來中傷他們，尚且不敢公開下令各部門奏報事情都要先報告宰相。陛下假若不早點醒悟，就會逐漸孤立，以後雖然後悔，也來不及了！」元載聽說後恨透了顏真卿，上奏說顏真卿在誹謗，二月初九日乙未，將顏真卿貶為峽州別駕。

己亥❶，命大理少卿楊濟修好❷於吐蕃。

壬子❸，以杜鴻漸為山南西道・劍南東西川副元帥、劍南西川節度使，以平蜀亂❹。

以四鎮、北庭行營節度使馬璘兼邠寧節度使。璘以段秀實為三使❺都虞候。卒有能引弓重二百四十斤者，犯盜當死。璘欲生之，秀實曰：「將有愛憎而法不一，雖韓、彭❻不能為理。」璘善其議，竟殺之。璘處事或不中理❼，秀實力爭之。璘有時怒甚，左右戰栗，秀實曰：「秀實罪若可殺，何以怒為！無罪殺人，恐涉非道。」璘拂衣❽起，秀實徐步而出。良久，璘置酒召秀實謝之。自是軍州事皆咨秀實而後行。璘由是在邠寧聲稱殊美。

癸丑❾，以山南西道節度使張獻誠兼劍南東川節度使，邛州刺史柏茂琳為邛南❿防禦使。以崔旰為茂州⓫刺史，充西山防禦使。三月癸未⓬，獻誠與旰戰于梓州，獻誠軍敗，僅以身免，旌節皆為旰所奪。

夏，五月，河西節度使楊休明徙鎮沙州。

秋，八月，國子監成。丁亥⓭，釋奠。魚朝恩執易升高座，講「鼎覆餗⓮」以譏宰相。王縉怒，元載怡然。朝恩謂人曰：「怒者常情，笑者不可測也。」

杜鴻漸至蜀境，聞張獻誠敗而懼，使人先達意於崔旰，許以萬全⓯。旰卑辭⓰重賂以迎之。鴻漸喜，進至成都，見旰，但接以溫恭⓱，無一言責其干紀⓲，日與將佐高會[1]，州府事悉以委旰。又數薦之於朝，因請以節制讓旰，以柏茂琳、楊子琳、李昌巙各為本州刺史，上不得已從之。壬寅⓳，以旰為成都尹、西川節度行軍司馬。

甲辰⓴，以魚朝恩行內侍監、判國子監事。中書舍人京兆常袞㉑上言：「成均㉒之任，當用名儒，不宜以宦者領之。」丁未㉓，命宰相以下送朝恩上。

京兆尹黎幹㉔自南山引澗水穿漕渠入長安，功竟不成。

冬，十月乙未㉕，上生日㉖，諸道節度使獻金帛、器服㉗、珍玩、駿馬為壽，共直緡錢㉘二十四萬。常袞上言，以為：「節度使非能男耕女織，必取之於人。斂怨求媚，不可長也，請卻之。」上不聽。

京兆尹第五琦什一稅法，民苦其重，多流亡。十一月甲子㉙，日南至，赦，改元㉚，悉停什一稅法。

十二月癸卯㉛，周智光殺陝州監軍張志斌。智光素與陝州刺史皇甫溫不協㉜，志斌入奏事，智光館之。志斌責其部下不肅㉝，智光怒曰：「僕固懷恩不反，正由汝輩激之。我亦不反，今日為汝反矣！」叱下斬之，臠食㉞其肉。朝士舉選人㉟，畏智光之暴，多自同州竊過。智光遣將將兵邀之於路，死者甚眾。戊申㊱，詔加智光檢校左僕射，遣中使余元仙持告身授之。智光慢罵㊲曰：「智光有大功於天下國家，不與平章事而與僕射！且同、華地狹，不足展才[2]，若益以陝、虢、商、鄜、坊五州，庶猶㊳可耳。」因歷數㊴大臣過失，且曰：「此去長安百八十里，智光夜眠不敢舒足㊵，恐踏破長安城。至於挾天子令諸侯，惟周智光能之。」元仙股慄。郭子儀屢請討智光，上不許。

郭子儀以河中軍食常乏，乃自耕百畝，將校㊶以是為差，於是士卒皆不勸㊷而耕。是歲，河中野無曠土㊸，軍有餘糧。

以隴右行軍司馬陳少遊㊹為桂管觀察使。少遊，博州人也，為吏彊敏㊺而好賄，善結權貴，以是得進。既得桂州，惡其道遠多瘴癘。宦官董秀掌樞密㊻，少遊請歲獻五萬緡，又納賄於元載子仲武。內外引薦，數日，改宣歙觀察使。

【章　旨】以上為第三段，寫華州刺史周智光桀驁不馴；元載為相排斥異己；第五琦聚斂。

【注　釋】❶己亥　二月十三日。❷修好　重歸和好。❸壬子　二月二十六日。❹蜀亂　指崔旰之亂。❺三使　指四鎮、北庭、邠寧三節度使。❻韓彭　即韓信、彭越。韓信（?—西元前一九六年），淮陰（今河南淮陽）人，初從項羽，後歸劉邦，拜為大將軍，伐魏，舉趙，降燕，定齊，圍項羽於垓下，迫其自殺。為西漢開國功臣，封為楚王。後被告以謀反見殺。傳見《史記》卷九十二、《漢書》卷三十四。彭越（?—西元前一九六年），字仲，昌邑（今山東金鄉西北）人，秦末聚眾起兵，歸劉邦，略定梁地，多建奇功，封為梁王。後被告謀反，夷三族。傳見《史記》卷九十、《漢書》卷三十四。❼中理　符合道理。❽拂衣　提衣；振衣。表示生氣、不滿。❾癸丑　二月二十七日。❿邛南　邛水之南。邛水，源出今四川滎經東南，北流至雅安，入青衣江。⓫茂州　州名，治所在今四川茂縣。⓬癸未　三月二十八日。⓭丁亥　八月初四日。⓮鼎覆餗　語出《易・鼎》：「鼎折足，覆公餗。」意思是折足之鼎，必傾鼎中之食。比喻大臣力薄，不能勝任所委重任，必至敗壞國事。鼎，古代的一種烹飪器具，有三足兩耳。覆，傾覆；傾倒。餗，鼎內食物。⓯萬全　萬無一失。⓰卑辭　謙卑之辭。⓱溫恭　溫順恭敬。⓲干紀　干犯法紀。⓳壬寅　八月十九日。⓴甲辰　八月二十一日。㉑常袞　（西元七二九—七八三年）京兆（今陝西西安）人，天寶末舉進士。文章俊拔，為時所重。任門下侍郎、同平章事。力杜賣官之路，排擯非文辭登第之人。封河內郡公。有文集六十卷，已佚。傳見《舊唐書》卷一百十九、《新唐書》卷一百五十。㉒成均　古代的大學。後世亦用以泛稱官辦的學校。武則天垂拱間曾改國子監曰成均。此指國子監。㉓丁未　八月二十四日。㉔黎幹　人名，初以善星相讖緯之術待詔翰林，官至京兆尹，以左道惑主希進。德宗時，與宦官劉忠翼謀不軌，賜死。傳見《舊唐書》卷一百十八、《新唐書》卷一百四十五。㉕乙未　十月十三日。㉖上生日　代宗生於開元十四年（西元七二六年）十月十三日，以這天為天興聖節。㉗器服　器皿與衣物。㉘緡錢　即貫錢，用繩穿連成串的錢。緡，穿錢用的繩子。㉙甲子　十一月十二日。㉚改元　改永泰二年為大曆元年。㉛癸卯　十二月二十二日。㉜不協　不和睦。㉝不肅　不恭敬。㉞臠食　即把肉切碎來吃。臠，肉割碎。㉟朝士舉選人　朝士，在朝廷做官之人。選人，候選的官吏。㊱戊申　十二月二十七日。㊲慢罵　同「嫚罵」。肆意辱罵。㊳庶猶　還差不多。庶，將近；差不多。猶，還。㊴歷數　遍數；逐一指陳。㊵舒足　伸展腳。㊶將校　武官的通稱。㊷勸勵；獎勵。㊸曠土　空土；荒土。㊹陳少遊　（西元七二四—七八四年）博州博平（今山東茌平博平西北）人，幼習老、莊，歷官晉鄭二州刺史、桂管觀察使、宣歙州觀察使、淮南節度使、尚書左僕射。傳見《舊唐書》卷一百二十六、《新唐書》卷二百二十四上。㊺彊敏　有才能而且機敏。㊻樞密　指樞機近密的職務，如奏表進御，旨意傳宣，在皇帝與宰相之間起承接作用。玄宗時宦官高力士曾當此任。代宗、德宗時皆由宦官執掌，但無使名。憲宗元和（西元八〇六—八二〇年）時始置樞密使二人，仍由宦官擔任。以致發展到樞密使與宰相共參政事，與宰相一起在延英殿同皇帝議政，插手大臣遷除、皇帝廢立。

【校記】①日與將佐高會　原無此句。據章鈺校，十二行本、乙十一行本皆有此句，張瑛《通鑑校勘記》同，今據補。②才　原作「材」。據章鈺校，十二行本、乙十一行本皆作「才」，今從改。

【語譯】二月十三日己亥，命大理少卿楊濟去與吐蕃重建友好關係。

二月二十六日壬子，任命杜鴻漸為山南西道、劍南東西川副元帥、劍南西川節度使，去平定蜀中動亂。

任命四鎮、北庭行營節度使馬璘兼任邠寧節度使。馬璘任命段秀實為三使都虞候。士卒中有一個人拉弓之力能達二百四十斤的，犯了盜竊罪本該處死。馬璘想放他一條生路，段秀實說：「將領對部下有了愛憎之別，執法就會不一，即使是韓信、彭越這樣的名將也不能治理好軍隊。」馬璘認為他的意見很好，最終把那個士卒殺了。馬璘處理事情有時不合道理，段秀實就會據理力爭。馬璘有時非常憤怒，左右的人嚇得發抖，段秀實說：「我犯的罪如果可以誅殺，你為什麼要發怒呢！如果沒有罪而殺人，恐怕是沒有道理的。」馬璘氣得拂袖而起，段秀實則慢慢地走了出去。過了許久，馬璘設酒宴叫來段秀實表示歉意。從此軍州事務都徵求段秀實的意見然後再施行。馬璘由此在邠寧聲譽非常好。

二月二十七日癸丑，任命山南西道節度使張獻誠兼任劍南東川節度使，邛州刺史柏茂琳為邛南防禦使。任命崔旰為茂州刺史，兼任西山防禦使。三月二十八日癸未，張獻誠與崔旰在梓州交戰，張獻誠兵敗，僅僅隻身逃脫。旌旗和符節都被崔旰奪走。

夏，五月，河西節度使楊休明把鎮所遷到沙州。

秋，八月，國子監修繕完成。初四日丁亥，舉行釋奠之禮。魚朝恩拿著《易經》登上高座，宣講《易經》中所說的「鼎一折足，鼎中美食就會傾覆」，以此譏諷宰相。王縉非常憤怒，元載卻臉色和悅。魚朝恩對人說：「憤怒是人之常情，而微笑卻讓人不可揣測啊。」

杜鴻漸到達蜀地，聽說張獻誠戰敗而有所恐懼，派人先向崔旰表達自己的意思，答應他絕對安全。崔旰用謙恭的言辭和豐厚的禮物迎接他。杜鴻漸很高興，進到成都，見了崔旰，杜鴻漸在接待中溫和有禮，沒有一句話責備他違法亂紀，天天和將佐會飲，州府中的事都委託給崔旰處理。又多次向朝廷推薦崔旰，而且請求把節度使的職位讓給崔旰，任命柏茂琳、楊子琳、李昌巙各自做本州的刺史，代宗不得已而同意了他的建議。八月十九日壬寅，任命崔旰為成都尹、西川節度行軍司馬。

八月二十一日甲辰，任命魚朝恩為內侍監並掌管國子監事務。中書舍人京兆人常袞上書說：「國子監的職位，應當任用有名的儒者，不應當讓宦官來主管。」二十四日丁未，代宗命宰相以下的官員送魚朝恩上任。

京兆尹黎幹從南山引澗水開鑿渠道進入長安，工程最終沒有成功。

冬，十月十三日乙未，代宗的生日，各道節度使進獻金銀玉帛、器物服裝、珍寶古玩、駿馬等作為壽禮，一共價值緡錢二十四萬。常袞上書，認為：「節度使本人並不能男耕女織，這些壽禮必然取之於百姓。積聚百姓的怨恨來向上獻媚，這種風氣不可助長，請求陛下將這些壽禮退掉。」代宗沒有聽從常袞的意見。

京兆尹第五琦實行十分取一的稅法，百姓深受重稅之苦，很多人流亡在外。十一月十二日甲子，冬至，大赦天下，改年號為大曆，全部停止十分取一的稅法。

十二月二十二日癸卯，周智光殺死陝州監軍張志斌。周智光平素就與陝州刺史皇甫溫不和，張志斌入朝奏事路過，周智光留他住在館舍。張志斌責備周智光的部下對人不恭敬，周智光憤怒地說：「僕固懷恩不想造反，正是你這樣的人刺激他造反。我也不想造反，今天因為你而造反了！」大聲命令部下將他斬首，並且把他身上的肉切碎吃了。朝廷官員推舉的候選官吏，因懼怕周智光的殘暴，大多從同州偷偷地經過。周智光派將領率兵在路上攔截，被殺死的人很多。二十七日戊申，下詔書加封周智光為檢校左僕射，派宮中使者余元仙拿著委任狀去授予周智光。周智光嫚罵道：「我周智光對國家天下立有大功，不給平章事卻給僕射！況且同州、華州地方狹小，不足以施展我的才能，如果再增加陝州、虢州、商州、鄜州、坊州五個州，那還差不多可以。」於是歷數大臣們的過失，並且說：「這裡離長安只有一百八十里，我周智光夜晚睡覺不敢伸腳，恐怕會踏破長安城。至於挾天子而令諸侯，只有我周智光能夠辦到。」余元仙嚇得雙腿發抖。郭子儀多次請求討伐周智光，代宗不許。

郭子儀因為河中的軍糧經常匱乏，就親自耕了一百畝田，將軍、校尉等武官的耕田數以此為標準而各有差別，於是士卒都無需勸說督促而自動都去耕田。這一年，河中的田野上沒有荒廢的土地，軍隊也有了餘糧。

任命隴右行軍司馬陳少遊為桂管觀察使。陳少遊，是博州人，做官幹練機敏，喜歡賄賂，善於結交權貴，因此得以升遷。得到了赴桂州的任命後，他討厭桂州路遠，又多瘴癘之氣。宦官董秀掌管樞密事務，陳少遊請求每年獻給他五萬緡錢，又向元載的兒子元仲武行賄。這樣宮廷內外都推薦陳少遊，幾天後，就被改任為宣歙觀察使。

二年（丁未　西元七六七年）

春，正月丁巳❶，密詔郭子儀討周智光。子儀命大將渾瑊、李懷光軍于渭上，智光麾下聞之，皆有離心。己未❷，智光大將李漢惠自同州帥所部降於子儀。壬戌❸，貶智光澧州刺史。甲子❹，華州牙將姚懷、李延俊殺智光，以其首來獻。

淮西節度使李忠臣入朝，以收華州為名，帥所部兵大掠，自潼關至赤水❺二百里間，財畜殆盡，官吏有衣紙或數日不食者。己巳❻，置潼關鎮兵二千人。壬申❼，分劍南置東川觀察使，鎮遂州。

二月丙戌❽，郭子儀入朝。上命元載、王縉、魚朝恩等互置酒於其第，一會之費至十萬緡。上禮重子儀，常謂之大臣而不名。

郭曖嘗與昇平公主❾爭言，曖曰：「汝倚乃父為天子邪？我父薄天子不為❿！」公主恚⓫，奔車奏之。上曰：「此非汝所知。彼誠如是，使彼欲為天子，天下豈汝家所有邪！」慰諭⓬令歸。子儀聞之，囚曖，入待罪。上曰：「鄙諺⓭有之：『不癡不聾，不作家翁⓮。』兒女子閨房之言，何足聽也！」子儀歸，杖曖數十。

夏，四月庚子⓯，命宰相、魚朝恩與吐蕃盟于興唐寺。

杜鴻漸請入朝奏事，以崔旰知西川留後。六月甲戌⓰，鴻漸來自成都，廣為貢獻，因盛陳利害，薦旰才堪寄任。上亦務姑息，乃留鴻漸復知政事。秋，七月丙寅⓱，以旰為西川節度使，杜濟為東川節度使。旰厚斂以賂權貴，元載擢旰弟寬至御史中丞，寬兄審至給事中。

丁卯⑱，魚朝恩奏以先所賜莊為章敬寺⑲，以資章敬太后⑳冥福㉑。於是窮壯極麗，盡都市之財㉒不足用，奏毀曲江㉓及華清宮館以給之，費逾萬億㉔。衛州進士高郢㉕上書，略曰：「先太后聖德，不必以一寺增輝。國家永圖，無寧㉖以百姓為本。捨人就寺，何福之為！」又曰：「無寺猶可，無人其可乎！」又曰：「陛下當卑宮室，以夏禹㉗為法，而崇塔廟踵㉘梁武㉙之風乎！」又上書，略曰：「古之明王積善以致福，不費財以求福；修德以消禍，不勞人以禳禍㉚。今興造急促，晝夜不息，力不逮者隨以榜笞㉛，愁痛之聲盈於道路。以此望福，臣恐不然。」又曰：「陛下迴正道於內心㉜，求微助於外物㉝，徇左右之過計㉞，傷皇王之大猷㉟，臣竊為陛下惜之！」皆寢不報。

始，上好祠祀，未甚重佛。元載、王縉、杜鴻漸為相，三人皆好佛，縉尤甚，不食葷血，與鴻漸造寺無窮。上嘗問以：「佛言報應㊱，果為有無？」載等奏以：「國家運祚㊲靈長㊳，非宿植福業㊴，何以致之！福業已定，雖時有小災，終不能為害。所以安、史悖逆方熾㊵，而皆有子禍㊶。僕固懷恩稱兵內侮，出門病死。回紇、吐蕃大舉深入，不戰而退。此皆非人力所及，豈得言無報應也！」上由是深信之，常於禁中飯僧百餘人，有寇至則令僧講仁王經以禳之，寇去則厚加賞賜。

胡僧不空㊷官至卿監，爵為國公，出入禁闥㊸，勢移權貴，京畿良田美利多歸僧寺。敕天下無得箠曳㊹僧尼。造金閣寺於五臺山㊺，鑄銅塗金為瓦，所費鉅億。縉紳中書符牒，令五臺僧數十人散之四方，求利以營之。載等每侍上從容，多談佛事。由是中外臣民承流相化㊻，皆廢人事而奉佛，政刑日紊矣。

【章旨】以上為第四段，寫唐代宗篤信佛法，政刑廢弛。

【注釋】❶丁巳　正月初六日。❷己未　正月初八日。❸壬戌　正月十一日。❹甲子　正月十三日。❺赤水　河名，源出陝西渭南箭谷山下，下流入渭河。❻己巳　正月十八日。❼壬申　正月二十一日。❽丙戌　二月初六日。❾昇平公主　永泰元年（西元七六五年）下嫁郭曖。❿薄天子不為　意為輕視天子之位，因而不做天子。薄，輕視；鄙薄。⓫恚　恨；怒。⓬慰諭　用好話安慰勸解。⓭鄙諺　鄉間諺語。⓮家翁　一家之長；家長。⓯庚子　四月二十一日。⓰甲戌　六月己卯朔，無甲戌，當為甲辰之誤。甲辰，六月二十六日。⓱丙寅　七月十九日。⓲丁卯　七月二十日。⓳章敬寺　佛寺名，在長安通化門外。⓴章敬太后　代宗生母吳氏，謚「章敬」。㉑冥福　死後之福。㉒都市之財　存積在京都市場的材木。財，通「材」。㉓曲江　曲江池。在長安朱雀街東第五街、皇城東第三街昇道坊龍華寺南，有天然池沼，水流曲折，故名。在今陝西西安東南。唐時築紫雲樓等殿宇樓閣亭榭於池岸，青林重複，綠水瀰漫，為節日遊賞勝地。每年上巳日（三月初三）玄宗賜宴臣僚，每科新進士宴集同年，都在此地。安史亂後，建築物圮廢。文宗時重建部分樓館。唐末池涸。㉔萬億　言數目巨大。㉕高郢（西元七四〇—八一一年）字公楚。九歲通《春秋》，能屬文。官至中書侍郎、同中書門下平章事。傳見《舊唐書》卷一百四十七、《新唐書》卷一百六十五。㉖無寧　寧可；不如。㉗夏禹　夏后氏部落領袖，史稱禹、大禹、戎禹。姒姓。古史相傳禹繼承其父鯀的治水事業，採用疏導的辦法，歷十三年，三過家門而不入，水患悉平。舜死，禹繼任部落聯盟領袖，定都安邑（今山西夏縣西北），後東巡狩至會稽而卒。事見《史記》卷二。㉘踵　跟隨；承襲。㉙梁武　梁武帝（西元四六四—五四九年），姓蕭名衍，字叔達，南蘭陵（今江蘇武進西北）人，南齊時為雍州刺史，永元四年（西元五〇二年）自立為帝，建國號梁。西元五〇二至五四九年在位。太清二年（西元五四八年）納東魏叛將侯景，後侯景叛梁，次年攻下都城，武帝幽死。梁武帝長於文學、樂律、書法，有文集，已佚。迷信佛教，三次捨身同泰寺，寺院遍及梁境。事見《梁書》卷一、二、三，《南史》卷六、七。㉚禳禍　消除災禍。禳，古代以祭禱消除災禍的一種迷信活動。㉛榜笞　泛言捶打。榜，通「搒」。鞭打。笞，用竹板或荊條抽打。㉜迴正道於內心　意即正大之道迴避在內心，而不加以實踐。迴，避。正道，大道。㉝外物　指外來的佛教。㉞過計　不恰當的計謀。㉟猷　計謀；謀略。㊱報應　因果報應，為佛教的基本教義之一。佛教宣揚，人們在社會中所處的地位和各種遭遇，不論是富貴貧賤、禍福災祥，都是自己前世所作「善惡業」的結果。前世種因，今世報果，因果相應。㊲運祚　命運福祚。㊳靈長　廣遠綿長。㊴宿植福業　前世身、口、意活動種下的福業。宿，隔夜，此指前世。福，古以富貴壽考等為福。業，佛教名詞，指身、口、意三方面的活動。㊵熾　盛；烈。㊶子禍　指安祿山之子安慶緒殺其父、史思明之子史朝義殺其父。㊷不空　（西元七〇五－七七四年）佛教密宗僧人，原籍北天竺（一說獅子國，即今斯里蘭卡）。二十歲時在洛陽廣福寺受戒，參加譯經。與密宗僧人善無畏（西元六三七－七三五年，原籍中天竺）、金剛智（西元六六九－七四一年，原籍南天竺）被稱為「開元三大士」。官至卿監，封爵國公。㊸闥　宮中小門。㊹箠曳　鞭打。㊺五臺山　山名，在今山西五臺東北。為我國佛教四大名山之一。㊻承流相化　繼承流俗，相互影響。

【語　譯】二年（丁未　西元七六七年）

春，正月初六日丁巳，代宗祕密詔令郭子儀討伐周智光。郭子儀命令大將渾瑊、李懷光駐軍於渭水岸邊，周智光部下聞訊後，都有了離散之心。初八日己未，周智光的大將李漢惠從同州率領所轄部下向郭子儀投降。十一日壬戌，代宗把周智光貶為澧州刺史。十三日甲子，華州牙將姚懷、李延俊殺死周智光，拿著他的首級前來獻給朝廷。

淮西節度使李忠臣入朝，利用收復華州的名義，率領部下士兵大肆掠奪，從潼關到赤水的二百里之間，財產和牲畜幾乎被搶光，官吏中有人穿著紙做的衣服，也有好幾天沒有飯吃的。正月十八日己巳，在潼關設置鎮守部隊二千人。

正月二十一日壬申，從劍南節度使中分置東川觀察使，鎮守遂州。

二月初六日丙戌，郭子儀入朝。代宗命元載、王縉、魚朝恩等人輪流在家裡擺設酒宴款待郭子儀，一次宴會的花費就高達十萬緡錢。代宗禮遇尊重郭子儀，常常稱他為大臣而不稱他的名字。

郭曖曾經與昇平公主爭吵，郭曖說：「你倚仗你的父親是天子嗎？我的父親不屑於天子的位子而不想去做！」公主很生氣，驅車奔回宮中奏報此事。代宗說：「這不是你所能懂得的。他確實是這樣，假如他想做天子，天下哪裡能是你家所有的呢！」安慰曉諭一番後讓她回去。郭子儀聽說後，囚禁了郭曖，入宮等候治罪。代宗說：「鄉間諺語有這樣的話：『不痴不聾，不能做家翁。』兒女閨房中的話，哪裡值得聽信呢！」郭子儀回去後，把郭曖痛打了幾十棍。

夏，四月二十一日庚子，命宰相、魚朝恩與吐蕃在興唐寺訂盟。

杜鴻漸請求入朝奏事，讓崔旰擔任西川留後。六月甲戌日，杜鴻漸從成都來，進貢了大量財物，趁機極力陳述利害關係，推薦崔旰的才能完全可以託付重任。代宗也一味姑息，於是留下杜鴻漸重又讓他主持政事。秋，七月十九日丙寅，任命崔旰為西川節度使，杜濟為東川節度使。崔旰搜刮了很多財物來賄賂權貴，元載就提拔崔旰的弟弟崔寬為御史中丞，崔寬的哥哥崔審為給事中。

七月二十日丁卯，魚朝恩奏請把先前所賞賜的莊園改為章敬寺，以供為章敬太后祈求冥福之用。於是章敬寺修建得極其壯麗，耗盡都市儲存的木材也不夠用，又奏請拆卸曲江和華清宮館舍的木料來供給，耗費超過萬億。衛州進士高郢上書，大略說：「先太后的聖德，不必靠一座寺院來增添光輝。國家要長治久安，不如以百姓作為根本。不顧百姓而去修建寺院，怎麼能夠得福呢！」又說：「沒有寺院還可以，沒有百姓那怎麼可以呢！」又說：「陛下本應當把宮室建得低一些，以夏禹為榜樣，現在卻修建了高大的塔廟，難道是在步梁武帝的後塵嗎！」又上書，大略說：「古代賢明的君王都積累善行以得福，不會浪費財物來求福；都修養德行以消除災禍，不會勞累百姓來禳除災禍。現在興造十分急促，日夜不停，體力不支的人隨即會遭到鞭打，道路上充滿了憂愁痛苦的聲音。用這種做法來希望有福，臣認為恐怕不行。」又說：「陛下在內心迴避正大的道義，希望通過外物求得微小的幫助，順從身邊人錯誤的謀劃，傷害了帝王遠大的謀略，臣私下為陛下感到惋惜！」這些上書都被擱下沒有答覆。

起初，代宗喜好立祠祭祀，並不很重視佛教。元載、王縉、杜鴻漸做宰相，這三個人都喜好佛教，王縉信奉尤深，不吃葷食，與杜鴻漸一起不停地建造寺廟。代宗曾經問：「佛教說因果報應，果真有還是沒有？」元載等上奏說：「國家的運數福祚廣遠綿長，如果不是前世種下福業，怎麼能夠得到！福業已定，雖然有時有些小災，終究不能造成大害。所以安祿山和史思明叛逆氣勢正盛時，便都有了他們的兒子所帶來的殺父之禍。僕固懷恩舉兵相侵，出門就病死了。回紇、吐蕃大舉進兵，深入我國境內，沒有交戰就撤退了。這都不是人力所能辦到的。怎麼能說沒有因果報應呢！」代宗因此深信佛教的報應之說，經常在宮中招待一百多個僧人吃飯，有敵寇侵犯時就讓僧人講《仁王經》以禳除災禍，敵寇離開了就大賞僧人。胡族僧人不空官位到卿監，爵位為國公，出入宮禁，威勢可以撼動權貴。京畿的良田和獲利大的行業大都歸於僧寺。還敕令天下不得鞭打、拖拉僧尼。在五臺山上建造金閣寺，鑄造鎏金銅瓦，耗費的資金數以億計。王縉還發給中書省的憑證和公文，讓五臺山的幾十個僧人分散到全國各地，謀財求利用以營建。元載等人每當侍奉代宗有閒暇時，就常常談論佛事。從此朝廷內外的臣子及百姓承襲這種風氣互相影響，都廢棄人事而信奉佛教，國家的政令和刑罰也就日益紊亂了。

八月庚辰❶，鳳翔等道節度使、左僕射、平章事李抱玉入朝，固讓僕射，言辭確至❷，上許之。癸丑❸，又讓鳳翔節度使，不許。

丁酉❹，杜鴻漸飯千僧，以使蜀無恙故也。

九月，吐蕃眾數萬圍靈州❺，遊騎至潘原❻、宜祿❼。詔郭子儀自河中帥甲士三萬鎮涇陽❽，京師戒嚴。甲子❾，子儀移鎮奉天❿。

山獠⓫陷桂州，逐刺史李良。

冬，十月戊寅⓬，朔方節度使路嗣恭破吐蕃於靈州城下，斬首二千餘級，吐蕃引去。

十二月庚辰⓭，盜發郭子儀父冢，捕之，不獲。人以為魚朝恩素惡子儀，疑其使之。子儀自奉天入朝，朝廷憂其為變。子儀見上，上語及之。子儀流涕曰：「臣久將兵，不能禁暴，軍士多發人冢。今日及此，乃天譴，非人事也。」朝廷乃安。

是歲，復以鎮西為安西⓮。◯新羅王憲英⓯卒，子乾運⓰立。

【章旨】以上為第五段，寫郭子儀寬厚，不以私害公，避免興大獄。

【注釋】❶庚辰　八月初三日。❷確至　指堅決懇切。❸癸丑　八月戊寅朔，無癸丑，當為癸巳之誤。癸巳，八月十六日。❹丁酉　八月二十日。❺靈州　治所在今寧夏靈武西南。❻潘原　縣名，縣治在今甘肅平涼東。❼宜祿　在今陝西長武。❽涇陽　在今陝西涇陽。❾甲子　九月十七日。❿奉天　在今陝西乾縣。⓫山獠　魏晉以來分布在今川、黔、滇、桂、粵、陝、湘等部分少數民族的名稱，因多居山地，故名。與現代仡佬族有淵源關係。獠，今作「僚」。⓬戊寅　十月初一日。⓭庚辰　十二月初四日。⓮復以鎮西為安西　唐肅宗至德元載（西元七五六年）改安西為鎮西，至是復為安西。⓯新羅王憲英　即金憲英（？—西元七六七年），新羅王承慶之弟，天寶二年（西元七四三年）唐冊封為新羅王。⓰乾運　即金乾運（？—西元七八三年），新羅王憲英之子。大曆二年（西元七六七年）國人立為王；大曆三年，唐冊封為開府儀同三司、新羅王。多次遣使入唐朝貢。建中四年（西元七八三年）卒。

【語　譯】八月初三日庚辰，鳳翔等道節度使、左僕射、平章事李抱玉入朝，堅決辭讓僕射的職位，言辭堅定懇切，代宗便同意了。癸丑日，又辭讓鳳翔節度使的職位，代宗沒有同意。

八月二十日丁酉，杜鴻漸招待一千名僧人吃飯，因為使蜀地沒有禍患的緣故。

九月，吐蕃軍隊幾萬人包圍了靈州，流動的騎兵到達潘原、宜祿。詔令郭子儀從河中率領士兵三萬人鎮守涇陽，京師戒嚴。十七日甲子，郭子儀移兵鎮守奉天。

山獠攻陷桂州，驅逐刺史李良。

冬，十月初一日戊寅，朔方節度使路嗣恭在靈州城下打敗吐蕃，殺死兩千多人，吐蕃退走。

十二月初四日庚辰，盜賊挖了郭子儀父親的墳墓，官府追捕他們，沒有捕獲。人們認為魚朝恩素來厭惡郭子儀，懷疑是魚朝恩派人幹的。郭子儀從奉天入朝，朝廷擔心他發生變亂。郭子儀拜見代宗，代宗談及此事。郭子儀流著眼淚說：「臣長期帶兵，沒能禁止暴行，士兵中有很多人去挖掘別人的墳墓。今天挖到我家，這是上天的譴責，與其他人無關。」朝廷這才安心下來。

這一年，又把鎮西改為安西。○新羅王金憲英死了，他的兒子金乾運繼承王位。

三年（戊申　西元七六八年）

春，正月乙丑❶，上幸章敬寺，度❷僧尼千人。○贈建寧王倓為齊王。

二月癸巳❸，商州兵馬使劉洽殺防禦使殷仲卿，尋討平之。

甲午❹，郭子儀禁無故軍中走馬。南陽夫人❺乳母之子犯禁，都虞候❻杖殺之。

諸子泣訴於子儀，且言都虞候之横，子儀叱遣之。明日，以事語僚佐而歎息曰：「子儀諸子，皆奴材也。不賞父之都虞候，而惜母之乳母子，非奴材而何！」

庚子❼，以後宮獨孤氏❽為貴妃。

三月乙巳❾朔，日有食之。

夏，四月戊寅❿，山南西道節度使張獻誠以疾舉從父弟⓫右羽林將軍獻恭⓬自代，上許之。○壬寅⓭，西川節度使崔旰入朝。

初，上遣中使徵李泌於衡山。既至，復賜金紫⓮，為之作書院於蓬萊殿⓯側，上時衣汗衫、躡屨⓰過之，自給、舍⓱以上及方鎮除拜⓲、軍國大事，皆與之議。又使魚朝恩於白花屯為泌作外院，使與親舊相見。

上欲以泌為門下侍郎、同平章事，泌固辭。上曰：「機務⓳之煩，不得晨夕相見，誠不若且居密近，何必署敕然後為宰相邪！」後因端午王、公、妃、主各獻服玩，上謂泌曰：「先生何獨無所獻？」對曰：「臣居禁中，自巾至履皆陛下所賜，所餘惟[1]一身耳，何以為獻！」上曰：「朕所求正在此耳。」泌曰：「臣身非陛下有，誰則有之？」上曰：「先帝欲以宰相屈卿而不能得。自今既獻其身，當惟朕所為，不為卿有矣！」泌曰：「陛下欲使臣何為？」上曰：「朕欲卿食酒肉，有室家⑳，受祿位，為俗人。」泌泣曰：「臣絕粒㉑二十餘年，陛下何必使臣隳其志乎！」上曰：「泣復何益！卿在九重㉒之中，欲何之？」乃命中使為泌葬二親，又為泌娶盧氏女為妻，資費皆出縣官㉓。賜第於光福坊㉔，令泌數日宿第中，數日宿蓬萊院。

上與泌語及齊王倓，欲厚加褒贈㉕，泌請用岐、薛故事㉖贈太子。上泣曰：「吾弟首建靈武之議㉗，成中興之業，岐、薛豈有此功乎！竭誠忠孝，乃為讒人所害。嚮使尚存，朕必以為太弟㉘。今當崇以帝號，成吾夙志。」乙卯㉙制，追諡倓曰承天皇帝，庚申㉚，葬順陵㉛。

崔旰之入朝也，以弟寬為留後，瀘州刺史楊子琳帥精騎數千乘虛突入成都。朝廷聞之，加旰檢校工部尚書，賜名寧，遣還鎮。

【章旨】以上為第六段，寫代宗招李泌入京，付與軍國大事，優禮有加。

【注釋】❶乙丑　正月二十日。❷度　剃度，佛教名詞。指信徒把頭髮剃去，接受戒條的一種儀式。佛教宣稱，剃髮出家是度越生死之因，故名剃度。❸癸巳　二月十八日。❹甲午　二月十九日。❺南陽夫人　郭子儀之妻封南陽夫人。❻都虞候　軍中執法官，為整肅軍紀的重要職官。❼庚子　二月二十五日。❽獨孤氏　代宗貞懿皇后獨孤氏（?—西元七七五年），以美麗被選入宮，甚受寵愛，冊為貴妃，生韓王迥、華陽公主，大曆十年（西元七七五年）死。傳見《舊唐書》卷五十二、《新唐書》卷七十七。❾乙巳　三月初一日。❿戊寅　四月初四日。⓫從父弟　堂弟。⓬獻恭　張獻恭，幽州節度使張守珪之弟守瑜之子，累有軍功，官至檢校吏部尚書。傳見《舊唐書》卷一百二十二、《新唐書》卷一百三十三。⑬壬寅　四月二十八日。⑭復賜金紫　金紫，金魚袋和紫服。唐章服之制，三品以上官服紫，佩金魚袋（即盛魚符的金飾袋）。不及三品的可特賜紫，也就例賜金魚袋。李泌初從肅宗在靈武時，已特賜金紫；還歸衡山後，給以三品祿俸。此次回朝，復賜金紫。⑮蓬萊殿　在大明宮紫宸殿北。蓬萊殿北有太液池，池中有蓬萊山。⑯衣汗衫躡屨　即穿著平居的衣衫、便鞋。汗衫，又稱中衣、中單，即內衣。躡，踩；登。屨，用麻、葛等製成的鞋。⑰給舍　指給事中、中書舍人，皆為五品官。⑱除拜　授官。⑲機務　機要的事務，多指軍國大事。⑳室家　有妻子、家庭。㉑絕粒　不吃穀米的飯食，只吃水果蔬菜，這是道家修煉的長生之術，稱為辟穀。㉒九重　指宮禁。㉓縣官　指天子。㉔光福坊　長安城坊之一，在朱雀大街東安仁坊之南。㉕褒贈　嘉賞追封。㉖岐薛故事　指岐、薛二王死後冊贈太子的成例。岐，岐王李範，唐睿宗第四子，唐玄宗冊贈惠文太子。薛，薛王業，睿宗第五子，玄宗冊贈惠宣太子。㉗吾弟首建靈武之議　吾弟，指齊王李倓。首建靈武之議，指至德元載（西元七五六年），玄宗出逃至馬嵬，父老遮道請留，乃令太子（肅宗）留後宣慰，建寧王倓執鞚諫請太子收西北守兵，召郭、李并力討賊，收復兩京。太子遂自奉天北上靈武，終成中興大業。㉘太弟　皇帝尊其弟的稱呼。一般指皇帝諸弟中被定為繼承皇位的人。㉙乙卯　五月十二日。據岑仲勉《通鑑隋唐紀比事質疑》，「乙卯」上應補「五月」二字。㉚庚申　五月十七日。㉛順陵　武則天母楊氏之陵園，在今陝西咸陽北塬上。

【校記】①惟　據章鈺校，十二行本、乙十一行本皆作「獨」。

【語譯】三年（戊申　西元七六八年）

春，正月二十日乙丑，代宗駕臨章敬寺，主持儀式剃度僧尼一千名。○追贈建寧王李倓為齊王。

二月十八日癸巳，商州兵馬使劉洽殺死防禦使殷仲卿，不久便被討伐平定。

二月十九日甲午，郭子儀禁止無緣無故在軍中跑馬。南陽夫人奶媽的兒子違犯禁令，都虞候用棍子把他打死。郭子儀的幾個兒子哭著向郭子儀告狀，並且說都虞候專橫，郭子儀叱責並打發走了他們。第二天，郭子儀把這件事告訴僚屬並且歎息道：「我郭子儀的幾個兒子，都是不成器的傢伙，他們不讚賞父親的都虞候，卻去憐惜母親奶媽的兒子，這不是不成器的傢伙又是什麼！」

二月二十五日庚子，冊封後宮的獨孤氏為貴妃。

三月初一日乙巳，日蝕。

夏，四月初四日戊寅，山南西道節度使張獻誠因為有病推舉堂弟右羽林將軍張獻恭代替自己，代宗同意了。○二十八日壬寅，西川節度使崔旰入朝。

當初，代宗派宮中使者到衡山徵召李泌。李泌到後，又賜給他金魚袋和紫袍，為他在蓬萊殿側修建了一所書院，代宗時常穿著平日家居的衣衫、拖著鞋去看望他。從給事中、中書舍人以上的官職到各方鎮節度使的任命以及軍國大事，都和李泌商議。又派魚朝恩在白花屯為李泌修建外院，讓他在那裡與親朋故舊相見。

代宗想任命李泌為門下侍郎、同平章事，李泌堅決辭謝。代宗說：「機要事務十分煩重，我們不能早晚相見，實在不如暫且住得近一些，何必要下敕書任命然後才成為宰相呢！」後來因為過端午節，王、公、妃子、公主各自都向代宗進獻服用和玩賞的物品，代宗對李泌說：「先生為什麼獨獨沒有進獻什麼東西呢？」李泌回答說：「臣居住在宮中，從頭巾到鞋子都是陛下所賜，所剩下的只有我的一個身軀而已，拿什麼來進獻呢！」代宗說：「朕需要的正是您這個人。」李泌說：「臣的身軀如果不屬陛下所有，那歸誰所有呢？」代宗說：「先帝想要用宰相的職位來請您屈就而未能辦到。從今以後，您既然將自身獻了出來，就應當只能為朕所用，而不歸您自己所有了！」李泌說：「陛下想讓臣做什麼？」代宗說：「朕想讓您吃肉喝酒，有妻子和家庭，接受俸祿爵位，做一個俗人。」李泌哭著說：「臣不吃五穀已有二十多年，陛下為什麼一定要讓臣毀了自己的志向呢！」代宗說：「哭又有什麼用處！您已在深宮之中，還想到哪裡去呢？」於是命宮中使者替李泌安葬他的雙親，又替李泌娶盧氏女子為妻，所有費用都出自朝廷。還賞賜給他一所在光福坊的宅第，讓李泌在這個宅第裡住幾天，然後在蓬萊院住幾天。

代宗和李泌談及齊王李倓，想要給齊王以隆厚的褒揚和追贈，李泌請求採用岐王李範和薛王李業受追贈的先例追贈齊王為太子。代宗哭著說：「我的弟弟首先提出先帝北上靈武的建議，成就了中興的大業，岐王、薛王哪裡有這樣的功勞呢！他誠心誠意竭盡忠孝，卻被進讒言的小人所害。假使他還活著，朕一定要讓他做皇太弟。現在應當用皇帝的稱號來尊崇他，以完成我的夙願。」五月十二日乙卯頒下制書，追諡李倓為承天皇帝，十七日庚申，將他安葬在順陵。

崔旰入朝時，讓他的弟弟崔寬擔任留後。瀘州刺史楊子琳率領精銳騎兵幾千人乘虛突然進入成都。朝廷聞訊後，加封崔旰為檢校工部尚書，賜名為寧，派他回去鎮守成都。

六月壬辰❶，幽州兵馬使朱希彩❷、經略副使昌平朱泚❸、泚弟滔❹共殺節度使李懷仙，希彩自稱留後。閏月，成德軍節度使李寶臣遣將將兵討希彩，為希彩所敗，朝廷不得已宥之。庚申❺，以王縉領盧龍節度使。丁卯❻，以希彩領[1]幽州留後。

崔寬與楊子琳戰，數不利。秋，七月，崔寧妾任氏出家財數十萬，募兵得數千人，帥以擊子琳，破之，子琳走。

乙亥❼，王縉如幽州，朱希彩盛兵嚴備以逆❽之。縉晏然而行，希彩迎謁甚恭。縉度終不可制，勞軍，旬餘日而還。

回紇可敦卒，庚辰❾，以右散騎常侍蕭昕為弔祭使❿。回紇庭詰⓫昕曰：「我於唐有大功，唐奈何失信，市我馬，不時歸其直⓬？」昕曰：「回紇之功，唐已報之矣。僕固懷恩之叛，回紇助之，與吐蕃連兵入寇，逼我郊畿。及懷恩死，吐蕃走，然後回紇懼而請和。我唐不忘前功，加惠而縱之。不然，匹馬不歸矣。乃回紇負約，豈唐失信邪！」回紇慚，厚禮而歸之。

丙戌[13]，內出盂蘭盆[14]賜章敬寺。設七廟神座，書尊號於旛[15]上，百官迎謁於光順門[16]。自是歲以為常。

八月壬戌[17]，吐蕃十萬眾寇靈武。丁卯[18]，吐蕃尚贊摩二萬眾寇邠州，京師戒嚴，邠寧節度使馬璘擊破之。

庚午[19]，河東節度使、同平章事辛雲京薨。以王縉領河東節度使，餘如故。

九月壬申[20]，命郭子儀將兵五萬屯奉天，以備吐蕃。◯丁丑[21]，濟王環[22]薨。

壬午[23]，朔方騎將白元光擊吐蕃，破之。壬辰[24]，元光又破吐蕃二萬眾於靈武。鳳翔節度使李抱玉使右軍都將臨洮李晟[25]將兵五千擊吐蕃，晟曰：「以力則五千不足用，以謀則太多。」乃將千人兼行[2]，出大震關，至臨洮，屠吐蕃定秦堡[26]，焚其積聚，虜堡帥慕容谷種而還。吐蕃聞之，釋靈州之圍而去。戊戌[27]，京師解嚴。

潁州刺史李岵[28]以事忤滑亳節度使令狐彰，彰使節度判官姚奭按行[29]潁州，因代岵領州事，且曰：「岵不受代，即殺之。」岵知之，因激怒將士，使殺奭，與奭同死者百餘人。岵走依河南節度使田神功於汴州。冬，十月乙巳㉚，彰表言其狀，岵亦上表自理，上命給事中賀若察往按之。

丁卯㉛，郭子儀自奉天入朝。

十一月丁亥㉜，以幽州留後朱希彩為節度使。

郭子儀還河中。元載以吐蕃連歲入寇，馬璘以四鎮兵屯邠寧，力不能拒。而郭子儀以朔方重兵鎮河中，深居腹中無事之地，乃與子儀及諸將議，徙璘鎮涇州，而使子儀以朔方兵鎮邠州，曰：「若以邊土荒殘，軍費不給，則以內地租稅及運金帛以助之。」諸將皆以為然。十二月己酉㉝，徙馬璘為涇原節度使，以邠、寧、慶㉞三州隸朔方。璘先往城涇州，以都虞候段秀實知邠州留後。

初，四鎮、北庭兵遠赴中原之難，久羈旅㉟，數遷徙，四鎮歷汴、虢、鳳翔，北庭歷懷、絳、鄜然後至邠，頗積勞弊。及徙涇州，眾皆怨誹㊱。刀斧兵馬使㊲王童之謀作亂，期以辛酉㊳日警嚴㊴而發。前夕，有告之者。秀實陽召掌漏者㊵，怒之，以其失節㊶，令每更㊷來白，輒延之數刻，遂四更而曙㊸，童之不果發。秀實欲討之，而亂迹未露，恐軍中疑其冤。告者又云：「今夕欲焚馬坊草，因救火謀作亂。」中夕，火果起，秀實命軍中行者皆止，坐者勿起，各整部伍，嚴守要害。童之白請救火，不許。及旦，捕童之及其黨八人，皆斬之。下令曰：「後徙者族，流言者刑！」遂徙于涇。

癸亥㊹，西川破吐蕃萬餘眾。

平盧行軍司馬許杲將卒三千人駐濠州不去，有窺淮南意。淮南節度使崔圓令副使元城張萬福㊺攝濠州刺史，杲聞，即提卒去，止當塗㊻。是歲，上召萬福，以為和州刺史、行營防禦使，討杲。萬福至州，杲懼，移軍上元㊼，又北至楚州大掠，淮南節度使韋元甫㊽命萬福追討之，未至淮陰，杲為其將康自勸所逐。自勸擁兵繼掠，循淮而東，萬福倍道追而殺之，免者什二三。元甫將厚賞將士，萬福曰：「官健㊾常虛費衣糧，無所事。今方立小功，不足過賞，請用三分[3]之一。」

【章旨】以上為第七段，寫吐蕃屢次犯邊，唐代宗調整西北邊防部署，以郭子儀朔方兵鎮邠州。

【注釋】❶壬辰 六月二十日。❷朱希彩 （？—西元七七二年）初為幽州節度使李懷仙的兵馬使，後殺懷仙自稱留後，朝廷優宥之。官至御史大夫、幽州節度使，封高密郡王。後為部下所殺。事見《舊唐書》卷一百四十三。❸朱泚 （西元七四三—七八五年）幽州昌平（今北京市昌平南）人，幼從軍。大曆七年（西元七七二年），幽州節度使朱希彩被殺，朝廷拜泚為幽州節度使；德宗即位，加泚太尉，以其弟謀反，留京師。建中四年（西元七八三年）十月，涇原兵叛，德宗出逃奉天，泚乘機反於京師，稱大秦皇帝。次年，為部下所殺。傳見《舊唐書》卷二百下、《新唐書》卷二百二十五中。❹滔 朱滔（西元七四六—七八五年），朱泚之弟，任幽州盧龍軍節度使。建中三年自稱大冀王，署百官。朱泚反，立為皇太弟；泚死，上表請罪。傳見《舊唐書》卷一百四十三、《新唐書》卷二百十二。❺庚申 閏六月十八日。❻丁卯 閏六月二十五日。❼乙亥七月初四日。❽逆　迎；迎接。與「送」相對。❾庚辰　七月初九日。❿弔祭使　使職名，少數民族首領逝世，奉命至王庭表示弔唁的差遣官。⓫庭詰　於殿堂前質問。⓬直　同「值」。指馬價錢。⓭丙戌　七月十五日。⓮盂蘭盆　梵語 Ullambana 的音譯，意譯為救倒懸。《盂蘭盆經》說，目連以其母死後極苦，如處倒懸，求佛救度。佛叫他在相當於夏曆七月十五日這天，準備百味果食，供養十方僧眾，這樣便可以解脫。於是，有佛教徒七月十五日舉行追薦祖先的儀式叫盂蘭盆會。這裡所說宮內拿出的盂蘭盆似指《盂蘭盆經》。⓯旛　挑起來直掛著的長條形旗子。⓰光順門　在紫宸門西。光順門內則為明義殿、承歡殿。⓱壬戌　八月二十一日。⓲丁卯　八月二十六日。⓳庚午　八月二十九日。⓴壬申　九月初一日。㉑丁丑　九月初六日。㉒濟王環　李環（？—西元七六八年），玄宗第二十二子。初名滔，開元二十三年（西元七三五年）更名環。傳見《舊唐書》卷一百七、《新唐書》卷八十二。㉓壬午　九月十一日。㉔壬辰　九月二十一日。㉕李晟　（西元七二七—七九三年）字良器，臨洮（今甘肅臨潭）人，唐德宗時名將。擊吐蕃，平叛鎮，屢有戰功，官至副元帥、中書令，封西平王。傳見《舊唐書》卷一百三十三、《新唐書》卷一百五十四。㉖定秦堡　吐蕃所築城堡名，在今甘肅臨潭西南。㉗戊戌　九月二十七日。㉘李岵　唐宗室。大曆四年（西元七六九年）以專擅生殺被賜自盡。其事散見《舊唐書》卷十一〈代宗紀〉、《新唐書》卷一百四十八〈令狐彰傳〉等篇。㉙按行　巡行。㉚乙巳　十月初五日。㉛丁卯　十月二十七日。㉜丁亥　十一月十七日。㉝己酉　十二月初九日。㉞慶　慶州，州名，治所在今甘肅慶陽。㉟羈旅　寄居作客。此指離開本土，轉戰他鄉。㊱怨誹　怨恨、非議。㊲刀斧兵馬使　節度使幕將，領刀斧兵。㊳辛酉　十二月二十一日。㊴旦警嚴　天將亮之前嚴鼓警眾。警，警號。嚴，嚴鼓。㊵掌漏者　即掌管漏壺的人，也就是報時者。漏，即漏壺，古計時器。㊶失節　更點之節有失準確。㊷更　古代夜間計時單位。一夜分為五更，一更約今兩小時。每更又分為五點，每點約今二十多分鐘。更以擊鼓為節，點以擊鐘為節。㊸四更而曙　本來五更天明，因延遲漏刻，故四更天曙。㊹癸亥　十二月二十三日。㊺張萬福　（西元七一五—八〇四年）元城（今河北大名東）人，幼學騎射，從軍累有功，著威名於江淮，代宗賜名張正，德宗復賜原名。官至右金吾將軍，以左散騎常侍致仕。傳見《舊唐書》卷一百五十二、《新唐書》卷一百七十。㊻當塗　縣名，縣治在今安徽當塗。㊼上元　縣名，縣治在今江蘇南京。㊽韋元甫　（？—西元七七一年）傳見《舊唐書》卷一百十五。㊾官健　官府所養健兒。指被官府召募，終身從軍的士兵。

【校　記】①領　據章鈺校，十二行本、乙十一行本皆作「知」。②兼行　原無此二字。據章鈺校，十二行本、乙十一行本皆有此二字，張敦仁《通鑑刊本識誤》同，今據補。③分　據章鈺校，十二行本、乙十一行本皆無此字。

【語　譯】六月二十日壬辰，幽州兵馬使朱希彩、經略副使昌平人朱泚以及朱泚的弟弟朱滔一起殺死了節度使李懷仙，朱希彩自稱留後。閏六月，成德軍節度使李寶臣派將領率兵討伐朱希彩，被朱希彩打敗，朝廷不得已而寬恕了他。十八日庚申，任命王縉兼任盧龍節度使。二十五日丁卯，任命朱希彩兼任幽州留後。

崔寬與楊子琳交戰，多次失利。秋，七月，崔寧的妾任氏拿出自家錢財幾十萬，招募士兵得到幾千人，率領這些士兵去進擊楊子琳，打敗了他，楊子琳逃走。

七月初四日乙亥，王縉到幽州，朱希彩部署了很多部隊，戒備森嚴地迎接他。王縉安然前行，朱希彩迎接拜謁非常謙恭有禮。王縉考慮到終究不能控制他，於是慰勞軍隊，十多天就回去了。

回紇可敦死了，七月初九日庚辰，任命右散騎常侍蕭昕為弔祭使。回紇當庭責問蕭昕說：「我們對唐朝有大功，唐朝為什麼失信，買我們的馬，不按時交付馬錢？」蕭昕說：「回紇的功勞，唐朝已經報答了。僕固懷恩反叛時，回紇幫助他，又與吐蕃連兵入侵，逼近我京畿郊縣地區。等到僕固懷恩一死，吐蕃軍隊退走，然後回紇感到害怕而請求講和。我唐朝沒有忘記回紇以前的功勞，施予恩惠放你們回去。不然的話，你們連一匹馬也回不去了。這是回紇負約，哪裡是我唐朝失信呢！」回紇感到慚愧，厚加禮遇而讓蕭昕回去了。

七月十五日丙戌，從宮內拿出盂蘭盆賜給章敬寺。代宗設置七廟神靈牌座，把祖先的尊號都寫在旗幡上，百官在光順門前迎拜。從此每年都以此為常例。

八月二十一日壬戌，吐蕃十萬大軍侵犯靈武。二十六日丁卯，吐蕃尚贊摩率兩萬大軍侵犯邠州，京城戒嚴，邠寧節度使馬璘打敗了吐蕃軍隊。

八月二十九日庚午，河東節度使、同平章事辛雲京去世。任命王縉兼任河東節度使，其餘的官職照舊。

九月初一日壬申，命郭子儀率軍五萬屯駐在奉天，以防備吐蕃。〇初六日丁丑，濟王李環去世。

九月十一日壬午，朔方騎兵將領白元光攻打吐蕃，打敗了他們。二十一日壬辰，白元光又在靈武打敗吐蕃軍隊兩萬人。鳳翔節度使李抱玉派右軍都將臨洮人李晟率軍五千人攻打吐蕃，李晟說：「靠武力的話五千人是不夠用的，用智謀的話五千人就太多了。」於是率領一千人兼程行軍，從大震關出兵，到了臨洮，屠滅了吐蕃的定秦堡，焚燒了他們積聚的物資，俘虜了城堡的主帥慕容谷種而回。吐蕃聞訊後，解除對靈州的包圍而撤走了。二十七日戊戌，京師解除戒嚴。

潁州刺史李岵因事觸犯了滑亳節度使令狐彰，令狐彰派節度判官姚奭巡視潁州，就此替代李岵掌管州中事務，並且說：「李岵如果不接受替代，就立即殺掉他。」李岵知道後，藉機激怒將士，讓他們殺死姚奭，與姚奭一同被殺死的有一百多人。李岵往汴州投靠河南節度使田神功。冬，十月初五日乙巳，令狐彰上表說明這一情況，李岵也上表替自己申辯，代宗命給事中賀若察前往調查此事。

十月二十七日丁卯，郭子儀從奉天入朝。

十一月十七日丁亥，任命幽州留後朱希彩為節度使。

郭子儀返回河中。元載認為吐蕃連年入侵，馬璘率四鎮兵力屯駐在邠寧，力量無法與吐蕃對抗。而郭子儀率朔方重兵鎮守河中，深居在內地沒有戰事的地方，就與郭子儀及各將領商議，把馬璘移去鎮守涇州，而讓郭子儀率朔方兵鎮守邠州，元載說：「如果覺得邊疆土地荒蕪殘破，軍費不足，那麼就用內地的租稅以及運送金銀財帛來幫助。」各將領都認為這個辦法好。十二月初九日己酉，代宗移任馬璘為涇原節度使，把邠州、寧州、慶州三個州隸屬朔方。馬璘先動身前去修建涇州城，任命都虞候段秀實主管邠州留後。

當初，四鎮、北庭的部隊老遠地趕赴中原去解救危難，長期客居他鄉，多次遷徙，四鎮的部隊遷到過汴州、虢州、鳳翔，北庭的部隊遷到過懷州、絳州、鄜州然後又到邠州，辛勞疲憊，累積已多。等遷到涇州，大家都心懷怨恨牢騷滿腹。刀斧兵馬使王童之謀劃作亂，約定在十二月二十一日辛酉天快亮時擊警夜的更鼓為號而發難。前一天晚上，有人告發了這個陰謀。段秀實假裝召見掌管漏壺報時的人，對他們大發脾氣，認為他們報時有失準確，命令他們今晚每一更都來報告，每一更都故意延長幾刻時間，於是到四更時天已大亮，王童之的發難沒能實現。段秀實想討伐他們，但因叛亂的痕跡還沒有暴露，恐怕軍中的人會懷疑他們冤枉。

告發者又說：「他們今晚想要焚燒馬坊草，趁救火時圖謀作亂。」半夜裡，火果然燒起來了，段秀實命令軍中走動的人都停下腳步，坐著的人不要起來，各自整理好隊伍，嚴守要害地方。王童之報告請求救火，段秀實不許。等天亮後，抓捕了王童之及其黨羽八人，把他們都殺了。下令說：「落在後面遷移的人要族滅，散布流言的要用刑！」於是部隊遷到涇州。

十二月二十三日癸亥，西川打敗吐蕃軍隊一萬多人。

平盧行軍司馬許杲率領士卒三千人駐紮在濠州不離去，有窺伺淮南的意圖。淮南節度使崔圓命令副使元城人張萬福代理濠州刺史，許杲聽說後，立刻帶領士卒離開濠州，停留在當塗。這一年，代宗召見張萬福，任命他為和州刺史、行營防禦使，去討伐許杲。張萬福到達和州，許杲害怕了，把軍隊移到上元，又向北到楚州大肆掠奪，淮南節度使韋元甫命張萬福追上去討伐，還沒有到淮陰，許杲就被他的部將康自勸所驅逐。康自勸聚集士卒繼續掠奪，沿淮河向東，張萬福兼程追上去把他們殺了，能夠免於被殺的不過十分之二三。韋元甫準備對將士大加獎賞，張萬福說：「官軍常常白白耗費公家的衣服糧食，沒有做什麼事。現在剛立了些小功，不能過分獎賞，請用原賞的三分之一來獎賞。」

四年（己酉　西元七六九年）

春，正月丙子❶，郭子儀入朝，魚朝恩邀之遊章敬寺。元載恐其相結，密使子儀軍吏告子儀曰：「朝恩謀不利於公。」子儀不聽。吏亦告諸將，將士請衷甲❷以從者三百人。子儀曰：「我，國之大臣，彼無天子之命，安敢害我！若受命而來，汝曹欲何為！」乃從家僮數人而往。朝恩迎之，驚其從者之約❸。子儀以所聞告，且曰：「恐煩公經營❹耳。」朝恩撫膺捧手流涕曰：「非公長者❺，能無疑乎！」

壬午❻，流李岵於夷州。○乙酉❼，郭子儀還河中。○辛卯❽，賜李岵死。

二月壬寅❾，以京兆之好畤、鳳翔之麟遊❿、普潤⓫隸神策軍，從魚朝恩之請也。

楊子琳既敗還瀘州，招聚亡命，得數千人，沿江東下，聲言入朝。涪州守捉使王守仙伏兵黃草峽⓬，子琳悉擒之，擊守仙於忠州，守仙僅以身免。子琳遂殺夔州別駕張忠，據其城。荊南節度使衛伯玉欲結以為援，以夔州許之，為之請於朝。陽曲人劉昌裔⓭說子琳遣使詣闕請罪，子琳從之。乙巳⓮，以子琳為峽州團練使。

初，僕固懷恩死，上憐其有功，置其女宮中，養以為女。回紇請以為可敦，夏，五月辛卯⓯，冊為崇徽公主，嫁回紇可汗。壬辰⓰，遣兵部侍郎李涵送之，涵奏祠部郎中虞鄉董晉⓱為判官。六月丁酉⓲，公主辭行，至回紇牙帳。回紇來言曰：「唐約我為市，馬既入，而歸我賄⓳不足，我於使人⓴乎㉑取之。」涵懼，不敢對，視晉，晉曰：「吾非無馬而與爾為市，為爾賜不既多乎！爾之馬歲至，吾數皮而歸資[22]。邊吏請致詰[23]也，天子念爾有勞，故下詔禁侵犯。諸戎畏我大國之爾與[24]也，莫敢校[25]焉。爾之父子寧[26]而畜馬蕃[27]者，非我誰使之！」於是其眾皆環吾拜，既又相帥南面序拜，皆舉兩手曰：「不敢有意[28]大國。」

戊申[29]，王縉表讓副元帥、都統、行營使，許之[1]。

辛酉[30]，郭子儀自河中遷于邠州，其精兵皆自隨，餘兵使裨將將之，分守河中、靈州。軍士久家河中，頗不樂徙，往往自邠逃歸。行軍司馬嚴郢[31]領留府，悉捕得，誅其渠帥[32]，眾心乃定。

秋，九月，吐蕃寇靈州。丁丑[33]，朔方留後常謙光擊破之。

河東兵馬使王無縱、張奉璋等恃功驕蹇，以王縉書生，易之，多違約束。縉受詔發兵詣鹽州[34]防秋，遣無縱、奉璋將步騎三千赴之。奉璋逗遛不進，無縱托它事擅入太原城，縉悉擒斬之，并其黨七人，諸將悍戾[35]者殆盡，軍府始安。

冬，十月，常謙光奏吐蕃寇鳴沙，首尾四十里。郭子儀遣兵馬使渾瑊將銳兵五千救靈州，子儀自將進至慶州，聞吐蕃退，乃還。

黃門侍郎、同平章事杜鴻漸以疾辭位。壬申[36]，許之。乙亥[37]，薨。鴻漸病甚，令僧削髮[38]，遺令為塔以葬[39]。

丙子㊵，以左僕射裴冕同平章事。初，元載為新平㊶尉，冕嘗薦之，故載舉以為相，亦利其老病易制。受命之際，蹈舞仆地㊷。載趨而扶之，代為謝詞。十二月戊戌㊸，冕薨。

【章旨】以上為第八段，寫郭子儀光明磊落，不聽元載挑撥。唐代宗養僕固懷恩之女為公主，與回紇和親。

【注釋】❶丙子　正月初七日。❷衷甲　衣內穿甲。❸約　簡約；少。❹經營　周旋；往來。❺長者　指性情謹厚，有德行的人。❻壬午　正月十三日。❼乙酉　正月十六日。❽辛卯　正月二十二日。❾壬寅　二月初三日。❿麟遊　縣名，縣治在今陝西麟遊。⓫普潤　縣名，縣治在今陝西鳳翔北。⓬黃草峽　又稱黃葛峽。在今四川長壽東。⓭劉昌裔　（？—西元八一三年）太原陽曲（今山西定襄）人。歷任營田副使、陳州刺史、陳許行軍司馬、代節度使。傳見《舊唐書》卷一百五十一、《新唐書》卷一百七十。⓮乙巳　二月初六日。⓯辛卯　五月二十四日。⓰壬辰　五月二十五日。⓱董晉　（西元七二四—七九九年）字混成，虞鄉（今山西永濟）人，官至檢校左僕射、同平章事，為宣武軍節度使。傳見《舊唐書》卷一百四十五、《新唐書》卷一百五十一。⓲丁酉　六月初一日。⓳賄　財物；錢財。⓴使人　即使者。㉑乎　語氣詞，無實義。㉒數皮而歸資　對馬匹不計生死，清點馬皮後給錢。㉓致詰　前去追問。㉔與　同盟；結好。㉕校　對抗；較量。㉖寧　安寧；平靜。㉗蕃　繁殖；滋生。㉘有意　圖謀。㉙戊申　六月十二日。㉚辛酉　六月二十五日。㉛嚴郢　字叔敖，華州華陰（今陝西華陰）人，大曆末任京兆尹，以撫窮疾惡、持法嚴明著稱。官至御史大夫。傳見《新唐書》卷一百四十五。㉜渠帥　首領。㉝丁丑　九月十二日。㉞鹽州　州名，治所在今陝西定邊。㉟悍戾　兇暴、橫蠻。㊱壬申　十一月初八日。㊲乙亥　十一月十一日。㊳削髮　剃髮為僧。㊴為塔以葬　塔，梵文Stupa或巴利文Thupa的音譯。原為葬佛舍利（火葬後的殘餘骨燼）之所，故建塔以葬成為佛教的葬俗。㊵丙子　十一月十二日。㊶新平　縣名，縣治在今陝西彬縣。㊷蹈舞仆地　施行舞蹈禮儀時跌倒在地。㊸戊戌　十二月初四日。

【校　記】①許之　原無此二字。據章鈺校，十二行本、乙十一行本皆有此二字，張瑛《通鑑校勘記》同，今據補。

【語　譯】四年（己酉　西元七六九年）

春，正月初七日丙子，郭子儀入朝，魚朝恩邀請他遊覽章敬寺。元載害怕他們相互結交，暗中讓郭子儀的軍吏去告訴郭子儀說：「魚朝恩圖謀採取對您不利的舉動。」郭子儀不聽。軍吏把這個消息也告訴了各位將領，有三百名將士請求衣內穿鎧甲跟隨郭子儀前往。郭子儀說：「我是國家的大臣，他沒有天子的命令，怎麼敢害我！如果他接受天子的命令而來，你們又想幹什麼！」於是就讓幾個家僮跟隨著就去了。魚朝恩迎接郭子儀，看到隨從人員這樣少而很驚訝。郭子儀把所聽說的事告訴魚朝恩，並且說：「怕要麻煩你周旋一番了。」魚朝恩拍打著胸脯，握著郭子儀的手流淚說：「如果不是您這樣的長者，能不懷疑我嗎！」

正月十三日壬午，把李岵流放到夷州。〇十六日乙酉，郭子儀返回河中。〇二十二日辛卯，賜李岵自盡。

二月初三日壬寅，把京兆的好時、鳳翔的麟遊和普潤隸屬於神策軍，這是依從了魚朝恩的請求。

楊子琳失敗後回到瀘州，招集亡命之徒，得到幾千人，沿長江向東行進，聲稱要帶兵入朝。涪州守捉使王守仙在黃草峽埋伏部隊，楊子琳把這些伏兵全都擒獲了，在忠州向王守仙發起攻擊，王守仙僅僅隻身逃脫。楊子琳於是殺了夔州別駕張忠，佔據了夔州城。荊南節度使衛伯玉想要結交楊子琳作為自己的外援，就把夔州許給他，為他向朝廷請求。陽曲人劉昌裔勸說楊子琳派使者到朝廷去請罪，楊子琳聽從了。二月初六日乙巳，任命楊子琳為峽州團練使。

當初，僕固懷恩死時，代宗憐惜他有功勞，把他的女兒安置在宮中收養，當成自己的女兒。回紇請求把她嫁給可汗做可敦。夏，五月二十四日辛卯，冊封她為崇徽公主，嫁給回紇可汗。二十五日壬辰，派兵部侍郎李涵護送她，李涵奏請讓祠部郎中虞鄉人董晉擔任判官。六月初一日丁酉，公主辭行，到達回紇的牙帳。回紇派人來說：「唐朝約我們做買賣，我們的馬已經給了唐朝，但唐朝付給我們的錢不夠，我們要向使者索取。」李涵害怕了，不敢回答，看著董晉，董晉說：「我們唐朝並不是沒有馬才與你們做買賣，我們所給予你們的不是已經很多了嗎！你們的馬每年送到以後，我們僅僅清點一下馬匹的數量而不管是死是活，就付錢給你們。守邊的官員請求追問此事，但天子考慮到你們有過功勞，所以就下詔令禁止觸犯你們。各戎族害怕我們這樣的大國與你們結好，都不敢與你們較量。你們的父子安寧，牲畜馬匹蕃息，不是我大唐，誰能使你們這樣！」於是回紇眾人都圍著董晉下拜，後來又相互跟著向南面唐朝的方向有序下拜，都舉起雙手說：「我們不敢對大國有所圖謀。」

六月十二日戊申，王縉上表辭讓副元帥、都統、行營使的職位，代宗答應了。

六月二十五日辛酉，郭子儀從河中遷到邠州，他讓精銳部隊都跟隨自己，其餘的部隊讓裨將帶領，分別守衛河中、靈州。軍士們長期在河中安家，很不樂意遷移，往往從邠州逃回來。行軍司馬嚴郢負責河中留守，將這些逃回來的人全部抓獲，殺掉了他們的首領，軍心才得以穩定。

秋，九月，吐蕃軍隊侵犯靈州。十二日丁丑，朔方留後常謙光打敗了他們。

河東兵馬使王無縱、張奉璋等人仗恃有功，驕橫不馴，認為王縉是個書生，輕視他，多次不聽管束。王縉接受詔令調兵到鹽州去加強守衛以防秋高馬肥時外敵入侵，派王無縱、張奉璋率領步兵、騎兵三千人奔赴那裡。張奉璋逗留不進，王無縱藉口其他的事情擅自進入太原城，王縉把他們全都抓起來殺了，還有他們的七個同黨也一起殺掉，那些蠻橫兇暴的將領幾乎都清除了，軍府才開始安寧。

冬，十月，常謙光上奏說吐蕃侵犯鳴沙，隊伍首尾長達四十里。郭子儀派兵馬使渾瑊率精銳部隊五千人去救援靈州，郭子儀親自率軍進到慶州，聽說吐蕃軍隊已撤退，這才返回。

黃門侍郎、同平章事杜鴻漸因為有病請求辭去相位。十一月初八日壬申，代宗同意了。十一日乙亥，杜鴻漸去世。杜鴻漸病重時，讓僧人給他剃去頭髮，留下遺囑他死後要建塔來安葬。

十一月十二日丙子，任命左僕射裴冕為同平章事。當初，元載做新平縣尉時，裴冕曾經推薦過他，所以元載推舉裴冕為宰相，同時也因為裴冕年老多病，便於控制，對自己有利。裴冕接受任命，行舞蹈禮時摔倒在地。元載快步上前扶起他，代他致謝辭。十二月初四日戊戌，裴冕去世。

五年（庚戌　西元七七〇年）

春，正月己巳❶，羌酋白對蓬等各帥部落內屬❷。

觀軍容宣慰處置使、左監門衛大將軍兼神策軍使、內侍監魚朝恩專典禁兵，寵任無比。上常與議軍國事，勢傾朝野。朝恩好於廣座❸恣談❹時政，陵侮宰相。元載雖彊辯❺，亦拱默❻不敢應。

神策都虞候劉希暹❼、都知兵馬使王駕鶴❽皆有寵於朝恩，希暹說朝恩於北軍❾置獄，使坊市惡少年羅告❿富室，誣以罪惡，捕繫地牢，訊掠⓫取服，籍沒其家貲入軍，并分賞告捕者。地在禁密，人莫敢言。朝恩每奏事，以必允為期。朝廷政事有不豫⓬者，輒怒曰：「天下事有不由我者邪！」上聞之，由是不懌。

朝恩養子令徽尚幼，為內給使⓭，衣綠⓮，與同列⓯忿爭，歸告朝恩。朝恩明日見上曰：「臣子官卑，為儕輩⓰所陵，乞賜之紫衣。」上未應，有司已執紫衣於[1]前，令徽服之，拜謝。上強笑⓱曰：「兒服紫，大宜稱。」心愈不平。

元載測知上指⓲，乘間奏朝恩專恣不軌，請除之。上亦知天下共怨怒，遂令載為方略。朝恩每入殿，常使射生將周皓將百人自衛，又使其黨陝州節度使皇甫溫握兵於外以為援。載皆以重賂結之，故朝恩陰謀密語，上一一聞之，而朝恩不之覺也。

辛卯⑲，載為上謀，徙李抱玉為山南西道節度使，以溫為鳳翔節度使，外重其權，實內溫以自助也。載又請割郿⑳、虢㉑、寶雞㉒、鄠、盩厔隸抱玉，興平㉓、武功、天興㉔、扶風隸神策軍。朝恩喜於得地，殊不以載為虞，驕橫如故。

壬辰㉕，加河南尹張延賞㉖為東京留守，罷河南等道副元帥，以其兵屬留守。延賞，嘉貞之子也。

二月戊戌㉗，李抱玉徙鎮盩厔，軍士憤怒，大掠鳳翔坊市，數日乃定。劉希暹頗覺上意異，以告魚朝恩，朝恩始疑懼。然上每見之，恩禮益隆，朝恩亦以此自安。皇甫溫至京師，元載留之未遣，因與溫及周皓密謀誅朝恩。既定計，載白上。上曰：「善圖之，勿反受禍。」

三月癸酉㉘，寒食㉙，上置酒宴貴近㉚於禁中，載守中書省。宴罷，朝恩將還營，上留之議事，因責其異圖。朝恩自辯，語頗悖慢㉛。皓與左右擒而縊殺㉜之，外無知者。上下詔，罷朝恩觀軍容等使，內侍監如故。詐云朝恩受詔乃自縊，以尸還其家，賜錢六百萬以葬。

丁丑㉝，加劉希暹、王駕鶴御史中丞，以慰安北軍之心。丙戌㉞，赦京畿[2]繫因㉟，命盡釋朝恩黨與㊱，且曰：「北軍將士，皆朕爪牙，並宜仍舊。朕今親御禁旅，勿有憂懼。」

己丑㊲，罷度支使及關內等道轉運、常平、鹽鐵使，其度支事委宰相領之。

○敕皇甫溫還鎮于陝。

元載既誅魚朝恩，上寵任益厚，載遂志氣驕溢，每眾中大言，自謂有文武才略，古今莫及，弄權舞智㊳，政以賄成㊴，僭侈無度㊵。吏部侍郎楊綰典選平允㊶，性介直㊷，不附載。嶺南節度使徐浩㊸貪而佞，傾南方珍貨以賂載。辛卯㊹[3]，載以綰為國子祭酒，引浩代之。浩，越州人也。載有丈人㊺自宣州來，從載求官。載度其人不足任事，但贈河北一書而遣之。丈人不悅，行至幽州，私發書視之，書無一言，惟署名而已。丈人大怒，不得已試謁院僚㊻。判官聞有載書，大驚，立白節度使，遣大校以箱受書，館之上舍，留宴數日，辭去，贈絹千匹。其威權動人如此。

夏，四月庚子㊼，湖南兵馬使臧玠殺觀察使崔灌。澧州刺史楊子琳起兵討之，取賂而還。○涇原節度使馬璘屢訴本鎮荒殘，無以贍軍。上諷李抱玉以鄭、潁二州讓之。乙巳㊽，以璘兼鄭潁節度使。

庚申㊾，王縉自太原入朝。

癸未㊿，以左羽林大將軍辛京杲為湖南觀察使。

荊南節度使衛伯玉遭母喪，六月戊戌51，以殿中監王昂52代之。伯玉諷大將楊鉥53等拒昂留己。甲寅54，詔起復伯玉鎮荊南[4]如故。

秋，七月，京畿饑，米斗千錢。

劉希暹內常自疑55，有不遜語，王駕鶴以聞。九月辛未56，賜希暹死。○吐蕃寇永壽57。

冬，十一月，郭子儀入朝。

上悉知元載所為，以其任政日久，欲全始終，因獨見，深戒之。載猶不悛58，上由是稍惡之。

載以李泌有寵於上，忌之，言「泌常與親故宴於北軍，與魚朝恩親善，宜知其謀。」上曰：「北軍，泌之故吏59也，故朕使之就見親故。朝恩之誅，泌亦預謀，卿勿以為疑。」載與其黨攻之不已。會江西觀察使魏少遊求參佐60，上謂泌曰：「元載不容卿，朕今匿卿於魏少遊所。俟朕決意除載，當有信報卿，可束裝來。」乃以泌為江西判官，且屬少遊使善待之。

【章旨】以上為第九段，寫元載設謀誅除了魚朝恩，更加飛揚跋扈，排擠李泌出京。

【注釋】❶己巳　正月初五日。❷內屬　即內附，臣附於內地唐王朝。❸廣座　眾人聚會的場所；大庭廣眾。❹恣談　肆無忌憚地談論。❺彊辯　能言善辯。❻拱默　拱手沉默。❼劉希暹　（？—西元七七〇年）宦官。出自戎伍。以騎射聞名，為宦官魚朝恩所用，官至太僕卿，封交河郡王。傳見《舊唐書》卷一百八十四。❽王駕鶴　曾任神策軍都知兵馬使、神策軍使，掌禁軍十餘年，權傾一時；德宗即位，始去職。其事散見《舊唐書》卷一百三十〈關播傳〉、《新唐書》卷二百七〈魚朝恩傳〉等篇。❾北軍　即北衙禁軍。此時包括有左右羽林軍、左右龍武軍、左右神武軍和神策軍。❿羅告　羅織罪名而誣告。⓫訊掠　審問拷打。⓬不豫　不參與。⓭內給使　內侍省宮闈局屬員。唐制，凡宦官無官品者，稱內給使，無常員，掌諸門進物出物。⓮衣綠　唐制，官三品以上服紫，四五品服緋，六七品服綠，八九品服青。魚朝恩養子為內給使無官品而穿六七品官服。⓯同列　同事。⓰儕輩　同輩。⓱強笑　勉強地笑。⓲指　旨意；意圖。⓳辛卯　正月二十七日。⓴郿　縣名，縣治在今陝西眉縣。㉑虢　縣名，縣治在今陝西寶雞。㉒寶雞　縣名，縣治在今陝西寶雞。㉓興平　縣名，縣治在今陝西興平。㉔天興　縣名，縣治在今陝西鳳翔。㉕壬辰　正月二十八日。㉖張延賞　（西元七二七—七八七年）開元宰相張嘉貞之子。本名寶符，開元末年，玄宗召見，賜名延賞，取「延賞於世」之意。博涉經史，達於政事，官至左僕射、同中書門下平章事。傳見《舊唐書》卷一百二十九、《新唐書》卷一百二十七。㉗戊戌　二月初五日。㉘癸酉　三月初十日。㉙寒食　節令名，在農曆清明前一、二日。相傳春秋時晉國介之推輔佐重耳（晉文公）回國後，隱於山中，重耳燒山逼他出來，之推抱樹而死。文公為悼念他，禁止在之推死日生火煮食，只吃冷食。以後相沿成俗，稱為寒食禁火。可是，《周禮・司烜氏》已載有「仲春以木鐸修火禁於國中」，證明仲春（二月）之末禁火早已是周代的舊制。關於介之推與寒食的聯繫，始於兩晉南朝，當為時人的附會。㉚貴近　居貴要之位而接近於君王的人。㉛悖慢　違逆傲慢。㉜縊殺　絞死；勒死。㉝丁丑　三月十四日。㉞丙戌　三月二十三日。㉟繫囚　在押的囚犯。㊱黨與　同黨；同夥。㊲己丑　三月二十六日。㊳弄權舞智　玩弄權術與智謀。㊴政以賄成　指國家政事依靠賄賂的手段來完成。政，政治；政事。賄，賄賂。㊵僭侈無度　即無限度地越分奢侈。僭，越分；超越身分；冒用在上者的職權行事。㊶典選平允　主掌選舉事務公平得當。㊷介直　耿介直率。㊸徐浩　（西元七〇三—七八二年）字季海，越州（今浙江紹興）人，工草隸，以文學知名於世。官至吏部侍郎。傳見《舊唐書》卷一百三十七、《新唐書》卷一百六十。㊹辛卯　三月二十八日。㊺文人　古為尊老之稱。此指父輩的老人。㊻院僚　指節度使院的僚屬。㊼庚子四月初八日。㊽乙巳 四月十三日。㊾庚申 四月二十八日。㊿癸未 五月二十一日。51戊戌 六月初七日。52王昻（？—西元七七七年）出自戎旅，貪縱不法，黨附元載，官至檢校刑部尚書知省事。事見《舊唐書》卷一百十八。53楊鉥 曾任懷州刺史、荊南節度使大將。其事略載《新唐書》卷二百五十五〈馬燧傳〉。54甲寅 六月二十三日。55劉希暹內常自疑 劉希暹黨附魚朝恩，魚朝恩死，故常自疑。56辛未 九月十二日。57永壽 縣名，縣治在今陝西永壽北。58不悛 不悔改。悛，改；悔改。59北軍二句 李泌跟隨肅宗從靈武到鳳翔，軍政大事皆預謀其中，故言北軍將校皆其故吏。60參佐 僚屬；部下。

【校 記】[1]於 據章鈺校，十二行本、乙十一行本皆作「在」。[2]畿 據章鈺校，十二行本、乙十一行本皆作「城」。[3]辛卯 原無此二字。據章鈺校，十二行本、乙十一行本皆有此二字，張敦仁《通鑑刊本識誤》、張瑛《通鑑校勘記》同，今據增補。[4]荊南 原誤作「京南」。據章鈺校，十二行本、乙十一行本皆作「荊南」，今據校正。按，衛伯玉原任荊南節度使，見上文。

【語 譯】五年（庚戌 西元七七〇年）

春，正月初五日己巳，羌族酋長白對蓬等人各自率領本部落歸附唐朝。

觀軍容宣慰處置使、左監門衛大將軍兼神策軍使、內侍監魚朝恩專門掌管禁軍，受到的寵幸信任無人可比。代宗經常和他商議軍國大事，權勢蓋過朝野其他人。魚朝恩喜好在大庭廣眾面前肆意談論時事政事，侮辱宰相。元載雖然善辯，也只好拱手沉默，不敢回應。

神策都虞候劉希暹、都知兵馬使王駕鶴都受到魚朝恩的寵愛，劉希暹勸說魚朝恩在北軍中設置監獄，唆使街市上的無賴少年羅織罪名告發富有人家，誣衊他們有罪，把他們逮捕起來關進地牢，審訊拷打使他們服罪，沒收他們的家產歸北軍所有，並分出一些賞給誣告和搜捕的人。地牢在宮中的隱密處，人們都不敢說。魚朝恩每次奏事，就期望必然會得到代宗的允許。朝廷的政事如果有他沒有參與的，他就發怒說：「天下的事情有不由我決定的嗎！」代宗聽說後，由此很不高興。

魚朝恩的養子魚令徽年齡還小，做內給使，卻穿綠色官服，他與同事爭吵，回家告訴了魚朝恩。魚朝恩第二天拜見代宗說：「臣的兒子官職卑微，受同輩欺壓，乞求賜給他紫衣。」代宗還沒有答應，有關部門已經拿著紫衣送到面前，魚令徽穿上紫衣，向代宗拜謝。代宗勉強笑著說：「這孩子穿上紫衣還很合適。」但心裡更加不平。

元載猜測到代宗的心思，乘機上奏魚朝恩專橫放肆，圖謀不軌，請求除掉他。代宗也知道天下人都對魚朝恩心懷怨恨和憤怒，就命元載策劃。魚朝恩每次入殿，常常讓射生將周皓率一百人保衛自己，又讓他的黨羽陝州節度使皇甫溫在外掌握部隊作為後援。元載都送了大量財物結交他們，因此魚朝恩的陰謀和機密的談話，代宗一一瞭解，而魚朝恩並沒有察覺。

正月二十七日辛卯，元載為代宗謀劃，把李抱玉遷任為山南西道節度使，任命皇甫溫為鳳翔節度使，從外表上看是加重他的權力，實際上是引入皇甫溫以幫助朝廷。元載又請求割出鄜、虢、寶雞、鄠、盩厔等縣隸屬李抱玉管轄，割出興平、武功、天興、扶風等縣隸屬神策軍管轄。魚朝恩對得到地盤很高興，完全不去戒備元載，仍像過去一樣驕橫。

正月二十八日壬辰，加封河南尹張延賞為東京留守，罷免河南等道的副元帥，把他們的部隊歸屬留守。張延賞，是張嘉貞的兒子。

二月初五日戊戌，李抱玉遷移鎮守盩厔，軍士們都很憤怒，大肆搶掠鳳翔的街市，過了好幾天才平定下來。

劉希暹發覺代宗對魚朝恩似乎另有打算，就告訴了魚朝恩，魚朝恩開始有所懷疑和恐懼。然而代宗每次見到他，恩澤禮遇更加隆重，魚朝恩也因此而自己安下心來。皇甫溫到京師，元載就留下他沒讓他走，於是與他及周皓密謀誅殺魚朝恩。計謀定好後，元載向代宗報告。代宗說：「好好地去謀劃，不要反受其禍。」

三月初十日癸酉，寒食節，代宗在宮中擺酒席宴請顯貴近臣，元載守候在中書省。宴會結束後，魚朝恩準備回營，代宗留下他商議事情，乘機責備他有不軌的圖謀。魚朝恩自我辯解，言語頗為悖逆傲慢。周皓和左右的人捉住他把他勒死，外面沒有人知道。代宗下詔書，罷免魚朝恩的觀軍容使等職務，內侍監一職照舊保留。對外謊稱說魚朝恩接受詔命後上吊自殺了，把他的屍體送回家，賜錢六百萬來安葬。

三月十四日丁丑，加封劉希暹、王駕鶴為御史中丞，以撫慰安定北軍的人心。二十三日丙戌，赦免京畿在押的囚犯，命令釋放魚朝恩所有黨羽，並且說：「北軍將士，都是朕的親信，一切仍按過去的辦。朕如今親自掌管禁軍，大家不要憂慮害怕。」

三月二十六日己丑，罷除度支使及關內等道的轉運使、常平使、鹽鐵使，有關度支事務委託宰相管理。○敕令皇甫溫依舊回去鎮守陝州。

元載誅殺魚朝恩後，代宗對他的寵愛信任更深了。元載於是揚揚得意，驕橫放肆，每每當眾說出大話，自稱有文武才略，古往今來沒有人能比得上，他玩弄權術和智謀，施政辦事全靠賄賂完成，僭越禮制生活奢侈，毫無節制。吏部侍郎楊綰掌管選舉事務公平得當，性情耿直，不依附元載。嶺南節度使徐浩貪婪而善諂媚討好，竭盡南方的珍寶財貨來賄賂元載。三月二十八日辛卯，元載讓楊綰改任國子祭酒，引薦徐浩代替楊綰任吏部侍郎。徐浩是越州人。元載有位長輩從宣州來，找元載要官做。元載估計這個人不能委以職事，就只給他一封帶到河北的信把他打發走了。這位長輩很不高興，走到幽州時，私自打開信來看，發現信上沒有一句話，只有元載的署名而已。這位長輩非常憤怒，不得已試著去拜謁節度使院的僚屬。節度判官聽說有元載的信，大吃一驚，立即報告節度使，派將領用箱子來盛放元載的信，招待這位長輩住在上等的館舍裡，留下宴請他好幾天。臨走時，又送給他絹帛一千匹。元載的威勢和權力就是如此驚人。

夏，四月初八日庚子，湖南兵馬使臧玠殺了觀察使崔灌。澧州刺史楊子琳起兵討伐他，接受賄賂後就回去了。○涇原節度使馬璘多次向朝廷訴說本鎮的土地荒蕪殘破，無法供給軍隊。代宗暗示李抱玉把鄭州、潁州兩個州讓給他。十三日乙巳，任命馬璘兼任鄭潁節度使。

四月二十八日庚申，王縉從太原入朝。

五月二十一日癸未，任命左羽林大將軍辛京杲為湖南觀察使。

荊南節度使衛伯玉遇到母親的喪事，六月初七日戊戌，任命殿中監王昂代替他。衛伯玉暗示大將楊鉥等人拒絕接受王昂而留下自己。二十三日甲寅，詔令恢復衛伯玉鎮守荊南照舊。

秋，七月，京畿地區饑荒，米價一斗值一千錢。

劉希暹內心經常自己起疑，說些不恭順的話，王駕鶴報告了代宗。九月十二日辛未，賜劉希暹自殺。○吐蕃侵犯永壽。

冬，十一月，郭子儀入朝。

代宗對元載的所作所為全都知道，因為元載執政的時間很長，想保全他善始善終，因此單獨召見他，深切地告誡他。但元載還是不改，代宗因此逐漸討厭他了。

元載因李泌得到代宗的寵愛，就很嫉妒他，說「李泌常常與親友故舊在北軍舉行宴會，與魚朝恩親近友好，應該知道他們的陰謀。」代宗說：「北軍諸將是李泌的舊部，所以朕讓李泌去北軍見見這些親友故舊。魚朝恩的被誅殺，李泌也參與謀劃，你不要懷疑他。」但元載和他的黨羽還是不停地攻擊李泌。適逢江西觀察使魏少遊要一個參謀輔佐的官員。代宗對李泌說：「元載容不下你，朕如今把你藏匿在魏少遊那裡。等朕下決心除掉元載後，就會有信來通報你，到時你可整裝前來。」於是任命李泌為江西觀察判官，並且囑咐魏少遊要善待李泌。

六年（辛亥　西元七七一年）

春，二月壬寅❶，河西、隴右、山南西道副元帥兼澤潞、山南西道節度使李抱玉上言：「凡所掌之兵，當自訓練。今自河、隴達於扶、文❷，綿亙二千餘里，撫御至難。若吐蕃道岷❸、隴俱下[1]，臣保固汧、隴，則不救梁、岷；進兵扶、文，則寇逼關輔❹。首尾不贍，進退無從。願更擇能臣，委以山南，使臣得專備隴坻❺。」詔許之。

郭子儀還邠州。

嶺南蠻酋梁崇牽自稱平南十道大都統，據容州，與西原蠻張侯、夏永等連兵攻陷城邑，前容管經略使元結❻等皆寄治蒼梧❼。經略使王翃❽至藤州，以私財募兵，不數月，斬賊帥歐陽珪，馳詣廣州，見節度使李勉，請兵以復容州，勉以為難。翃曰：「大夫❾如未暇出兵，但乞移牒諸州，揚言出千兵為援，冀藉聲勢，亦可成功。」勉從之。翃乃與義州❿刺史陳仁璀、藤州⓫刺史李曉庭等結盟討賊。翃募得三千餘人，破賊數萬眾。攻容州，拔之，擒梁崇牽，前後大小百餘戰，盡復容州故地。分命諸將襲西原蠻，復鬱林⓬等諸州。

先是，番禺賊帥馮崇道、桂州叛將朱濟時皆據險為亂，陷十餘州，官軍討之，連年不克。李勉遣其將李觀⓭與翃併力攻討，悉斬之。三月，五嶺皆平。

河北旱，米斗千錢。

夏，四月己未⓮，澧州刺史楊子琳入朝⓯。上優接之，賜名猷。○庚申⓰，以典內⓱董秀為內常侍。

吐蕃請和。庚辰⓲，遣兼御史大夫吳損使于吐蕃。

成都司錄⑲李少良⑳上書言元載姦贓陰事，上置少良於客省。少良以上語告友人韋頌，殿中侍御史陸珽以告載，載奏之。上怒，下少良、頌、珽御史臺獄。御史奏少良、頌、珽凶險比周，離間君臣。五月戊申㉑，敕付京兆，皆杖死。

秋，七月丙午㉒，元載奏，凡別敕除文、武六品以下官，乞令吏部、兵部無得檢勘㉓，從之。時載所奏擬多不遵法度，恐為有司所駁故也。

八月丁卯㉔，淮西節度使李忠臣將兵二千屯奉天防秋㉕。

上益厭元載所為，思得士大夫之不阿附者為腹心，漸收載權。丙子㉖，內出制書㉗，以浙西觀察使李栖筠為御史大夫，宰相不知。載由是稍絀㉘。

九月，吐蕃下青石嶺㉙，軍于那城㉚。郭子儀使人諭之，明日，引退。

是歲，以尚書右丞韓滉㉛為戶部侍郎、判度支。自兵興以來，所在賦斂無度，倉庫出入無法，國用虛耗。滉為人廉勤，精於簿領㉜，作賦斂出入之法，御下嚴急，吏不敢欺。亦值連歲豐穰，邊境無寇，自是倉庫蓄積始充。滉，休之子也。

【章旨】以上為第十段，寫李勉討平嶺南蠻夷叛亂，代宗漸收元載之權。

【注釋】❶壬寅 二月十五日。❷扶文 即扶州、文州。扶州治所在今四川九寨溝東，文州治所在今甘肅文縣西。❸岷州名，治所在今甘肅岷縣。❹關輔 即唐首都長安所在的關中地區。輔，古稱京城附近的地區為輔。❺隴坻 即隴山。此指隴右地區。坻，山坡。❻元結　（西元七一九—七七二年）字次山，河南（今河南洛陽）人，官至容管經略使。善屬文，有《元次山集》，尚存。傳見《新唐書》卷一百四十三。❼蒼梧　郡名，治所在今廣西梧州。❽王翃　（西元七三三—八〇二年）字宏肱，并州晉陽（今山西太原西南）人，有文武才，累官至大理卿、福建觀察使。卒於東海留守。傳見《舊唐書》卷一百五十七、《新唐書》卷一百四十五。❾大夫　李勉時任嶺南節度觀察使，所帶朝職為御史大夫。❿義州　州名，治所在今廣西岑溪市東。⓫藤州　州名，治所在今廣西藤縣。⓬鬱林　州名，治所在今廣西玉林西北。⓭李觀　（？—西元七八八年）洛陽（今河南洛陽）人，少習武藝，有將帥識度。官至少府監、檢校工部尚書。傳見《舊唐書》卷一百四十四、《新唐書》卷一百五十六。⓮己未　四月初三日。⓯楊子琳入朝　楊子琳入朝至京師，在大曆九年（西元七七四年）五月（見本書卷二百二十五）。此「入朝」疑為上表請入朝。⓰庚申　四月初四日。⓱典內　官名，太子內坊局（內坊初隸東宮；開元二十七年隸內侍省，為內坊局，改典內曰令）長官，宦官充任，掌東宮閤內的禁令及宮人糧廩賜與出入等事務。⓲庚辰　四月二十四日。⓳司錄　即司錄參軍，州府僚佐，職掌糾舉功、倉、戶、兵、法、士六曹，整肅州政。⓴李少良　（？—西元七七一年）曾官殿中侍御史。事見《舊唐書》卷一百十八、《新唐書》卷一百四十五。㉑戊申　五月二十三日。㉒丙午　七月二十二日。㉓檢勘　唐代文武六品以下官選授程序之一，又稱南曹檢勘。當州府把應選人狀文（包括鄉里名籍、任官資歷、父祖官名、內外族姻、年齡形貌、考課優劣、譴負刑犯等項）解送尚書都省後，分別轉到吏、兵二部進行檢勘。檢勘是把解狀與吏、兵部所存的檔案（稱甲曆）進行檢驗勘核，看是否符合當年的選格，是否有偽濫，以決定是否有資格參加當年銓選。這是常規選授的情況。如皇帝特敕除授的六品以下官，其他程序減免，但檢勘似仍要進行。至此，才有元載奏請廢除。㉔丁卯　八月十四日。㉕防秋　每年秋高馬肥時，吐蕃數入內地搶掠，唐每年都調發關東之兵屯京西防禦，謂之防秋。㉖丙子　八月二十三日。㉗內出制書　唐代中後期有翰林學士和中書舍人分掌內外制命。所謂內出制書，就是由翰林學士草擬的不經過中書門下而直接從禁中發出的制書。內制一般是較為重要的詔書。㉘絀　減損。㉙青石嶺　在今甘肅涇川縣西北。㉚那城　地名，在今寧夏固原東南。㉛韓滉　（西元七二三—七八七年）字太仲，開元宰相韓休之子。廉潔耿直，精於吏道，生活節儉。官至潤州刺史、鎮海軍節度使、檢校左僕射、同平章事，加度支、諸道轉運鹽鐵使，封晉國公。傳見《舊唐書》卷一百二十九、《新唐書》卷一百二十六。㉜簿領　登記的文簿。此指以簿籍記載財物出納的技能。

【校記】1若吐蕃道岷隴俱下　據章鈺校，此句十二行本、乙十一行本皆作「若吐蕃兩道俱下」。

【語　譯】六年（辛亥　西元七七一年）

春，二月十五日壬寅，河西、隴右、山南西道副元帥兼澤潞、山南西道節度使李抱玉上書說：「凡是所掌管的軍隊，都應當親自訓練。如今從河西、隴右直到扶州、文州，綿延二千多里，安撫控制非常困難。如果吐蕃軍隊取道岷州、隴州同時進犯，臣保衛固守汧陽、隴州，就不能援救梁州、岷州；進兵扶州、文州，那麼敵寇就會進逼關中畿輔地區。首尾不能呼應相助，進退無所適從。希望另外選擇能幹大臣，把山南委託給他，使臣能夠專心防備隴山一帶。」代宗下詔同意了他的建議。

郭子儀返回邠州。

嶺南蠻族酋長梁崇牽自稱平南十道大都統，佔據容州，與西原蠻族的張侯、夏永等人連兵攻陷城邑，前容管經略使元結等人都把治所寄設在蒼梧。經略使王翃到藤州，用私人財產招募士兵，不到幾個月，就斬殺了賊兵統帥歐陽珪。王翃驅馬奔赴廣州，拜見節度使李勉，請求出兵去收復容州，李勉認為很難。王翃說：「大夫如果無暇出兵，只請求發公文到各州，揚言要派出千名士兵作為援兵，希望憑藉這樣的聲勢，也可以成功。」李勉同意了。王翃於是與義州刺史陳仁璀、藤州刺史李曉庭等人結盟討伐賊兵。王翃招募到三千多人，打敗賊兵好幾萬人。又攻打容州，把他攻了下來，活捉梁崇牽，前後經大小一百多次戰鬥，全部收復容州以前的轄地。又分別命令諸將襲擊西原蠻族，收復了鬱林等各州。

先前，番禺賊兵統帥馮崇道、桂州反叛將領朱濟時都佔據險要地方作亂，攻陷了十多個州，官軍討伐他們，連年都未能成功。李勉派他的部將李觀與王翃合力進攻討伐，把他們全都殺了。三月，五嶺全部平定。

河北乾旱，米價一斗值一千錢。

夏，四月初三日己未，澧州刺史楊子琳入朝。代宗接見時待遇優厚，給他賜名為猷。○初四日庚申，任命典內董秀為內常侍。

吐蕃請求講和。四月二十四日庚辰，派遣兼御史大夫吳損出使吐蕃。

成都司錄李少良上書揭發元載奸邪貪贓的祕事，代宗把李少良安置在客省。李少良把代宗的話告訴了友人韋頌，殿中侍御史陸珽又把這件事告訴了元載，元載奏報代宗。代宗很生氣，把李少良、韋頌、陸珽關進御史臺監獄。御史上奏說李少良、韋頌、陸珽兇狠陰險，結黨營私，離間君臣關係。五月二十三日戊申，代宗敕令交付京兆尹，都用棍子打死。

秋，七月二十二日丙午，元載上奏說，凡是特別下敕令任命文、武六品以下的官員，請求命令吏部、兵部不得進行檢驗勘核，代宗准許了。這是因為當時元載所上奏擬定的官員任命大都不遵照法度，他擔心被有關部門駁回的緣故。

八月十四日丁卯，淮西節度使李忠臣率領士兵二千人屯駐奉天以防秋季外敵入侵。

代宗越來越討厭元載的所作所為，想得到士大夫中不迎合依附元載的人作為心腹，慢慢收回元載的權力。八月二十三日丙子，從宮內頒布制書，任命浙西觀察使李栖筠為御史大夫，宰相事先不知道。元載的權力從此漸漸有所減弱。

九月，吐蕃攻下青石嶺，駐軍在那城。郭子儀派人曉諭吐蕃，第二天，吐蕃軍隊退走。

這一年，任命尚書右丞韓滉為戶部侍郎、判度支。自從戰亂發生以來，各處徵收賦稅毫無節制，倉庫財物的進出無法可依，國家財用枯竭。韓滉為人廉潔勤勉，精於帳簿登記管理，制定了徵收賦稅及倉庫財物進出的法規，管理部下嚴厲峻急，官吏不敢欺騙。同時又遇到連年豐收，邊境沒有敵寇侵擾，從此倉庫積蓄開始充實起來。韓滉，是韓休的兒子。

七年（壬子　西元七七二年）

春，正月甲辰❶，回紇使者擅出鴻臚寺，掠人子女。所司禁之，毆擊所司，以三百騎犯金光、朱雀門❷。是日，宮門皆閉。上遣中使劉清潭諭之，乃止。

三月，郭子儀入朝。丙午❸，還邠州。

夏，四月，吐蕃五千騎至靈州，尋退。

五月乙未❹，赦天下。

秋，七月癸巳❺，回紇又擅出鴻臚寺，逐長安令邵說❻至含光門❼街，奪其馬。說乘它馬而去，弗敢爭。

盧龍節度使朱希彩既得位，悖慢朝廷，殘虐將卒。孔目官李懷瑗因眾怒，伺間殺之，眾未知所從。經略副使朱泚營於城北，其弟滔將牙內兵，潛使百餘人於眾中大言曰：「節度使非朱副使不可。」眾皆從之。泚遂權知留後，遣使言狀。冬，十月辛未❽，以泚為檢校左常侍❾、幽州盧龍節度使。

十二月辛未❿，置永平軍於滑州。

【章旨】以上為第十一段，寫幽州再度兵亂，自立節度，唐代宗姑息聽之。

【注釋】❶甲辰　正月二十二日。❷金光朱雀門　長安城門名。金光門，長安城西面中門。朱雀門，宮城南面中門。❸丙午　三月二十五日。❹乙未　五月十五日。❺癸巳　七月十四日。❻邵說　（？—西元七八二年）相州安陽（今河南安陽）人，陷於史思明。史朝義敗，入郭子儀幕府，累遷長安令、祕書少監。德宗時官至吏部侍郎。傳見《舊唐書》卷一百三十七、《新唐書》卷二百三。❼含光門　西內宮城之外為皇城，南面三門，含光門在西側。❽辛未　十月二十四日。❾左常侍　即左散騎常侍。❿辛未　十二月二十五日。

【語譯】七年（壬子　西元七七二年）

春，正月二十二日甲辰，回紇的使者擅自走出鴻臚寺，搶奪百姓子女。主管官員出面禁止，他們毆打官員，還率領三百名騎兵進犯金光門和朱雀門。這一天，宮門全都關閉。代宗派宮中使者劉清潭去曉諭回紇人，騷亂方始停止。

三月，郭子儀入朝。二十五日丙午，返回邠州。

夏，四月，吐蕃五千名騎兵到達靈州，不久就退走了。

五月十五日乙未，大赦天下。

秋，七月十四日癸巳，回紇人又擅自走出鴻臚寺，追逐長安令邵說到含光門街，奪走他的馬。邵說只好乘坐別的馬離開，不敢和他們相爭。

盧龍節度使朱希彩得到官位後，對朝廷違逆不敬，殘酷虐待將士。孔目官李懷瑗利用眾人的憤怒，找機會把他殺了，眾人不知道該跟著誰。經略副使朱泚在城北紮營，他的弟弟朱滔統領牙內兵，暗中派了一百多人在眾人中大聲宣稱：「節度使非朱副使當不可。」眾人都聽從了。朱泚於是暫時代理留後，派使者到朝廷說明情況。冬，十月二十四日辛未，任命朱泚為檢校左常侍、幽州盧龍節度使。

十二月二十五日辛未，在滑州設置永平軍。

八年（癸丑　西元七七三年）

春，正月，昭義節度使❶、相州刺史薛嵩薨。子平❷，年十二，將士脅以為帥，平偽許之。既而讓其叔父崿❸，夜奉父喪，逃歸鄉里。壬午❹，制以崿知留後。

二月壬申❺，永平節度使令狐彰薨。彰承滑、亳離亂之後，治軍勸農，府廩充實。時藩鎮率皆跋扈❻，獨彰貢賦未嘗闕❼。歲遣兵三千詣京西防秋，自齎糧食，道路供饋皆不受，所過秋豪不犯❽。疾亟，召掌書記高陽齊映❾與謀後事。映勸彰請代人，遣子歸私第。彰從之，遺表稱：「昔魚朝恩破史朝義，欲掠滑州，臣不聽，由是有隙。及朝恩誅，值臣寢疾，以是未得入朝，生死愧負❿。臣今必不起，倉庫畜牧，先已封籍⓫，軍中將士，州縣官吏，按堵⓬待命。伏見吏部尚書劉晏、工部尚書李勉可委大事，願速以代臣。臣男建等，今勒歸東都私第。」彰薨，將士欲立建，建誓死不從，舉家西歸。三月丙子⓭，以李勉為永平節度使。

吏部侍郎徐浩、薛邕，皆元載、王縉之黨。浩妾弟侯莫陳忦⓮為美原尉，浩屬京兆尹杜濟虛以知驛⓯奏優⓰，又屬邕擬長安尉。忦參臺⓱，御史大夫李栖筠劾奏其狀，敕禮部侍郎萬年于邵⓲等按之。邵奏邕罪在赦前，應原除，上怒。夏，五月乙酉⓳，貶浩明州別駕，邕歙州刺史。丙戌⓴，貶濟杭州刺史，邵桂州長史，朝廷稍肅㉑。

辛卯㉒，鄭王邈㉓薨，贈昭靖太子。

回紇自乾元以來，歲求和市，每一馬易四十縑㉔，動至數萬匹，馬皆駑瘠㉕

無用。朝廷苦之，所市多不能盡其數，回紇待遣、繼至者常不絕於鴻臚。至是，上欲悅其意，命盡市之。秋，七月辛丑㉖，回紇辭歸，載賜遺及馬價，共用車千餘乘。

【章旨】以上為第十二段，寫永平節度使令狐彰恪盡職守，唐用重金買回紇瘦弱無用之馬以維護和平。

【注釋】❶昭義節度使　又名澤潞節度使，使職名，為澤潞等州差遣長官。至德元載（西元七五六年）置澤潞沁節度使，治潞州（今山西長治）。廣德元年（西元七六三年）又置相、衛、貝、邢、洺、磁節度使，治相州（今河南安陽）。大曆元年（西元七六六年）賜號昭義軍節度使。十二年昭義軍節度使與澤潞節度使合為一鎮。長期領有澤、潞、磁、邢、洺五州。❷平　薛平（西元七五二—八三二年），昭義軍節度使薛嵩之子。在南衙任將軍三十年，出任鄭滑、平盧、河中等鎮節度使，有能名，至加司徒，拜太子太傅，封魏國公。傳見《舊唐書》卷一百二十四、《新唐書》卷一百十一。❸崿　薛崿（?—西元七七五年），或作「薛蕚」，薛嵩弟。嵩死，崿為相衛節度留後，大曆十年被鎮兵驅逐。傳見《舊唐書》卷一百二十四。❹壬午　正月初六日。❺壬申　二月二十七日。❻跋扈　驕橫強暴。❼闕　空缺；缺漏。❽秋豪不犯　指一點也不侵犯。秋豪，同「秋毫」。本指鳥獸換毛，至秋天重長新毛，細而尖。故以秋毫指細微的東西。❾齊映　（西元七四八—七九五年）高陽（今河北高陽東）人，官至中書舍人、同平章事。傳見《舊唐書》卷一百三十六、《新唐書》卷一百五十。❿愧負　慚愧負疚。⓫封籍　封存、登記。⓬按堵　同「安堵」。安居。⓭丙子　三月初一日。⓮侯莫陳忲　人名，時任美原尉，吏部侍郎徐浩小妾之弟。其事略見《新唐書》卷一百四十六〈李栖筠傳〉。⓯知驛　執掌驛站事務。⓰奏優　奏報成績優異。所謂「優」，即郵驛往來，供給車馬、薪芻、糧用皆無缺乏，好於其他縣。⓱參臺　亦稱臺參。唐代御史臺與京兆府縣官員之間稟奉臨制之禮儀，凡御史臺有新除授的大夫、中丞，京兆府的府尹、少尹和長安、萬年兩縣縣令要到臺參見。太和九年（西元八三五年）御史臺奏請獲准，凡有新除三院（臺院、殿院、察院）御史，京兆尹、少尹和兩縣令也要就廊下參見。⓲于邵　（西元七一四—七九四年）字相門，京兆萬年（今陝西西安東）人，天寶末年進士，官至禮部侍郎。有文集四十卷，已佚。傳見《舊唐書》卷一百三十七、《新唐書》卷二百三。⓳乙酉　五月十一日。⓴丙戌　五月十二日。㉑肅　整肅；嚴肅。㉒辛卯　五月十七日。

㉓鄭王邈　李邈（？—西元七七三年），代宗第二子。好讀書，以儒行稱。既死，代宗惜其才早夭，冊贈昭靖太子。傳見《舊唐書》卷一百十六、《新唐書》卷八十二。㉔縑　細絹。㉕駑瘠　指瘦劣的馬。駑，劣馬。㉖辛丑　七月二十八日。

【語　譯】八年（癸丑　西元七七三年）

春，正月，昭義節度使、相州刺史薛嵩去世。他的兒子薛平，年方十二歲，將士們脅迫他做主帥，薛平假裝答應了。不久就把主帥的位置讓給他的叔叔薛崿，趁夜護送父親的靈柩，逃回鄉里。初六日壬午，下制書任命薛崿任留後。

二月二十七日壬申，永平節度使令狐彰去世。令狐彰在滑州、亳州剛經歷了戰亂之後上任，整治軍隊，鼓勵農耕，因此倉廩充實。當時各藩鎮一般都驕橫強暴，惟獨令狐彰上交朝廷的賦稅從未缺過。每年派兵三千人到京西去防備秋季外敵入侵，自帶糧食，沿途各方供給和饋贈的東西都不接受，所經過的地方秋毫不犯。病重時，召見掌書記高陽人齊映和他商量後事。齊映勸令狐彰向朝廷請求替代自己的人，讓兒子回到自己的私宅去。令狐彰聽從了這一建議，寫下遺表說：「以前魚朝恩打敗史朝義，想要掠奪滑州，臣沒有聽從，由此有了嫌隙。等到魚朝恩被誅殺時，臣正重病不起，因此未能入朝，生前死後都感到慚愧對不起陛下。臣如今病重一定不會再好，倉庫的財物以及牧養的牲畜都先已登記封存，軍中將士、州縣官吏，安居待命。臣個人覺得吏部尚書劉晏、工部尚書李勉可以委任大事，希望趕快讓他們來代替臣。臣的兒子令狐建等人，如今已勒令他們回到東都私宅。」令狐彰去世後，將士們想要擁立令狐建，令狐建誓死不從，帶領全家西歸東都。三月初一日丙子，任命李勉為永平節度使。

吏部侍郎徐浩、薛邕，都是元載、王縉的黨羽。徐浩小妾的弟弟侯莫陳怤是美原縣尉，徐浩囑託京兆尹杜濟虛稱侯莫陳怤掌管驛站事務並奏報他成績優異，又囑託薛邕擬任用他為長安縣尉。侯莫陳怤參拜御史臺，御史大夫李栖筠彈劾了他並奏明他的情況。代宗敕令禮部侍郎萬年人于邵等人審查此事。于邵上奏說薛邕的罪過在大赦之前，應該原諒免除。代宗很生氣。夏，五月十一日乙酉，把徐浩貶為明州別駕，把薛邕貶為歙州刺史。十二日丙戌，又把杜濟貶為杭州刺史，把于邵貶為桂州長史，朝廷的綱紀逐漸受到整肅。

五月十七日辛卯，鄭王李邈去世，追贈為昭靖太子。

回紇自乾元年間以來，每年都請求唐朝議價購買他們的馬匹，每一匹馬換四十匹細絹，動不動就是幾萬匹馬，而這些馬又都瘦劣無用。朝廷感到很苦惱，往往不能盡數購買，因此在鴻臚寺等待回去和接踵而來的回紇人經常不斷。到了這時，代宗想要讓他們滿意，命令把他們的馬全都買下來。秋，七月二十八日辛丑，回紇人告辭回去，運載朝廷賞賜和賣馬得到的財物，一共用了一千多輛車子。

八月己未❶，吐蕃六萬騎寇靈武，踐秋稼而去。

辛未❷，幽州節度使朱泚遣弟滔將五千精騎詣涇州防秋。自安祿山反，幽州兵未常[1]為用。滔至，上大喜，勞賜甚厚。

壬申❸，回紇復遣使者赤心❹以馬萬匹來求互市。

九月壬午❺，循州❻刺史哥舒晃殺嶺南節度使呂崇賁，據嶺南反。

癸未❼，晉州男子郇模❽以麻辮髮❾，持竹筐葦席，哭於東市。人問其故，對曰：「願獻三十字，一字為一事，若言無所取，請以席裹尸，貯筐中，棄於野。」京兆以聞。上召見，賜新衣，館於客省❿。其言「團」者，請罷諸州團練使也；「監」者，請罷諸道監軍使也。

魏博節度使田承嗣為安、史父子立祠堂⑪，謂之四聖，且求為相。上令內侍孫知古因奉使諷令毀之。冬，十月甲辰⑫，加承嗣同平章事以褒之。

靈州破吐蕃萬餘眾。吐蕃眾十萬寇涇、邠，郭子儀遣朔方兵馬使渾瑊將步騎五千拒之。庚申⑬，戰于宜祿。瑊登黃菆⑭原望虜，命據險布拒馬⑮，以備其馳突。宿將⑯史抗、溫儒雅等意輕瑊，不用其命。瑊召使擊虜，則已醉矣。見拒馬，曰：「野戰，烏⑰用此為！」命撤之。叱騎兵衝虜陳，不能入而返。虜躡而乘之，官軍大敗，士卒死者什七八，居民為吐蕃所掠千餘人。

甲子⑱，馬璘與吐蕃戰于鹽倉⑲，又敗。璘為虜所隔，逮暮未還，涇原兵馬使焦令諶等與敗卒爭門而入。或勸行軍司馬段秀實乘城拒守，秀實曰：「大帥未知所在，當前擊虜，豈得苟自全乎！」召令諶等讓之曰：「軍法，失大將，麾下皆死，諸君忘其死邪！」令諶等惶懼[2]拜請命。秀實乃發城中兵未戰者悉出，陳于東原，且收散兵，為將力戰狀。吐蕃畏之，稍卻。既夜，璘乃得還。

郭子儀召諸將謀曰：「敗軍之罪在我，不在諸將。然朔方兵精聞天下，今為虜敗，何策可以雪恥？」莫對。渾瑊曰：「敗軍之將，不當復預議。然願一言今日之事，惟理⑳瑊罪，不則㉑再見任。」子儀赦其罪，使將兵趣朝那㉒。虜既破官軍，欲掠汧、隴。鹽州刺史李國臣曰：「虜乘勝必犯郊畿，我掎其後，虜必返顧。」乃引兵趣秦原㉓，鳴鼓而西。虜聞之，至百城㉔返，渾瑊邀之於隘，盡復得其所掠。馬璘亦出精兵襲虜輜重于潘原㉕，殺數千人，虜遂遁去。

乙丑㉖，以江西觀察使路嗣恭兼嶺南節度使[3]，討哥舒晃。

初，元載嘗為西州㉗刺史，知河西、隴右山川形勢。是時，吐蕃數為寇，載言於上曰：「四鎮、北庭既治涇州，無險要可守。隴山高峻，南連秦嶺，北抵大河。今國家西境盡潘原，而吐蕃戍摧沙堡㉘，原州居其中間，當隴山之口，其西皆監牧故地，草肥水美。平涼㉙在其東，獨耕一縣，可給軍食，故壘㉚尚存，吐蕃棄而不居。每歲盛夏，吐蕃畜牧青海㉛，去塞甚遠。若乘間築之，二旬可畢。移京西軍戍原州，移郭子儀軍戍涇州，為之根本，分兵守石門、木峽㉜，漸開隴右，進達安西，據吐蕃腹心，則朝廷可高枕㉝矣。」并圖地形獻之，密遣人出隴山商度㉞功用㉟。會汴宋節度使田神功入朝，上問之，對曰：「行軍料敵，宿將所難，陛下奈何用一書生語，欲舉國從之乎！」載尋得罪，事遂寢。

有司以回紇赤心馬多，請市千匹。郭子儀以為如此，逆其意太甚，自請輸一歲俸為國市之，上不許。十一月戊子㊱，命市六千匹。

【章　旨】以上為第十三段，寫吐蕃入侵，大敗而返。

【注　釋】❶己未　八月十六日。❷辛未　八月二十八日。❸壬申　八月二十九日。❹赤心　又叫康赤心，回紇人，曾為和市使者入唐賣馬；大曆十年（西元七七五年），回紇人在長安街市殺人被拘囚，赤心作為回紇人首領入獄劫囚而出。其事散見《舊唐書》卷一百九十五、《新唐書》卷二百十七上〈回紇傳〉。❺壬午　九月初十。❻循州　州名，治所在今廣東惠州東。❼癸未　九月十一日。❽郇模　晉州（今山西臨汾）人，以哭諫聞名。事見《舊唐書》卷一百十八。❾以麻辮髮　用麻來編織髮辮。麻為古人服喪所用，故以麻辮髮示其抱必死之心。❿客省　當時在銀臺門置客省，宿留四方奏計未遣者、上書言事忤旨者、蕃客未報者，常有數百人之多。⓫祠堂　舊時祭祀祖宗或賢能有功德者的廟堂。⓬甲辰　十月初二日。⓭庚申　十月十八日。⓮黃蓍　草名，其地覆蓋黃蓍草，因以名為黃蓍原，在宜祿縣界，今陝西長武。宜祿，縣名，故治在今陝西長武。⓯拒馬　古代防禦戰具。用來布陣立營、拒險塞要，使對方人馬不得奔突，故名拒馬。⓰宿將　老將。⓱烏　副詞。哪裡；怎麼。⓲甲子　十月二十二日。⓳鹽倉　地名，在今甘肅涇川縣西。⓴理　懲治。㉑不則　不然的話。㉒朝那　縣名，縣治在今甘肅靈臺西南。㉓秦原　即秦亭的原野。秦亭，地名，在今甘肅清水縣東北。㉔百城　即百里城。地名，在今甘肅靈臺西。㉕潘原　縣名，縣治在今甘肅平涼東。㉖乙丑　十月二十三日。㉗西州　州名，貞觀十四年（西元六四〇年）滅麴氏高昌以其地置，治所在今新疆吐魯番東南。㉘摧沙堡　地名，在今寧夏固原西北。㉙平涼　縣名，縣治在今甘肅平涼西。㉚故壘　昔日的軍營壁壘。㉛青海　即青海湖。㉜石門木峽　皆為關名。石門關，在今寧夏固原北。木峽關，在今寧夏固原西南，當隴山之口。㉝高枕　安然而臥，無所憂慮。㉞商度　測量；計劃。㉟功用　效能。㊱戊子　十一月十七日。

【校　記】①常　據章鈺校，十二行本、乙十一行本皆作「嘗」。按，二字通。②懼　據章鈺校，十二行本、乙十一行本皆作「恐」。③兼嶺南節度使　原無此句。據章鈺校，十二行本、乙十一行本皆有此句，今據補。

【語　譯】八月十六日己未，吐蕃六萬名騎兵侵犯靈武，踐踏秋季的莊稼後離去。

八月二十八日辛未，幽州節度使朱泚派他的弟弟朱滔率領五千名精銳騎兵到涇州防備秋季外敵入侵。從安祿山反叛之後，幽州的軍隊不曾被朝廷所調用。朱滔到後，代宗非常高興，慰勞賞賜極為優厚。

八月二十九日壬申，回紇又派使者赤心帶一萬匹馬前來要求與唐朝交易。

九月初十日壬午，循州刺史哥舒晃殺死嶺南節度使呂崇賁，佔據嶺南反叛。

九月十一日癸未，晉州男子郇模用麻線編髮辮，手持竹筐葦席，在長安東市痛哭。人們問他這樣做的緣故，他回答說：「我願獻上三十個字，一個字反映一件事，如果我所說的一無可取，請求用葦席裹住我的屍體，裝進竹筐中，拋棄到野外去。」京兆府把這件事奏報代宗。代宗召見郇模，賜給他新衣服，讓他住在客省裡。他說「團」字，是請求罷除各州團練使；說「監」字，是請求罷除各道監軍使。

魏博節度使田承嗣為安祿山、史思明父子建立祠堂，稱他們為四聖，並且請求做宰相。代宗命令內侍孫知古利用奉命出使的機會婉言勸說讓他拆毀祠堂。冬，十月初二日甲辰，加封田承嗣同平章事來褒獎他。

靈州打敗吐蕃軍隊一萬多人。吐蕃軍隊十萬人侵犯涇州、邠州，郭子儀派朔方兵馬使渾瑊率領步兵、騎兵五千人抵禦他們。十月十八日庚申，雙方在宜祿交戰。渾瑊登上黃菖原瞭望敵人，命令佔據險要地方布置防禦戰具拒馬，以防備敵人馳馬衝擊。老將史抗、溫儒雅等人心裡瞧不起渾瑊，不服從他的命令。渾瑊叫他們去攻擊敵人，他們卻已喝醉了。他們看見拒馬說：「野外作戰，哪裡用得著這東西！」命令把它撤掉。叱令騎兵衝向敵人陣地，未能衝入而退了回來。敵人緊跟在後乘機進攻，官軍大敗，士卒死了十分之七八，居民被吐蕃搶走一千多人。

十月二十二日甲子，馬璘與吐蕃在鹽倉交戰，又敗了。馬璘被敵人阻隔，到了黃昏還沒有回來，涇原兵馬使焦令諶等與打了敗仗的士卒爭著進入城門。有人勸行軍司馬段秀實登上城牆守衛抵禦，段秀實說：「大帥不知道在哪裡，應當衝向前去攻打敵人，怎麼能夠苟且地只顧保全自己呢！」把焦令諶等人叫來責備說：「按照軍法，失去大將，部下都要死，各位忘記了自己的死罪嗎！」焦令諶等人惶恐不安，跪拜向段秀實請示應該怎麼去做。段秀實於是調動城中還沒有出戰的士兵全部出城，在東原布下陣勢，並且收攏散失的士兵，做出準備奮力作戰的樣子。吐蕃害怕了，稍稍後撤。入夜以後，馬璘才得以返回。

郭子儀召集諸將謀劃說：「軍隊戰敗的罪責在我，不在諸位將領身上。然而朔方軍隊精銳聞名天下，如今被敵人打敗，有什麼良策可以雪恥？」沒有人回答。渾瑊說：「敗軍之將，本不當再參與商議。但我還是願意說一說今天的事情，此事只該治我的罪，否則就再派我去戰鬥。」郭子儀赦免他的罪過，讓他率兵趕赴朝那。敵人打敗官軍後，想要奪取汧陽、隴州。鹽州刺史李國臣說：「敵人乘勝必然進犯京畿郊縣地區，我在他們後面進行牽制，敵人一定會回頭照看。」於是就帶兵趕赴秦原，一路上擊鼓西行。敵人聞訊後，剛到百城就往回撤。渾瑊在險要之處進行截擊，把敵人所掠奪的人員財物全都奪了回來。馬璘也派出精銳部隊在潘原襲擊敵人的輜重，殺死好幾千人，敵人於是逃走。

十月二十三日乙丑，命令江西觀察使路嗣恭兼嶺南節度使，討伐哥舒晃。

當初，元載曾任西州刺史，瞭解河西、隴右的山川地勢。此時，吐蕃多次侵犯，元載對代宗說：「四鎮、北庭已經在涇州設立治所，沒有險要之地可以防守。隴山高峻，南連秦嶺，北抵黃河。如今國家西方的邊境到潘原為止，而吐蕃戍守摧沙堡，原州夾在中間，正當隴山的山口，他的西面都是設監放牧的舊地，草肥水美。平涼在他的東面，是原州惟一的農耕縣，可以供給軍用糧食，過去的堡壘還保存著，吐蕃人卻放棄了這些堡壘而不去居住。每年的盛夏，吐蕃人在青海放牧，離開邊塞很遠。如果乘機修築城牆，二十天就可完畢。調京西的軍隊去戍守原州，調郭子儀的軍隊去戍守涇州，以此作為禦敵的根本，再分兵把守石門關、木峽關，逐漸開闢隴右，進而到達安西，佔據吐蕃的腹地，那麼朝廷就可以高枕無憂了。」元載並畫了一幅地形圖獻給代宗，暗中還派人出隴山估算工程效用。適逢汴宋節度使田神功入朝，代宗詢問他對此事的看法，田神功回答說：「用兵打仗，預料敵情，就是有經驗的老將也會感到困難，陛下為什麼採用一介書生的話，想讓全國上下都聽從他呢！」元載不久獲罪，這件事也就擱置作罷。

有關部門認為回紇使者赤心所帶來的馬匹太多，請求購買一千匹。郭子儀認為如果這樣，跟回紇人的意願抵觸太大，請求拿出自己一年的俸祿替國家買下回紇人的馬，代宗不同意。十一月十七日戊子，代宗命令購買六千匹馬。

【研　析】本卷記載代宗中期執政，八年有餘。安史之亂平定後，唐王朝應有一番中興氣象，由於代宗昏而庸，懦而陰，猜忌功臣，寵信宦官，放任權臣，姑息藩鎮，禍亂不斷，無善政可言。但代宗不興大獄，不濫殺無辜，維持政局相對穩定，也算一個中庸之君。本卷研析代宗可以稱述的一些中庸事務。

代宗之女昇平公主下嫁郭子儀之子郭曖，小夫妻有口舌之爭。有一次，郭曖氣憤，口無遮攔，大言說：「你仗勢老子是皇帝嗎？我的父親看不起皇帝之位才不做。」此言大逆不道，有殺身之禍。昇平公主也不思後果，耍孩子脾氣，氣極敗壞入宮上奏，可是代宗沒有護短聽信兒女私情的話，平心靜氣教導公主，說：「你不懂事，你的老公說得對，他的老子要當天子，皇帝還是你家的嗎？」代宗安撫公主一番，打發她回家。郭子儀知道了，把郭曖抓起來，入宮請罪。代宗開導說：「俗話說，『不呆不聾，做不了公公』，兒女私房語，不要去聽。」代宗極為清醒明白，公主仗勢，才有駙馬發怒，從容地與郭子儀聊家常，在詼諧之中保護了功臣。就事論事，代宗不失為一個明主。代宗臨終，囑咐太子李适，國家有急，郭子儀堪大用。代宗昏庸，猜忌心扭曲了他的人性。清醒時，卻又明智可愛。

代宗寵信宦官，放縱奸相元載，他兩用權臣與宦官，保持權力平衡。宦官李輔國、程元振、魚朝恩，權臣元載，該誅除時就誅除，元惡止其身，不興大獄，不濫殺無辜，在當時亂世環境，亦不失為明智之舉。權臣元載不容李泌，代宗不想立即誅除元載，於是外放李泌為江西判官，保護起來。代宗對李泌說：「等朕決意除掉元載後，再找你回來。」代宗直到後期大曆十二年（西元七七七年）才誅殺元載，籍沒家產，單是胡椒就有八百石，其他珍寶不計其數。第二年，代宗召回李泌，對李泌說，好容易八年才殺了元載這個賊臣。李泌說：「臣下有罪，應該及早處置，不要寬容太過。」代宗說：「做事應該十全，不可輕發。」這些談話，可見代宗把優柔看作智謀，自以為是，不可救藥，過了幾天，代宗又聽了宰相常袞的話，又把李泌外放做州刺史，考察他的行政能力。李泌本來就不是宰相百里之臣的人。代宗耳根子軟，有人說東就是東，有人說西就是西，心無定見，這也是昏庸的一種表現。

代宗也善長權謀，誅除魚朝恩，用心細密。吐蕃入長安，代宗蒙塵入魚朝恩神策軍營，魚朝恩自以為功大，權勢日隆，貪心越來越大。魚朝恩不滿足於軍功顯貴，還脅迫代宗任命他為國子監，附庸風雅，還自吹自擂文武雙全，大言不慚登壇講《易經》。魚朝恩當眾譏諷宰相元載等人，狂妄聲稱：「決定天下事不能沒有我魚朝恩。」魚朝恩在神策軍府私設牢獄，唆使京城惡少誣告京城富室，捕入牢獄，拷打成罪，然後沒收富人資財，巧取豪奪，市民稱其牢獄為「地牢」。萬年縣吏賈明觀依靠魚朝恩撐腰，捕人收財，家資鉅萬。魚朝恩驕恣，甚至到不把代宗放在眼裡。魚朝恩為他的養子求高官，有一次魚朝恩在殿上對代宗說：「臣的兒子官小，遭到小青年的陵辱，乞賜紫衣。」代宗還沒有說話，有人就拿紫衣披在魚朝恩養子魚令徽身上。代宗很尷尬，苦笑著說：「兒服紫，大宜稱。」心裡很不暢快。元載抓住機會，指控魚朝恩專恣不軌，請求誅除。代宗囑咐元載說：「善圖之，勿反受禍。」因為魚朝恩不僅握有神策軍，還有藩鎮親信，同華節度使周智光、陝州節度使皇甫溫、鳳翔節度使李抱玉，都近在咫尺，代宗不能不小心。大曆二年，代宗密詔郭子儀征討同華，殺了周智光。大曆五年，元載又收買了皇甫溫以及魚朝恩的身邊侍從衛士長周皓，完全掌握了魚朝恩的動向。為了麻痹魚朝恩，表面上又把興平、武功、天興、扶風等地劃歸神策軍。魚朝恩喜得地盤，驕橫如故。大曆五年三月寒食節，代宗設宴於禁中，宴會後，代宗留下魚朝恩議事，周皓將其擒獲縊殺。詭譎權詐，代宗超過了肅宗。

卷第二百二十五

唐紀四十一

起閼逢攝提格（甲寅　西元七七四年），盡屠維協洽（己未　西元七七九年）七月，凡五年有奇。

【題解】本卷記事起西元七七四年，迄西元七七九年七月，凡五年又七個月。當唐代宗大曆九年到大曆十四年七月。此時期為代宗晚年執政，比前期欲有一番作為。盧龍節度使朱泚聽命入朝，帶兵防秋。魏博節度使田承嗣驕慢，代宗徵調九節度使征討，雖然無功，表現了朝廷反對割據的姿態。平定了汴宋留後李靈曜的叛亂。裁撤諸州團練使，額定諸州守兵，統一京師以及地方各級官吏的俸祿，清理積弊，法制粗定。誅殺了權臣元載。吐蕃在西北、西南全線頻繁入侵，也為諸鎮邊兵擊退。但代宗終非中興之主，平庸姑息如故，田承嗣戰事不利，上表服罪，只是一句空話，代宗不問。田承嗣死，田悅繼位，代宗聽之，藩鎮割據之勢不可逆轉。代宗崩，德宗立，銳意興革，釋禁苑走獸，出宮女，治刑獄，倡節儉，罷奉獻，禁中使向地方求索，德宗還整頓京師秩序，拆毀逾制豪宅，約束回紇商人，罷天下榷酒收利，中外皆悅，天下以為太平之治庶幾可望。

代宗睿文孝武皇帝中之下

大曆九年（甲寅　西元七七四年）

春，正月壬寅❶，田神功薨於京師。

澧朗鎮遏使❷楊猷❸自澧州沿江而下，擅出境至鄂州，詔聽入朝。猷遂泝漢江而上，復州、郢州皆閉城自守，山南東道節度使梁崇義發兵備之。

二月辛未❹，徐州軍亂，刺史梁乘逾城走。○諫議大夫吳損使吐蕃❺，留之累年，竟病死虜中。

庚辰❻，汴宋兵防秋者千五百人盜庫財潰歸，田神功薨故也。己丑❼，以神功弟神玉❽知汴宋留後。

癸巳❾，郭子儀入朝，上言：「朔方，國之北門，中間戰士耗散，什纔有一。今吐蕃兼河、隴之地，雜羌、渾❿之眾，勢強十倍。願更於諸道各發精卒，成四五萬人，則制勝之道必矣。」

三月戊申⓫，以皇女永樂公主許妻魏博節度使田承嗣之子華⓬。上意欲固結其心，而承嗣益驕慢⓭。

戊午⓮[1]，以澧朗鎮遏使楊猷為洮州刺史、隴右節度兵馬使。

夏，四月甲申⓯，郭子儀辭還邠州，復為上言邊事，至涕泗交流。○壬辰⓰，赦天下。

五月丙午[17]，楊猷自澧州入朝[18]。○涇原節度使馬璘入朝，諷將士為己表求平章事。丙寅[19]，以璘為左僕射。

六月，盧龍節度使朱泚遣弟滔奉表請入朝，且請自將步騎五千防秋。上許之，仍為先築大第於京師以待之。

癸未[20]，興善寺胡僧不空卒，贈開府儀同三司、司空，賜爵肅國公，諡曰大辯正廣智不空三藏[21]和尚。

京師旱，京兆尹黎幹作土龍[22]祈雨，自與巫覡更舞。彌月不雨，又禱於文宣王[23]。上聞之，命撤土龍，減膳節用。秋，七月戊午[24]，雨。

朱泚入朝，至蔚州，有疾，諸將請還，俟間[25]而行。泚曰：「死則輿尸而前！」諸將不敢復言。九月庚子[26]，至京師，士民觀者如堵[27]。辛丑[28]，宴泚及將士於延英殿[29]，犒賞之盛，近時未有。

壬寅[30]，回紇擅出鴻臚寺，白晝殺人，有司擒之，上釋不問。

甲辰[31]，命郭子儀、李抱玉、馬璘、朱泚分統諸道防秋之兵[32]。

冬，十月壬申[33]，信王瑝[34]薨。○乙亥[35]，梁王璿[36]薨。○魏博節度使田承嗣誘昭義㊲將吏使作亂。

【章　旨】以上為第一段，寫郭子儀入朝言邊事，盧龍節度使朱泚帶兵防秋。

【注　釋】❶壬寅　正月初三日。❷鎮遏使　使職名，領軍鎮守一個地方或城鎮的軍事差遣官，臨時隨事設置，與鎮守使略同。❸楊猷　即楊子琳，賜名猷。見本書上卷大曆六年四月己未條。❹辛未　二月初二日。❺吳損使吐蕃　大曆六年（西元七七一年）四月，吳損被遣使吐蕃。見本書上卷。❻庚辰　二月十一日。❼己丑　二月二十日。❽神玉　田神玉（?—西元七七六年），先為曹州刺史，其兄田神功去世後，為汴宋節度使留後。傳見《舊唐書》卷一百二十四、《新唐書》卷一百四十四。❾癸巳　二月二十四日。❿羌渾　羌，指党項人。渾，即吐谷渾。⓫戊申　三月初九日。⓬華　田華，田承嗣之子。官拜太常少卿、駙馬都尉，尚代宗女永樂公主，後又尚新都公主。傳見《舊唐書》卷一百四十一、《新唐書》卷二百十。⓭驕慢　驕橫傲慢。唐代宗寬仁，邊將益驕，可見田承嗣狼子野心，不可以恩結。⓮戊午　三月十九日。⓯甲申　四月十六日。⓰壬辰　四月二十四日。⓱丙午　五月初八日。⓲楊猷自澧州入朝　楊猷自澧州沿江東下以來，至今才抵京師。⓳丙寅　五月二十八日。⓴癸未　六月十五日。㉑三藏　梵文 Tripitaka 的意譯。佛教經典的總稱。佛教經典共分為經（佛的說教）、律（戒律）、論（對經的論述或注解）三類，故名。通曉三藏的僧人，尊稱為三藏法師或三藏和尚。㉒土龍　土製的龍。古代用來求雨。㉓文宣王　即孔子，唐開元二十三年（西元七三五年）追諡孔子為文宣王。㉔戊午　七月二十一日。㉕間　病痊癒或好轉。㉖庚子　九月初四。㉗堵　土牆。㉘辛丑　九月初五日。㉙延英殿　在大明宮紫宸殿西。上元（西元六七四—六七六年）以來置，天子非時見宰臣之所。在正規時間之外，宰相欲有奏對，或者天子欲有諮詢，則在延英殿。㉚壬寅　九月初六日。㉛甲辰　九月初八日。㉜諸道防秋之兵　據《舊唐書》卷十一〈代宗紀〉大曆九年五月庚戌詔，諸道防秋兵數為：淮南四千，浙西三千，魏博四千，昭義二千，成德三千，山南東道三千，荊南二千，湖南三千，山南西道二千，劍南西川三千，東川二千，鄂岳一千五百，宣歙三千，福建一千五百。㉝壬申　十月初六。㉞信王瑝　李瑝（?—西元七七四年），唐玄宗第二十三子。初名沔，開元二十三年（西元七三五年）更名瑝。傳見《舊唐書》卷一百七、《新唐書》卷八十二。㉟乙亥　十月初九日。㊱梁王璿　《舊唐書》作「涼王璿」，李璿（?—西元七七四年），唐玄宗第二十九子。初名澐，開元二十四年更名璿。傳見《舊唐書》卷一百七、《新唐書》卷八十二。㊲昭義　即昭義軍節度使，大曆元年相衛六州節度賜號昭義軍節度。

【校記】①戊午　原無此二字。據章鈺校，十二行本、乙十一行本皆有此二字，張瑛《通鑑校勘記》同，今據補。

【語　譯】代宗睿文孝武皇帝中之下

大曆九年（甲寅　西元七七四年）

春，正月初三日壬寅，田神功在京師去世。

澧朗鎮遏使楊猷從澧州沿長江而下，擅自出了轄境到達鄂州，代宗下詔讓他入朝。楊猷於是溯漢江而上，復州、郢州全都閉城自守，山南東道節度使梁崇義調兵防備他。

二月初二日辛未，徐州軍隊叛亂，刺史梁乘翻越城牆逃走。○諫議大夫吳損出使吐蕃，被留在那裡多年，最後病死在吐蕃。

二月十一日庚辰，汴宋調去防備秋季外敵入侵的部隊一千五百人盜竊倉庫財物潰散逃歸，這是因為田神功去世的緣故。二十日己丑，任命田神功的弟弟田神玉為汴宋留後。

二月二十四日癸巳，郭子儀入朝，向代宗進言說：「朔方是國家的北大門，那裡的戰士消耗流散，只剩下十分之一。如今吐蕃兼有河、隴地區，加上雜居的羌族、吐谷渾的部眾，勢力增強了十倍。希望從各道再分別調派精兵，組成一支四、五萬人的部隊，那麼就一定是克敵制勝的方法。」

三月初九日戊申，將皇帝女兒永樂公主許配給魏博節度使田承嗣的兒子田華為妻。代宗的本意是想要牢固地得到田承嗣的忠心，而田承嗣卻更加驕橫傲慢。

三月十九日戊午，任命澧朗鎮遏使楊猷為洮州刺史、隴右節度兵馬使。

夏，四月十六日甲申，郭子儀告辭返回邠州，又向代宗談論邊疆事情，以致涕淚交流。○二十四日壬辰，大赦天下。

五月初八日丙午，楊猷從澧州入朝。○涇原節度使馬璘入朝，暗示將士為自己上表請求擔任平章事的職位。二十八日丙寅，任命馬璘為左僕射。

六月，盧龍節度使朱泚派他的弟弟朱滔奉表請求入朝，並且請求親自率領步兵、騎兵五千人去防備秋季外敵侵掠。代宗同意了，還為他先在京師修了一幢高大的宅第等待他回來。

六月十五日癸未，興善寺的胡族僧人不空去世，追贈他為開府儀同三司、司空，賜爵號為肅國公，諡號為大辯正廣智不空三藏和尚。

京師大旱，京兆尹黎幹製作了一條土龍求雨，親自與男女巫師交替舞蹈。過了一個月仍然沒有下雨，又向文宣王孔子祈禱。代宗聽說後，命令撤掉土龍，減少膳食，節約費用。秋，七月二十一日戊午，天下雨。

朱泚入朝，到達蔚州時，生了病，眾將領請求他回去，等病好了再出發。朱泚說：「如果我病死，就用車子載著我的屍體前行！」眾將領不敢再說什麼了。九月初四日庚子，到達京師，士人、百姓出來觀看的很多，像是排成了一堵牆那樣。初五日辛丑，在延英殿宴請朱泚及其將士，犒勞賞賜之盛大，是近年來所沒有的。

九月初六日壬寅，回紇人擅自走出鴻臚寺，在大白天殺人，官府有關部門抓了他們，代宗竟予以釋放而不加追究。

九月初八日甲辰，命令郭子儀、李抱玉、馬璘、朱泚分別統領各道防備秋季外敵入侵的部隊。

冬，十月初六日壬申，信王李瑝去世。〇初九日乙亥，梁王李璿去世。〇魏博節度使田承嗣誘使昭義的將領官吏作亂。

十年（乙卯　西元七七五年）

春，正月丁酉❶，昭義兵馬使裴志清逐留後薛崿，帥其眾歸承嗣。承嗣聲言救援，引兵襲相州，取之。崿奔洺州，上表請入朝，許之。

辛丑❷，郭子儀入朝。○壬寅❸，壽王瑁❹薨。

乙巳❺，朱泚表請留闕下，以弟滔知幽州、盧龍留後，許之。

昭義裨將薛擇為相州刺史，薛雄❻為衛州刺史，薛堅為洺州刺史，皆薛嵩之族也。戊申，上命內侍孫知古[1]如魏州諭田承嗣，使各守封疆❼。承嗣不奉詔，癸丑❽，遣大將盧子期取洺州，楊光朝攻衛州。

乙卯❾，西川節度使崔寧奏破吐蕃數萬於西山，斬首萬級，捕虜數千人。

丙辰❿，詔：「諸道兵有逃亡者，非承制敕，無得輒召募。」

二月乙丑⓫，田承嗣誘衛州刺史薛雄，雄不從，使盜殺之，屠其家，盡據相、衛四州⓬之地，自置長吏，掠其精兵良馬，悉歸魏州。逼孫知古與共巡磁、相二州，使其將士割耳剺面，請承嗣為帥。

辛未⓭，立皇子述⓮為睦王，逾⓯為郴王，連⓰為恩王，遘⓱為鄜王，迅⓲為隨王，造⓳為忻王，暹⓴為韶王，運㉑為嘉王，遇㉒為端王，遹㉓為循王，通㉔為恭王，達㉕為原王，逸㉖為雅王。

丙子㉗，以華州刺史李承昭㉘知昭義留後。

河陽三城使㉙常休明苛刻少恩，其軍士防秋者歸，休明出城勞之，防秋兵與城內兵合謀攻之。休明奔東都，軍士奉兵馬使王惟恭為帥，大掠，數日乃定。上命監軍冉庭蘭慰撫之。

三月甲午朔㉚[2]，陝州軍亂，逐兵馬使趙令珍。觀察使李國清不能禁，卑辭徧拜將士，乃得脫去，軍士大掠庫物。會淮西節度使李忠臣入朝過陝，上命忠臣按之。將士畏忠臣兵威，不敢動。忠臣設棘圍㉛，令軍士匿名投庫物，一日，獲萬緡，盡以給其從兵為賞。

乙巳㉜，薛崿、常休明皆詣闕請罪，上釋不問。

初，成德節度使李寶臣、淄青節度使李正己皆為田承嗣所輕。寶臣弟寶正娶承嗣女，在魏州，與承嗣子維㉝擊毬，馬驚，誤觸維死。承嗣怒，囚寶正，以告寶臣。寶臣謝教敕㉞不謹，封杖㉟授承嗣，使撻之。承嗣遂杖殺寶正，由是兩鎮交惡。及承嗣拒命，寶臣、正己皆上表請討之，上亦欲因其隙討承嗣。夏，四月乙未㊱，敕貶承嗣為永州㊲刺史，仍命河東、成德、幽州、淄青、淮西、永平、汴宋、河陽、澤潞諸道發兵前臨魏博，若承嗣尚或稽違㊳，即令進討，罪止承嗣及其姪悅㊴，自餘將士弟姪苟能自拔，一切不問。

時朱滔方恭順，與寶臣及河東節度使薛兼訓攻其北，正己與淮西節度使李忠臣等攻其南。五月乙未[40]，承嗣將霍榮國以磁州降。丁未[41]，李正己攻德州，拔之。李忠臣統永平、河陽、懷、澤步騎四萬進攻衛州。六月辛未[42]，田承嗣遣其將裴志清等攻冀州，志清以其眾降李寶臣。甲戌[43]，承嗣自將圍冀州，寶臣使高陽軍[44]使張孝忠[45]將精騎四千禦之，寶臣大軍繼至，承嗣燒輜重而遁。孝忠，本奚也。

田承嗣以諸道兵四合，部將多叛而懼。秋，八月，遣使奉表，請束身[46]歸朝。

辛巳[47]，郭子儀還邠州。子儀嘗奏除州縣官一人，不報。僚佐相謂曰：「以令公勳德，奏一屬吏而不從，何宰相之不知體！」子儀聞之，謂僚佐曰：「自兵興以來，方鎮武臣多跋扈，凡有所求，朝廷常委曲從之。此無它，乃疑之也。今子儀所奏事，人主以其不可行而置之，是不以武臣相待而親厚之也。諸君可賀矣，又何怪焉！」聞者皆服。

己丑[48]，田承嗣遣其將盧子期寇磁州。

九月戊申[49]，回紇白晝刺市人腸出。有司執之，繫萬年獄。其酋長赤心馳入縣獄，斫傷獄吏，劫囚而去。上亦不問。

壬子[50]，吐蕃寇臨涇[51]。癸丑[52]，寇隴州及普潤，大掠人畜而去，百官往往遣家屬出城竄匿。丙辰[53]，鳳翔節度使李抱玉奏破吐蕃於義寧[54]。

李寶臣、李正己[3]會于東強[55]，進圍貝州，田承嗣出兵救之。兩軍各饗士卒，成德賞厚，平盧賞薄。既罷，平盧士卒有怨言。正己恐其為變，引兵退，寶臣亦退。李忠臣聞之，釋衛州，南度河，屯陽武[56]。寶臣與朱滔攻滄州，承嗣從父弟庭玠守之，寶臣不能克。

吐蕃寇涇州，涇原節度使馬璘破之於百里城。戊午[57]，命盧龍節度使朱泚出鎮奉天行營。

冬，十月辛酉[58]朔，日有食之。

盧子期攻磁州，城幾陷。李寶臣與昭義留後李承昭共救之，大破子期于清水[59]，擒子期送京師，斬之。河南諸將又大破田悅於陳留，田承嗣懼。

初，李正己遣使至魏州，承嗣囚之。至是，禮而遣之，遣使盡籍境內戶口、甲兵、穀帛之數以與之，曰：「承嗣今年八十有六[60]，溘[61]死無日。諸子不肖，悅亦孱弱[62]，凡今日所有，為公守耳，豈足以辱公之師旅乎！」立使者於庭，南向，拜而授書。又圖正己之像，焚香事之。正己悅，遂按兵不進，於是河南諸道兵皆不敢進。承嗣既無南顧之虞，得專意北方。

上嘉李寶臣之功，遣中使馬承倩齎詔勞之。將還，寶臣詣其館，遺之百縑。承倩詬詈[63]，擲出道中，寶臣慚其左右[64]。兵馬使王武俊[65]說寶臣曰：「今公在軍中新立功，豎子[66]尚爾，況寇平之後，以一幅詔書召歸闕下，一匹夫耳，不如釋承嗣以為己資。」寶臣遂有玩寇[67]之志。

承嗣知范陽寶臣鄉里，心常欲之，因刻石作讖云：「二帝同功勢萬全，將田為侶入幽燕」，密令瘞[68]寶臣境內，使望氣者言彼有王氣，寶臣掘而得之。又令客說之曰：「公與朱滔共取滄州，得之，則地歸國，非公所有。公能捨承嗣之罪，請以滄州歸公，仍願從公取范陽以自效。公以精騎前驅，承嗣以步卒繼之，蔑[69]不克矣！」寶臣喜，謂事合符讖，遂與承嗣通謀，密圖范陽，承嗣亦陳兵境上。寶臣謂滔使者曰：「聞朱公儀貌如神，願得畫像觀之。」滔與之。寶臣置於射堂[70]，與[4]諸將共觀之，曰：「真神人也！」滔軍於瓦橋[71]，寶臣選精騎二千，通夜馳三百里襲之，戒曰：「取貌如射堂者。」時兩軍方睦，滔不虞有變，狼狽出戰而敗，會衣它服得免。寶臣欲乘勝取范陽，滔使雄武軍[72]使昌平劉怦[73]守留府，寶臣知有備，不敢進。

承嗣聞幽、恆兵交，即引軍南還，使謂寶臣曰：「河內有警，不暇從公。石上識文，吾戲為之耳。」寶臣慙怒而退。寶臣既與朱滔有隙，以張孝忠為易州刺史，使將精騎七千以備之。

丙寅(74)，貴妃獨孤氏薨。丁卯(75)，追諡貞懿皇后。

十一月丁酉(76)，田承嗣將吳希光以瀛州降。

嶺南節度使路嗣恭擢流人孟瑤、敬冕為將，討哥舒晃。瑤以大軍當其衝，冕自間道(77)輕入，丁未(78)，克廣州，斬哥舒晃及其黨萬餘人。○嗣恭之討晃也，容管經略使王翃遣將將兵助之。西原賊帥覃問乘虛襲容州，翃伏兵擊擒之。

十二月，回紇千騎寇夏州，州將梁榮宗破之於烏水(79)。郭子儀遣兵三千救夏州，回紇遁去。

元載、王縉奏魏州鹽貴，請禁鹽入其境以困之，上不許，曰：「承嗣負朕，百姓何罪！」

田承嗣請入朝，李正己屢為之上表，乞許其自新。

【章旨】以上為第二段，寫唐代宗徵九節度使之兵討魏博節度使田承嗣，無果而終，朝廷威望受損。

【注釋】❶丁酉　正月初三日。❷辛丑　正月初七日。❸壬寅　正月初八日。❹壽王瑁　唐玄宗第十八子。傳見《舊唐書》卷一百七、《新唐書》卷八十二。❺乙巳　正月十一日。❻薛雄　（？—西元七七五年）昭義節度使薛嵩族子，官至衛州刺史。

為魏博節度使田承嗣所殺。傳見《舊唐書》卷一百二十四。❼封疆　疆界。❽癸丑　正月十九日。❾乙卯　正月二十一日。❿丙辰　正月二十二日。⓫乙丑　二月初一日。⓬相衛四州　指相州、衛州、磁州、洺州。磁，洺二州雖未下，田承嗣已據其地。相、衛兩州，從此屬魏博。⓭辛未　二月初七日。⓮逑　李逑（?—西元七九一年），唐代宗第四子，大曆十年封為睦王。傳見《舊唐書》卷一百十六、《新唐書》卷八十二。⓯逾　李逾（?—西元八二〇年），代宗第五子，大曆十年封郴王。傳見《舊唐書》卷一百十六、《新唐書》卷八十二。⓰連　李連（?—西元八一七年），代宗第六子，大曆十年封恩王。傳見《舊唐書》卷一百十六、《新唐書》卷八十二。⓱遘　李遘（?—西元八〇九年），代宗第八子，大曆十年封鄜王。傳見《舊唐書》卷一百十六、《新唐書》卷八十二。⓲迅　李迅（?—西元七八四年），代宗第十子，大曆十年封隨王。傳見《舊唐書》卷一百十六、《新唐書》卷八十二。⓳造　李造（?—西元八一一年），代宗第十三子，大曆十年封忻王。傳見《舊唐書》卷一百十六、《新唐書》卷八十二。⓴暹　李暹（?—西元七九六年），代宗第十四子，大曆十年封韶王。傳見《舊唐書》卷一百十六、《新唐書》卷八十二。㉑運　李運（?—西元八〇一年），代宗第十五子，大曆十年封嘉王。傳見《舊唐書》卷一百十六、《新唐書》卷八十二。㉒遇　李遇（?—西元七九一年），代宗第十六子，大曆十年封端王。傳見《舊唐書》卷一百十六、《新唐書》卷八十二。㉓遹　李遹，代宗第十七子，大曆十年封循王。傳見《舊唐書》卷一百十六、《新唐書》卷八十二。㉔通　李通，代宗第十八子，大曆十年封恭王。傳見《舊唐書》卷一百十六、《新唐書》卷八十二。㉕達　李達（?—西元八三二年），兩《唐書》作李逵。代宗第十九子，大曆十年封原王。傳見《舊唐書》卷一百十六、《新唐書》卷八十二。㉖逸　李逸（?—西元七九九年），代宗第二十子，大曆十年封雅王。傳見《舊唐書》卷一百十六、《新唐書》卷八十二。㉗丙子　二月十二日。㉘李承昭　曾任山南采訪使、福建觀察使、禮部尚書、華相二州刺史、昭義軍兵馬使。大曆十年，大敗魏博節度使田承嗣。其事散見《舊唐書》卷一百四十一、《新唐書》卷二百十〈田承嗣傳〉等。㉙河陽三城使　使職名，掌領河陽三城防守事務的差遣官。河陽三城，北魏始築在黃河孟津兩岸及河中沙洲上的三城，即北中城、中潬城（在北中城南河中沙洲上）和南城（黃河南岸，三面臨河）。三城當洛陽北面津要，黃河流貫其間，以河橋相連，北朝以來，常為軍事重鎮。河陽，縣名，縣治在今河南孟州南。㉚甲午朔　三月初一日。㉛棘圍　用荊棘圍成的特定場所。㉜乙巳　三月十二日。㉝維　田維。傳見《舊唐書》卷一百四十一。㉞教敕　教導、告誡。㉟封杖　蓋有封印的棍杖。㊱乙未　四月癸亥朔，無乙未，當為乙丑之誤。乙丑，四月初三日。㊲永州　州名，治所在今湖南零陵。㊳稽違　違背。㊴悅　田悅（?—西元七八四年），魏博節度使田承嗣之姪，驍勇，殘忍好亂。田承嗣死，朝廷以悅為節度留後，官加至檢校尚書右僕射，封濟陽王。建中（西元七八

○－七八三年）年間叛亂，自稱魏王，後為其堂弟所殺。傳見《舊唐書》卷一百四十一、《新唐書》卷二百十。㊵乙未　五月初三日。㊶丁未　五月十五日。㊷辛未　六月初九日。㊸甲戌　六月十二日。㊹高陽軍　戍軍名，治所在今河北高陽東。㊺張孝忠　（西元七三○－七九一年）奚族乙失活部落人，以勇聞名。本名張阿勞，初事安、史，後歸朝廷，肅宗賜名孝忠。數討叛藩，官至檢校司空。諡曰貞武，追封上谷郡王。傳見《舊唐書》卷一百四十一、《新唐書》卷一百四十八。㊻束身　縛身，比喻歸順。㊼辛巳　八月二十日。㊽己丑　八月二十八日。㊾戊申　九月十七日。㊿壬子　九月二十一日。(51)臨涇　縣名，縣治在今甘肅鎮原。(52)癸丑　九月二十二日。(53)丙辰　九月二十五日。(54)義寧　即義寧軍。軍鎮名，大曆八年（西元七七三年）於今甘肅華亭置。(55)棗強　縣名，縣治在今河北棗強東。(56)陽武　縣名，縣治在今河南原陽。(57)戊午　九月二十七日。(58)辛酉　十月初一。(59)清水　縣名，縣治在今山西平遙東。據《新唐書》卷二百十〈田承嗣傳〉，「清水」當作「臨水」。臨水，縣名，屬磁州，縣治在今河北磁縣西北。(60)今年八十有六　田承嗣大曆十三年（西元七七八年）卒時年七十五。此言八十六，乃欺騙李正己。(61)溘　忽然；突然。(62)孱弱　懦弱。(63)詬詈　辱罵。(64)慙其左右　回顧左右之人而自感慚愧。《舊唐書》卷一百四十二〈王武俊傳〉作「顧左右有愧色」。(65)王武俊　（西元七三五－八○一年）契丹怒皆部落人，初號沒若干，能騎射，事李寶臣。寶臣死，子惟岳拒命，武俊殺惟岳。朝廷以武俊為恆州刺史、恆冀團練觀察使。建中（西元七八○－七八三年）年間，以兵反叛，自稱趙王，署百官。興元元年（西元七八四年）歸順朝廷，授成德節度使，兼幽州、盧龍兩道節度使，官加司空、同中書門下平章事，封琅邪郡王。後加檢校太尉，兼中書令。傳見《舊唐書》卷一百四十二、《新唐書》卷二百十一。(66)豎子　對人的鄙稱，猶言「小子」。(67)玩寇　即消極抗敵。玩，玩弄。(68)瘞　埋。(69)蔑　無；沒有。(70)射堂　行射禮或習射的地方。(71)瓦橋　又稱瓦橋關。在今河北雄縣南。(72)雄武軍　軍鎮名，在今天津市薊縣北、河北興隆南長城所在處。(73)劉怦　（西元七二七－七八五年）昌平（今北京市昌平西）人，朱滔的表兄弟，以寬緩得人心，繼朱滔為幽州盧龍節度副大使知節度事。傳見《舊唐書》卷一百四十三、《新唐書》卷二百十二。(74)丙寅　十月初六日。(75)丁卯　十月初七日。(76)丁酉　十一月初七日。(77)間道　小路。(78)丁未　十一月十七日。(79)烏水　河名，無定河上游一支流，在今陝西橫山縣境。

【校　記】[1]孫知古　原作「魏知古」。據章鈺校，十二行本、乙十一行本皆作「孫知古」，張瑛《通鑑校勘記》同，今據改。按，《舊唐書》卷一百四十一〈田承嗣傳〉亦作「孫知古」。本卷下文「孫知古」，原亦作「魏知古」，今一併校改。[2]朔　原無此字。據章鈺校，十二行本、乙十一行本皆有此字，今據補。[3]李正己　原無「李」字。據章鈺校，十二行本、乙十一行本皆有「李」字，張敦仁《通鑑刊本識誤》同，今據補。④與　據章鈺校，十二行本、乙十一行本皆作「命」。

【語　譯】十年（乙卯　西元七七五年）

春，正月初三日丁酉，昭義兵馬使裴志清驅逐留後薛崿，率領他的部眾歸附田承嗣。田承嗣聲稱去救援，帶兵襲擊相州，攻了下來。薛崿逃到洛州，上表請求入朝，代宗同意了。

正月初七日辛丑，郭子儀入朝。〇初八日壬寅，壽王李瑁去世。

正月十一日乙巳，朱泚上表請求留在京師，並讓他弟弟朱滔擔任幽州、盧龍留後，代宗同意了。

昭義副將薛擇為相州刺史，薛雄為衛州刺史，薛堅為洛州刺史，他們都是薛嵩的族人。正月十四日戊申，代宗命內侍孫知古到魏州去曉諭田承嗣，讓他們各自守在自己的疆界內。田承嗣不接受詔令，十九日癸丑，派大將盧子期攻取洛州，派楊光朝攻打衛州。

正月二十一日乙卯，西川節度使崔寧奏報說在西山打敗吐蕃軍隊幾萬人，殺死一萬人，俘虜幾千人。

正月二十二日丙辰，頒布詔令：「各道士兵有逃亡的，沒有接到朕的制書敕命，不得隨便召募。」

二月初一日乙丑，田承嗣引誘衛州刺史薛雄，薛雄不服從，就派強盜把薛雄殺了，並殺光了他的全家，完全佔據了相州、衛州等四個州的地方，擅自設置長官，搶奪這些地方的精兵良馬，全都歸屬於魏州。又逼迫孫知古和他一起巡視磁州、相州兩個州，讓那裡的將士用刀割耳劃臉，請求田承嗣來擔任主帥。

二月初七日辛未，代宗立皇子李述為睦王，李逾為郴王，李連為恩王，李遘為鄜王，李迅為隨王，李造為忻王，李暹為韶王，李運為嘉王，李遇為端王，李遹為循王，李通為恭王，李逵為原王，李逸為雅王。

二月十二日丙子，任命華州刺史李承昭為昭義留後。

河陽三城使常休明對部下苛刻又缺少恩惠，他的軍士防備秋季外敵入侵歸來，常休明出城去慰勞他們，這些軍士與城內的士兵合謀攻打常休明。常休明逃往東都洛陽，軍士們擁立兵馬使王惟恭為主帥，大肆搶掠，過了好幾天才平定下來。代宗命令監軍冉庭蘭前往慰問安撫他們。

三月初一日甲午，陝州軍隊作亂，驅逐兵馬使趙令珍。觀察使李國清不能禁止，只好低三下四地說好話，到處求拜將士，這才得以脫身，軍士們大肆搶奪倉庫財物。適逢淮西節度使李忠臣入朝經過陝州，代宗命令李忠臣去制止他們。陝州將士懾於李忠臣的軍威，不敢有所動作。李忠臣用荊棘圍出一塊地方，命令軍士不必報出姓名將所搶奪的倉庫財物投放在裡面。一天的時間，就獲得萬緡的財物，李忠臣全部拿來分給他的隨從士兵作為獎賞。

三月十二日乙巳，薛嶍、常休明都到朝廷來請罪，代宗放過他們不加追究。

當初，成德節度使李寶臣、淄青節度使李正己都被田承嗣所瞧不起。李寶臣的弟弟李寶正娶田承嗣的女兒為妻，身在魏州。一次與田承嗣的兒子田維打馬球，馬受了驚，誤將田維撞死。田承嗣發怒，囚禁了李寶正，並將此事告訴李寶臣。李寶臣為自己教育訓誡不嚴表示歉意，將棍杖封好交給田承嗣，讓他責打李寶正。田承嗣於是用棍杖將李寶正打死，從此兩鎮結下怨仇。等到田承嗣抗拒詔令，李寶臣、李正己都上表請求討伐他，代宗也想利用他們之間的嫌隙討伐田承嗣。夏，四月乙未日，敕令把田承嗣貶為永州刺史，並令河東、成德、幽州、淄青、淮西、永平、汴宋、河陽、澤潞各道派兵進逼魏博，假如田承嗣還要拖延違抗的話，讓他們立即進軍討伐，只懲治田承嗣和他的姪兒田悅的罪行，其他將士及其兄弟姪兒如能自拔的話，一律不追究。

當時朱滔正很恭順，他與李寶臣及河東節度使薛兼訓攻打田承嗣的北面，李正己與淮西節度使李忠臣等人攻打田承嗣的南面。五月初三日乙未，田承嗣的部將霍榮國以磁州城投降。十五日丁未，李正己攻打德州，把他攻克。李忠臣統率永平、河陽、懷、澤等地的步兵、騎兵四萬人進攻衛州。六月初九日辛未，田承嗣派他的部將裴志清等人攻打冀州，裴志清帶領他的部下投降了李寶臣。十二日甲戌，田承嗣親自率兵包圍冀州，李寶臣派高陽軍使張孝忠率領精銳騎兵四千人前去抵禦，李寶臣的大軍隨後趕到，田承嗣燒毀輜重逃走了。張孝忠，本是奚族人。

田承嗣因為各道軍隊四面會合進討，部將又多叛變而感到害怕。秋，八月，派使者上表，願自縛其身回朝請罪。

八月二十日辛巳，郭子儀返回邠州。郭子儀曾經奏請任命州縣官一人，沒有得到答覆。僚屬們互相議論說：「以令公的功勳和德行，奏請任命一個下屬官吏而不被批准，宰相怎麼這樣不識大體！」郭子儀聽說後，對僚屬說：「自從戰亂以來，方鎮武臣大都驕橫強暴，凡是有所請求，朝廷常常勉強遷就依從。這沒有別的原因，只是對他們抱有疑慮。如今我上奏的事情，君主認為不可行而擱置起來，這表明不把我當其他武臣那樣看待而對我表示親厚。各位可以為我祝賀，又有什麼好責怪的呢！」聽到這番話的人都很服氣。

八月二十八日己丑，田承嗣派他的部將盧子期侵犯磁州。

九月十七日戊申，回紇人在大白天刀刺市民，把他的腸子都刺出來了。有關部門逮捕了兇手，把他關在萬年縣的牢獄裡。回紇酋長赤心馳馬闖入牢獄，砍傷獄吏，把那個囚犯劫走。代宗也不追究。

九月二十一日壬子，吐蕃侵犯臨涇。二十二日癸丑，侵犯隴州及普潤，大肆掠奪人員牲畜後離去，百官往往送家屬出城逃避躲藏。二十五日丙辰，鳳翔節度使李抱玉奏報在義寧打敗吐蕃。

李寶臣、李正己在棗強會合，進兵包圍貝州，田承嗣派兵前去救援。兩軍分別犒賞士兵，成德軍的犒賞豐厚，平盧軍的犒賞微薄。事後，平盧軍的士卒有怨言。李正己害怕他們發生變亂，便帶領部隊撤退了，李寶臣也撤退了。李忠臣聞訊後，就放棄圍攻衛州，向南渡過黃河，屯駐在陽武。李寶臣與朱滔一起進攻滄州，田承嗣的堂弟田庭玠守在那裡，李寶臣不能攻克。

吐蕃侵犯涇州，涇原節度使馬璘在百里城打敗吐蕃。九月二十七日戊午，命盧龍節度使朱泚出京城去鎮守奉天行營。

冬，十月初一日辛酉，日蝕。

盧子期攻打磁州，州城幾乎被攻陷。李寶臣與昭義留後李承昭共同去援救，在清水大敗盧子期，並把盧子期擒獲送往京師，盧子期被斬首。河南眾將又在陳留大敗田悅，田承嗣感到很害怕。

當初，李正己派使者到魏州，田承嗣把使者囚禁起來。到此時，他禮待使者並送使者回去，還派人把境內的戶口、甲兵、糧食和布帛的數目全部登記造冊後交給使者，說道：「我田承嗣今年八十六歲，不知哪一天會突然死去。我的幾個兒子都不成器，田悅也懦弱無能，我今天所有的這一切，都不過是為李公看守罷了，難道還值得有勞李公興兵前來嗎！」田承嗣讓使者站在庭中，自己面向南方，拜過之後才把書信交給使者。又畫了李正己的肖像，燒香供奉。李正己非常高興，便按兵不進，於是河南各道的軍隊都不敢前進。田承嗣既然沒有了南顧之憂，就專心對付北方。

代宗為嘉獎李寶臣的功勞，派宮中使者馬承倩帶著詔書前去慰勞。馬承倩準備返回時，李寶臣來到他住的館舍，送他一百匹細絹。馬承倩一頓辱罵，把細絹扔到了路上，李寶臣環顧左右的人，感到很慚愧。兵馬使王武俊勸李寶臣說：「如今您在軍中新立了戰功，這個小子尚且這樣對您，更何況敵寇平定之後，只需要用一道詔書就把您召歸朝廷，您僅僅是一個匹夫而已，不如放過田承嗣作為自己日後的資本。」李寶臣於是就有了消極對敵讓他為己所用的意圖。

田承嗣知道范陽是李寶臣的家鄉，心裡經常想要得到范陽，因此在石頭上刻了兩句讖語：「二帝同功勢萬全，將田為侶入幽蕪。」祕密讓人埋在李寶臣的轄境之內，讓那種望雲氣附會人事吉凶的人說那裡有帝王之氣，李寶臣就派人挖掘而得到了這塊石頭。田承嗣又派人去遊說李寶臣說：「您與朱滔共同攻取滄州，如果攻下，土地歸於國家，不是歸您所有。您如果能不再追究田承嗣的罪過，則請求將滄州歸您所有，還願跟著您為攻取范陽而效力。您以精銳的騎兵做前鋒，田承嗣率領步兵跟進，沒有攻不下來的！」李寶臣非常高興，認為此事符合讖語，於是與田承嗣共同策劃，祕密謀取范陽，田承嗣也陳兵邊境。

李寶臣對朱滔的使者說：「聽說朱公儀表容貌如同神仙，希望能得到他的畫像看看。」朱滔就把畫像給了他。李寶臣把畫像掛在射堂裡，和眾將一起觀看，說：「真是一個神人啊！」朱滔駐軍在瓦橋，李寶臣挑選精銳騎兵二千人，一夜疾馳三百里去襲擊朱滔，並告誡將士們說：「捉拿容貌如射堂上畫像一樣的人。」當時兩軍關係和睦，朱滔沒有想到有變。狼狽出來應戰而被打敗，恰巧朱滔穿著別的衣服才得以脫身。李寶臣想要乘勝攻取范陽，朱滔派雄武軍使昌平人劉怦守衛留府，李寶臣得知有所防備，不敢前進。

田承嗣聽說幽州、恆州交戰，立即率軍回南方，派人對李寶臣說：「河內有警報，沒有功夫跟隨您出戰范陽。石頭上的讖語，是我開玩笑刻的。」李寶臣既慚愧又憤怒地退兵了。李寶臣既已與朱滔有了嫌隙，就任命張孝忠為易州刺史，讓他率領精銳的騎兵七千人去防備朱滔。

十月初六日丙寅，貴妃獨孤氏去世。初七日丁卯，追贈謚號為貞懿皇后。

十一月初七日丁酉，田承嗣的部將吳希光率瀛州投降。

嶺南節度使路嗣恭提拔被流放的人孟瑤、敬冕為將領，討伐哥舒晃。孟瑤率領大軍佔據交通要道，敬冕從小道輕裝進軍，十一月十七日丁未，攻克廣州，殺了哥舒晃及其黨羽一萬多人。○路嗣恭討伐哥舒晃時，容管經略使王翃派將領率兵助戰。西原叛賊主帥覃問乘虛襲擊容州，王翃埋伏部隊攻擊並活捉了他。

十二月，回紇一千騎兵侵犯夏州，州將梁榮宗在烏水打敗回紇騎兵。郭子儀派兵三千人救援夏州，回紇部隊逃走。

元載、王縉上奏說魏州的鹽很貴，請求禁止將鹽運入魏州境內以使田承嗣處於困境，代宗不同意，說：「田承嗣對不起朕，老百姓又有什麼罪過！」

田承嗣請求入朝，李正己也多次為他上表，請求允許他悔過自新。

十一年（丙辰　西元七七六年）

春，正月壬辰❶，遣諫議大夫杜亞❷使魏州宣慰。○辛亥❸，西川節度使崔寧奏破吐蕃四節度及突厥、吐谷渾、氐、羌羣蠻眾二十餘萬，斬首萬餘級。

二月庚辰❹，田承嗣復遣使上表，請入朝。上乃下詔，赦承嗣罪，復其官爵，聽與家屬入朝，其所部拒朝命者，一切不問。○辛巳❺，增朔方五城❻戍兵，以備回紇。

三月戊子❼，河陽軍亂，逐監軍冉庭蘭出城，大掠三日。庭蘭成備❽而入，誅亂者數十人，乃定。

五月，汴宋留後田神玉卒。都虞候李靈曜❾殺兵馬使、濮州刺史孟鑒，北結田承嗣為援。癸巳❿，以永平節度使李勉兼汴、宋等八州留後。乙未⓫，以靈曜為濮州刺史，靈曜不受詔。

六月戊午⓬，以靈曜為汴宋留後，遣使宣慰。

秋，七月[1]，田承嗣遣兵寇滑州，敗李勉。○吐蕃寇石門⓭，入長澤川⓮。

八月丙寅⓯，加盧龍節度使朱泚同平章事。

李靈曜既為留後，益驕慢，悉以其黨為管內八州刺史、縣令，欲效河北諸鎮。甲申⓰，詔淮西節度使李忠臣、永平節度使李勉、河陽三城使馬燧討之。淮南節度使陳少遊、淄青節度使李正己皆進兵擊靈曜。

汴宋兵馬使、攝節度副使李僧惠，靈曜之謀主也。宋州牙門將劉昌遣曾神表[2]潛說僧惠，僧惠召問計，昌為之泣陳逆順。僧惠乃與汴宋牙將高憑、石隱金遣神表奉表詣京師，請討靈曜。九月壬戌⑰，以僧惠為宋州刺史，憑為曹州刺史，隱金為鄆州刺史。

乙丑⑱，李忠臣、馬燧軍于鄭州，靈曜引兵逆戰。兩軍不意其至，退軍滎澤⑲，淮西軍士潰去者什五六。鄭州士民皆驚，走入東都。忠臣將歸淮西，燧固執不可，曰：「以順討逆，何憂不克，柰何自棄功名！」堅壁不動。忠臣聞之，稍收散卒，數日皆集，軍勢復振。

戊辰⑳，李正己奏克鄆、濮二州。壬申㉑，李僧惠敗靈曜兵于雍丘。冬，十月，李忠臣、馬燧進擊靈曜，忠臣行汴㉒南，燧行汴北，屢破靈曜兵。壬寅㉓，與陳少遊前軍合，與靈曜大戰於汴州城西。靈曜敗，入城固守。癸卯㉔，忠臣等圍之。

田承嗣遣田悅將兵救靈曜，敗永平、淄青兵於匡城㉕，乘勝進軍汴州，乙巳㉖[3]，營於城北數里。丙午㉗，忠臣遣裨將李重倩將輕騎數百夜入其營，縱橫貫穿，斬數十人而還，營中大駭。忠臣、燧因以大軍乘之，鼓譟而入。悅眾不戰而潰，悅脫身北走，將士死者相枕藉㉘，不可勝數。靈曜聞之，開門夜遁，汴州平。重倩，本奚也。丁未㉙，靈曜至韋城㉚，永平將杜如江擒之。

燧知忠臣暴戾，以己功讓之，不入汴城㉛，引軍西屯板橋㉜。忠臣入城，果專其功。宋州刺史李僧惠與之爭功，忠臣因會擊殺之。又欲殺劉昌，昌遁逃得免。

甲寅㉝，李勉械送㉞李靈曜至京師，斬之。

十二月丁亥㉟，李正己、李寶臣並加同平章事。

涇原節度使馬璘疾亟，以行軍司馬段秀實知節度事，付以後事。秀實嚴兵以備非常。丙申㊱，璘薨，軍中奔哭者數千人，喧咽㊲門屏，秀實悉不聽入。命押牙馬頔㊳治喪事於內，李漢惠接賓客於外，妻妾子孫位於堂，宗族位於庭，將佐位於前，牙士卒哭於營伍，百姓各守其家。有離立㊴偶語於衢路㊵，輒執而囚之，非護喪從行者無得遠送。致祭㊶拜哭，皆有儀節㊷，送喪近遠，皆有定處㊸，違者以軍法從事。都虞候史廷幹、兵馬使崔珍、十將㊹張景華謀因喪作亂，秀實知之，奏廷幹入宿衛，徙珍屯靈臺，補景華外職，不戮一人，軍府晏然。

璘家富有無筭，治第京師，甲於勳貴㊺，中堂㊻費二十萬緡，它室所減無幾。其子孫無行㊼，家貲尋盡。

戊戌㊽，昭義節度使李承昭表稱疾篤，以澤潞行軍司馬李抱真兼知磁、邢兩州留後。〇庚戌㊾，加淮西節度使李忠臣同平章事，仍領汴州刺史，徙[4]治汴州。

【章旨】以上為第三段，寫官軍平定汴宋留後李靈曜之亂。

【注釋】❶壬辰 正月初三日。❷杜亞 （西元七二五—七九八年）字次公，京兆（今陝西西安）人，少頗涉學，善言事物之理及歷代成敗事。屢望為宰相而不成，官至檢校吏部尚書、充東都留守。傳見《舊唐書》卷一百四十六、《新唐書》卷一百七十二。❸辛亥 正月二十二日。❹庚辰 二月二十二日。❺辛巳 二月二十三日。❻朔方五城 朔方自開元以來轄有六城，即中、西、東三受降城和振武（在今內蒙古和林格爾西北）、豐安（在今寧夏中衛西）、定遠（在今寧夏平羅南）三城。故開元二十九年（西元七四一年）朔方節度使始兼六城水運使，至大曆十四年（西元七七九年）朔方節度使仍兼六城水運使（《舊唐書・德宗紀》）。其中振武於乾元元年（西元七五八年）析置節度使，廣德二年（西元七六四年）罷隸朔方，至大曆十四年再析置振武節度使（《新唐書・方鎮表一》）。此大曆十一年時，朔方當仍轄六城無疑，而《通鑑》於此所言五城，疑指朔方所轄諸城中關係回紇之五城。❼戊子 三月初一日。❽成備 完成誅亂的準備工作。❾李靈曜 兩《唐書》中或作「李靈耀」。初為汴宋節度使田神功麾下將領。大曆十一年汴宋留後田神玉死，靈曜殺兵馬使，據其鎮。朝廷初授以濮州刺史，不受詔，又以為汴宋八州節度留後。不久，據汴州叛，朝廷命將討伐，靈曜兵敗被斬。其事散見《舊唐書》卷一百五十二〈劉昌傳〉、《新唐書》卷一百五十五〈馬燧傳〉等。❿癸巳 五月初七日。⓫乙未 五月初九日。⓬戊午 六月初二日。⓭石門 即石門關，在今寧夏固原西北。⓮長澤川 地名，在今寧夏固原縣北。⓯丙寅 八月十一日。⓰甲申 八月二十九日。⓱壬戌 九月初八日。⓲乙丑 九月十一日。⓳滎澤 縣名，縣治在今河南鄭州西北。⓴戊辰 九月十四日。㉑壬申 九月十八日。㉒汴 指汴水。㉓壬寅 十月十八日。㉔癸卯 十月十九日。㉕匡城 縣名，縣治在今河南長垣西南。㉖乙巳 十月二十一日。㉗丙午 十月二十二日。㉘枕藉 縱橫相枕而臥。㉙丁未 十月二十三日。㉚韋城 縣名，縣治在今河南長垣北。㉛汴城 即汴州城。在今河南開封。㉜板橋 地名，在今河南中牟東北。舊為赴開封的交通要道。㉝甲寅 十月三十日。㉞械送 戴上刑具押送。械，枷鎖、鐐銬之類刑具。㉟丁亥 十二月初四日。㊱丙申 十二月十三日。㊲喧咽 哀哭不止。喧，通「咺」。㊳押牙馬頔 押牙，又作押衙，為都押牙之省稱，節度使的武幕僚，職司衙內警衛。馬頔，人名，涇原節度使都押牙。事略見《新唐書》卷一百五十三〈段秀實傳〉。㊴離立 兩相並立。㊵衢路 衢道、路口。㊶致祭 表達祭祀之意。㊷儀節 法度和禮節。儀，法度。㊸定處 一定的處理和安排。㊹十將 唐朝元帥、都統、節度使、招討使屬官，位在兵馬使之下。《新唐書》卷一百五十三〈段秀實傳〉把「兵馬使崔珍」與「十將張景華」統稱之為裨將，可見兵馬使與十將均在裨將之列。㊺甲於勳貴　指在功臣權貴中居首位。甲，居於首位。勳貴，功臣權貴。㊻中堂　住宅的正堂。㊼無行　無善行。㊽戊戌　十二月十五日。㊾庚戌　十二月二十七日。

【校　記】①七月　原作「九月」。據章鈺校，十二行本、乙十一行本、孔天胤本皆作「七月」，張敦仁《通鑑刊本識誤》同，今據改。②曾神表　原作「僧神表」。嚴衍《通鑑補》改作「曾神表」，當是，今從改。按，《舊唐書》卷一百五十二〈劉昌傳〉作「曾神表」。③乙巳　原無此二字。據章鈺校，十二行本、乙十一行本皆有此二字，張敦仁《通鑑刊本識誤》同，今據補。④徙　原無此字。據章鈺校，十二行本、乙十一行本皆有此字，張敦仁《通鑑刊本識誤》同，今據補。

【語　譯】十一年（丙辰　西元七七六年）

春，正月初三日壬辰，派諫議大夫杜亞出使魏州宣撫慰問。〇二十二日辛亥，西川節度使崔寧奏報，打敗了吐蕃的四節度以及突厥、吐谷渾、氐、羌等蠻族部眾二十多萬人，殺死一萬多人。

二月二十二日庚辰，田承嗣又派使者上表，請求入朝。代宗於是下詔書，赦免田承嗣的罪過，恢復他的官職爵位，允許他和家屬入朝，他的部下曾經抗拒朝廷命令的，一律不追究。〇二十三日辛巳，增加朔方五城的戍守兵力來防備回紇。

三月初一日戊子，河陽軍隊作亂。驅逐監軍冉庭蘭出城，大肆掠奪了三天。冉庭蘭作好準備後進入城內，殺死作亂的好幾十人，使局勢平定了下來。

五月，汴宋留後田神玉去世。都虞候李靈曜殺死兵馬使、濮州刺史孟鑒，勾結北面的田承嗣作為後援。初七日癸巳，任命永平節度使李勉兼汴州、宋州等八個州的留後。初九日乙未，任命李靈曜為濮州刺史，李靈曜不接受詔令。

六月初二日戊午，任命李靈曜為汴宋留後，派使者宣撫慰問。

秋，七月，田承嗣派兵侵犯滑州，打敗了李勉。〇吐蕃侵犯石門，進入長澤川。

八月十一日丙寅，加封盧龍節度使朱泚同平章事。

李靈曜做了留後以後，更加驕橫傲慢，全部用他的黨羽擔任他管轄範圍內八個州的刺史、縣令，想要仿效河北各鎮的做法。八月二十九日甲申，詔令淮西節度使李忠臣、永平節度使李勉、河陽三城使馬燧去討伐李靈曜。淮南節度使陳少遊、淄青節度使李正己也都進兵攻擊李靈曜。

汴宋兵馬使、攝節度副使李僧惠，是為李靈曜謀劃的主要人物。宋州牙門將劉昌派曾神表暗中勸說李僧惠，李僧惠召見劉昌詢問該怎麼做，劉昌哭著向他陳述了叛逆和歸順的利害關係。李僧惠於是與汴宋牙將高憑、石隱金一起派神表攜帶奏表前往京師，請求討伐李靈曜。九月初八日壬戌，任命李僧惠為宋州刺史、高憑為曹州刺史、石隱金為鄆州刺史。

九月十一日乙丑，李忠臣、馬燧駐軍鄭州，李靈曜帶兵迎戰。李忠臣和馬燧兩軍沒有料到李靈曜會此刻到來，就把軍隊後退到滎澤，淮西軍士潰散逃走的有十分之五六。鄭州的士人百姓都很驚慌，紛紛逃入東都。李忠臣打算返回淮西，馬燧堅持認為不能這樣，說：「用正義之師來討伐叛逆之人，何必擔心不能戰勝，為什麼要自己放棄建立功名的機會！」他堅守壁壘，毫不動搖。李忠臣聽說後，漸漸收攏逃散的士卒，幾天後全都會集，士氣重又振作起來。

九月十四日戊辰，李正己奏報攻克鄆、濮二州。十八日壬申，李僧惠在雍丘擊敗李靈曜的部隊。冬，十月，李忠臣、馬燧進兵攻擊李靈曜，李忠臣在汴水南行動，馬燧在汴水北行動，多次打敗李靈曜的部隊。十八日壬寅，與陳少遊前鋒部隊會合，在汴州城西與李靈曜大戰。李靈曜被打敗，入城固守。十九日癸卯，李忠臣等人包圍了汴州。

田承嗣派田悅率軍救援李靈曜，在匡城打敗了永平、淄青的部隊，乘勝進軍汴州，十月二十一日乙巳，在城北幾里的地方紮營。十月二十二日丙午，李忠臣派副將李重倩率輕騎幾百人趁夜突入田悅的軍營，橫衝直闖，殺敵數十後返回，田悅營中大為驚駭。李忠臣、馬燧乘機率大軍進攻，擊鼓吶喊殺入敵營。田悅的部眾不戰而潰，田悅向北逃脫，部下將士的屍體橫七豎八倒在地上，數也數不清。李靈曜聞訊後，打開城門連夜逃走，汴州平定。李重倩，本是奚族人。二十三日丁未，李靈曜跑到韋城，永平將領杜如江把他擒獲。

馬燧知道李忠臣殘暴兇狠，就把自己的功勞讓給他，不進入汴州城，率領部隊向西屯駐在板橋。李忠臣進城後，果然把功勞都只歸到他一人身上。宋州刺史李僧惠和他爭功，李忠臣藉會面的機會把他殺了。又想殺劉昌，劉昌逃走才得以幸免。

十月三十日甲寅，李勉給李靈曜戴上刑具押送到京師，朝廷殺了李靈曜。

十二月初四日丁亥，李正己、李寶臣同時被加封為同平章事。

涇原節度使馬璘病勢沉重，讓行軍司馬段秀實掌管節度事務，並把後事託付給他。段秀實整飭部隊以防備不測。十二月十三日丙申，馬璘去世，軍中奔喪痛哭的有好幾千人，門庭屏牆間一片哀哭之聲，段秀實一概不許他們入內。命令押牙馬頔在裡面辦理喪事，李漢惠在外面接待賓客，妻妾子孫位於靈堂，宗族之人位於庭中，將領佐吏位於門前，衛隊士卒留在軍營裡哭喪，老百姓各自留守家中。如果有兩個以上的人並立街頭相對私語，就捉拿囚禁起來，不是護喪而跟在喪葬隊伍後面的人不得遠送。弔祭哭拜，都有儀式禮節，送喪遠近，都有規定，違者以軍法論處。都虞候史廷幹、兵馬使崔珍、十將張景華陰謀利用喪事作亂，段秀實知道了，奏請史廷幹入京師宿衛，讓崔珍移軍屯駐靈臺，將張景華補任外職，不殺一個人，節度軍府安然無事。

馬璘家很富有，家資多得沒法計算，在京師建造了宅第，在功臣權貴中首屈一指，建一個中堂就花費了二十萬緡錢，建其他居室的費用也少不了多少。但他的子孫品行不端，沒過多久就把家產敗光了。

十二月十五日戊戌，昭義節度使李承昭上表稱病重，任命澤潞行軍司馬李抱真兼任磁州、邢州兩州留後。○二十七日庚戌，加封淮西節度使李忠臣同平章事，仍兼領汴州刺史，徙治汴州。

十二年（丁巳　西元七七七年）

春，三月乙卯❶，兵部尚書、同平章事、鳳翔•懷澤潞•秦隴節度使李抱玉薨，弟抱真仍領懷澤潞留後。

癸亥❷，以河東行軍司馬鮑防❸為河東節度使。防，襄州人也。

田承嗣竟不入朝，又助李靈曜，上復命討之。承嗣乃復上表謝罪，上亦無如之何。庚午❹，悉復承嗣官爵，仍令不必入朝。

中書侍郎、同平章事元載專橫，黃門侍郎、同平章事王縉附之，二人俱貪。載妻王氏❺及子伯和❻、仲武❼，縉弟、妹及尼出入者，爭納賄賂。又以政事委羣吏，士之求進者不結其子弟及主書卓英倩等無由自達。上含容❽累年，載、縉不悛。上欲誅之，恐左右漏泄，無可與言者，獨與左金吾大將軍吳湊❾謀之。湊，上之舅也。會有告載、縉夜醮❿圖為不軌者。庚辰⓫，上御延英殿，命湊收載、縉於政事堂⓬，又收仲武及卓英倩等繫獄。命吏部尚書劉晏與御史大夫李涵等同鞫之，問端⓭皆出禁中，仍遣中使詰以陰事⓮，載、縉皆伏罪。

是日，先杖殺左衛將軍、知內侍省事董秀於禁中，乃賜載自盡於萬年縣。載請主者：「願得快死！」主者曰：「相公須受少污辱，勿怪！」乃脫穢韈⓯塞其口而殺之。王縉初亦賜自盡，劉晏謂李涵等曰：「故事，重刑覆奏，況大臣乎！且法有首從⓰，宜更稟進止。」涵等從之。上乃貶縉栝州刺史。載妻王氏，忠嗣之女也，及子伯和、仲武、季能皆伏誅。有司籍載家財，胡椒⑰至八百石，它物稱是。

夏，四月壬午⑱，以太常卿楊綰為中書侍郎，禮部侍郎常袞為門下侍郎，並同平章事。綰性清儉簡素⑲，制下之日，朝野相賀。郭子儀方宴客，聞之，減坐中聲樂五分之四。京兆尹黎幹騶從甚盛，即日省之，止存十騎。中丞崔寬第舍宏侈，亟毀撤之。

癸未⑳，貶吏部侍郎楊炎㉑、諫議大夫韓洄㉒、包佶㉓、起居舍人韓會等十餘人[1]，皆載黨也。炎，鳳翔人。載常引有文學才望者一人親厚之，異日欲以代己，故炎及於貶。洄，滉之弟。會，南陽人也。上初欲盡誅炎等，吳湊諫救百端㉔，始貶官。

丁酉㉕，吐蕃寇黎、雅州，西川節度使崔寧擊破之。

元載以仕進者多樂京師，惡其逼己，乃制俸祿，厚外官而薄京官，京官不能自給，常從外官乞貸。楊綰、常袞奏京官俸太薄，己酉㉖，詔加京官俸㉗，歲約十五萬六千餘緡。

【章　旨】以上為第四段，寫唐代宗誅除元載。

【注　釋】❶乙卯　三月初三日。❷癸亥　三月十一日。❸鮑防　（西元七二二—七九〇年）字子慎，善屬文，天寶末年進士，知人善政而不長於治兵。官至工部尚書。傳見《舊唐書》卷一百四十六、《新唐書》卷一百五十九。❹庚午　三月十八日。❺王氏　元載妻，開元中河西節度使王忠嗣之女，素以兇橫暴戾著稱。大曆十二年（西元七七七年）與元載及諸子同被賜死。❻伯和　元伯和（？—西元七七七年），元載長子。傳見《舊唐書》卷一百十八。❼仲武　元仲武（？—西元七七七年），元載次子。傳見《舊唐書》卷一百十八。❽含容　包含容忍。❾吳湊　（西元七三〇—八〇〇年）代宗生母章敬皇后之弟。因外戚之故，且小心謹慎，頭腦敏銳，為政勤儉，辦事有方，頗受代、德二宗信任。官至兵部尚書。傳見《舊唐書》卷一百八十三、《新唐書》卷一百五十九。❿醮　古代祭祀、祈禱神靈的迷信活動。後來專指道教供齋祭神禳除災祟的一種宗教儀式。⓫庚辰　三月二十八日。⓬政事堂　唐制，宰相議事於門下省，謂之政事堂。中宗時裴炎為中書令，執政事筆，故徙政事堂於中書省。⓭問端　即問頭，對罪犯的起訴文書。⓮陰事　隱祕事，此指圖謀不軌之事。⓯穢韤　髒襪子。⓰首從　指主犯和從犯。⓱胡椒　胡椒科，多年生藤本植物。原產熱帶亞洲，我國南方亦有栽培。果實有黑白二種，作香辛調味品。中醫學上以未成熟的果實入茶，可溫中散寒，治胃寒腹痛、嘔吐等症。⓲壬午　四月初一日。⓳清儉簡素　清廉節儉、簡約樸素。⓴癸未　四月初二日。㉑楊炎　（西元七二七—七八一年）字公南，鳳翔（今陝西鳳翔）人，文藻雄麗。作兩稅法。官至中書侍郎、同平章事。傳見《舊唐書》卷一百十八、《新唐書》卷一百四十五。㉒韓滉　（西元七二三—七九四年）字幼深，京兆長安（今陝西西安西）人，曾任戶部侍郎、判度支、兵部侍郎、京兆尹等官。傳見《舊唐書》卷一百二十九、《新唐書》卷一百二十六。㉓包佶　（？—西元七九二年）字幼正，潤州延陵（今江蘇延陵）人，官至祕書監，封丹陽郡公。傳見《新唐書》卷一百四十九。㉔百端　千方百計。㉕丁酉　四月十六日。㉖己酉　四月二十八日。㉗加京官俸　大曆十二年（西元七七七年）加京官俸錢，文官上自三師、三公、侍中、中書令每月一百二十貫文，下至諸王府丞尉、諸總監主簿各一貫九百一十七文；武官自左右金吾大將軍各四十五貫文，至諸衛及六軍執戟及長上各一貫九百一十七文。詳《唐會要》卷九十一。

【校　記】①十餘人　原無此三字。據章鈺校，十二行本、乙十一行本皆有此三字，張瑛《通鑑校勘記》同，今據補。

【語　譯】十二年（丁巳　西元七七七年）

春，三月初三日乙卯，兵部尚書、同平章事、鳳翔・懷澤潞・秦隴節度使李抱玉去世，他的弟弟李抱真仍兼任懷澤潞留後。

三月十一日癸亥，任命河東行軍司馬鮑防為河東節度使。鮑防，是襄州人。

田承嗣終究沒有入朝，還幫助李靈曜，代宗又命令討伐他。田承嗣於是再次上表謝罪，代宗對他也無可奈何。三月十八日庚午，全部恢復田承嗣的官職爵位，還命令他不必入朝。

中書侍郎、同平章事元載專橫，黃門侍郎、同平章事王縉依附他，兩人都很貪婪。元載的妻子王氏及其兒子元伯和、元仲武，王縉的弟弟、妹妹及出入他家的一些尼姑，都爭相收受賄賂。元載、王縉又把政事委託給官吏們辦理，士人想要進身為官的如果不結交他們的子弟及主書卓英倩等人，便無法表達自己的意願。代宗容忍了多年，但元載、王縉仍不悔改。代宗想要誅殺他們，擔心左右的人洩露消息，又沒有可以商議的人，只有與左金吾大將軍吳湊謀劃。吳湊，是代宗的舅舅。正好有人控告元載、王縉夜裡請道士設壇做法事，圖謀不軌。三月二十八日庚辰，代宗駕臨延英殿，命令吳湊把元載、王縉收押在政事堂，又把元仲武及卓英倩等人收押入獄。命令吏部尚書劉晏與御史大夫李涵等人一同審理此案，起訴文書都出自宮中，還派宮中使者來追問那些隱祕的事情，元載、王縉都認罪。

當天，先用棍棒在宮中打死左衛將軍、知內侍省事董秀，然後賜令元載在萬年縣自盡。元載請求主持行刑的官員說：「希望能讓我快點死！」主持行刑的人說：「相公你還須受點侮辱，請不要見怪！」於是脫下臭襪子塞進他口裡而把他殺死。王縉起初也被賜令自盡，劉晏對李涵等人說：「按照慣例，施用重刑的都要再次詳細審核，重行上奏，何況大臣呢！而且法律上有首犯和從犯之別，應當再次稟告皇上聽候處置。」李涵等人聽從了劉晏的意見。代宗於是把王縉貶為栝州刺史。元載的妻子王氏，是王忠嗣的女兒，她和兒子元伯和、元仲武、元季能都被處死。有關部門登記元載的家產，僅胡椒就多達八百石，其他物品的數量也與此相當。

夏，四月初一日壬午，任命太常卿楊綰為中書侍郎，禮部侍郎常袞為門下侍郎，兩人一併為同平章事。楊綰為人清廉節儉而簡樸，任職制書下達之日，朝野上下相互祝賀。郭子儀正在宴請賓客，聞訊後，便將在座席旁表演聲樂的人員減少了五分之四。京兆尹黎幹隨從人馬很多，即日起加以減省，只留下十名騎從。中丞崔寬宅第房舍宏大奢侈，也趕緊毀掉拆除。

四月初二日癸未，吏部侍郎楊炎、諫議大夫韓洄、包佶、起居舍人韓會等十餘人都被貶官，他們都是元載的黨羽。楊炎，是鳳翔人。元載總想推舉一位有文學才望的人，親近、厚待他，打算以後讓這個人來代替自己，所以楊炎也遭到貶黜。韓洄，是韓滉的弟弟。韓會，是南陽人。代宗當初想要全部殺掉楊炎等人，吳湊百般勸諫解救，他們才受到貶官的處置。

四月十六日丁酉，吐蕃侵犯黎州、雅州，西川節度使崔寧打敗了他們。

元載因為進入仕途的人大都喜歡在京師任職，厭惡這些人威脅自己，於是規定俸祿制度，出任外官的俸祿優厚，任京官的俸祿微薄，致使京官不能自給，經常向外官告貸。楊綰、常袞上奏說京官的俸祿太微薄，四月二十八日己酉，下詔增加京官的俸祿，每年大約增加十五萬六千餘緡錢。

五月辛亥❶，詔自都團練使外，悉罷諸州團練守捉使。又令諸使非軍事要急，無得擅召刺史及停其職務，差人❷權攝。又定諸州兵，皆有常數，其召募給家糧、春冬衣者，謂之「官健」；差點土人，春夏歸農、秋冬追集❸、給身糧醬菜者，謂之「團結」。

自兵興以來，州縣官俸給不一，重以元載、王縉隨情徇私，刺史月給或至千緡、或數十緡。至是，始定節度使以下至主簿、尉俸祿，掊多益寡❹，上下有敘，法制粗立。

庚午❺，上遣中使發元載祖父墓，斲❻棺棄尸，毀其家廟，焚其木主❼。戊寅❽，卓英倩等皆杖死。英倩之用事也，弟英璘橫於鄉里。及英倩下獄，英璘遂據險作亂，上發禁兵討之。乙巳❾，金州刺史孫道平擊擒之。

上方倚楊綰，使釐革弊政。會綰有疾，秋，七月己巳❿，薨。上痛悼之甚，謂羣臣曰：「天不欲朕致太平，何奪朕楊綰之速！」

八月癸未⓫，賜東川節度使鮮于叔明姓李氏。

元載、王縉之為相也，上日賜以內廚御饌，可食十人，遂為故事。癸卯⓬，常袞與朱泚上言：「餐錢⓭已多，乞停賜饌。」許之。袞又欲辭堂封⓮，同列不可而止。時人譏袞，以為：「朝廷厚祿，所以養賢。不能，當辭位，不當辭祿。」

臣光曰：「君子恥食浮於人⓯。袞之辭祿，廉恥存焉，與夫固位且[1]貪祿⓰者，不猶愈⓱乎！詩云：『彼君子兮，不素餐兮⓲！』如袞者，亦未可以深譏⓳也。」

楊綰、常袞薦湖州刺史顏真卿，上即日召還。甲辰⓴，以為刑部尚書。綰、袞又薦淮南判官汲人關播㉑，擢為都官員外郎㉒。

九月辛酉㉓，以四鎮、北庭行營兼涇原、鄭潁節度副使段秀實為節度使。秀實軍令簡約㉔，有威惠，奉身清儉㉕，室無姬妾，非公會，未嘗飲酒聽樂。

【章　旨】以上為第五段，寫唐代宗裁撤諸州團練，額定諸州守兵，統一各級政府官吏俸祿，釐革弊政，法制粗立。

【注　釋】❶辛亥　五月初一日。❷差人　派人。❸追集　招集；追回來聚集在一起。❹掊多益寡　指捧去多的，增加少的。掊，掬；以手捧物。❺庚午　五月二十日。❻斲　砍；削。❼木主　即神主。為死者立的木製牌位。❽戊寅　五月二十八日。❾乙巳　六月二十五日。❿己巳　七月二十日。⓫癸未　八月初四日。⓬癸卯　八月二十四日。⓭餐錢　即食料錢。唐官員於月俸之外，每月尚有食料錢。據開元二十四年（西元七三六年）規定，食料錢一品一千八百文，二品一千五百文，三品一千一百文，四品七百文，五品六百文，六品四百文，七品三百五十文，八品三百文，九品二百五十文。⓮堂封　宰相的食實戶。《新唐書》卷一百二十七〈源乾曜傳〉載：源乾曜為黃門侍郎、同中書門下三品，進位侍中。玄宗納議者崇異褒功之言，「乃詔中書、門下共食實戶三百，堂封自此始。」⓯君子恥食浮於人　語出《禮記．坊記》：「君子與其使食浮於人，寧使人浮於食。」食，指俸祿。浮，超過；多餘。人，指人的才能。食浮於人，指所得俸祿超過自己的才能。⓰固位且貪祿　固守官位，並且貪求俸祿。⓱愈　勝過；超過。⓲彼君子兮二句　語出《詩經．伐檀》。這句話意為你們這些所謂君子大人，不是都在不勞而食嗎。素餐，不勞而食，後多指無功食祿。⓳深譏　多加指責。⓴甲辰　八月二十五日。㉑關播　（西元七一九—七九七年）字務元，汲（今河南衛輝）人，天寶末年進士。為政清靜簡惠，官至中書侍郎、同中書門下平章事。傳見《舊唐書》卷一百三十、《新唐書》卷一百五十一。㉒都官員外郎　官名，尚書省刑部都官司副官，協助郎中掌管官奴婢的配役和赦免等事務。㉓辛酉　九月十三日。㉔簡約　簡單不繁瑣；簡明扼要。㉕奉身清儉　持身清廉節儉。

【校　記】[1]且　原無此字。據章鈺校，十二行本、乙十一行本皆有此字，今據補。

【語　譯】五月初一日辛亥，下詔除都團練使外，各州團練守捉使一律取消。又命令各使如果不是軍情重要緊急，不得擅自召見刺史及停止其職務，派人代理。又規定各州軍隊，都有一定的人數，那種召募的供給家人糧食、春季冬季衣服的士兵，稱之為「官健」；那種差遣點召當地人，春夏回鄉種田、秋冬召集訓練、由官府供給本人糧食醬菜的，稱之為「團結」。

　自從戰亂以來，州縣官吏俸祿供給不一，加上元載、王縉任意徇私，刺史一個月的俸祿有的多達千緡，有的只有幾十緡。到這時，才開始規定節度使以下到主簿、縣尉的俸祿數額，減多補少，上下有序，有關的法令制度粗略地建立了起來。

五月二十日庚午，代宗派宮中使者挖了元載祖父的墳墓，砍開棺材，扔掉屍體，毀掉他的家廟。焚燒他祖先的木製牌位。二十八日戊寅，卓英倩等人都被用棍棒打死。卓英倩當權時，他的弟弟卓英璘橫行於鄉里。等到卓英倩被關進監獄，卓英璘便佔據險要地方作亂，代宗調動禁軍去討伐他。六月二十五日乙巳，金州刺史孫道平打敗活捉了卓英璘。

代宗正依靠楊綰，讓他革除弊政。不巧楊綰生病，秋，七月二十日己巳去世。代宗非常悲痛傷感，對群臣說：「上天不想讓朕得到天下太平嗎，為什麼這麼快就從朕這裡奪走了楊綰！」

八月初四日癸未，賜東川節度使鮮于叔明姓李氏。

元載、王縉做宰相時，代宗每天賞賜他們宮內廚房所做的御用佳餚，可供十人食用，於是成為慣例。八月二十四日癸卯，常袞與朱泚進言說：「宰相的膳食費已經不少了，請求停止賞賜御饌。」代宗同意了。常袞又想辭去宰相的封邑，同僚認為不可，這才作罷。當時的人譏刺常袞，認為：「朝廷優厚的俸祿，是用來供養賢才的。如果沒有才能，就應當辭去職位，而不應當辭去俸祿。」

臣司馬光說：「君子覺得所得俸祿超過這個人的才能是可恥的。常袞辭去俸祿，說明他心存廉恥，與那些只知保住官位，並且貪求俸祿的人相比，不是強多了嗎！《詩經》上說：『那些君子們啊，可不是白白吃閒飯啊！』像常袞這樣的人，也不可以過分地譏刺。」

楊綰、常袞推薦湖州刺史顏真卿，代宗當天就召他回京。八月二十五日甲辰，任命他為刑部尚書。楊綰、常袞又推薦淮南判官汲縣人關播，把他提拔為都官員外郎。

九月十三日辛酉，任命四鎮、北庭行營兼涇原、鄭潁節度副使段秀實為節度使。段秀實軍令簡明扼要，既有威嚴，也有恩惠，持身清廉節儉，家無姬妾，不是因公聚會，從不飲酒聽音樂。

吐蕃八萬眾軍於原州北長澤監❶，己巳❷，破方渠❸，入拔谷。郭子儀使裨將李懷光救之，吐蕃退。庚午❹，吐蕃寇坊州❺。

冬，十月乙酉❻，西川節度使崔寧奏大破吐蕃於望漢城❼。

先是，秋霖❽，河中府池鹽❾多敗❿。戶部侍郎判度支韓滉恐鹽戶減稅，丁亥⓫，奏雨雖多，不害鹽⓬，仍有瑞鹽⓭生。上疑其不然，遣諫議大夫義興蔣鎮⓮往視之。

吐蕃寇鹽、夏州，又寇長武，郭子儀遣將拒卻之。

以永平軍⓯押牙匡城劉洽⓰為宋州刺史。仍以宋、泗二州隸永平軍。

京兆尹黎幹奏秋霖損稼，韓滉奏幹不實，上命御史按視。丁未⓱，還奏所損凡三萬餘頃。渭南⓲令劉澡阿附⓳度支⓴，稱縣境苗獨不損。御史趙計奏與澡同。上曰：「霖雨溥博㉑，豈得渭南獨無！」更命御史朱敖視之，損三千餘頃。上歎息久之，曰：「縣令，字人之官㉒，不損猶應言損，迺不仁㉓如是乎！」貶澡南浦㉔尉，計澧州司戶，而不問滉。

十一月壬子㉕，山南西道節度使張獻恭奏破吐蕃萬餘眾於岷州。

丙辰㉖，蔣鎮還，奏言「瑞鹽實如韓滉所言」，仍上表賀，請宣付史臣，并置神祠[1]，錫㉗以嘉名。上從之，賜號寶應靈應池㉘，時人醜之。

十二月丙戌㉙，朱泚自涇州還京師。〇丁亥㉚，崔寧奏破吐蕃十餘萬眾，斬首八千餘級。〇庚子㉛，以朱泚兼隴右節度使，知河西、澤潞行營。

平盧節度使李正己先有淄、青、齊、海、登、萊、沂、密、德、棣十州之地，及李靈曜之亂，諸道合兵攻之，所得之地，各為己有。正己又得曹、濮、徐、兗、鄆五州，因自青州徙治鄆州，使其子前淄州刺史納㉜守青州。癸卯㉝，以納為青州刺史[2]。正己用刑嚴峻，所在不敢偶語。然法令齊一，賦均而輕，擁兵十萬，雄據東方，鄰藩皆畏之。是時田承嗣據魏、博、相、衛、洺、貝、澶七州，李寶臣據恆、易、趙、定、深、冀、滄七州，各擁眾五萬。梁崇義據襄、鄧、均、房、復、郢六州，有眾二萬。相與根據蟠結㉞，雖奉事朝廷而不用其法令，官爵、甲兵、租賦、刑殺皆自專之。上寬仁，一聽其所為。朝廷或完㉟一城，增一兵，輒有怨言，以為猜貳㊱，常為之罷役，而自於境內築壘繕兵無虛日。以是雖在中國名藩臣，而實如蠻貊㊲異域焉。

【章　旨】以上為第六段，寫吐蕃在西北、西南沿邊不斷侵擾，為諸鎮邊兵擊破。平盧、魏博、山南東道諸鎮，不行朝廷政令，名為藩臣，實為異國。

【注　釋】❶長澤監　長澤川的國家養馬場，在今陝西靖邊西。❷己巳　九月二十一日。❸方渠　縣名，縣治在今甘肅環縣南方渠鎮。❹庚午　九月二十二日。❺坊州　州名，治所在今陝西黃陵南。❻乙酉　十月初七日。❼望漢城　吐蕃在西山築城，用來探望蜀漢動向，故名。❽霖　久雨。❾河中府池鹽　河中府所管安邑、解縣有鹽池五，總名兩池，年產鹽萬斛，供應京師。❿敗　毀壞。⓫丁亥　十月初九日。⓬害鹽　妨害鹽的生產。⓭瑞鹽　好鹽；靈瑞之鹽。⓮蔣鎮　義興（在今江蘇宜興）人。傳見《舊唐書》卷一百二十七、《新唐書》卷二百二十四下。⓯永平軍　戍軍名，大曆七年（西元七七二年）十二月於滑州置。⓰劉洽　（西元七三〇—七八七年）匡城（今河南長垣南）人，性豪侈，輕財重義，以破叛臣李希烈，德宗賜名玄佐，官至副元帥、檢校司空。傳見《舊唐書》卷一百四十五、《新唐書》卷二百十四。⓱丁未　十月二十九日。⓲渭南　縣名，縣治在今陝西渭南市。⓳阿附　曲意附和。⓴度支　指度支使韓滉。㉑溥博　周遍廣遠。溥，通「普」。普遍。博，博大。㉒字人之官　即哺養人民之官。字，哺育。㉓不仁　不愛護人民。㉔南浦　縣名，縣治在今重慶市萬州。㉕壬子　十一月初四日。㉖丙辰　十一月初八日。㉗錫　通「賜」。賜給。㉘寶應靈應池　即安邑鹽池。在今山西運城境。㉙丙戌　十二月初八日。㉚丁亥　十二月初九日。㉛庚子　十二月二十二日。㉜納　李納（西元七五二—七八五年），李正己之子，建中（西元七八〇—七八三年）初年，與父反叛。其父死，納繼續為亂，稱齊王。興元元年（西元七八四年）歸附朝廷，繼任平盧節度使，遷至鄆州大都督府長史、檢校司空。傳見《舊唐書》卷一百二十四、《新唐書》卷二百十三。㉝癸卯　十二月二十五日。㉞根據蟠結　盤據連結；盤根錯節。㉟完　修繕。㊱猜貳　疑忌。㊲蠻貊　泛指少數民族。

【校記】[1]并置神祠　原無此四字。據章鈺校，十二行本、乙十一行本皆有此四字，張瑛《通鑑校勘記》同，今據補。[2]癸卯以納為青州刺史　原無此九字。據章鈺校，十二行本、乙十一行本皆有此九字，張敦仁《通鑑刊本識誤》、張瑛《通鑑校勘記》同，今據補。

【語譯】吐蕃軍隊八萬人駐紮在原州北面的長澤監，九月二十一日己巳，攻破方渠縣，侵入拔谷。郭子儀派副將李懷光去援救，吐蕃撤退。二十二日庚午，吐蕃侵犯坊州。

冬，十月初七日乙酉，西川節度使崔寧奏報在望漢城大敗吐蕃軍隊。

此前，秋季久雨，河中府的池鹽大多遭毀壞。戶部侍郎判度支韓滉惟恐鹽戶減稅，十月初九日丁亥，上奏說雨水雖然很多，但並不妨害產鹽，仍然有被看作祥瑞的好鹽產生。代宗懷疑情況不是這樣，派諫議大夫義興人蔣鎮前往視察。

吐蕃侵犯鹽州、夏州，又侵犯長武，郭子儀派遣部將抵禦並打退了他們。

任命永平軍押牙匡城人劉洽為宋州刺史，仍讓宋州、泗州二州隸屬永平軍。

京兆尹黎幹上奏說秋季久雨損害莊稼，韓滉上奏說黎幹所奏情況不實，代宗命御史去視察核查。十月二十九日丁未，御史回來上奏說所損害的莊稼共有三萬多頃。渭南縣令劉澡曲意附和度支韓滉，聲稱渭南縣境內的禾苗卻獨獨沒有受到損害。御史趙計上奏與劉澡的說法相同。代宗說：「久下的秋雨範圍很廣，怎麼會渭南獨獨無雨！」再命御史朱敖去視察，發現損害的莊稼有三千多頃。代宗歎息了很久，說：「縣令，是撫養百姓的官員，沒有損害尚且應該說有損害，但他們竟然不愛護百姓到這種地步！」於是把劉澡貶為南浦縣尉，把趙計貶為澧州司戶，但沒有追究韓滉。

十一月初四日壬子，山南西道節度使張獻恭奏報說在岷州打敗吐蕃軍隊一萬多人。

十一月初八日丙辰，蔣鎮返回，上奏說「看作祥瑞的好鹽的產生確實如韓滉所說的那樣」，還上表祝賀，請求宣告交付史官記錄，並且設置神祠，賜以美名。代宗同意了，給鹽池賜號為寶應靈應池。當時人認為這是件醜事。

十二月初八日丙戌，朱泚從涇州返回京師。〇初九日丁亥，崔寧奏報說打敗吐蕃軍隊十幾萬人，殺死八千多人。〇二十二日庚子，任命朱泚兼任隴右節度使，掌管河西、澤潞行營。

平盧節度使李正己原先已有淄、青、齊、海、登、萊、沂、密、德、棣十州地方，等到李靈曜作亂，各道部隊聯合攻打他，所攻得的地方，都各自佔為己有。李正己又得到曹、濮、徐、兗、鄆五州，因此把自己的治所從青州移到鄆州，派他的兒子前淄州刺史李納鎮守青州。十二月二十五日癸卯，任命李納為青州刺史。李正己使用刑法嚴酷，人們在各處都不敢相聚交談。然而他執法整齊劃一，賦稅平均而且輕微，擁兵十萬，雄踞東方，鄰近的藩鎮都很畏懼他。這時田承嗣佔據魏、博、相、衛、洺、貝、澶七州，李寶臣佔據恆、易、趙、定、深、冀、滄七州，各擁有軍隊五萬人。梁崇義佔據襄、鄧、均、房、復、郢六州，有軍隊兩萬人。他們相互勾連，蟠根錯節，雖然表面上侍奉朝廷但不用朝廷的法令，官爵、士兵、租賦、刑殺都由自己專擅。

代宗寬容仁慈，完全聽任他們的所作所為。朝廷有時要修繕一座城，增加一個士兵，他們就有怨言，認為朝廷在猜忌他們，事情經常因此而作罷，而他們自己卻在轄境內天天修築城壘、完善軍備。因此，他們雖然處於中原地區，名為藩鎮大臣，而實際上同異域蠻夷一樣。

十三年（戊午　西元七七八年）

春，正月辛酉❶，敕毀白渠支流碾磑❷以溉田。昇平公主有二磑，入見於上，請存之。上曰：「吾欲以利蒼生，汝識吾意，當為眾先。」公主即日毀之。

戊辰❸，回紇寇太原，河東押牙泗水李自良❹曰：「回紇精銳遠來求鬭，難與爭鋒。不如築二壘於歸路，以兵戍之。虜至，堅壁勿與戰，彼師老❺自歸，乃出軍乘之，二壘抗其前，大軍蹙其後，無不捷矣。」留後鮑防不從，遣大將焦伯瑜等逆戰。癸酉❻，遇虜於陽曲❼，大敗而還，死者萬餘人。回紇縱兵大掠。二月，代州都督張光晟擊破之於羊武谷❽，乃引去。上亦不問回紇入寇之故，待之如初。

己亥❾，吐蕃遣其將馬重英帥眾四萬寇靈州，奪填漢、御史、尚書三渠❿水口以弊屯田。

三月甲戌⓫，回紇使還，過河中，朔方軍士掠其輜重，因大掠坊市。

夏，四月甲辰⑫，吐蕃寇靈州，朔方留後常謙光擊破之。

六月戊戌⑬，隴右節度使朱泚獻猫鼠同乳不相害者以為瑞，常袞帥百官稱賀。中書舍人崔祐甫⑭獨不賀，曰：「物反常為妖。猫捕鼠，乃其職也，今同乳，妖也，何乃賀為！宜戒法吏之不察奸、邊吏之不禦寇者，以承天意。」上嘉之。祐甫，沔之子也。秋，七月壬子⑮[1]，以祐甫知吏部選事。祐甫數以公事與常袞爭，由是惡之。

戊午⑯，郭子儀奏以回紇猶在塞上，邊人恐懼，請遣邠州刺史渾瑊將兵鎮振武軍⑰，從之。回紇始去。

辛未⑱，吐蕃將馬重英二萬眾寇鹽、慶二州，郭子儀遣河東[2]朔方都虞候李懷光擊卻之。

八月乙亥⑲，成德節度使李寶臣請復姓張，許之。

吐蕃二萬眾寇銀、麟州⑳，略党項雜畜，郭子儀遣李懷光等[3]擊破之。

上悼念貞懿皇后㉑不已，殯於內殿，累年不忍葬。丁酉㉒，始葬于莊陵㉓。

九月庚午㉔，吐蕃萬騎下青石嶺㉕，逼涇州，詔郭子儀、朱泚與段秀實共卻之。

冬，十二月丙戌㉖，以吏部尚書、轉運、鹽鐵等使劉晏為左僕射，知三銓㉗及使職如故。

郭子儀入朝，命判官京兆杜黃裳㉘主留務。李懷光陰謀代子儀，矯為詔書，欲誅大將溫儒雅等。黃裳察其詐，以詰懷光，懷光流汗服罪。於是諸將之難制者，黃裳矯子儀之命，皆出之於外，軍府乃安。

以給事中杜亞為江西觀察使。

上召江西判官李泌入見，語以元載事，曰：「與卿別八年，乃能誅[4]此賊。賴太子發其陰謀，不然，幾不見卿。」對曰：「臣昔日固嘗言之。陛下知羣臣有不善，則去之，含容太過，故至於此。」上曰：「事亦應十全，不可輕發。」上因言：「朕面屬㉙卿於路嗣恭，而嗣恭取載意，奏卿為虔州㉚別駕。嗣恭初平嶺南，獻琉璃盤，徑九寸，朕以為至寶。及破載家，得嗣恭所遺載琉璃盤㉛，徑尺。俟其至，當與卿議之。」泌曰：「嗣恭為人小心，善事人，畏權勢，精勤吏事而不知大體。昔為縣令，有能名，陛下未暇知之，而為載所用，故為之盡力。陛下誠知而用之，彼亦為陛下盡力矣。虔州別駕，臣自欲之，非其罪也。且嗣恭新立大功，陛下豈得以一琉璃盤罪之邪！」上意乃解，以嗣恭為兵部尚書。

郭子儀以朔方節度副使張曇性剛率㉜，謂其以武人輕己，銜之。孔目官㉝吳曜為子儀所任，因而構之。子儀怒，誣奏曇扇動軍眾，誅之。掌書記高郢㉞力爭之，子儀不聽，奏貶郢猗氏㉟丞。既而僚佐多以病求去，子儀悔之，悉薦之於朝，曰：「吳曜誤我。」遂逐之。

常袞言於上曰：「陛下久欲用李泌，昔漢宣帝㊱欲用人為公卿，必先試理人。請且以為刺史，使周知人間利病，俟報政㊲而用之。」

【章旨】以上為第七段，寫唐代宗召回李泌，試用為刺史。郭子儀知過則改。

【注釋】❶辛酉　正月十四日。❷碾磑　糧食加工裝置。碾，碾子，由碾臺、碾槽、碾架等構成，用來碾去穀殼。磑，磨子，用作脫殼或磨粉。碾磑用人力、畜力或水力轉動。此指水力轉動的碾磑。❸戊辰　正月二十一日。❹李自良　（西元七三三—七九五年）泗水（今山東泗水縣）人，性謹慎有謀略。任河東節度使，簡儉守職。傳見《舊唐書》卷一百四十六、《新唐書》卷一百五十九。❺師老　軍隊勢衰力竭。❻癸酉　正月二十六日。❼陽曲　縣名，縣治在今山西太原北陽曲鎮。❽羊武谷　又作揚武谷。在今山西原平西北。❾己亥　二月二十二日。❿填漢御史尚書三渠　為靈州屯田所開灌溉堰渠。⓫甲戌　三月二十八日。⓬甲辰　四月二十八日。⓭戊戌　六月二十四日。⓮崔祐甫　字始孫，開元名臣崔沔之子。舉進士，性剛直。官至中書侍郎、平章事。有文集三十卷（已佚）。傳見《舊唐書》卷一百十九、《新唐書》卷一百四十二。⓯壬子　七月初八日。⓰戊午　七月十四日。⓱振武軍　軍鎮名，在今內蒙古托克托城南。⓲辛未　七月二十七日。⓳乙亥　八月初二日。⓴銀麟州　皆為州名。銀州治所在今陝西榆林東南，麟州治所在今陝西神木北。㉑貞懿皇后　即貴妃獨孤氏，大曆十年（西元七七五年）十月丙寅卒，追諡為貞懿皇后。㉒丁酉　八月二十四日。㉓莊陵　陵墓名，貞懿皇后陵墓在今陝西三原東北。㉔庚午　九月二十七日。㉕青石嶺　地名，在今甘肅涇川縣西北。㉖丙戌　十二月十四日。㉗三銓　唐制，吏部主文選，兵部主武選，皆為三銓。尚書掌六品和七品選，稱尚書銓；侍郎二人，分掌八品九品選，稱為中銓、東銓。合稱三銓。㉘杜黃裳（西元七三八—八〇八年）字遵素，性雅淡寬恕。元和（西元八〇六—八二〇年）初期的著名宰相，封邠國公。傳見《舊唐書》卷一百四十七、《新唐書》卷一百六十九。㉙屬 通「囑」。囑託。㉚虔州 州名，治所在今江西贛州。㉛琉璃盤 胡三省注認為此琉璃盤為天然琉璃寶石製成的盤子。但天然寶石不可能有徑九寸、一尺大的。程大昌解釋為早期的玻璃器，當是。㉜剛率 剛強直率。㉝孔目官 處理日常事務的副官，謂一孔一目細事皆所綜理。㉞高郢 （西元七四〇—八一一年）字公楚，衛州（今河南衛輝）人，官至中書侍郎、同中書門下平章事。傳見《舊唐書》卷一百四十七、《新唐書》卷一百六十五。㉟猗氏 縣名，縣治在今山西臨猗。㊱漢宣帝 即劉詢（西元前九一—前四九年），漢武帝曾孫。西元前七三—前四九年在位。事見《漢書》卷八。㊲報政 陳報政績。

【校記】①壬子 原無此二字。據章鈺校，十二行本、乙十一行本皆有此二字，今據補。②河東 原無此二字。據章鈺校，十二行本、乙十一行本皆有此二字，今據補。③等 原無此字。據章鈺校，十二行本、乙十一行本皆有此字，今據補。④誅 據章鈺校，十二行本、乙十一行本皆作「除」。

【語譯】十三年（戊午 西元七七八年）

春，正月十四日辛酉，敕令拆毀白渠支流上的碾子、水磨，以利灌溉田地。昇平公主有兩個水磨，她入宮面見代宗，請求保留。代宗說：「我想以此為蒼生謀利，你能懂我的意思，應當帶頭去做。」昇平公主當天就拆毀了她的水磨。

正月二十一日戊辰，回紇人侵犯太原，河東押牙泗水人李自良說：「回紇精銳部隊遠道前來挑戰，難以同他們爭鬥而決出勝負。不如在他們返回的路上修築兩座堡壘，派兵戍守。敵人來了，堅守堡壘不與他們交戰，他們鬥志衰退後自己就會撤回，這時我們再乘機出兵，兩座堡壘的士兵在前面抵抗，大部隊在後面進逼，就不會不取得勝利。」留後鮑防不聽，派大將焦伯瑜等人迎戰。二十六日癸酉，在陽曲縣遇到敵人，大敗而回，死了一萬多人。回紇縱兵大肆搶掠。二月，代州都督張光晟在羊武谷打敗回紇，回紇才帶兵離去。代宗也不詢問回紇入侵的原因，對待他們像當初一樣。

二月二十二日己亥，吐蕃派其將領馬重英率領部隊四萬人侵犯靈州，奪取了填漢、御史、尚書三條渠道的出水口，以破壞唐朝的屯田。

三月二十八日甲戌，回紇使者返回時，路過河中，朔方軍士搶奪了他們的輜重，回紇人因而大肆掠奪街坊市井。

夏，四月二十八日甲辰，吐蕃侵犯靈州，朔方留後常謙光打敗了他們。

六月二十四日戊戌，隴右節度使朱泚進獻同乳卻不相害的貓鼠，認為這是祥瑞之兆，常袞率領百官道賀。中書舍人崔祐甫獨獨不去道賀，他說：「事物反常就是妖怪。貓捉老鼠，是牠的職責，如今貓鼠同乳，分明是妖怪，為什麼要道賀！應當告誡那些不明察奸邪的法官以及不抵禦敵寇的邊防官吏，以順承天意。」代宗稱讚了他。崔祐甫，是崔沔的兒子。秋，七月初八日壬子，任命崔祐甫掌管吏部選事。崔祐甫多次因公事與常袞發生爭執，常袞因此厭惡他。

七月十四日戊午，郭子儀上奏說，回紇人還在塞上，邊塞的百姓恐懼不安，請派邠州刺史渾瑊率兵鎮守振武軍，代宗同意了。回紇人這才離去。

七月二十七日辛未，吐蕃將領馬重英率二萬大軍侵犯鹽州、慶州兩個州，郭子儀派河東朔方都虞候李懷光打退他們。

八月初二日乙亥，成德節度使李寶臣請求恢復姓張，代宗答應了。

吐蕃兩萬大軍侵犯銀州、麟州，掠奪党項人的各種牲畜，郭子儀派李懷光等人打敗了他們。

代宗對貞懿皇后悼念不已，靈柩停放在內殿，多年不忍心安葬。八月二十四日丁酉，才安葬於莊陵。

九月二十七日庚午，吐蕃一萬騎兵從青石嶺下來，進逼涇州，詔令郭子儀、朱泚與段秀實共同退敵。

冬，十二月十四日丙戌，任命吏部尚書、轉運、鹽鐵等使劉晏為左僕射，主管三銓和使職依舊。

郭子儀入朝，任命判官京兆人杜黃裳主持留守事務。李懷光陰謀取代郭子儀，詐稱有詔書，想殺掉大將溫儒雅等人。杜黃裳察覺李懷光有詐，責問他，他汗流浹背，連忙服罪。於是對那些難以駕御的將領，杜黃裳假藉郭子儀的命令，把他們都派到外地去，軍府這才安然無事。

任命給事中杜亞為江西觀察使。

代宗召江西判官李泌入朝相見，對他談起元載的事，說：「與你分別八年，才能殺掉此賊。幸虧太子發現他的陰謀，要不然，幾乎見不到你了。」李泌回答說：「臣以前原本曾說過的。陛下如果知道群臣中有不幹好事的，就除掉他，由於陛下過分寬容忍耐，所以才到了這種地步。」代宗說：「考慮事情也應該周全，不能輕舉妄動。」代宗於是又說到：「朕曾當面將你囑託給路嗣恭，路嗣恭卻按元載的心意，上奏讓你擔任虔州別駕。路嗣恭平定嶺南之初，曾獻上一個琉璃盤，直徑九寸，朕以為是至寶，等到抄沒元載家產時，得到路嗣恭送給元載的琉璃盤，直徑竟有一尺。等他來後，我要跟你商議一下怎樣處置他。」李泌說：「路嗣恭為人謹慎小心，善於侍奉別人，畏懼權勢，做官精明勤勉但不識大局。過去做縣令，有能幹的名聲，陛下沒有時間去瞭解他，而被元載所利用，所以為元載盡力。陛下如果真能瞭解他而加以任用，他也會為陛下盡力的。虔州別駕的職位，是我自己想要的，不算是他的罪過。況且路嗣恭新立大功，陛下怎麼能因一個玻璃盤而治他的罪呢！」代宗心中的不滿這才有所消解，任命路嗣恭為兵部尚書。

郭子儀因為朔方節度副使張曇性格剛強直率，認為他因自己是武人而輕視自己，因而懷恨在心。孔目官吳曜是郭子儀所信任的人，趁機從中挑撥誣陷。郭子儀很憤怒，誣奏張曇煽動軍隊作亂，把他殺了。掌書記高郢竭力爭辯，郭子儀不聽，上奏把高郢貶為猗氏縣丞。不久郭子儀的許多僚屬佐吏紛紛稱病要求離去，郭子儀非常後悔，把他們全部推薦給朝廷，並說：「吳曜害了我。」於是將吳曜趕走。

常袞對代宗說：「陛下早就想起用李泌，以前漢宣帝想起用人做公卿，必定先試試他治理百姓的才能。請暫且任命他為刺史，讓他廣泛瞭解民間的利弊，等政績上報後再重用他。」

十四年（己未　西元七七九年）

春，正月壬戌❶，以李泌為澧州刺史。

二月癸未❷，魏博節度使田承嗣薨。有子十一人，以其姪中軍兵馬使悅為才，使知軍事，而諸子佐之。甲申❸，以悅為魏博留後。

淮西節度使李忠臣貪殘好色，將吏妻女美者，多逼淫之，悉以軍政委妹壻節度副使張惠光。惠光挾勢暴橫，軍州苦之。忠臣復以惠光子為牙將，暴橫甚於其父。左廂都虞候李希烈❹，忠臣之族子也，為眾所服。希烈因眾心怨怒，三月丁未❺，與大將丁暠等殺惠光父子而逐忠臣，忠臣單騎奔京師。上以其有功❻，使以檢校司空、同平章事留京師，以希烈為蔡州刺史、淮西留後。以永平節度使李勉兼汴州刺史，增領汴、潁二州，徙鎮汴州。

辛酉❼，以容管經略使王翃為河中少尹、知府事。河東副元帥留後部將凌正暴橫，翃抑之。正與其徒乘夜作亂，翃知之，故縮漏水數刻以差其期，賊驚潰走，擒正誅之，軍府乃安。

成德節度使張寶臣既請復姓，又不自安，更請賜姓。夏，四月癸未❽，復賜姓李。

【章　旨】以上為第八段，寫田悅、李希烈非其道得任節度使，其後成為割據藩鎮。

【注　釋】❶壬戌　正月二十一日。❷癸未　二月十二日。❸甲申　二月十三日。❹李希烈　（？－西元七八六年）遼西（今北京市懷柔西南）人，初為裨將，逐李忠臣而為淮西節度使。以軍功至檢校右僕射、同平章事。建中三年（西元七八二年）與朱滔、田悅、王武俊、李納等藩鎮共叛朝廷，自稱建興王，署百官。後為部將藥死。傳見《舊唐書》卷一百四十五、《新唐書》卷二百二十五中。❺丁未　三月初六日。❻上以其有功　吐蕃犯京師，李忠臣在諸鎮之前赴援，又有平李靈曜之功。❼辛酉　三月二十日。❽癸未　四月十三日。

【語　譯】十四年（己未　西元七七九年）

春，正月二十一日壬戌，任命李泌為澧州刺史。

二月十二日癸未，魏博節度使田承嗣去世。他有十一個兒子，他認為擔任中軍兵馬使的姪子田悅有才能，所以讓他主持軍務，而讓兒子們輔佐他。十三日甲申，任命田悅為魏博留後。

淮西節度使李忠臣貪婪殘暴而又好色，將領佐吏的妻子女兒有長得漂亮的，多被他逼迫姦淫，他把軍務政事全部委託給妹夫節度副使張惠光。張惠光依仗權勢，強暴專橫，軍隊和州縣深受其苦，李忠臣又任命張惠光的兒子為牙將，其強暴專橫勝過他父親。左廂都虞候李希烈，是李忠臣的族姪，為眾人所信服。李希烈利用眾人內心怨恨憤怒，三月初六日丁未，與大將丁暠等人殺死張惠光父子而趕走了李忠臣，李忠臣隻身騎馬逃往京師。代宗因他有功勞，讓他以檢校司空、同平章事的身分留在京師，又任命李希烈為蔡州刺史、淮西留後。任命永平節度使李勉兼任汴州刺史，增加統領汴州、潁州兩個州，並將治所移至汴州。

三月二十日辛酉，任命容管經略使王翃為河中少尹，主管府中事務。河東副元帥留後的部將凌正殘暴專橫，王翃抑制他。凌正和他的黨徒想乘夜作亂，王翃知道了此事，故意縮減漏水計時器上的時刻數，使約定的時間發生差錯，叛賊大驚潰散逃走，凌正被活捉並被處死，軍府這才安然無事。

成德節度使張寶臣請求恢復姓張後，自己又感到不能安心，再次請求代宗賜姓。夏，四月十三日癸未，再次賜他姓李。

五月癸卯❶，上始有疾。辛酉❷，制皇太子監國。是夕，上崩于紫宸❸之內殿，遺詔以郭子儀攝冢宰❹。癸亥❺，德宗即位，在諒陰❻中，動遵禮法，嘗召韓王迥食，食馬齒羹❼，不設鹽、酪❽。

常袞性剛急，為政苛細❾，不合眾心。時羣臣朝夕臨❿，袞哭委頓⓫，從吏或扶之。中書舍人崔祐甫指以示眾曰：「臣哭君前，有扶禮乎！」袞聞，益恨之。會議羣臣喪服，袞以為：「禮，臣為君斬衰三年。漢文權制，猶三十六日⓬。高宗以來，皆遵漢制。及玄宗、肅宗之喪，始服二十七日。今遺詔云：『天下吏人，三日釋服。』古者卿大夫從君而服，皇帝二十七日而除，在朝羣臣亦當如之。」祐甫以為：「遺詔無朝臣、庶人之別。朝野內外[1]，莫非天下！凡百執事，孰非吏人！皆應三日[2]釋服⓭。」相與力爭，聲色陵厲⓮。袞不能堪，乃奏祐甫率情變禮⓯，請貶潮州刺史。上以為太重，閏月壬申⓰，貶祐甫為河南少尹。

初，肅宗之世，天下務殷⓱，宰相常有數人，更直⓲決事。或休沐⓳各歸私第，詔直事者⓴代署其名而奏之，自是踵為故事。時郭子儀、朱泚雖以軍功為宰相，皆不預朝政，袞獨居政事堂，代二人署名奏祐甫。祐甫既貶，二人表言其非罪，上問：「卿向言可貶，今云非罪，何也？」二人對，初不知。上初即位，以袞為欺罔㉑，大駭。甲辰㉒，百官衰絰㉓，序立㉔于月華門㉕，有制，貶袞為潮州刺史，以祐甫為門下侍郎、同平章事，聞者震悚。祐甫至昭應㉖而還。既而羣臣喪服竟用袞議。

上時居諒陰，庶政皆委於祐甫，所言無不允。初，至德以後，天下用兵，諸將競論功賞，故官爵不能無濫。及永泰以來，天下稍平，而元載、王縉秉政，四方以賄求官者相屬㉗於門，大者出於載、縉，小者出於卓英倩等，皆如所欲而去。及常袞為相，思革其弊，杜絕僥幸，四方奏請，一切不與，而無所甄別㉘，賢愚同滯。崔祐甫代之，欲收時望，推薦引拔㉙，常無虛日，作相未二百日，除官八百人，前後相矯㉚，終不得其適。上嘗謂祐甫曰：「人或謗卿，所用多涉親故，何也？」對曰：「臣為陛下選擇百官，不敢不詳慎。苟平生㉛未之識，何以諳㉜其才行而用之！」上以為然㉝。

臣光曰：「臣聞用人者，無親疏新故之殊，惟賢不肖之為察。其人未必賢也，以親故而取之，固非公也。苟賢矣，以親故而捨之，亦非公也。夫天下之賢，固非一人所能盡也，若必待素識㉞熟其才行而用之，所遺亦多矣。古之為相者則不然，舉之以眾，取之以公㉟。眾曰賢矣，己雖不知其詳，姑用之，待其無功，然後退之，有功則進之；所舉得其人則賞之，非其人則罰之。進退賞罰，皆眾人所共然也，己不置豪髮㊱之私於其間。苟推是心以行之，又何遺賢曠官㊲之足病哉！」

【章旨】以上為第九段，寫代宗崩，德宗立，崔祐甫代常袞為首輔，用人唯親。

【注釋】❶癸卯　五月初三日。❷辛酉　五月二十一日。❸紫宸　紫宸殿。在大明宮宣政殿北紫宸門內。❹冢宰　又稱大宰、太宰，相傳殷朝已置，周朝為六卿之首，總領百官。此處謂以郭子儀代理冢宰之職，總攝群臣，輔佐朝政。❺癸亥　五月二十三日。❻諒陰　亦稱諒闇，居喪時所住的房子。因其寒涼幽闇，故曰諒闇。多借指天子居喪。❼馬齒莧　用野菜馬齒莧做成的羹湯。❽酪　乳酪，用牛馬羊等乳製成的乳漿。❾苛細　苛刻瑣細。❿臨　哭。⓫委頓　疲乏狼狽。⓬漢文權制二句　指漢文帝臨死，不願天下父子長老百姓久哀傷身，遺詔葬後服喪大功十五日、小功十四日、纖（穿細布者，指官吏）七日，共三十六日，然後除喪。見本書卷十五〈漢紀〉文帝後七年。漢文，即漢文帝劉恆（西元前二〇二—前一五七年），漢高祖劉邦子，西元前一七九—前一五七年在位。事見《史記》卷十〈孝文本紀〉、《漢書》卷四〈文帝紀〉。⓭釋服　脫去喪服，指除喪。⓮聲色陵厲　謂聲色俱厲，咄咄逼人。⓯率情變禮　任性地改變禮法。⓰壬申　閏五月初三日。⓱務殷　事情繁多。⓲更直　輪流值班。直，同「值」。值班。⓳休沐　官吏休息沐浴，指休假。唐代官吏十日一休沐，稱為旬休。⓴直事者　即值班人。㉑欺罔　欺騙蒙蔽。㉒甲辰　閏五月庚午朔，無甲辰，當為甲戌之誤。甲戌，閏五月初五日。㉓衰絰　此作動詞用，指百官士大夫穿著喪服。衰，古代的喪服名；絰，用麻做的喪帶，繫在腰上或頭上。㉔序立　按班而立。㉕月華門　西京大明宮宣政殿前兩廊各自有門，東為日華門，西為月華門；宮城內甘露殿門外亦有日華門（東）、月華門（西）；東京宮城內乾元門外亦有日華門（東）、月華門（西）。此指西京大明宮的月華門。㉖昭應　縣名，天寶七載（西元七四八年）以會昌縣改名，治所在今陝西臨潼。㉗相屬　連續不斷。㉘甄別　鑑別。㉙引拔　引用、提拔。㉚相矯　互相糾正。㉛平生　平時；平素。㉜諳　熟悉。㉝上以為然　德宗贊同崔祐甫的用人原則。崔氏為任人唯親辯解，受到司馬光的批評。㉞素識　平時認識。㉟舉之以眾二句　大眾推舉人才，然後用公允的態度取人。㊱豪髮　同「毫髮」。即毛髮。猶言些許、一點點，極言其少。㊲曠官　曠廢職守，才不堪其任。

【校　記】①內外　據章鈺校，十二行本、乙十一行本皆作「中外」。②三日　原無此二字。據章鈺校，十二行本、乙十一行本皆有此二字，張瑛《通鑑校勘記》同，今據補。

【語　譯】五月初三日癸卯，代宗開始有病。二十一日辛酉，下制書讓皇太子監國。當天晚上，代宗在紫宸殿的內殿駕崩，遺詔任命郭子儀為冢宰，總領群臣。二十三日癸亥，德宗即位，在居喪期間，舉止遵循禮法，德宗曾經召韓王李迥前來進餐，吃的是馬齒莧羹，不放鹽和乳酪。

常袞性情剛強急躁，為政苛刻瑣細，不合眾人心意，當時群臣早晚哭弔，常袞痛哭不已極度疲困，隨從官吏中有人去扶他。中書舍人崔祐甫指著他們讓大家看，說：「臣子在君主靈前哭弔，有攙扶的禮節嗎！」常袞聽到後，就更加痛恨崔祐甫。適逢討論群臣喪服的事情，常袞認為：「按喪禮，臣子為君主服喪三年。漢文帝臨時制定的喪禮，也有三十六天。高宗以來，都遵照漢制。等到玄宗、肅宗治喪時，才開始服喪二十七天。如今遺詔上說：『天下的官吏百姓，三天後就除喪。』自古以來公卿大夫跟隨君主服喪，皇帝是二十七天除喪，在朝的群臣也應當如此。」崔祐甫認為：「遺詔中並沒有區別朝臣和百姓。朝野內外，無不屬於同一個天下！所有各種任職管事的人，哪一個不是朝廷的官吏！都應該三天後除喪。」他們相互竭力爭辯，聲色俱厲，咄咄逼人。常袞感到受不了，就上奏說崔祐甫任性改變禮法，請求把他貶為潮州刺史。德宗認為處罰太重，閏五月初三日壬申，將崔祐甫貶為河南少尹。

當初，在肅宗時代，天下事務繁多，宰相常常有幾個人，輪班處理日常事務。有時遇上休假，各自回家，便詔令值班宰相代他們署名上奏，從此沿襲下來成為慣例。此時郭子儀、朱泚雖然以軍功而出任宰相，但都不參與朝政，只有常袞一個人在政事堂裡，他便代郭子儀、朱泚署名奏告崔祐甫。崔祐甫被貶官後，郭、朱二人上表說他無罪，德宗問道：「你們先前說他可以貶官，現在又說他無罪，這是為什麼？」二人回答說，他們起初並不知道這件事。德宗剛即位，便認為常袞是在欺騙蒙蔽他，大為震驚。甲辰日，群臣身著喪服，依次序站立在月華門前，德宗頒下制令，將常袞貶為潮州刺史，任命崔祐甫為門下侍郎、同平章事，聽到這個消息的人都十分震驚惶恐。崔祐甫到達昭應縣後就返回京師。不久，群臣喪服一事採用的還是常袞的建議。

德宗此時正在居喪，各種政務都委託給崔祐甫，對他所說的事沒有不同意的。當初，至德年以後，天下不斷用兵，各將領競相論功邀賞，所以官職爵位不能不雜濫。等到永泰年以來，天下漸漸平定，而元載、王縉當政，各地到他那裡行賄求官的人絡繹不絕，大官出自元載、王縉之手，小官出自卓英倩等人之手，求官的人都能如願離去。等到常袞做宰相，想要革除這種弊病，杜絕僥倖得官的現象，凡各地奏請任命官員的，一律不給，而不加以鑑別，致使賢能與蠢才同樣被滯留。崔祐甫代替了常袞，想要拉攏人心，提高聲望，推薦提拔官員，每天不斷，做宰相不到二百天，就授官八百人。前後兩任宰相都想矯正前任的做法，終究沒有找到一種合適的辦法。德宗曾經對崔祐甫說：「有人指責你，說你所任用的人大多涉及親朋故舊，這是為什麼？」崔祐甫回答說：「臣為陛下選擇百官，不敢不審慎。如果是平素不認識的人，憑什麼熟悉他的才能德行而任用他呢！」德宗認為他說得對。

臣司馬光說：「我聽說任用官員，沒有親疏新舊之別，只應考察他是賢能還是不成才。其人不一定賢能，因為是親朋故舊而選取了他，這固然不公允。如果其人賢能，因為是親朋故舊而捨棄了他，這也是不公允的。天下的賢才，本不是一個人所能全都知道的，如果必須等平素就認識並熟悉其才能德行然後才加以任用，那麼所遺漏的人才也就太多了。古代做宰相的人就不是這樣做的，而是由眾人推薦，然後以公允的態度來選取。眾人都說某人賢能，自己雖然不知道他的詳細情況，也姑且試用，等到他沒有什麼成績，然後再黜退他，如果有成績，就提拔他；所推薦的人確實是人才，就獎賞推薦的人，否則，就懲罰推薦的人。提拔、黜退、獎賞、懲罰，都要眾人所公認，宰相本人不在中間添加絲毫的私意。假如推廣這種態度來任用官員，又怎麼會遺漏賢才或才能不能勝任官職，而足以讓人詬病呢！」

詔罷省四方貢獻之不急者，又罷梨園使❶及樂工三百餘人，所留者悉隸太常。

郭子儀以司徒、中書令領河中尹、靈州大都督、單于・鎮北大都護、關內・河東副元帥、朔方節度、關內支度・鹽池❷・六城❸水運大使、押蕃部并[1]營田及河陽道觀察等使，權任既重，功名復大，性寬大，政令頗不肅。代宗欲分其權而難之，久不決。甲申❹，詔尊子儀為尚父❺，加太尉兼中書令，增實封滿二千戶，月給千五百人糧、二百馬食，子弟、諸壻遷官者十餘人，所領副元帥諸使悉罷之。以其裨將河東、朔方都虞候李懷光為河中尹、邠・寧・慶・晉・絳・慈・隰節度使，以朔方留後兼靈州長史常謙光為靈州大都督、西受降城・定遠・天德❻・鹽・夏・豐等軍州節度使，振武軍使渾瑊為單于大都護、東中二受降城・振武・鎮北・綏・銀・麟・勝等軍州節度使，分領其任。

丙戌❼，詔曰：「澤州刺史李鶡上慶雲❽圖。朕以時和年豐為嘉祥❾，以進賢顯忠❿為良瑞⓫。如卿雲、靈芝、珍禽、奇獸、怪草、異木，何益於人！布告⓬天下，自今有此，無得上獻。」內莊宅使⓭上言諸州有官租萬四千餘斛，上令分給所在充軍儲。先是，諸國屢[2]獻馴象，凡四十有二，上曰：「象費豢養⓮而違物性⓯，將安用之！」命縱於荊山之陽⓰，及豹、貀⓱、鬬雞、獵犬之類，悉縱之。又出宮女數百人。於是中外皆悅，淄青軍士，至投兵⓲相顧曰：「明主出矣，吾屬猶反乎！」

戊子⑲，以淮西留後李希烈為節度使。

辛卯⑳，以河陽鎮遏使馬燧為河東節度使。河東承百井之敗㉑，騎士單弱。燧悉召牧馬廝役㉒，得數千人，教之數月，皆為精騎。造甲必為長短三等，稱其所衣㉓，以便進趨㉔。又造戰車，行則載兵甲，止則為營陳，或塞險以遏奔衝㉕，器械無不精利。居一年，得選兵㉖三萬。辟兗州人張建封㉗為判官，署李自良代州刺史，委任之。

兵部侍郎黎幹狡險諛佞㉘，與宦官特進劉忠翼相親善，忠翼本名清潭，恃寵貪縱，二人皆為眾所惡。時人或言幹、忠翼嘗勸代宗立獨孤貴妃為皇后，妃子韓王迥為太子。上即位，幹密乘轝詣忠翼謀事，事覺。丙申㉙，幹、忠翼並除名長流，至藍田，賜死。

以戶部侍郎判度支韓滉為太常卿，以吏部尚書劉晏判度支。先是，晏、滉分掌天下財賦㉚，晏掌河南[3]、山南、江淮、嶺南，滉掌關內、河東、劍南。至是，晏始兼之。上素聞滉掊克㉛過甚，故罷其利權，尋出為晉州刺史。

至德初，第五琦始榷鹽以佐軍用。及劉晏代之，法益精密。初歲入錢六十萬緡，末年所入逾十倍，而人不厭苦。大曆末，計一歲征賦[4]所入總一千二百萬緡，而鹽利居其太半。以鹽為漕傭，自江、淮至渭橋，率萬斛傭七千緡，自淮以北，列置巡院㉜，擇能吏主之，不煩州縣而集事。

【章旨】以上為第十段，寫德宗初即位，銳意興革，釋放禁苑珍禽走獸，出宮女數百歸民，整頓武備財賦，初露明主風采。

【注釋】❶梨園使　使職名，開元二年（西元七一四年）置。掌梨園弟子教習事務。❷鹽池　朔方節度所領諸州中靈州、夏州、鹽州皆有鹽池。❸六城　朔方塞下有六城。❹甲申　閏五月十五日。❺尚父　周武王推尊呂尚為尚父，意謂可尊尚之父。德宗亦效仿周武王，尊禮郭子儀為尚父。❻天德　戍軍名，即天德軍，由天安軍改名。在今內蒙古烏拉特前旗東北。❼丙戌　閏五月十七日。❽慶雲　又作「景雲」、「卿雲」，即五色雲。古以為祥瑞之氣。❾嘉祥　好兆頭。❿進賢顯忠　褒進賢良、顯揚忠臣。⓫良瑞　吉兆。⓬布告　對眾宣告；公告。⓭內莊宅使　使職名，掌管皇室莊田。以宦官充任。⓮豢養　餵養；飼養。⓯物性　生物的天性、本性。⓰荊山之陽　即荊山南面。荊山，山名，在陝西富平西南。⓱貀　動物名，即豽。似狗豹斑紋，有角，兩腳。⓲投兵　扔下兵器。⓳戊子　閏五月十九日。⓴辛卯　閏五月二十二日。㉑百井之敗　指去年正月河東留後鮑防不採納押牙李自良之策，在百井被回紇軍大敗，死萬餘人。百井，即百井鎮，在今山西陽曲東北柏井村。㉒廝役　奴僕。㉓稱其所衣　所衣合身。稱，相稱；合適。㉔進趨　向前快奔。㉕奔衝　奔馳衝突。㉖選兵　從士卒中選拔出來的精幹兵士。㉗張建封　（西元七三五－八〇〇年）字本立，鄧州南陽（今河南南陽）人，客隱兗州（在今山東兗州）。少喜文章，好談論。性寬厚，亦不妄自曲法宥人。鎮徐州十年，加官至檢校右僕射。傳見《舊唐書》卷一百四十、《新唐書》卷一百五十八。㉘狡險諛佞　狡猾陰險，善阿諛奉承、巧言諂媚。㉙丙申　閏五月二十七日。㉚晏滉分掌天下財賦　據《舊唐書·食貨志》，大曆五年（西元七七〇年）第五琦被貶後，劉晏與韓滉分領關內、河東、山劍（山南西道和劍南）租庸、青苗使。㉛掊克　以苛稅搜刮民財。掊，搜刮；聚斂。㉜巡院　鹽鐵轉運使下屬機構，劉晏設置，其任務是禁捕私鹽，防止奸盜，並有審判處罰甚至處死私鹽犯的權力，發展鹽業生產和招徠商人，推銷官鹽；經管各地租調稅物的轉運，推行常平法，並有察訪賦稅方面不法之事的權力。劉晏初置的巡院有十三個，後來還逐漸增多。詳《新唐書》卷五十四。

【校記】①并 原作「及」。據章鈺校，十二行本、乙十一行本皆作「并」，今從改。②屢 據章鈺校，十二行本、乙十一行本、孔天胤本皆作「累」。③河南 原作「江南」。據章鈺校，十二行本、乙十一行本皆作「河南」，張瑛《通鑑校勘記》同，今據改。按，據《舊唐書》卷一百二十三、《新唐書》卷一百四十九〈劉晏傳〉，晏掌天下財賦，所領區域包括東都、河南、江淮等地，作「河南」是。④征賦 原無此二字。據章鈺校，十二行本、乙十一行本皆有此二字，今據補。

【語譯】詔令取消或減省各地進貢那些非急需的物品，又取消梨園使及樂工三百多人，所留下的人全都歸屬於太常。

郭子儀以司徒、中書令的身分兼河中尹、靈州大都督、單于·鎮北大都護、關內·河東副元帥、朔方節度、關內支度·鹽池·六城水運大使、押蕃部並營田及河陽道觀察等使，權力和職責既重，功名也大，而他性情寬容大度，政策法令執行不嚴格。代宗想分散他的權力而又感到為難，長期以來難以決定。閏五月十五日甲申，下詔書尊郭子儀為尚父，加封太尉兼中書令，增加實封滿二千戶，每月供給他一千五百人的糧食、兩百匹馬的食料，他的子弟、女婿升官的有十幾個人，郭子儀所兼任的副元帥與諸使職全部免去。任命他的裨將河東、朔方都虞候李懷光為河中尹、邠·寧·慶·晉·絳·慈·隰等州節度使，任命朔方留後兼靈州長史常謙光為靈州大都督、西受降城·定遠·天德·鹽·夏·豐等軍州節度使，任命振武軍使渾瑊為單于大都護、東中二受降城·振武·鎮北·綏·銀·麟·勝等軍州節度使，分別承擔郭子儀原先的職務。

閏五月十七日丙戌，下詔書說：「澤州刺史李鶚上〈慶雲圖〉。朕把天氣和順莊稼豐收看作吉祥，把引薦賢士顯揚忠臣看作良兆。至於像卿雲、靈芝、珍禽、奇獸、怪草、異木，對人有什麼益處！特布告天下，從今以後，凡有這類東西，都不許向上進獻。」內莊宅使上奏說各州所收的官租有一萬四千多斛，德宗下令分給各地當做軍糧儲備。先前，各國多次進獻馴象，共有四十二頭，德宗說：「豢養馴象需要花費，而且違反了生物的天性，又有什麼用處！」下令把馴象放生到荊山南邊，另外所養的豹、貀、鬥雞、獵犬之類，也全都放歸山林。同時又放了好幾百個宮女出宮。於是朝野內外都心懷喜悅，淄青的軍士，甚至扔下兵器，相互看著說：「聖明的君主出現了，我們這些人還要造反嗎！」

閏五月十九日戊子，任命淮西留後李希烈為節度使。

閏五月二十二日辛卯，任命河陽鎮遏使馬燧為河東節度使。河東在百井之戰失敗後，騎兵部隊力量單薄。馬燧徵召所有牧馬的奴僕，得到幾千人，把他們訓練了幾個月，使他們都成為精銳的騎兵。製作鎧甲一定要分為長短不同的三種尺寸，使騎士們穿著合身，以便快速前進。又製造戰車，行進時裝載武器，停息時便列為營陣，有時用來堵塞險要地方以遏制敵人奔馳衝擊，各種軍用器械無不精銳鋒利。過了一年，得到經過挑選的士兵三萬人。徵召兗州人張建封為判官，任命李自良為代州刺史，委以重任。

兵部侍郎黎幹狡猾陰險，善於阿諛逢迎，與宦官特進劉忠翼親近，關係很好，劉忠翼本名劉清潭，倚仗德宗寵幸而貪婪放縱，這兩個人都被眾人所厭惡。當時有人說黎幹和劉忠翼曾經勸代宗立獨孤貴妃為皇后，立貴妃的兒子韓王李迥為太子。德宗即位後，黎幹祕密乘車到劉忠翼那裡謀劃事情，被發覺。閏五月二十七日丙申，黎幹、劉忠翼同時被除名永久流放，到達藍田，被賜自盡。

任命戶部侍郎判度支韓滉為太常卿，任命吏部尚書劉晏為判度支。此前，劉晏、韓滉分別掌管天下財賦，劉晏掌管河南、山南、江淮、嶺南，韓滉掌管關內、河東、劍南。到這時，開始由劉晏一人兼管。德宗平時聽說韓滉搜刮賦稅過於厲害，所以罷除了他的財政大權，不久又將他調出京城做晉州刺史。

至德初年，第五琦開始實行食鹽專賣以補充軍事費用。等到劉晏代替他以後，專賣的辦法更加精細完善。開始一年收入的錢有六十萬緡，到後期一年收入超過十倍，而老百姓並不感到厭惡痛苦。大曆末年，統計一年的徵賦收入總共有一千二百萬緡，而食鹽專賣的收入佔了其中的一大半。將食鹽的收入作為漕運雇工的費用，從江、淮地區運到渭橋，大約運一萬斛糧食的工錢是七千緡，從淮河以北，沿路設置巡院，選擇有能力的官吏主管，不煩勞州縣而把事情辦好了。

六月己亥❶朔，赦天下。○西川節度使崔寧、永平節度使李勉並同平章事。

詔：「天下冤滯❷，州府不為理，聽詣三司使❸，以中丞、舍人、給事中各一人，日於朝堂受詞❹。推決尚未盡者，聽撾登聞鼓❺。自今無得復奏置寺觀及請度僧尼。」於是撾登聞鼓者甚眾。右金吾將軍裴諝上疏，以為「訟者所爭皆細故，若天子一一親之，則安用吏理乎！」上乃悉歸之有司。

制：「應山陵制度❻，務從優厚，當竭帑藏❼，以供其費。」刑部員外郎令狐峘❽上疏諫，其略曰：「臣伏讀遺詔，務從儉約。若制度優厚，豈顧命❾之意邪！」上答詔，略曰：「非唯中朕之病，抑❿亦成朕之美，敢不聞義而徙！」峘，德棻⓫之玄孫也。

庚子⓬，立皇子誦⓭為宣王，謨⓮為舒王，諶⓯為通王，諒⓰為虔王，詳⓱為肅王。乙巳⓲，立皇弟迺⓳為益王，傀⓴為蜀王。

丙午㉑，舉先天㉒故事，六品以上清望官㉓，雖非供奉、侍衛之官，日令二人更直待制，以備顧問。

庚戌㉔，以朱泚為鳳翔尹。

代宗優寵宦官，奉使四方者，不禁其求取。嘗遣中使賜妃族，還，問所得頗少，代宗不悅，以為輕我命。妃懼，遽以私物償之。由是中使公求賂遺，無所忌憚。宰相嘗貯錢於閤中，每賜一物，宣一旨，無徒還者。出使所歷州縣，移文㉕取貨，與賦稅同，皆重載而歸。上素知其弊。遣中使邵光超賜李希烈旌節，希烈贈之僕、馬及縑七百匹、黃茗㉖二百斤。上聞之，怒，杖光超六十而流之。於是中使之未歸者，皆潛棄所得於山谷，雖與之，莫敢受。

甲子㉗，以神策都知兵馬使、右領軍大將軍王駕鶴為東都園苑使㉘，以司農卿白琇珪㉙代之，更名志貞。駕鶴典禁兵十餘年，權行中外，詔下[1]，上恐其生變。崔祐甫召駕鶴與語，留連久之，琇珪已視事矣。

李正己畏上威名，表獻錢三十萬緡。上欲受之恐見欺，卻之則無辭。崔祐甫請遣使慰勞淄青將士，因以正己所獻錢賜之，使將士人人戴上恩。又諸道聞之，知朝廷不重貨財。上悅，從之。正己大慚服。天下以為太平之治，庶幾可望焉。

【章　旨】以上為第十一段，寫唐德宗治刑獄，倡節儉，罷奉獻，嚴禁中使向地方求索，表現中興氣象。

【注　釋】❶己亥　六月初一日。❷冤滯　滯留未申的冤獄。❸三司使　唐制，大獄由刑部、御史臺、大理寺推案，謂之大三司使。如果所按並非長官，則由侍御史與刑部郎中、員外郎以及大理司直、評事審訊，謂之小三司。唐中葉以後史書所說三司使，皆指刑部、御史臺、大理寺三官而言。❹受詞　接受訟詞。❺撾登聞鼓　敲擊登聞鼓。古代帝王為了表示聽取臣民百姓申訴冤情，懸鼓於朝堂外，許擊鼓上聞，稱之為登聞鼓。唐代長安、洛陽均設有登聞鼓。❻山陵制度　指陵墓大小高下以及納藏明器等規定。山陵，帝王的陵墓。❼帑藏　國庫的金帛。❽令狐峘　（？—西元八〇五年）或作「令孤峘」，據兩《唐書》本傳，「孤」應作「狐」。令狐峘，天寶末進士，官至右庶子，參與修撰《玄宗實錄》、《代宗實錄》。傳見《舊唐書》卷一百四十九、《新唐書》卷一百二。❾顧命　天子臨終的遺命，或稱天子遺詔。❿抑　連詞，表示輕微的轉折。⓫德棻　令狐德棻（西元五八三—六六六年），宜州華原（今陝西耀州）人，博涉文史。官至太常卿。勤於著述，參與修撰《藝文類聚》、《周書》、《梁書》、《陳書》、《北齊書》、《隋書》、《新禮》、《氏族志》、《晉書》、《五代史志》、《高宗實錄》等書。傳見《舊唐書》卷七十三、《新唐書》卷一百二。⓬庚子　六月初二日。⓭誦　李誦，即唐順宗（西元七六一—八〇六年），唐德宗長子，西元八〇五年在位。事見《舊唐書》卷十四、《新唐書》卷七。⓮謨　李謨（？—西元八〇五年），唐代宗第三子李邈之子，因最年幼，德宗命為己子，更名誼，封舒王。傳見《舊唐書》卷一百五十、《新唐書》卷八十二。⓯諶　李諶，德宗第三子，封通王。傳見《舊唐書》卷一百五十、《新唐書》卷八十二。⓰諒　李諒，德宗第四子，封虔王。傳見《舊唐書》卷一百五十、《新唐書》卷八十二。⓱詳　李詳（西元七七九—七八二年），德宗第五子，封肅王。傳見《舊唐書》卷一百五十、《新唐書》卷八十二。⓲乙巳　六月初七日。⓳迺　李迺，唐代宗第九子，封益王。傳見《舊唐書》卷一百十六、《新唐書》卷八十二。⓴傀　李傀，《舊唐書》作李遂，當是。係代宗第十二子，封蜀王。傳見《舊唐書》卷一百十六、《新唐書》卷八十二。㉑丙午　六月初八日。㉒先天　唐玄宗年號（西元七一二—七一三年）。㉓清望官　指臺省侍御等官。以得參侍從，廉潔有人望，故名。㉔庚戌　六月十二日。㉕移文　發布文書。㉖黃茗　黃茶。㉗甲子　六月二十六日。㉘東都園苑使　使職名，主管東都宮苑。㉙白琇珪　（？—西元七八七年）太原（今山西太原）人，德宗賜名志貞。傳見《舊唐書》卷一百三十五、《新唐書》卷一百六十七。

【校　記】①詔下　原無此二字。據章鈺校，十二行本、乙十一行本皆有此二字，今據補。

【語　譯】六月初一日己亥，大赦天下。○西川節度使崔寧、永平節度使李勉同時為同平章事。

德宗下詔說：「天下積留的冤獄，如果州府不予受理，聽任人們到三司使申訴，讓御史中丞、中書省舍人、門下省給事中各一人，每天在朝堂接受訟詞。如果通過審判還有未能理清冤情的，聽任他們敲擊登聞鼓。從今以後不許再上奏請求設置寺觀以及剃度和尚、尼姑。」其時敲擊登聞鼓的人很多。右金吾將軍裴諝上疏，認為「訴訟的人所爭論的都是些細小事情，如果天子一一親自過問，那何必要用官吏去審理案子呢！」德宗這才將訴訟事務全部交給有關部門處理。

德宗頒下制令：「所有帝陵修建制度，務必從優從厚，應當竭盡國庫財物，以提供修建費用。」刑部員外郎令狐峘上疏勸諫，大意是說：「臣拜讀遺詔，先帝要求務從儉省節約。如果修建制度從優從厚，哪裡是先帝遺命的用意呢！」德宗回詔書，大意是說：「這不僅正說中朕的過失，而且也成朕之美，朕哪敢不聽到大義而就改正呢！」令狐峘，是令狐德棻的玄孫。

六月初二日庚子，立皇子李誦為宣王，李謨為舒王，李諶為通王，李諒為虔王，李詳為肅王。初七日乙巳，立德宗的弟弟李迺為益王，李傀為蜀王。

六月初八日丙午，依照先天年間的成例，六品以上的清望官，雖然不是供奉官、侍衛官，每天也命令兩個人輪流值班等候詔令，以備諮詢。

六月十二日庚戌，任命朱泚為鳳翔尹。

代宗優待寵愛宦官，奉命出使四方的宦官，都不禁止他們求取財物。代宗曾經派宮中使者去賞賜某妃子的家族，回來後，詢問得知所得到的酬謝很少，代宗很不高興，認為這是輕視我的命令。那個妃子害怕了，連忙把自己的私房拿出來作為補償。從此，宮中使者公開求取賄賂，無所忌憚。宰相們都曾經把錢存放在省閣中，每次德宗派宦官來賞賜一物，或宣讀一道聖旨，都沒有空著手回去的。宦官出使經過各州縣，發送公文來收取財物，就如同徵收賦稅一樣，都是重載而歸。德宗平時就知道這個弊病。派宮中使者邵光超賞賜李希烈旌節，李希烈便送給他僕人、馬匹以及縑七百匹、黃茗二百斤。德宗聽說此事，十分生氣，打了邵光超六十棍後把他流放。於是那些還沒有回朝的宮中使者，都偷偷把所索得的財物丟棄在山谷裡，即使有人給他們東西，他們也不敢接受。

六月二十六日甲子，任命神策都知兵馬使、右領軍大將軍王駕鶴為東都園苑使，任命司農卿白琇珪代替王駕鶴，並改名為白志貞。王駕鶴掌管禁軍十幾年，權勢通行於朝廷內外，詔令頒下後，德宗擔心他發生變亂。為此崔祐甫召見王駕鶴與他談話，有意拖延了很長時間，白琇珪那邊已經接管任職了。

李正己畏懼德宗的威名，上表表示要進獻三十萬緡錢。德宗想接受又怕被欺騙，想推辭卻沒有藉口。崔祐甫請求派遣使者慰勞淄青將士，乘機把李正己所獻的錢賞賜給他們，這樣使得將士們人人都對德宗感恩戴德。而且各道聽說後，也知道朝廷是不看重財物的。德宗很高興，聽從了崔祐甫的建議。李正己非常慚愧，也很佩服。天下人認為太平之治，差不多就可以看到了。

秋，七月戊辰❶朔，日有食之。

禮儀使、吏部尚書顏真卿上言：「上元❷中，政在宮壼❸，始增祖宗之諡；玄宗末，姦臣竊命，累聖❹之諡，有加至十一字❺者。按周之文、武，言[1]文不稱武，言武不稱文，豈盛德所不優乎？蓋羣臣稱其至者故也。故諡多不為褒，少不為貶。今累聖諡號太廣，有踰古制。請自中宗以上皆從初諡❻，睿宗曰聖真皇帝，玄宗曰孝明皇帝，肅宗曰宣皇帝，以省文尚質❼，正名敦本❽。」上命百官集議，儒學之士，皆從真卿議，獨兵部侍郎袁傪，官以兵進，奏言：「陵廟玉冊❾、木主皆已刊勒❿，不可輕改。」事遂寢。不知陵中玉冊所刻，乃初諡也。

初，代宗之世，事多留滯，四夷使者及四方奏計，或連歲不遣，乃於右銀臺門置客省以處之。及上書言事孟浪⓫者[2]、失職未敘者[3]，亦置其中，動經十歲。常有數百人，并部曲、畜產動以千計，度支廩給，其費甚廣。上悉命疏理⓬，拘者⓭出之，事竟者遣之，當敍者任之，歲省穀萬九千二百斛。

壬申⓮，毀元載、馬璘、劉忠翼之第。初，天寶中，貴戚第舍雖極奢麗，而垣屋高下，猶存制度，然李靖家廟已為楊氏馬廄矣。及安、史亂後，法度墮弛，大臣、將帥、宦官[4]競治第舍，各窮其力而後止，時人謂之木妖。上素疾之，故毀其尤者，仍命馬氏獻其園，隸宮司⓯，謂之奉成園⓰。

癸丑⓱，減常貢宮中服用錦千匹、服玩數千事。

庚辰⓲，詔回紇諸胡在京師者，各服其服，無得效華人。先是，回紇留京師者常千人，商胡偽服而雜居者又倍之，縣官日給饔餼⓳，殖貲產，開第舍，市肆美利皆歸之，日縱貪[5]橫，吏不敢問。或衣華服，誘取妻妾，故禁之。

辛卯⓴，罷天下榷酒收利。

上之在東宮也，國子博士河中張涉㉑為侍讀，即位之夕，召涉入禁中，事無大小皆咨之。明日，置於翰林為學士，親重無比。乙未㉒，以涉為右散騎常侍，仍為學士。

【章　旨】以上為第十二段，寫德宗大刀闊斧處理積案，拆毀權臣違官逾制的住宅，整頓京師秩序，約束回紇商人。

【注釋】❶戊辰　七月初一日。❷上元　高宗年號（西元六七四－六七六年）。❸政在宮壼　指武則天執政。宮壼，宮中。❹累聖　各位聖人。此指先帝。❺十一字　天寶十三載（西元七五四年），加祖宗諡號與廟號皆為九字，群臣上玄宗尊號共十四字。所說十一字，不知何據。❻中宗以上皆從初諡　其初諡高祖為太武皇帝、太宗為文皇帝、高宗為天皇大帝、中宗為孝和皇帝。❼省文尚質　去掉華美的文采，崇尚素樸篤實。文，文采。質，樸實。❽正名敦本　辨正名分，注重根本。❾玉冊　玉製的簡冊。古代帝王以玉冊祭告、封禪，也用於冊命皇太子及后妃。❿刊勒　刊刻。⓫孟浪　指言語疏略不精，或作事魯莽輕率。⓬疏理　清理。⓭拘者　被扣留者。⓮壬申　七月初五日。⓯宮司　主管宮廷禁掖園苑的官府。⓰奉成園　在長安東市之南的安邑坊。⓱癸丑　據下文有「庚辰」、「辛卯」，則此「癸丑」應為「癸酉」之誤。癸酉，七月初六日。⓲庚辰　七月十三日。⓳饔餼　饔，熟肉。餼，活牲口。⓴辛卯　七月二十四日。㉑張涉　蒲州（今山西永濟西）人，家世儒者，能為文。為國子博士時，曾請有司日試萬言，時呼張萬言。官至散騎常侍。傳見《舊唐書》卷一百二十七。㉒乙未　七月二十八日。

【校記】①言　原作「稱」。據章鈺校，十二行本、乙十一行本皆作「言」，今從改。②孟浪者　原無此三字。據章鈺校，十二行本、乙十一行本皆有此三字，張瑛《通鑑校勘記》同，今據補。③者　原無此字。據章鈺校，十二行本、乙十一行本皆有此字，張瑛《通鑑校勘記》同，今據補。④宦官　原無此二字。據章鈺校，十二行本、乙十一行本皆有此二字，今據補。⑤貪　據章鈺校，十二行本、乙十一行本皆作「暴」。

【語譯】秋，七月初一日戊辰，日蝕。

禮儀使、吏部尚書顏真卿進言說：「上元年間，武后當政，開始增加祖宗的諡號。玄宗末年，奸臣盜用國家的權柄，歷朝皇帝的諡號，有增加到十一個字的。按周代的文王和武王，稱文就不稱武，稱武就不稱文，難道他們的大德就不崇高嗎？這是因為群臣稱呼的是他們最突出的那種功德的緣故。所以，諡號的字多並不意味著褒揚，字少也不意味著貶低。如今歷朝皇帝的諡號字數太多，超出了古代的制度。請求自中宗以上的皇帝，都依從最初的諡號，中宗以下，睿宗稱聖真皇帝，玄宗稱孝明皇帝，肅宗稱宣皇帝，以求減省文采，崇尚質樸，辨正名分，注重根本。」德宗命令會集百官討論，儒學之士，都同意顏真卿的建議，只有兵部侍郎袁傪，因軍功而加官，他上奏說：「陵廟中的玉冊、神主牌位都已經刊刻，不可輕易改動。」這事便擱置起來。殊不知皇陵中玉冊所刻的本來就是最初的謚號。

當初，在代宗時代，朝廷的許多事情都拖延未辦，四夷的使者以及各地報送登記戶口、賦稅等簿籍的官員，有的接連好幾年都不安排他們回去，於是在右銀臺門設置客省安置他們。還有上書議事輕率魯莽的、失去職位沒有再任命的，也安置在客省裡，動輒一住就有十年。住在那裡的經常有好幾百人，再加上隨從、牲畜，動輒就是數以千計，由度支供給糧食飼料，費用很大。德宗下令全面清理，被扣留的放出來，事情辦完了的安排他們回去，應當按次第任用的就任命，一年就節省糧食一萬九千二百斛。

七月初五日壬申，拆毀元載、馬璘、劉忠翼的宅第。起初，在天寶年間，貴戚的宅第房舍雖然極其奢侈華麗，但圍牆房屋的高低，還符合有關的制度，然而李靖的家廟已經成了楊氏的馬廄了。等到安、史之亂以後，法令制度遭廢弛，大臣、將帥、宦官競相修建宅第房舍，各人都竭盡自己的力量才罷休，當時人稱為木妖。德宗平素就很痛恨這種做法，所以拆毀其中特別奢華的，還命馬氏獻出他的園林，歸宮司掌管，稱之為奉成園。

癸丑日，減少日常貢奉宮中服用的錦緞一千匹，其他服用與玩賞的物品好幾千件。

七月十三日庚辰，詔令在京師的回紇及各族胡人，各自穿本民族的服裝，不得效仿漢人。先前，滯留在京師的回紇人常常有上千人，而經商的胡人穿著回紇服裝與回紇人雜居的又多出一倍，朝廷每天要供給他們大量的肉類食物，他們卻添置產業，修築宅第房舍，市場上豐厚的利潤都歸他們所得，他們日益放縱、貪婪、橫暴，官吏不敢追究。還有人穿著漢人的衣服，騙娶妻妾，因此下令禁止他們亂穿服裝。

七月二十四日辛卯，取消天下通過酒的專賣來獲得稅利。

德宗在東宮做太子時，國子博士河中人張涉做他的侍讀，德宗即位的當晚，就把張涉召進宮中，事情無論大小都向他諮詢。第二天，就安排他在翰林做學士，對他的親近與重視無人可比。七月二十八日乙未，任命張涉為右散騎常侍，仍然擔任學士。

【研 析】本卷記載代宗晚年執政和德宗初即位，共五年又七個月。本卷研析代宗晚年的作為與德宗初即位的興革。

王夫之論高宗有言：「至弱之主，必有暴怒；至暗之主，必有微明。」（《讀通鑑論》卷二十一）代宗姑息藩鎮，含容權臣元載，晚年一奮而起，討魏博，誅李靈曜，殺元載，表現了中唐皇權仍有控制朝政的能力。魏博節度使田承嗣是河北諸鎮中最為驕慢的割據者。代宗為了籠絡田承嗣，把皇女永樂公主許妻田承嗣之子田華，代宗為此是要拉近與田承嗣的關係，可是田承嗣不買帳，更加驕慢。田承嗣不聽朝廷號令，不入朝，不派防秋兵。當時吐蕃經常寇邊，常於秋天擾亂收割，朝廷徵兵諸鎮防秋。代宗大曆九年（西元七七四年），幽州盧龍節度使朱泚入朝，親自帶領五千名士卒防秋，代宗給予很高禮遇。朱泚表請留闕下，推薦其弟朱滔知幽州盧龍留後，代宗聽之，朱滔效順。又成德節度使李寶臣、淄青節度使李正己，兩人皆為田承嗣所輕視，上表請求討伐田承嗣。代宗於是利用諸鎮之間的矛盾，在大曆十年四月初三日乙未下詔貶田承嗣為永州刺史，徵調河東、成德、幽州、淄青、淮西、永平、汴宋、河陽、澤潞等九節度使之兵，大舉討伐田承嗣。這是朝廷平定安史之亂以來的最大規模用兵。代宗此舉，志在必得。朝廷無權威良將統率諸鎮，沒有統帥，諸鎮各自為戰，田承嗣分化瓦解，各個擊破，拉攏李正己中立，挑起了朱滔與李寶臣交鬥，其餘諸鎮各自退兵。田承嗣上表謝罪，代宗就勢下坡，征討田承嗣不了了之。隨後汴宋留後李靈曜反叛，北連田承嗣。代宗命李忠臣、馬燧進討，又反正了汴宋兵馬使李僧惠，授命李僧惠為宋州刺史。李僧惠是李靈曜的謀主，李僧惠反戈一擊，李靈曜軍心瓦解。諸軍進擊，十月汴州城破，誅殺了李靈曜。李靈曜之死，朝廷挽回了一些面子。田承嗣上表入朝，李正己隨後上表替田承嗣說情，請求允許他自新改過。兩人配合演雙簧，田承嗣終究沒有入朝，又幫助李靈曜反叛，代宗再次下令征討，田承嗣又上表謝罪。代宗沒有辦法，只好下詔，恢復田承嗣官爵，免其入朝。此時郭子儀健在，代宗刻忌功臣而不用，是以建功不成。代宗刻忌功臣，又表現了一個昏君的常態。

奸相元載專橫納賄，黃門侍郎、同平章事王縉黨附。元載妻王氏，元載之子元伯和、元仲武，以及王縉之弟、妹，爭納賄賂。士人求進，百官晉升，都要通過元載、王縉兩人的子弟及主書卓英倩等納賄辦事，否則無由仕進。大曆十二年三月，代宗單獨與左金吾大將軍吳湊密謀誅元載。吳湊是代宗的舅舅。謀定使人上告元載、王縉圖謀不軌。三月二十八日庚辰，代宗駕臨延英殿，命吳湊到政事堂逮捕元載、王縉，及其同黨元載及卓英倩等被誅，王縉貶官為栝州刺史。

代宗誅殺元載後，清理積弊，額定百官俸祿，裁撤諸州團練使，又定員諸州守兵，皆有常數，史稱「法制粗立」。

大曆十四年五月二十一日辛酉，代宗崩，德宗即位。

德宗即位，時年三十九歲，參加了平定安史之亂，年富力強，閱歷已久，即位之初，表現了勵精圖治之志。居喪期間，下詔罷四方貢獻，又罷梨園及樂工三百餘人，釋放禁苑走獸歸山林，出宮女數百人。又下詔天下各州平反冤獄，不准全國各地增修寺觀，不准剃度增加僧尼，禁止外出中使向地方求索。德宗派中使邵光超賜淮西節度使李希烈旌節，李希烈送給邵光超僕從、良馬，以及縑七百匹、黃茗茶二百斤。德宗大怒，處邵光超杖刑二百，流放邊地。其他各道中使無人再敢接受饋贈。於是中外大悅，認為明主出世，天下庶幾可治。其實德宗仍是一個昏君。肅宗、代宗處事優柔寡斷，姑息藩鎮，只求苟安。德宗處事舉重若輕，急躁妄動，剛愎自用，即位旬日之間就表現出來。朝廷為代宗治喪，群臣議喪服。宰相常袞主張按慣例服喪二十七日除服，中書舍人崔祐甫主張依從代宗遺詔，三日除服。兩人爭執，惡語相加。常袞上奏德宗說崔祐甫任意變更喪禮，請求貶為潮州刺史。德宗認為太重，於閏五月初三日壬申，貶崔祐甫為河南少尹。常袞的上奏，有郭子儀、朱泚兩人副署。兩人以軍功為宰相，並不到政事堂辦事。唐肅宗時，事務繁多，宰相有好幾個人，輪流值班。有時有宰相休假，值班宰相奏事，代休假宰相署名上奏，成為慣例。這次常袞上奏，代郭子儀、朱泚署名，合於慣例。常袞剛直，得罪了許多人，這些人抓住這件事作文章，德宗也想樹立一下威望，加罪常袞欺君，貶常袞為潮州刺史。常袞欲貶崔祐甫為潮州刺史，德宗用在了常袞自己身上，然後把崔祐甫召回來代替了常袞的位置。而喪服禮卻按照常袞的意見執行。唐德宗五月二十三日即位，十天後於閏五月初三日貶崔祐甫，第三天閏五月初五倒過來貶宰相常衮。德宗和乃父、乃祖肅、代二宗大相逕庭，急躁輕率，唐朝在他的統治下，結束了苟安，但帶來的不是治世，而是動盪危難。急躁的昏君比寬厚的昏君更容易僨事。肅宗、代宗、德宗，本質上都是昏君，昏聵的最大特點就是忠奸不分，猜忌功臣。德宗對功臣的猜忌，更甚於乃父、乃祖，耍弄的小聰明也甚於乃父、乃祖。德宗初即位，就免去郭子儀的一切軍職，用郭子儀的三個部將李懷光、常謙光、渾瑊分掌兵權。代宗想分郭子儀的兵權，久久不能決定，臨終也沒有辦成。德宗一上臺便辦了，表面上卻尊崇郭子儀為尚父，給予優厚的生活待遇，增加封邑到二千戶，事權卻剝奪殆盡，包括郭子儀的子姪。中唐昏君，刻忌功臣，彷彿有基因遺傳，一代甚過一代。

古籍今注新譯叢書

哲學類

新譯四書讀本	謝冰瑩等編譯
新譯學庸讀本	王澤應注譯
新譯論語新編解義	胡楚生編著
新譯孝經讀本	賴炎元等注譯
新譯易經讀本	郭建勳注譯
新譯乾坤經傳通釋	黃慶萱著
新譯易經繫辭傳解義	吳　怡著
新譯禮記讀本	姜義華注譯
新譯儀禮讀本	顧寶田等注譯
新譯孔子家語	羊春秋注譯
新譯老子讀本	余培林注譯
新譯老子解義	吳　怡著
新譯莊子讀本	黃錦鋐注譯
新譯莊子讀本	張松輝注譯
新譯莊子本義	水渭松注譯
新譯莊子內篇解義	吳　怡著
新譯列子讀本	莊萬壽注譯
新譯管子讀本	湯孝純注譯
新譯墨子讀本	李生龍注譯
新譯公孫龍子	丁成泉注譯
新譯晏子春秋	陶梅生注譯
新譯鄧析子	徐忠良注譯
新譯荀子讀本	王忠林注譯
新譯尹文子	徐忠良注譯
新譯尸子讀本	水渭松注譯
新譯鬼谷子	王德華等注譯
新譯韓非子	傅武光等注譯
新譯呂氏春秋	朱永嘉等注譯
新譯韓詩外傳	孫立堯注譯
新譯淮南子	熊禮匯注譯
新譯春秋繁露	朱永嘉等注譯
新譯新書讀本	饒東原注譯
新譯新語讀本	王　毅注譯
新譯潛夫論	彭丙成注譯
新譯論衡讀本	蔡鎮楚注譯
新譯申鑒讀本	林家驪等注譯
新譯人物志	吳家駒注譯
新譯張載文選	張金泉注譯
新譯近思錄	張京華注譯
新譯傳習錄	李生龍注譯
新譯呻吟語摘	鄧子勉注譯
新譯明夷待訪錄	李廣柏注譯

文學類

新譯詩經讀本	滕志賢注譯
新譯楚辭讀本	傅錫壬注譯
新譯文心雕龍	羅立乾注譯
新譯世說新語	劉正浩等注譯
新譯昭明文選	周啟成等注譯
新譯古文觀止	謝冰瑩等注譯
新譯古文辭類纂	黃　鈞等注譯
新譯樂府詩選	溫洪隆注譯
新譯古詩源	馮保善注譯
新譯千家詩	邱燮友等注譯
新譯詩品讀本	成　林等注譯
新譯花間集	朱恒夫注譯
新譯南唐詞	劉慶雲注譯
新譯唐詩三百首	邱燮友注譯
新譯宋詞三百首	汪　中注譯
新譯元曲三百首	賴橋本等注譯
新譯明詩三百首	趙伯陶注譯
新譯清詩三百首	王英志注譯
新譯清詞三百首	陳水雲等注譯
新譯唐人絕句選	卞孝萱等注譯
新譯唐才子傳	戴揚本注譯
新譯拾遺記	石　磊注譯
新譯搜神記	黃　鈞注譯
新譯唐傳奇選	束　忱等注譯
新譯宋傳奇小說選	束　忱注譯
新譯明傳奇小說選	陳美林等注譯
新譯容齋隨筆選	朱永嘉等注譯
新譯明散文選	周明初注譯
新譯人間詞話	馬自毅注譯
新譯白香詞譜	劉慶雲注譯
新譯幽夢影	馮保善注譯

新譯菜根譚　吳家駒注譯
新譯小窗幽記　馬美信注譯
新譯圍爐夜話　馬美信注譯
新譯郁離子　吳家駒注譯
新譯歷代寓言選　黃瑞雲注譯
新譯賈長沙集　林家驪注譯
新譯揚子雲集　葉幼明注譯
新譯諸葛亮集　朱永嘉等注譯
新譯曹子建集　曹海東注譯
新譯建安七子詩文集　韓格平注譯
新譯阮籍詩文集　林家驪注譯
新譯嵇中散集　崔富章注譯
新譯陸機詩文集　王德華注譯
新譯陶淵明集　溫洪隆注譯
新譯江淹集　羅立乾等注譯
新譯庾信詩文選　歸　青注譯
新譯初唐四傑詩集　李福標注譯
新譯駱賓王文集　黃清泉注譯
新譯王維詩文集　陳鐵民注譯
新譯孟浩然詩集　楊　軍注譯
新譯李白詩全集　郁賢皓注譯
新譯李白文集　郁賢皓注譯
新譯杜甫詩選　張忠綱等注譯
新譯杜詩菁華　林繼中注譯
新譯高適岑參詩選　孫欽善等注譯
新譯昌黎先生文集　周啟成等注譯
新譯劉禹錫詩文選　閻　琦注譯

新譯柳宗元文選　卞孝萱等注譯
新譯白居易詩文選　陶　敏等注譯
新譯元稹詩文選　郭自虎注譯
新譯李賀詩集　彭國忠注譯
新譯杜牧詩文集　張松輝注譯
新譯李商隱詩選　朱恒夫等注譯
新譯范文正公選集　王興華等注譯
新譯蘇洵文選　羅立剛注譯
新譯蘇軾文選　滕志賢注譯
新譯蘇軾詞選　鄧子勉注譯
新譯蘇轍文選　朱　剛注譯
新譯曾鞏文選　高克勤注譯
新譯王安石文選　沈松勤注譯
新譯柳永詞集　侯孝瓊注譯
新譯李清照集　姜漢椿等注譯
新譯陸游詩文選　韓立平注譯
新譯辛棄疾詞選　聶安福注譯
新譯歸有光文選　鄔國平注譯
新譯徐渭詩文選　周　群等注譯
新譯薑齋文集　平慧善注譯
新譯顧亭林文集　劉九洲注譯
新譯方苞文選　鄔國平等注譯
新譯袁枚詩文選　王英志注譯
新譯聊齋誌異全集　袁世碩等注譯
新譯聊齋誌異選　任篤行等注譯
新譯閱微草堂筆記　嚴文儒注譯
新譯浮生六記　馬美信注譯

新譯弘一大師詩詞全編　徐正綸編著

【歷史類】

新譯史記　韓兆琦注譯
新譯漢書　吳榮曾等注譯
新譯後漢書　魏連科等注譯
新譯三國志　吳樹平等注譯
新譯資治通鑑　韓兆琦等注譯
新譯史記—名篇精選　韓兆琦注譯
新譯尚書讀本　吳　璵注譯
新譯尚書讀本　郭建勳注譯
新譯周禮讀本　賀友齡注譯
新譯逸周書　牛鴻恩注譯
新譯左傳讀本　郁賢皓等注譯
新譯公羊傳　雪　克注譯
新譯穀梁傳　顧寶田注譯
新譯春秋穀梁傳　周　何注譯
新譯戰國策　溫洪隆注譯
新譯國語讀本　易中天注譯
新譯說苑讀本　左松超注譯
新譯說苑讀本　羅少卿注譯
新譯新序讀本　葉幼明注譯
新譯吳越春秋　黃仁生注譯
新譯西京雜記　曹海東注譯
新譯列女傳　黃清泉注譯
新譯越絕書　劉建國注譯
新譯燕丹子　曹海東注譯

新譯東萊博議　李振興等注譯
新譯唐六典　朱永嘉等注譯
新譯唐摭言　姜漢椿注譯

宗教類

新譯金剛經　徐興無注譯
新譯高僧傳　朱恒夫等注譯
新譯碧巖集　吳　平注譯
新譯百喻經　顧寶田注譯
新譯楞嚴經　賴永海等注譯
新譯梵網經　王建光注譯
新譯法句經　劉學軍注譯
新譯六祖壇經　李中華注譯
新譯禪林寶訓　李中華注譯
新譯維摩詰經　陳引馳等注譯
新譯經律異相　顏洽茂注譯
新譯阿彌陀經　蘇樹華等注譯
新譯無量壽經　邱高興注譯
新譯妙法蓮華經　張松輝注譯
新譯景德傳燈錄　顧宏義注譯
新譯大乘起信論　韓廷傑注譯
新譯釋禪波羅蜜　蘇樹華注譯
新譯八識規矩頌　倪梁康注譯
新譯永嘉大師證道歌　蔣九愚注譯
新譯華嚴經入法界品　楊維中注譯
新譯地藏菩薩本願經　李承貴注譯
新譯悟真篇　劉國樑等注譯

新譯无能子　張松輝注譯
新譯坐忘論　張松輝注譯
新譯列仙傳　張金嶺注譯
新譯抱朴子　李中華注譯
新譯神仙傳　周啟成注譯
新譯性命圭旨　傅鳳英注譯
新譯老子想爾注　顧寶田等注譯
新譯周易參同契　劉國樑注譯
新譯道門觀心經　王　卡注譯
新譯養性延命錄　曾召南注譯
新譯樂育堂語錄　戈國龍注譯
新譯冲虛至德真經　張松輝注譯
新譯長春真人西遊記　顧寶田等注譯
新譯黃庭經・陰符經　劉連朋等注譯

軍事類

新譯司馬法　王雲路注譯
新譯尉繚子　張金泉注譯
新譯三略讀本　傅　傑注譯
新譯六韜讀本　鄔錫非注譯
新譯吳子讀本　王雲路注譯
新譯孫子讀本　吳仁傑注譯
新譯李衛公問對　鄔錫非注譯

教育類

新譯爾雅讀本　陳建初等注譯
新譯顏氏家訓　李振興等注譯
新譯聰訓齋語　馮保善注譯
新譯曾文正公家書　湯孝純注譯
新譯三字經　黃沛榮注譯
新譯百家姓　馬自毅等注譯
新譯幼學瓊林　馬自毅注譯
新譯增廣賢文・千字文　馬自毅注譯
新譯格言聯璧　馬自毅注譯

政事類

新譯商君書　貝遠辰注譯
新譯鹽鐵論　盧烈紅注譯
新譯貞觀政要　許道勳注譯

地志類

新譯山海經　楊錫彭注譯
新譯水經注　陳橋驛等注譯
新譯佛國記　楊維中注譯
新譯大唐西域記　陳　飛等注譯
新譯洛陽伽藍記　劉九洲注譯
新譯徐霞客遊記　黃　珅注譯
新譯東京夢華錄　嚴文儒注譯

◎新譯淮南子

熊禮匯／注譯　侯迺慧／校閱

《淮南子》為西漢淮南王劉安集結門下文思敏捷、善為文辭的快手，有計劃地編寫出總結前代帝王用黃老之術治國的經驗，以供漢武帝治身治國參考的鉅作。書中闡述天地之理、人間之事和帝王之道，內容十分豐富。《淮南子》在思想上可說是秦漢黃老道學的集大成者，在文學成就上，也被視為西漢前期散文之代表作，寫作手法精彩紛呈，是今人認識西漢初年政治、社會、思想的重要依據。